海关检验检疫
法规与实务

刘 莉 刘 鑫◎主编

 中国海关 出版社有限公司

中国·北京

图书在版编目（CIP）数据

海关检验检疫法规与实务 / 刘莉，刘鑫主编 .
北京：中国海关出版社有限公司，2025. -- ISBN 978 - 7 -
5175 - 0836 - 6

Ⅰ. D922. 16

中国国家版本馆 CIP 数据核字第 2024W2R774 号

海关检验检疫法规与实务

HAIGUAN JIANYAN JIANYI FAGUI YU SHIWU

主　　编：刘 莉 刘 鑫
副 主 编：黄志杰　李曙光
策划编辑：徐 硕
责任编辑：刘 婧　文珍妮　朱 言
责任印制：王怡莎
出版发行：中国海关出版社有限公司
社　　址：北京市朝阳区东四环南路甲 1 号　　　　邮政编码：100023
编 辑 部：01065194242 - 7544（电话）
发 行 部：01065194221/4238/4246（电话）
社办书店：01065195616（电话）
　　　　　https://weidian. com/?userid = 319526934（网址）
印　　刷：固安县铭成印刷有限公司　　　　　　经　　销：新华书店
开　　本：787mm × 1092mm　1/16
印　　张：22　　　　　　　　　　　　　　　　字　　数：479 千字
版　　次：2025 年 6 月第 1 版
印　　次：2025 年 6 月第 1 次印刷
书　　号：ISBN 978 - 7 - 5175 - 0836 - 6
定　　价：58. 00 元

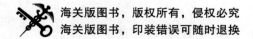

编委会

前　言

　　近年来，随着中国经济的快速发展和国际交往的日益广泛，检验检疫在国家经济生活中的地位和作用日益凸显，相关专业人才的需求也不断增加，许多高校纷纷开设相关课程。然而，市场上检验检疫教材的选择相对较少且缺乏权威版本。一方面，检验检疫领域的法律制度是一个综合领域，各项法律规范之间紧密联系，形成了一门独特的部门法；另一方面，检验检疫领域专业性较强，相关部门法专著十分少见；再一方面，自 2018 年国务院机构改革以来，检验检疫法规与实务变动较多、变化较快，系统性的论述、研究与现实需要脱节。鉴于此，中国海关科学技术研究中心与中国海关出版社组织了一批长期专注于海关检验检疫法律制度研究、具有丰富实务经验的编委，集中精力完成了《海关检验检疫法规与实务》的编写工作。

　　"海关检验检疫法规"指的是检验检疫职责划入海关之后，海关的法律制度体系中与检验检疫业务职能相关的法律制度，包括国境卫生检疫法律制度、进出境动植物检疫法律制度、进出口商品检验法律制度、进出口食品安全监管法律制度，以及其他相关法律制度。这里的"法规"是法律规范的一个统称。有关"海关检验检疫实务"，学界未有法定且权威之概念，从不同的社会身份、执行角度和研究立场等出发，海关检验检疫实务体现为不同的形式。例如，从海关关员角度看是检验检疫行政执法，从行政相对人角度看是申报、审批、货物查验、入境人员物品的检疫等，从相关从业人员角度看是实验室检测、第三方检验认证等。党的二十大报告指出，"必须更好发挥法治固根本、稳预期、利长远的保障作用"，所有的海关检验检疫实务都离不开一个共同的基础，那就是海关检验检疫法规以及在此基础上构建的各项检验检疫法律制度。这是我们这个课程的名称由来及其内在逻辑，从本质上讲，这个课程仍属法学范畴，实务更多体现为一种学习的手段以及结果的应用。可以说，海关检验检疫法规与实务是一门实践性很强的法律学科，也是一门理论性很强的实践学科。

　　在教材编写过程中，编委始终坚持三个原则：守正、创新、至善。所谓守正，就是坚持教材的科学性和传承性。作为教材，课程的观点采取主流的通说，确保教材内容准确无误、所有的知识点须经过严格筛选和验证。考虑到食品安全监管须以商检法规作为基础，在结构编排上采用了"卫、动、商、食"的顺序，体现了一定的合理性。所谓创新，就是力争在教学模式上有所创新。近年来，随着教育理念的更新和社会发展对人才需求的转变，"项目教学法"的应用越来越广泛。这是一种以项目为载体，以学生为主体的教学方法，它打破传统课堂以教师讲授为主的模式，将学习内容融入真实、具体的项目之中。本教材以"项目+任务"构建教材框架体例，在内容上增加了【导引】【案例分析】【延伸阅读】【课后练习题】等，在满足传统教学模式的基础上，便于教师以项目教学法设计课程，引导学生作为主体完成学习。所谓至善，就是以追求完美的态度确保教材的时代性和实用性。教材涉及的法律法规条文均为最新版本，相关内容结合海关检验检疫业务改革进行了更新，尽量将最新的立法动态和最前沿的研究成果融入教学内容之中。然而，受限于编委业务水平、编写时间以及海关检验检疫法规的不断变动更新，书中难免存在错漏，希望广大读者和专业人士海涵并不吝指正。

编委会

2025 年 3 月

目 录

项目一
海关检验检疫法规与实务概论

【学习目标】

初步了解检验检疫业务演进历史。

掌握检验检疫概念（内涵和外延）。

初步了解检验检疫的作用与地位。

熟练掌握检验检疫法规概念。

全面掌握涉及检验检疫法规的基础法律理论。

了解检验检疫法的创制。

初步了解检验检疫实务概况。

【导引 1 –1 】

场景一：2024 年 5 月 4 日，R 海关在对入境渔船实施登临检疫过程中，发现厨房、宿舱等多处场所存在大量活蜚蠊（蟑螂），经鉴定为德国小蠊。海关随即依法向船企签发《检验检疫处理通知书》，要求船企委托具备检疫资质的单位实施熏蒸处理，随后开展卫生监管，共计灭杀蜚蠊 1 万余只。

场景二：A 机场海关从一名入境旅客行李中查获大量新鲜水果，包括香蕉 91 只、椰子 5 个、水果木薯 4 个，共计重 19.88 千克。海关依法对该批水果抽样送检，后续予以销毁处理。根据《中华人民共和国禁止携带、寄递进境的动植物及其产品和其他检疫物名录》，新鲜水果、蔬菜为禁止携带、邮寄进境物品。擅自携带未经检疫合格的水果入境，可能造成有害生物入侵，危害我国农林生产安全。

场景三：春节前的某天上午，J 海关接到 Z 公司申请，对一批出口航空煤油进行产地检验。"临近春节，订单来得突然，货又要得急，运输线路也比较紧张，还得麻烦尽快安排检验。"出口保税航空煤油，安全是第一位。J 海关查验科科长张某挂上电话后，便和副科长高某一起进入属地查检业务管理系统，对企业申报的信息进行认真审核，核对危险货物安全数据单、分类鉴定报告等资料。当天中午，两人协同技术中心工程师马某，带着资料前往 Z 公司的石化分公司实施检验。现场仔细检查装载情况、危险化学品规范性要求、专业取样。下午四点半，样品进入企业实验室，货物的挥发性、流动性、燃烧性、腐蚀性、安全性等关键技术指标，必须全部符合标准，才能确保安全出口。晚上七点半，实验室检测结果终于出来了，各项指标全部合格。拿到检测结果后，企业马上发货，随即 58 车、3199 吨出口航空煤油顺利发运，为节日期间国际航班开行提供有效保障。

场景四：P 海关关员在对某公司申报进口的一批果味配制酒进行查验时发现，部分果酒的外包装显示生产日期为"2020 年 8 月"，保质期至"2022 年 8 月"，明显超出保质期。现场关员进一步查验发现，该批进口果酒虽有不同的生产日期，但均已超出保质期，不符合销售条件，共计 40320 支，重 22.45 吨。为防止超保质期商品流入市场，根据国家进出口食品安全监管的相关要求，P 海关对该批货物实施退运处置。

请思考：以上四个案例是各地海关在实施进出境检验检疫监管时的业务场景，结合你对检验检疫业务的认知，谈谈国家实施这些监管政策和措施的目的是什么？依据的是哪些法律制度？

任务一　检验检疫概述

一、检验检疫概念

本课程名为"海关检验检疫法规与实务"，学习海关检验检疫法规，首先离不开这个基本的概念——什么是"检验检疫"？

检验，就是"检查并验证"，又有解释为"检查勘验"。《三国志·魏志·胡质传》记载"质至官，察其情色，更详其事，检验具服。"在现代质量管理学范畴，检验就是进行产品品质管制时，应用各种试验、量度工具与方法，查验产品的特性，以之与规定的标准相比，决定其是否合于规格。进出口商品检验法规体系中的检验，指的是必须实施的进出口商品检验，即确定列入目录的进出口商品是否符合国家技术规范的强制性要求的合格评定活动。合格评定程序包括抽样、检验和检查，评估、验证和合格保证，注册、认可和批准以及各项的组合。

所谓检疫，就是"检查并免疫"，这是一个外来名词。检疫（Quarantine）一词源自意大利语"Quarantina giorni"，原意为"40 天"。最早是在 14 世纪中叶欧洲大陆国际港口为防范黑死病、霍乱、黄热病等疾病流行对旅客执行卫生检查的一种措施，是对要求入境的外来船舶和人员采取在进港前一律在锚地滞留、隔离 40 天的防范措施。

在此期间，如未发现船上人员染有传染性疾病，方可允许船舶进港和人员上岸。这种带有强制性的隔离措施，对阻止疫病的传播蔓延起到了很大的作用。此后，该方法在国际上被普遍采用，并逐渐形成了"检疫"的概念。这种始于人类防范疫病的隔离检疫措施（即卫生检疫），给人类以启迪，被人们逐步运用到阻止动物、植物危险性病虫害的传播方面，遂出现了动物检疫和植物检疫。

当"检验＋检疫"形成一个新的专有名词"检验检疫"，又称"出入境检验检疫"，其内涵和外延发生了改变。所谓出入境检验检疫是指检验检疫部门和检验检疫机构依照法律、行政法规和国际惯例的要求，对出入境货物、交通运输工具、人员等进行检验检疫、认证及签发官方检验检疫证明等监督管理工作。出入境检验检疫包括国境卫生检疫、进出境动植物检疫、进出口商品检验、进出口食品安全监管。为方便理解，先各用一句话简介检验检疫四个方面的业务。国境卫生检疫：为了预防、抵御和控制公共卫生风险传入，在国境口岸、关口对出入境人员、交通工具、运输设备以及可能传播传染病的行李、货物、邮包等物品实施检疫、监测和卫生监督，并提供必要的应对措施。进出境动植物检疫：为防止动植物疫情疫病及其他有害生物传入、传出国境，保护农林牧渔业生产和人体健康，对进出境动植物及其相关产品以及来自疫区的运输工具实施检疫。进出口商品检验：在风险管理的基础上，对进出口商品是否符合国家技术规范的强制性要求实施合格评定。进出口食品安全监管：为保证进出口食品安全，对进出口食品实施检验检疫及监督管理。

2018年3月，中共中央印发《深化党和国家机构改革方案》，将国家质量监督检验检疫总局的出入境检验检疫管理职责和队伍划入海关总署。目前国家有关检验检疫的职能由海关承担，因此我们在课程名称"检验检疫法规与实务"前添加了"海关"一词。本课程部分表述仍沿用目前检验检疫法律法规中保留的商检机构、动植物检疫机关、卫生检疫部门等提法，实践中其所指向的都是海关。

二、检验检疫起源与沿革

（一）国境卫生检疫起源与沿革

国境卫生检疫历史大体可划分为起步期、普及期、发展期、新的发展期。世界上最早开展国境卫生检疫的是东罗马帝国，于527年采取海港隔离检疫措施防止埃及发生的鼠疫传入。14世纪，欧洲黑死病（鼠疫）大流行，1374年，在意大利的威尼斯设立世界上第一个检疫站，对入境的船只实施在港外抛锚等候40天的行政措施，卫生检疫自此诞生。1383年后，各国统一把检疫期延长为40天，称为"四旬斋"（Quarantenaria）。随着越来越多的国家相继开展并逐步加强本国的检疫工作，国境卫生检疫从起步期发展到普及期。各国共同抵制传染病蔓延，卫生检疫法规具有国际性共同约束力。以 1851 年世界上第一个《国际卫生公约》为起点，国境卫生检疫进入了发展期。1969年世界卫生组织（World Health Organization，WHO）制定了《国际卫生条例》，2005 年发布了《国际卫生条例（2005）》，展现了世界性统一合作检疫的新特征。进入 21 世纪以来，国境卫生检疫有了新的重大变化和发展，监控对象已从传统的生物病原所致传染病，发展到生物、化学、核与辐射三大类公共卫生风险。

我国国境卫生检疫开始于 1873 年的海港检疫，迄今已有 150 余年。1949 年中华人民共和国成立之后，我国卫生检疫工作进入了崭新的全面发展时期，取得了巨大成就。1949 年，中央人民政府卫生部防疫处设立防疫科，接管了原有的 17 个海陆空检疫所并更名为"交通检疫所"。1979 年，卫生部将下放的卫生检疫机构逐步收归省（自治区、直辖市）卫生厅（局）直接领导，并加强了卫生检疫所（站）的建制。1988 年 5 月 4日中华人民共和国卫生检疫总所成立，1995 年更名为"中华人民共和国卫生检疫局"。1998 年 3 月，原国家进出口商品检验局、国家动植物检疫局和国家卫生检疫局合并，组建国家出入境检验检疫局。2001 年 4 月，国家出入境检验检疫局与国家质量技术监督局合并，组建国家质量监督检验检疫总局。2018 年国务院机构改革，国境卫生检疫职能划入海关。

（二）进出境动植物检疫起源与沿革

1660 年法国通过了一项根除小檗并防止其传入的法令，这是世界上最早出现的植物检疫法令。近代国际动物检疫措施最早见于英国，1866 年英国政府签署了一项法令，批准扑杀带有牛瘟病的进口病牛，1869 年英国制定了动物传染病法。

1878 年 9 月，来自奥地利、法国、德国、意大利、西班牙和瑞士的代表在瑞士伯尔尼签订了《葡萄根瘤蚜公约》，这是由多个国家为防止某一种危险性有害生物签署的首个国际公约。1924 年，国际兽疫局［Office International des Epizooties，世界动物卫生组织（World Organization for Animal Health）的前身］在法国巴黎成立。常见危险性有害生物及病害如图 1 - 1 ～ 图 1 - 3 所示。

我国进出境动植物检疫的历史可以追溯到清朝末期的 1903 年，至今已有 120 多年的历史。中华人民共和国成立后，党和国家高度重视动植物检疫工作，特别是 1965 年经国务院批准，在全国 27 个口岸设立了动植物检疫所，检疫范围从贸易性农牧产品扩大到非贸易性的动植物、动植物产品及其他检疫物，加速了动植物检疫与国际接轨的步伐。随着对外贸易的发展，动植物及其产品贸易量迅速增长。1982 年国家设立动植

图 1 – 1　葡萄根瘤蚜

来源：百度图片，引用自《陈汉杰研究员，行来陕调查》

图 1 – 2　马铃薯甲虫

来源：百度百科图片

图 1 – 3　小麦秆锈病

来源：百度图片，引自《14 种小麦病虫害图片，另有防治技术！》

物检疫总所。1994 年国务院批准成立国家动植物检疫局。1998 年"三检"合一，成立国家出入境检验检疫局，2001 年国家出入境检验检疫局与国家质量技术监督局合并，成立国家质量监督检验检疫总局。2018 年国务院机构改革，进出境动植物检疫职能划入海关。

（三）进出口商品检验起源与沿革

进出口商品检验是国际贸易的必然产物，随着国际贸易的发展而发展。16世纪初，欧洲产生了从事商品检验鉴定业务的公证人员和私人开设的公证行，这是进出口商品检验工作的开端。1664年，法国政府制定并公布了商品取缔法令，建立了由国家批准设置的第一个专门检验机构和对进出口商品实施检验的管理制度，主要是促进本国产品质量提升，增强其在国际市场上的竞争优势。19世纪，较发达的西方国家普遍设立商品检验机构。时至今日，世界各国都在不断完善和加强进出口商品检验工作。

中华人民共和国成立后，中央贸易部国外贸易司设立商品检验处，统一领导全国商检工作，并在主要贸易口岸和商品产地设立了商品检验局及其分支机构。1951年，中央人民政府政务院财政经济委员会公布了《商品检验暂行条例》，确立了中国检验机构独立自主行使检验权力的制度。1954年1月3日，政务院公布实施《输出输入商品检验暂行条例》，这是中华人民共和国成立后发布的第一个进出口商品检验工作的行政法规，把进出口商品检验工作纳入国家行政管理的轨道。

1980年，对外经贸部商品检验总局改为国家进出口商品检验总局。1984年国务院发布《中华人民共和国进出口商品检验条例》，规定国家进出口商品检验局统一监督管理全国进出口商品检验工作，明确了商检机构的检验范围、检验内容、检验制度等。1989年2月，第七届全国人民代表大会常务委员会第六次会议审议通过了《中华人民共和国进出口商品检验法》（简称《进出口商品检验法》），首次将进出口商品检验与监管的原则、对象、体制、标准、程序、方法用法律的形式确定下来，进出口商品检验监管工作由此踏上了法律化、制度化、规范化的进程。2001年国家质量监督检验检疫总局成立后，承担了进出口商品检验职能。2018年国务院机构改革，进出口商品检验职能划入海关。

（四）进出口食品安全监管起源与沿革

　　我国的食品安全监管体制演变分为两个阶段，第一阶段是 2003 年之前，以卫生部门为主监管，第二阶段是 2003 年之后，分段监管与综合协调相结合。1979 年国务院颁布《中华人民共和国食品卫生管理条例》，1995 年第八届全国人民代表大会常务委员会第十六次会议审议通过《中华人民共和国食品卫生法》。2009 年 2 月 28 日第十一届全国人民代表大会常务委员会第七次会议通过《中华人民共和国食品安全法》（简称《食品安全法》），后历经 2015 年第一次修订，以及 2018 年和 2021 年两次修正。

　　《食品安全法》规定，食品安全指食品无毒、无害，符合应当有的营养要求，对人体健康不造成任何急性、亚急性或者慢性危害。《食品安全法》定义的食品安全，更多的是关注食品的质量与卫生。WHO 将"食品安全"和"食品卫生"当作两个不同的概念进行区分。其中，将"食品安全"定义为"对食品按其原定用途进行制作和食用时不会使消费者受害的一种担保"；"食品卫生"的定义在范围上则比"食品安全"要窄，是指"为了确保食品安全性和适宜性在食物链的所有阶段必须采取的一切条件和措施"。由此可见，食品安全的概念外延比食品卫生要宽，对食品的要求更高、更严格。自 2009 年 6 月 1 日起施行的《食品安全法》，取代了《中华人民共和国食品卫生法》，从"卫生"到"安全"，虽是一词之差，却折射出中国对食品安全管理制度的深层次思考，表明中国政府对人民健康的高度重视，也彰显了关注民生、以人为本的立法理念。

　　《食品安全法》以及其后的机构改革确立了当前食品安全监管基本体制。国务院设立食品安全委员会，其工作职责由国务院规定。国务院卫生行政部门承担食品安全综合协调职责，负责食品安全分析评估、食品安全标准制定、食品安全信息公布、食品检验机构资质的认定条件和检验规范的规定，组织查处食品安全重大事故。国务院质量监督、工商行政管理和国家食品药品监督管理部门依照本法和国务院规定的职责，分别对食品生产、食品流通、餐饮服务活动实施监督管理。

　　进出口食品是我国食品供应链的重要组成部分，《食品安全法》专门设立"食品进出口"一章。进出口食品安全关系广大人民群众的身体健康和生命安全，关系经济健康发展和社会稳定，关系政府和国家的形象。近十年来，我国进出口食品贸易保持高速增长，既满足了人民群众日益增长的食品需求，也为出口创汇、解决就业等贡献了力量。所谓进出口食品安全监管，即海关依法对进出口食品实施的检验检疫和监督管理，其职责内容包括两个方面：一是检疫，主要对象是进出口动植物源性的食品，包括动植物及其产品，属于《中华人民共和国进出境动植物检疫法》（简称《进出境动植物检疫法》）规定的法定检疫物，如蔬菜水果等农产品、水产品等；二是对食品质量安全的法定检验，主要是依照《食品安全法》《进出口商品检验法》等规定对进出口食品实施法定检验，同时也按照《中华人民共和国农产品质量安全法》（简称《农产品质量安全法》）等规定对食用农产品是否符合质量安全要求实施检验。

【延伸阅读1-1】海关保障进出口食品安全面临的更大挑战

食品安全风险更加复杂多变，相关应对方案需要配套完善。当前食品贸易的全球化格局已然构建，进口食品的类型日益多样化，来源地范围更为宽泛，食品产业链尤为复杂，全球环境污染和气候变化则不可避免地在持续产生负面影响，食源性疾病的类别增加，波及面不断扩大，影响我国食品安全的风险因素显著增加，海关保障进出口食品安全面临的挑战更为严峻。据中国海关发布的数据，2019年至2020年期间，在进口检验环节因不符合食品安全国家标准，或相关法律法规要求而未准入境食品分别是1792批和1831批。2021年上半年未准入境食品为1070批。

——参考自《总体国家安全观下进出口食品安全监管体制研究》（何锋等，上海法学研究集刊2021年第24卷）。

三、出入境检验检疫的作用

出入境检验检疫的主要职责是对出入境的货物、人员、交通工具、集装箱、行李、邮包、携带物等进行卫生检疫、动植物检疫、商品检验，以保护人类健康和安全、保护动物或者植物的生命和健康、保护环境、防止欺诈行为、保障进出口食品安全以及维护国家安全。检验检疫的直接作用主要表现在以下几方面。

（一）促进外贸经济发展

检验检疫部门采取分类管理、绿色通道、直通放行、减免费用等措施，使更多的产品和企业走出国门。开展与境外检验检疫证书联网核查，为企业提供检验检疫便利。提供良好的原产地签证服务，帮助企业用足用好境外关税减免政策。

（二）服务外交外贸大局

检验检疫技术措施能够保护安全和健康、促进环保、便利国际贸易，在配合我国外交外贸、推动加入世界贸易组织、争取有关国家（地区）承认我国市场经济地位等方面发挥了重要作用。积极参加国际和地区组织，与世界各国（地区）建立深入广泛的合作机制，推动我国的国际话语权和影响力不断增强。

（三）防止疫病疫情传播

通过实施检验检疫、健康体检、预防接种和传染病监测，及时发现染疫人员，采取相应措施。通过体温查验、疑似病例报告、染疫人员应急处理以及口岸值班、紧急情况报告等口岸卫生查验体系，建成设施齐全、功能齐备、运转高效、反应灵敏、应对有力的口岸公共卫生突发事件防御体系。

（四）防止有害生物入侵

建立严格科学的防止有害生物入侵体系。对出入境的动植物及其产品实施风险分析、双边市场准入、强制隔离检疫、检疫处理，对来自疫区的入境运输工具和集装箱进行消杀灭处理，对查出疫情的产品予以退回、销毁或无害化处理。

（五）防止有毒有害物质传入

全面实施装运前检验和到岸查验制度，对不符合我国环保要求的商品一律实行退运处理。对废旧机电产品进口加强管理，实施废旧机电产品到岸逐一检查制度，严厉打击非法入境行为。

（六）防止不合格商品进出

实施法定检验和抽检制度，实行强制认证、卫生注册、生产过程监管、口岸查验、境外预检、风险预警、驻厂检验等措施，实施技术性贸易政策，提升商品质量。

四、出入境检验检疫的地位

概括而言，检验检疫的地位主要体现在以下四个方面。

（一）检验检疫是行使国家主权的重要体现

一方面，检验检疫的主权性体现在各种强制性制度中。如出入境检验检疫机构代表国家履行检验检疫职责，对一切进入中国境内和开放口岸的人员、货物、运输工具、旅客行李物品和邮寄包裹等实施强制性检验检疫；对涉及安全卫生及检疫产品的境外生产企业的安全卫生和检疫条件进行注册登记；对发现检疫对象或不符合安全卫生条件的商品、物品、包装和运输工具，有权禁止进境，或视情况在进行消毒、灭菌、杀虫或其他排除安全隐患的措施等无害化处理并重验合格后，方准进境。另一方面，检验检疫的主权性也体现在国际合作中。如检验检疫机构配合国家外交外贸大局，代表国家参与多边、双边磋商，签订各种贸易或技术协定，充分体现了国家主权。

（二）检验检疫是维护国家安全的重要屏障

随着社会的发展，国家安全的含义日趋丰富。除了传统意义上政治、军事和外交冲突导致的国家安全问题外，经济安全、生态环境安全、公共卫生安全、食品安全、质量安全、物种资源安全等非传统安全问题越来越受到关注。长期以来，检验检疫在防止疫病疫情、保障食品和产品质量安全、阻止有害物质传入传出等方面发挥着不可替代的作用。

（三）检验检疫是推动社会经济发展的重要力量

社会和谐离不开检验检疫。建设和谐社会需要稳定的社会环境，安全是稳定的基本要件，检验检疫承担维护国家安全的职能，自然就成为推动社会和谐发展的有力保障。经济发展也离不开检验检疫。改革开放以来，中国在经济领域取得的成就举世瞩目，外贸是推动中国经济腾飞的重要力量之一。检验检疫部门严格履行法定职责，积极服务外贸发展，突破国际贸易壁垒，帮助企业提升产品竞争力；简政放权，为外贸发展提供更为宽松的环境和更多的便利化措施，在中国对外贸易发展过程中作出了重要贡献，并将发挥更加重要的作用。

（四）检验检疫是保护消费者利益的重要手段

检验检疫是保障消费安全的有效手段。随着经济的发展，中国人的消费能力不断提高，消费安全日益受到普遍关注。严格履行检验检疫职责，保障进入中国的商品质量安全，防止不合格甚至有毒有害商品进入中国，是保护中国消费者生命健康安全的直接、有效措施之一。

任务二　海关检验检疫法规的一般原理

一、海关检验检疫法规概念解析

海关检验检疫法规指的是检验检疫职责划入海关之后，海关的法律制度体系中，与检验检疫业务职能相关的法律制度。

本学科名称中的"法规"是法律规范的一个统称。当前，我国正式意义上的法的渊源包括宪法、法律、行政法规、地方性法规、自治法规、规章、特别行政区法和国际条约等。其效力层级自上而下分别是：宪法、法律、行政法规、地方性法规、规章以及其他规范性文件。"海关检验检疫法规"语境下的"法规"，是法律规范、法律制度体系的意思，其法律渊源包括海关涉及检验检疫业务的法律、行政法规、规章以及规范性文件（公告）。

二、法的一般原理

本学科是一门法律理论与实践相结合的学科，入门时应当掌握以下法理学基础知识。

（一）法的概念

1. 法的定义

法是由国家制定、认可并由国家强制力保证实施的规范体系。这种规范体系主要反映了由社会物质生活条件决定的统治阶层或人民的意志，其目的在于确认、保护和发展统治阶层或人民所期望的社会关系、社会秩序和价值目标。

法在很多场合与法律通用。在我国，广义的法律包括作为国家根本法的宪法，全国人民代表大会及其常务委员会制定的法律，国务院制定的行政法规以及其他国家机关制定的地方性法规、自治条例和单行条例、规章等。狭义的法律仅指全国人民代表大会及其常务委员会制定的法律。

【延伸阅读 1 - 2】关于中国"法"的词源争论

现代汉语中的"法"的古体是"灋"。东汉时期，许慎所著《说文解字》中对"灋"字解释为："灋，刑也，平之如水，从水；廌，所以触不直者去之，从去。"因此，人们认为，从其"氵"旁看，"灋"有"平之如水"的公平之意。而"灋"中的"廌"，指的是一种传说中的神兽，生性悍直，能区分是非曲直，对于"不直者"，它会将其"触而去之"。因而，"廌"和"去"表征着审判、惩罚的含义。但也有学者认为，许慎的"平之如水"说不过为"后世浅人所妄增"。在先秦的文献中，强调水自上而下流动的文字更多。故此，"灋"的"氵"旁，更有可能意味着古人强调法是由上向下颁布的。

针对上述异议，有学者从训诂学的角度出发，对"灋"的各组成部分进行了考察。第一，水在古人观念中无论是具象还是抽象意义上都具有平、正之意。第二，"廌"在甲骨文中出现，展现了远古时期的诉讼场景。通过"廌"这种神兽进行的审判，是一种代表公平正义的神明裁判。第三，在"灋"字中，"去"应理解为"祛除"——被"廌"认为恶或不公正的东西会随之"祛除"。第四，即使将"灋"与"刑"联系起来，也无法否认"灋"字具有的公平之意。因为，许慎所说的"灋，刑也"中的"刑"字本身，也承载平、正之义。将"刑"仅仅理解为现代意义上的"刑罚""刑杀"，是对古文字的一种误读。

其实，上述争论不仅与"灋"这个单字的所指有关，而且关系到我们如何理解中国古代最早的法观念以及这种观念的流变。

——参考自《法理学阶梯（第2版）》，舒国滢主编，清华大学出版社，第18页至第19页。

2. 法的特征

现代社会中存在纷繁复杂的各类规范，如政治规范、道德规范、行业规范、文化规范、美学规范、技术规范等，法律规范与上述这些规范的区别有以下几点。

（1）法是调整人的行为的社会规范。法是一种社会规范。法的规范性体现在它为人的行为提供了一个模式、标准和方向，其内容具有普遍性和概括性，并且能够反复适用。作为一种社会规范，法仅仅约束和调整人的外在行为。法的这一特征使法既区别于思想意识、社会舆论等其他社会调整手段，又区别于非规范性的决定、命令，如法院判决。

（2）法是出自国家的社会规范。法是由国家专门机关制定或认可的。所谓国家制定，是指国家机关通过立法活动产生规范性法律文件。所谓国家认可，是指国家承认或赋予某种习惯、判例、法理具有法律效力。从产生途径上看，法是以国家名义允许、要求或禁止人们作出某种行为，具有国家意志的属性，因而具有高度的统一性和普遍适用性。法的这一特征使法区别于其他社会规范。

（3）法是规定权利和义务的社会规范。法通过权利和义务的设定与运行实现对人们行为的调整，因而法的内容主要表现为权利和义务。这是法区别于其他社会规范的又一特征。法所规定的权利和义务是相对应的。一般来说，一方的权利，意味着其他有关方面承担的义务；反之亦然。没有无权利的义务，也没有无义务的权利。而道德规范、宗教规范等社会规范，基本上是义务性的，不包含权利内容。

（4）法是由国家保证实施的社会规范。任何一种社会规范都有保证其实施的社会力量，但不同规范的强制性在性质、范围、程度和方式方面不尽相同。法由国家强制力保证实施，法的国家强制性既表现为国家对违法行为的否定和制裁，也表现为对合法行为的肯定和保护。需要强调的是，法由国家强制力保证实施，是指国家强制力是法实施的最后一道防线，并不意味着法的每一个实施过程都要借助国家强制力，也不意味着国家强制力是保证法实施的唯一力量。

3. 法的本质

对于法的本质，学者有过多种解释。自然法学将法的本质归结为人的理性，认为法的终极目标是实现公平正义，世界上存在着理想和绝对的完美法律，它是一切法律的基础。分析法学认为，实在法之外没有超越性的理想法存在，法是主权者的命令。社会法学认为，法可以是"非国家的法"和"行动中的法"，即法并不限于国家制定或认可，它还包括一切社会生活中通行的、能够有效约束人们行为的规范，以及现实中的各种法律行为和法律活动。

根据马克思主义法学理论，法的本质可以从以下两个方面来概括。

一方面，法是国家意志的体现。法是以国家政权意志形式出现的。法首先和主要体现统治阶层的意志，但在统治阶层形成共识的过程中，其他阶层的意见和利益并不能被完全排除。由于法调整的社会关系的复杂性，法在处理社会公共事务、执行社会职能时，往往以反映全社会利益的面目出现，具有广泛的社会性。

另一方面，法最终决定于社会物质生活条件。法是人们有意识创造的，而人的意识是由生活在其中的社会物质生活条件所决定的。因此，法是建立在一定社会经济基础之上的上层建筑的一个重要组成部分。法的性质和发展由经济基础决定，反之，又对经济基础具有能动作用。这就要求国家在立法时注意现实的经济条件以及相应的经济规律。此外，法的内容还要受到经济以外诸多因素不同程度的影响，如地理环境、人口状况、历史传统、国家形式、道德、文化、民族、宗教、风俗习惯乃至国际环境等。

（二）法的要素

法是由若干部分构成的一个统一体。构成法的整体的各个主要部分，称为法的要素。一般认为，法由法律概念、法律原则和法律规范（规则）三个要素构成，法律规范（规则）是法的主体。

1. 法律概念

法律概念是指在法律上对各种事实进行抽象，概括出它们的共同特征而形成的权威性范畴。法律概念在法律文件中具有重要作用，它将各种法律现象加以整理归类，为规范和原则的构成提供了前提和基础。例如《进出口商品检验法》第六条"必须实施的进出口商品检验，是指确定列入目录的进出口商品是否符合国家技术规范的强制性要求的合格评定活动"，就是一个关于"必须实施的进出口商品检验"即"法检"

的法律概念。法律概念是法的基础性或技术性要素。理解和把握法律概念，才能有效地构建法的整体，准确地适用或遵守法律。

需要注意的是，法律概念不同于日常生活概念，它具有专门的法律意义。例如作为日常用语的"死亡"就与作为法律概念的"死亡"有明显的区别，后者往往需要法律上给出明确的界定。传统法律以心跳、呼吸停止作为死亡的标准，但现代出于器官移植的需要，一般都倾向于采纳脑死亡作为死亡的标准。1968 年第一例人工心脏移植成功后，美国哈佛大学成立了第一个确定脑死亡标准的委员会。瑞士还颁布了《脑死亡法》来专门确定"死亡"的法律含义。法律上之所以对概念进行专门的界定，是考虑到法律实践中权利义务的确定、法律责任的承担在很大程度上依赖于对法律概念的解释。

2. 法律原则

在法学中，法律原则是指可以为法律规则提供某种基础或本源的综合性的、指导性的原理和准则。在许多法律部门中都有法律原则，例如行政法中的行政应急性原则、正当程序原则，刑法中的罪刑法定原则、罪刑相适应原则，民法中的诚实信用原则、意思自治原则、公平互利原则等。《食品安全法》第三条规定"食品安全工作实行预防为主、风险管理、全程控制、社会共治，建立科学、严格的监督管理制度"，该条款规定的就是食品安全工作的原则。法律原则是法的基本性质、基本内容和基本价值取向的集中反映，对法律的解释和推理有直接的作用。法律原则不仅可以指引人们如何正确适用法律规范，而且在没有相应规范时，可以代替规范来作出裁决。

3. 法律规则

在中国目前的法理学教材中，法律规范与法律规则是互相通用的两个概念。法律规则，又叫法律规范，是调整人与人之间一定社会关系的行为规范。但西方的一些学者认为应当区分法律规范与法律规则这两个概念。法的创制权威所制定的法律规范是规定性的，而法学所陈述的规则却是叙述性的。规则是关于某些事项的法律规定的陈述，通常比学说和原则更详细和具体；规范则是团体成员所接受的行为规则或标准，它不及法律规则具体。将法律规范和法律规则等同，有现实的原因。古代的法典大都是一些规则的结合，并没有规定法律原则的条文，人们把法律规范单单看作是由法律规则构成。随着立法技术的改进，在现代成文法中出现了越来越多的法律原则，法律原则对主体行为进行指引和规范的方式与法律规则相比，有明显的不同。因此，有必要将法律规范与法律规则加以区分，将法律规范作为上位概念，法律规范包括法律规则和法律原则两种规范形式。法律规则和法律原则分别以不同的方式发挥对人的行为的指引和规范作用。

因此，将法律规范和法律规则分别定义为：法律规范是指国家通过制定或认可的方式形成法律规则和法律原则来调整人们行为的社会规范；而法律规则是明确具体规定法律上的权利、义务、责任的准则、标准，或是赋予某种事实状态以法律意义的指示、规定，法律规则是法律规范的一种。

（1）法律规则的结构。

法律规则通常有严密的逻辑结构。对法律规则的逻辑结构的分析，法学界主要有两种代表性的观点：三要素说和二要素说。

三要素说认为，法律规则由假定、处理、制裁三部分构成。假定是法律规则中指出适用这一规则的条件或范围；处理是法律规则所要求的作为和不作为；制裁是指法律规则所规定的主体违反规则规定所应当承担的法律责任。近年来又有新的三要素说，即认为法律规则由假定、处理、法律后果构成，或者由假定、行为模式和法律后果构成。

二要素说是在三要素说的基础上形成的一种学说。二要素说认为，每一种法律规则都由行为模式和法律后果两要素构成。行为模式是法律规则中为主体如何行为提供标准或准则的范式。大体可分为三类：可以这样行为、应该这样行为、不应该这样行为。这三种行为模式分别对应三种行为规则：授权性规则、命令性规则、禁止性规则。后两类可以合称义务性规则，即通常所说的"令行禁止"。法律后果是法律对主体的具有法律意义的行为赋予的某种后果。大体可分为两类：其一是肯定性法律后果，即法律承认这种行为合法、有效并加以保护或奖励；其二是否定性法律后果，即法律不承认或禁止这种行为，并予以撤销或制裁。

【导引 1-2】

《中华人民共和国国境卫生检疫法实施细则》（简称《国境卫生检疫法实施细则》）第十一条规定："入境、出境的微生物、人体组织、生物制品、血液及其制品等特殊物品的携带人、托运人或者邮递人，必须向卫生检疫机关申报并接受卫生检疫，凭卫生检疫机关签发的特殊物品审批单办理通关手续。未经卫生检疫机关许可，不准入境、出境。"

第十七条规定："在国内或者国外某一地区发生检疫传染病流行时，国务院卫生行政部门可以宣布该地区为疫区。"

请思考：按法律规则所设定的行为模式不同，上述法律规则分别属于什么类型的规则（授权性规则、命令性规则和禁止性规则）？

（2）法律规则的分类。

①按法律规则所设定的行为模式不同，分为授权性和义务性两种规则，或者授权性、命令性和禁止性三种规则。

授权性规则是指授权或者允许主体可以这样行为的规则。通常采用"可以""有权""有……自由"的表述。按其内容又可分为两种形式，其一是授予国家机关、公职人员某种权力（职权），如处罚权、审判权；其二是授予公民或其他社会组织某种权利，如陈述权和听证权。

义务性规则是指规定主体必须为或者不得为一定行为的规则，也可分为两类。其一是命令性规则，又称积极义务，通常采用"应当""必须"的表述；其二是禁止性规则，又称消极义务，通常采用"不得""禁止"的表述。

②按法律规则效力强弱或刚性程度不同，分为强制性规则和任意性规则。

强制性规则指不问主体意愿如何必须加以适用而不得违反或变通的规则。义务性规则通常属于强制性规则。公法如刑法、行政法、诉讼法等，主要涉及社会公共利益，其中的强制性规则较多。

任意性规则指适用与否由主体自行选择的规则。授权性规则多属任意性规则。私法如民商法等，主要涉及私人利益，任意性规则较多。但授权性规则并非任意性规则的另一种说法，授予国家机关职权的规则就不具有任意性。

③按法律规则内容的确定性程度不同，分为确定性规则、委托性规则和准用性规则。

确定性规则明确规定一定行为规则，不必再援用其他法律规则。这是法律规则最常见的形式。

委托性规则并未规定具体行为规则，而是委托（授权）其他机关加以规定。如《进出境动植物检疫法》第二十九条关于"禁止携带、邮寄进境的动植物、动植物产品和其他检疫物的名录，由国务院农业行政主管部门制定并公布"的规定，就属于委托性规则。

准用性规则没有规定具体行为规则，而是明确规定可以或应当依照、援引或参照其他法律或法律条文。如《农业转基因生物安全管理条例》第四十九条规定"违反本条例规定，进口、携带、邮寄农业转基因生物未向口岸出入境检验检疫机构报检的，由口岸出入境检验检疫机构比照进出境动植物检疫法的有关规定处罚"，该条款属于准用性规则。

（三）法律关系

法律关系是法律规范在调整人们行为过程中所形成的法律上的权利和义务关系。法律关系以现行法律的存在为前提，以法律上的权利和义务为内容，以国家强制力为保障。

法律关系具有三个构成要素：主体、内容和客体。

【导引 1 - 3】

《食品安全法》第十五条第二款规定："食品安全风险监测工作人员有权进入相关食用农产品种植养殖、食品生产经营场所采集样品、收集相关数据。采集样品应当按照市场价格支付费用。"

请思考：法律关系主体之间的法律权利和法律义务是法律规范所规定的法律权利与法律义务在实际的社会生活中的具体落实，请分析该法条所涉及的相关主体，其各自享有和承担的权利义务是什么，相互之间的关系如何？

1. 法律关系主体

法律关系主体，又称权利主体或权义主体，即法律关系的参加者，是法律关系中一定权利的享有者和一定义务的承担者。其中享有权利的一方称为权利人，承担义务的一方称为义务人。

（1）法律关系主体的类别。

我国法律关系主体主要有三类。

一是自然人。自然人包括中国公民、居住在中国境内或在境内活动的外国公民和无国籍人。公民是自然人中最基本的法律关系主体，能够参加多种法律关系，如财产、婚姻、劳动、行政等。一些重要的法律关系只能由公民参加，如选举法律关系。居住在中国境内或在境内活动的外国公民和无国籍人参与法律关系的范围是有限制的，具体由我国法律以及我国与其他国家签订的国际条约确定。

二是法人和非法人组织。法人是具有民事权利能力和民事行为能力，依法独立享有民事权利和承担民事义务的组织。法人应当具备四个条件：依法成立；有必要的财产或经费；有自己的名称、组织机构和场所；能独立承担民事责任。《中华人民共和国民法通则》把法人分为企业法人和机关、事业单位、社会团体法人。其中，机关法人包括权力机关、行政机关、审判机关和检察机关等，它们在其职权范围内活动，能够成为宪法关系、行政法关系、诉讼法关系等多种法律关系的主体。机关法人也可以以民事法律关系主体的身份参加民事法律关系，只是，此时其活动不具有行使职权的性质。非法人组织不具备法人条件，但也是依法享有法律权利的组织，如企业的分支机构享有依法经营权、名称权等。

三是国家。国家作为一个整体，是某些重要法律关系的参加者。国家作为主权者既可以是国际公法关系的主体，也可以直接以自己的名义参加国内的法律关系，如成为国家所有权关系的主体。

（2）权利能力、行为能力以及责任能力。

公民和法人要成为法律关系的主体，享有权利和承担义务，就必须具有权利能力和行为能力，即具有法律关系主体构成的资格。

权利能力是权利主体享有权利和承担义务的能力。它反映了权利主体取得一定权利和承担一定义务的法律资格。权利能力依据享有权利能力的主体范围不同，可以分为一般权利能力和特殊权利能力。一般权利能力是一国所有公民都能享有的，如民事权利能力，我国公民从出生时起到死亡时止，具有民事权利能力。特殊权利能力是公民在特定条件下具有的法律资格，如国家机关及其工作人员行使职权的资格。

行为能力是法律关系主体能够通过自己的行为实际取得权利和承担义务的能力。行为能力是将权利能力的可能性化为现实性的一个重要条件。行为能力必须以权利能力为前提。但公民有权利能力却并不一定有行为能力。《中华人民共和国民法通则》根据是否达到一定法定年龄、智力是否健全、能否对自己的行为负完全责任将公民分为完全民事行为能力人、限制民事行为能力人和无民事行为能力人。18周岁以上的公民是成年人，具有完全民事行为能力；16周岁以上不满18周岁的公民，以自己的劳动收入为主要生活来源，视为完全民事行为能力人。10周岁以上的未成年人，不能完全辨认自己行为的精神病人，是限制民事行为能力人，可以进行与其年龄、智力相适应的民事活动。10周岁以下的未成年人，不能完全辨认自己行为的精神病人是无民事行为能力人。社会组织的行为能力与权利能力相伴始终。自然人的行为能力一般通过自身实现，法人的行为能力则通过其法定代表人实现。

责任能力是行为人因违法而承担法律责任的能力，是行为能力的特殊表现形式。一般地，如果一个人具有行为能力，就相应地具有责任能力。在刑事和行政法律关系中，责任能力具有独立的意义，表现为行为人具有了解自己行为性质、意义和后果，并自觉控制其行为和对其行为负责的能力。我国刑法和行政处罚法对行为人的责任能力有年龄和智力方面的特殊规定。如《中华人民共和国行政处罚法》（简称《行政处罚法》）规定："不满十四周岁的未成年人有违法行为的，不予行政处罚，责令监护人加以管教；已满十四周岁不满十八周岁的未成年人有违法行为的，应当从轻或者减轻行政处罚。""精神病人、智力残疾人在不能辨认或者不能控制自己行为时有违法行为的，不予行政处罚，但应当责令其监护人严加看管和治疗。间歇性精神病人在精神正常时有违法行为的，应当给予行政处罚。"

2. 法律关系内容

法律关系内容是法律权利和法律义务。

（1）法律权利。法律权利又称法定权利，是指法所确认和规定的权利人所享有的某种权能。包括权利享有者按照自己的意愿，在法规定的范围内作出一定的行为；要求他人（义务承担者）为或不为一定行为；当受到不法侵害时依法请求国家强制力予以保护等。法律权利根据权利主体的不同，通常分为公民的权利和国家机关及其公职人员行使公务时的职权。前者又称私权利，后者又称公权力或职权。对私权利而言，法无限制即自由；对公权力而言，法无授权即无权。

（2）法律义务。法律义务是法所规定的义务人承担的某种必须履行的责任。法律义务的特点是必要性。义务人必须为或不为某种行为，否则权利人的权利就不能实现。如果义务人不履行义务，就可能受到国家强制力的制裁。法律义务根据主体的不同，也可以相应地分为公民的义务和国家机关及其公职人员的义务。

（3）法律权利和法律义务的关系。法律权利和法律义务是对立统一的关系。

一方面，法律权利与法律义务是法律主体交互行动中两个相互分离、内容对立的成分和因素。权利意味着一定的行为自由，而义务则意味着行为的约束。

另一方面，法律权利与法律义务之间相互依存，有不可分割的联系。第一，权利主体的权利实现离不开义务主体的配合。第二，权利主体享有行动自由的同时往往也要承担一定的义务，没有无限度的义务，也没有无限度的权利，权利的限度就表现为权利主体进行自我约束的义务。第三，权利和义务具有价值的一致性和功能的互补性。权利直接体现法的价值目标，义务保障价值目标和权利的实现。义务因其特有的约束机制而更有助于建立秩序，权利以其特有的利益导向和激励机制而更有助于实现自由。

3. 法律关系客体

法律关系客体是指法律关系主体之间权利和义务所指向的对象，大致可分为四类。

（1）物。法律意义上的物，是指法律关系主体所支配的、在生产和生活中所需要的客观实体。作为法律关系客体的物，与物理意义上的物既有联系，又有区别。物理意义上的物要成为法律关系的客体，必须具备以下条件：要得到法律上的认可；能够被人类认识和控制；能够给人们带来某种物质利益，具有经济价值；具有独立性。

在我国，大部分天然物和生产物都可以成为法律意义上的物。但需要指出的是，以下四类物不得进入国内商品流通领域，不能成为私人法律关系的客体：人类公共之物或国家专有之物（如海洋、空气等）；文物；军事设施、武器（枪支、弹药等）；危害人类之物（如毒品、淫秽物品等）。

（2）人身。人身是指由各个生理器官组成的有机体。随着现代科技和医学的发展，输血、植皮、器官移植、精子提供等现象大量出现，使得人身不仅是人作为法律关系主体的承载者，而且在一定范围内成为法律关系的客体。但需要注意的是，第一，活人的身体不得视为法律上的物，不能成为物权、债权、继承权等的客体。拐卖人口、买卖婚姻，是法律所禁止的违法或犯罪行为。第二，权利人对自己的身体不得进行违法或有伤风化的活动，如自残、自杀系法律所不提倡的行为，卖淫属于违法行为。第三，对人身行使权利时必须依法进行，严禁对他人人身非法行使权利，如有监护权的父母不得虐待未成年子女的身体。

（3）精神产品。精神产品主要指人们从事智力活动所取得的成果，如著作、发明、专利、商标、商业秘密等，通称"知识产权"。精神产品属于非物质财富，也称为"智力成果"或"无体财产"。

（4）行为结果。行为结果是指义务人完成其行为所产生的能够满足权利人利益要求的结果。这种结果一般分为两种：一种是物化结果，即义务人的行为凝结于一定的物体，产生一定的物化产品或营造物（如道路、桥梁）；另一种是非物化结果，即义务人的行为没有转化为物化实体，而仅表现为一定的行为过程，最后产生权利人所期望的结果，如家庭关系中父母对子女的抚养、演出合同关系中演员的表演、医患关系中医生的诊治等。

（四）法律事实

1. 法律事实的含义

法律事实是法律规范所规定的，能够引起法律关系产生、变更和消灭的现象。法律关系产生、变更和消灭的根据是法律规范。但是，一般情况下，法律规范仅仅是法律关系的产生、变更和消灭的前提。只有当法律规范中假定的事实发生时，才能引起法律关系的产生、变更和消灭。

2. 法律事实的种类

根据是否以权利主体的意志为转移，法律事实可以分为法律事件和法律行为。

法律事件是不以权利主体的意志为转移而引起法律关系形成、变更或消灭的客观事实。如人的出生，引起亲属法律关系的产生；人的死亡，又导致亲属关系的消灭和继承关系的产生等。

法律行为是以权利主体的意志为转移、能够引起法的后果的法律事实，包括合法行为和违法行为。合法行为是与法的要求一致的行为，如订立合同、登记结婚等。违法行为是与法的要求不一致的行为，如违约行为、侵权行为等。

【案例分析 1-1】有关法律关系、客体、法律事实的案例解析

一、商品质量纠纷

最近某消费者在购买了一款电视机后发现其存在严重质量问题，多次维修后仍无法正常使用。消费者与商家就退货、赔偿等问题发生纠纷。

此案例中，涉及消费者与商家之间的买卖合同关系。法律关系客体是商品电视机及其质量保障。法律事实是电视机存在质量问题，多次维修后仍无法正常使用。根据《中华人民共和国消费者权益保护法》（简称《消费者权益保护法》），消费者享有商品质量保障的权利，商家应承担商品质量问题的相应责任。

二、劳动合同纠纷

最近某公司一名员工因公司未按照约定支付加班费，提出解除劳动合同并要求支付拖欠的加班费和经济补偿。

此案例中，涉及员工与公司之间的劳动合同关系。本案的法律关系客体是劳动合同及其约定的权利和义务。法律事实是公司未按照约定支付加班费。根据《中华人民共和国劳动合同法》，公司应依法支付员工的加班费，员工有权因公司违约而解除劳动合同。

三、银行诈骗案件

一名犯罪嫌疑人冒充银行工作人员，以高息理财为名骗取客户资金后潜逃。被害人报案后，公安机关立案侦查。

此案例中，涉及被害人与银行之间的存款合同关系，以及犯罪嫌疑人与银行之间的冒充工作人员关系。法律关系客体是存款合同及其约定的权利和义务，犯罪嫌疑人的诈骗行为。法律事实是犯罪嫌疑人冒充银行工作人员，骗取被害人资金后潜逃。根据《中华人民共和国刑法》（简称《刑法》），犯罪嫌疑人的行为构成诈骗罪，应承担刑事责任。

任务三　海关检验检疫法规的制定

法的制定（立法）是指法定的国家机关，依照法定的职权和程序，创制、认可、修改和废止法的活动。

一、我国法的制定

（一）立法体制

立法体制是指国家立法机关的体系及其立法权限的划分。我国是单一制国家，实行统一的、分层次的立法体制。现行立法体系在纵向上分为中央立法和地方立法两大层次，在横向上分为权力机关立法和行政机关立法两大系统，《中华人民共和国立法法》（简称《立法法》）对此作了规定。

1. 在中央一级

最高国家权力机关为全国人民代表大会。全国人民代表大会及其常务委员会行使国家立法权，制定法律。

最高国家行政机关是国务院。国务院根据宪法和法律，制定行政法规。国务院各部、委员会、中国人民银行、审计署和具有行政管理职能的直属机构，根据法律和国务院的行政法规、决定、命令，在本部门的权限范围内，制定规章。

2. 在地方一级

地方各级权力机关是各级人民代表大会。省、自治区、直辖市的人民代表大会及其常务委员会，在不同宪法、法律和行政法规相抵触的前提下，制定地方性法规。较大的市（指省、自治区的人民政府所在地的市，经济特区所在地的市和经国务院批准的较大的市，下同）的人民代表大会及其常务委员会在不同宪法、法律、行政法规和本省、自治区的地方性法规相抵触的前提下，制定地方性法规，报省、自治区人民代表大会常务委员会批准后施行。民族自治地方的人民代表大会有权根据当地民族的政治、经济和文化特点，制定自治条例和单行条例。自治区的自治条例和单行条例报全国人民代表大会常务委员会批准后生效。自治州、自治县的自治条例和单行条例，报省、自治区、直辖市的人民代表大会常务委员会批准后生效。

省、自治区、直辖市和较大的市的人民政府，根据法律、行政法规和本省、自治区、直辖市的地方性法规，制定规章。

3. 其他立法

中央军事委员会有权根据宪法和法律，制定军事法规。中央军委各总部、军兵种、军区，有权根据法律和军事法规、决定、命令，在其权限范围内，制定军事规章。军事法规、军事规章在武装力量内部实施。按照一国两制的原则，特别行政区实行的制度（包括立法制度），由全国人民代表大会以法律另行规定。

（二）立法程序

立法程序是立法的步骤和方式。完善的立法程序，对于保证立法的规范化、科学化，减少立法的随意性，维护法的稳定性、权威性，提高立法质量具有重要意义。

1. 权力机关立法程序

全国人民代表大会及其常务委员会制定法律，一般要经过三个大的阶段。第一是立法的准备阶段，包括接受立法建议、制定立法规划、进行立法调研、组织起草法律草案等。第二是法律的确立阶段，包括法律案的提出、审议、表决、公布四个环节。第三是法律的完善阶段，包括法律的修改、废除、解释以及清理、汇编、编纂等。其中第二个阶段是立法工作的核心阶段，是狭义的立法活动。根据《立法法》，其程序主要包括：一是法律案的提出，是指享有专门权限的机关或个人向法律制定机关提出关于制定、修改、废除某项法律的建议。二是法律案的审议，是指全国人民代表大会及其常务委员会对列入会议议程的法律案进行审查和讨论的活动。三是法律案的通过，是指立法机关对法律草案作出同意决定，使之成为法律的活动。这是全部立法程序中具有决定意义的步骤，通过法案的基本原则是少数服从多数。宪法的修改，需由全国人民代表大会以全体代表的三分之二以上的多数通过，全国人民代表大会审议的法律案由全体代表的过半数通过，全国人民代表大会常务委员会审议的法律案由全体组成人员的过半数通过。四是法律的公布，是指立法机关和国家元首采用特殊的方式将法公之于众的活动。全国人民代表大会通过的法律由国家主席签署主席令予以公布，法律公布后应当及时在全国人民代表大会常务委员会公报和中国人大网以及在全国范围内发行的报刊上刊登，其中在常务委员会公报上刊登的法律文本为标准文本。地方性法规、自治条例、单行条例的制定，参照法律的制定程序进行。

2. 行政立法程序

相比权力机关的立法程序，行政立法程序较为简便灵活。

行政法规的制定一般经过以下几个环节：一是立项，国务院有关部门认为需要制定行政法规的，应当向国务院报请立项。二是起草，列入年度立法计划的行政法规由国务院组织起草。三是审查，起草部门应当将草案及其说明、各方面对草案主要问题的不同意见和其他有关资料送国务院法制机构进行审查。四是决定与公布，行政法规由总理签署国务院令公布，并在国务院公报和中国政府法制信息网以及在全国范围内发行的报纸上刊登。在国务院公报上刊登的行政法规文本为标准文本，行政法规应当在公布后的 30 日内报全国人民代表大会常务委员会备案。规章的制定程序参照行政法规进行。

二、海关检验检疫法规的法源

法的渊源又叫法源，是指法的效力来源，也即根据法的效力来源不同对法所作的基本分类，是法的表现形式。

（一）法的渊源

成文法是我国传统的法的渊源。当前，我国正式意义上的法的渊源包括：宪法，法律，行政法规，地方性法规，自治法规，规章以及军事法规和军事规章，特别行政区法和国际条约、协定等。

1. 宪法

宪法是国家的根本法，具有最高的法律效力。从内容上看，我国宪法规定了当代中国根本的社会、经济和政治制度，各种基本原则、方针、政策，公民基本权利和义务，各主要国家机关的组织和职权等，涉及社会生活各个领域最根本、最重要的方面。从效力等级上看，宪法具有最高的法律效力，一切法律、法规都不得与宪法相抵触。从制定程序上看，宪法制定和修改的程序最为严格。

2. 法律

法律分为基本法律和基本法律以外的法律。基本法律由全国人民代表大会制定和修改。全国人民代表大会闭会期间，全国人民代表大会常务委员会有权对其进行部分补充和修改，但不得同其基本原则相抵触。基本法律规定国家和社会生活中具有重大意义的问题，如刑事、民事、国家机构等。基本法律以外的法律由全国人民代表大会常务委员会制定和修改，规定国家和社会生活中某一方面的重要问题。两种法律具有同等效力。全国人民代表大会及其常务委员会就有关问题作出的规范性的决议或决定，与法律具有同等效力。法律的效力高于除宪法以外的其他形式的法。

3. 行政法规

行政法规是国务院根据宪法和法律制定的有关行政管理活动的规范性文件，其效力低于宪法和法律而高于其他形式的法。行政法规在我国法的渊源体系中起着承上启下的作用，规定的事项远比法律更广泛和具体。凡是为执行法律规定的事项，宪法规定国务院行政管理职权的事项，以及全国人民代表大会及其常务委员会授权的事项，都可以根据需要制定行政法规。

4. 地方性法规和自治法规

地方性法规是省、自治区、直辖市、较大的市的人民代表大会及其常务委员会根据本行政区域的具体情况和实际需要，在不同宪法、法律和行政法规相抵触的前提下，依照法定的程序制定的规范性文件。地方性法规的效力低于宪法、法律和行政法规。较大的市的人民代表大会及其常务委员会制定的地方性法规效力低于本省、自治区的地方性法规。

自治法规是民族自治地方的人民代表大会根据当地民族的政治、经济和文化特点，依照法定权限和程序制定的自治条例和单行条例。其中自治条例是关于区域自治的基本组织原则、机构设置、职权和工作制度等重大事项的综合性法文件，单行条例是调整某一方面事项的法文件。自治条例和单行条例可以对法律和行政法规的规定作出变通规定，但不得违背其基本原则，不得对宪法和民族区域自治法的规定以及其他有关法律、行政法规专门就民族自治地方所作的规定作出变通规定。

5. 规章

规章包括部门规章和地方政府规章。部门规章是指国务院各部门根据法律和国务院行政法规、决定、命令，在本部门的权限内，依照法定的程序制定的规范性文件。部门规章在全国实施。地方政府规章是有权制定地方性法规的地方的人民政府为执行法律、法规的需要制定的在本行政区域内实施的规范性文件。规章不得与宪法、法律、行政法规相抵触。地方政府规章不得与上级和同级地方性法规相抵触。较大的市的政府规章不得与本省、自治区的政府规章相抵触。

6. 其他法的渊源

除上述法的渊源外，我国还有几种成文法的渊源：中央军事委员会制定的军事法规和军内有关方面制定的军事规章；一国两制条件下特别行政区的法律；我国同外国缔结的条约或我国加入并生效的国际条约等。

7. 其他非成文法的法源补充

作为我国法的渊源补充存在的，还有非成文法的法的渊源，包括法律解释、判例、政策、习惯、法理、法的基本原则。

【案例分析 1-2】一起房地产买卖合同纠纷的法的渊源分析

原告李某与被告张某签订了一份房地产买卖合同，约定被告将其名下的某处房产出售给原告。在合同履行过程中，双方因房屋交付、过户等问题产生争议，原告遂向法院提起诉讼，要求确认合同有效并责令被告履行合同义务。

涉及法律渊源类型：本案涉及的法律渊源主要包括宪法、法律、行政法规、地方性法规以及司法解释等。其中，宪法作为国家的根本大法，为本案提供了基本的法律原则；相关的民事法律、房地产管理法律等为本案提供了具体的法律依据；行政法规和地方性法规对房地产市场的监管和房地产交易的规范提供了指导；司法解释则为法院在处理类似案件时提供了裁判依据。

法律渊源适用情况：在本案中，法院首先适用了宪法关于保护公民财产权利的基本原则，确认了原告李某作为买受人的合法权益。其次，法院根据房地产管理法律和相关行政法规，对房地产买卖合同的有效性进行了审查，并确认了合同的法律效力。同时，法院还参考了地方性法规中关于房地产交易的具体规定，对双方争议的问题进行了分析和判断。最后，法院在裁判过程中，还参考了相关的司法解释，以确保裁判结果的合法性和合理性。在本案中，法院在处理法律规定之间的冲突时，遵循了上位法优于下位法、新法优于旧法的原则。当地方性法规与国家法律、行政法规存在冲突时，法院优先适用国家法律、行政法规的规定。同时，法院也充分考虑了案件的具体情况，结合相关司法解释，对法律规定进行了合理解释和适用。

通过对本案的分析，我们可以看出法律渊源在司法实践中具有重要作用。在处理类似案件时，法院需要综合考虑宪法、法律、行政法规、地方性法规以及司法解释等多种法律渊源，以确保裁判结果的合法性和合理性。同时，法院在处理法律规定之间的冲突时，应遵循相关原则和规范，确保法律的统一适用。

（二）检验检疫法规的法源

1. 宪法

宪法是一切权力和权利的本源，因此宪法是检验检疫最高位阶的法源。海关作为国务院主管出入境商品检验、出入境卫生检疫、出入境动植物检疫、进出口食品安全等工作并行使行政执法职能的直属机构，其行政权力从根本上说都是宪法赋予的。

2. 法律

通常观点认为，海关检验检疫法规的相关部门法主要有四部，即《中华人民共和国国境卫生检疫法》（简称《国境卫生检疫法》）、《进出境动植物检疫法》、《进出口商品检验法》和《食品安全法》。

2021 年 4 月 15 日起施行的《中华人民共和国生物安全法》（简称《生物安全法》）是生物安全领域的基础性、综合性、系统性、统领性法律，赋予了海关在实施进出境生物安全监管方面的新职能，也是现行海关检验检疫法规的重要法源。

此外，还有一些散见在其他法律中的规定。例如，根据《中华人民共和国对外贸易法》第十六条和第二十六条，国家基于某些原因，可以限制或者禁止有关货物、技术的进口或者出口，或禁止有关的国际服务贸易。在这样的规定下，我国出于保护公共健康和卫生的目的利用动植物检验检疫法规对货物进出口、技术进出口和国际服务贸易进行限制就有了新的明确而具体的法律依据。又例如，根据《中华人民共和国标准化法》（简称《标准化法》），对保障人身健康和生命财产安全、国家安全、生态环境安全以及满足经济社会管理基本需要的技术要求，应当制定强制性国家标准。对满足基础通用、与强制性国家标准配套、对各有关行业起引领作用等需要的技术要求，可以制定推荐性国家标准。对没有推荐性国家标准、需要在全国某个行业范围内统一的技术要求，可以制定行业标准。为满足地方自然条件、风俗习惯等特殊技术要求，可以制定地方标准。第二十五条规定，"不符合强制性标准的产品、服务，不得生产、销售、进口或者提供。"第二十六条规定，"出口产品、服务的技术要求，按照合同的约定执行。"第三十七条规定，"生产、销售、进口产品或者提供服务不符合强制性标准的，依照《中华人民共和国产品质量法》《中华人民共和国进出口商品检验法》《中华人民共和国消费者权益保护法》等法律、行政法规的规定查处，记入信用记录，并依照有关法律、行政法规的规定予以公示；构成犯罪的，依法追究刑事责任。"

3. 行政法规

与现行的海关检验检疫业务直接相关的行政法规有四部，即与四部法律相对应的《国境卫生检疫法实施细则》、《中华人民共和国进出境动植物检疫法实施条例》（简称《进出境动植物检疫法实施条例》）、《中华人民共和国进出口商品检验法实施条例》（简称《进出口商品检验法实施条例》）和《中华人民共和国食品安全法实施条例》（简称《食品安全法实施条例》）。

与海关检验检疫业务密切相关的行政法规还有五部，分别为《中华人民共和国认证认可条例》（简称《认证认可条例》）、《国务院关于加强食品等产品安全监督管理的特别规定》、《中华人民共和国进出口货物原产地条例》（简称《原产地条例》）、《国际航行船舶进出中华人民共和国口岸检查办法》和《中华人民共和国国境口岸卫生监督办法》（简称《国境口岸卫生监督办法》）。其中，因国务院机构改革，海关仅承担《认证认可条例》中有关口岸验证职责。《国务院关于加强食品等产品安全监督管理的特别规定》是特殊历史背景下紧急出台的行政法规，在《食品安全法》出台后，该法规的适用情况大量减少。《原产地条例》仍由海关执行，但其中涉及原检验检疫机构的签证业务已汇入海关的原产地管理职能，理论上不再将其作为单独的海关检验检疫业务。《国际航行船舶进出中华人民共和国口岸检查办法》由中华人民共和国国务院令第175号发布，自1995年3月21日起施行，该行政法规改变了其前身《进出口船舶联合检查通则》规定的港监、海关、边检、卫检集体登轮联检制度，根据2019年3月2日《国务院关于修改部分行政法规的决定》修订。《国境口岸卫生监督办法》于1981年12月30日经国务院批准，1982年2月4日由卫生部、交通部、中国民用航空总局、铁道部发布，自发布之日起施行，根据2011年1月8日《国务院关于废止和修改部分行政法规的决定》第一次修订，根据2019年3月2日《国务院关于修改部分行政法规的决定》第二次修订。这两部行政法规由于专业范围较为狭窄，平时在海关检验检疫业务的执法过程中适用较少，较容易被忽视。

　　另外，还有一些散见于其他行政法规中的规定。例如，根据《危险化学品安全管理条例》第六条第（三）项，质量监督检验检疫部门负责对进出口危险化学品及其包装实施检验。又例如，《农业转基因生物安全管理条例》第三十三条规定，"从中华人民共和国境外引进农业转基因生物的，或者向中华人民共和国出口农业转基因生物的，引进单位或者境外公司应当凭国务院农业行政主管部门颁发的农业转基因生物安全证书和相关批准文件，向口岸出入境检验检疫机构报检；经检疫合格后，方可申请办理有关手续。"第三十四条规定，"农业转基因生物在中华人民共和国过境转移的，应当遵守中华人民共和国有关法律、行政法规的规定。"第三十六条规定，"向中华人民共和国境外出口农产品，外方要求提供非转基因农产品证明的，由口岸出入境检验检疫机构根据国务院农业行政主管部门发布的转基因农产品信息，进行检测并出具非转基因农产品证明。"第四十九条规定，"违反本条例规定，进口、携带、邮寄农业转基因生物未向口岸出入境检验检疫机构报检的，由口岸出入境检验检疫机构比照进出境动植物检疫法的有关规定处罚。"

　　4. 规章

　　海关检验检疫业务相关的部门规章，是指由海关（包括原国家检验检疫部门）依照法定的程序制定的以署令（局令）形式发布的法律规范性文件。从法理学角度来看，规章能否作为我国正式的法律渊源，学界尚有争议。《中华人民共和国行政诉讼法》规定，人民法院审理行政案件，以法律、行政法规、地方性法规为依据，也可以"参照"行政规章。海关检验检疫业务相关的部门规章，是对上位法源的进一步细化和补充，是海关检验检疫业务执法的重要依据。国务院机构改革以来，随着关检业务的深度融合，检验检疫业务规章迎来新一轮的修订。截至 2024 年 6 月 30 日，海关现行有效规章147 部，其中涉及检验检疫业务的 58 部。

　　5. 海关公告（规范性文件）

　　海关执法实践中，还会通过公告形式发布规范性文件，对相关职能事项作进一步明确与规范，这是海关检验检疫业务的重要执法依据。所谓海关规范性文件，是指海关制定并以公告形式对外发布的涉及行政相对人权利、义务，在一定范围内具有普遍约束力的文件。类似于规章，海关公告也是司法审查的参考依据，因此从广义角度，可以将海关规范性文件也当作海关检验检疫法源之一来学习研究。

　　6. 条约与协定

　　《中华人民共和国缔结条约程序法》规定，我国以三种名义同外国缔结条约和协定：一是中华人民共和国；二是中华人民共和国政府；三是中华人民共和国政府部门。因此，以海关为主体签订的条约和协定就是《中华人民共和国缔结条约程序法》规定的以中华人民共和国政府部门对外缔结的条约和协定，属于我国法律规定的国际条约的范畴。因检验检疫业务具有涉外性，相关条约、协定同时涉及海关检验检疫行政管理，成为调整海关与行政相对人之间行政关系的行为准则。

三、海关检验检疫法规的部门分类

法的部门是指调整同一类社会关系的现行法律规范的总和，是一个国家法的体系的构成部分。

（一）我国的法的部门

按照被调整的社会关系的种类，在我国可以划分出下列法的部门。

1. 宪法

宪法是法律体系中居于主导地位的部门法，是整个法律体系的基础。除了《中华人民共和国宪法》外，宪法部门还包括：国家机关组织法，如全国人民代表大会、国务院、地方各级人民代表大会和地方各级人民政府、人民法院、人民检察院组织法，全国人民代表大会和地方各级人民代表大会代表法，全国人民代表大会常务委员会议事规则，全国人民代表大会和地方各级人民代表大会选举法，民族区域自治法，香港特别行政区基本法，澳门特别行政区基本法，国籍法、国旗法，有关公民基本权利和义务的单项立法，以及有关宪法的解释等。

2. 行政法

行政法是指调整国家行政关系的法律规范的总称。主要包括关于行政管理体制，行政管理基本原则，行政活动的方式、方法、程序以及有关国家机关工作人员的法律规范。行政法对建设法治政府，实现国家职能具有十分重要的意义。目前，我国行政法正在成为一个规范众多、结构完整的法律部门，行政活动的各个主要环节如行政主体、行政行为、行政监督等，行政活动的各个主要领域如治安、民政、经济、交通、城建、科教文卫等，都在不同程度上有了法律的调整。

3. 刑法

刑法是关于犯罪和刑罚的法律规范的总称。刑法部门是一个最基本的法律部门，在国家生活中起着非常重要的作用。我国现阶段有关犯罪和刑罚的基本规定集中体现在 1997 年修订的《中华人民共和国刑法》这一法典中。此外，还有若干刑法修正案和全国人民代表大会常务委员会关于刑法的解释等，与这部刑法典共同构成中国现行刑法部门。

4. 民商法

民商法是调整作为平等主体的公民之间、法人之间、公民和法人之间财产关系、人身关系的法律规范的总称。民商法主要包括民法和商法两大类法律。民法主要包括物权法、债权法、人身权法、侵权行为法、知识产权法、婚姻家庭法、继承法等；商法（包括商主体法和商行为法）主要包括公司法、企业法、保险法、票据法、破产法、海商法等。在建设社会主义市场经济过程中，民商法地位举足轻重。经过数十年的努力，这一部门法初具规模。《中华人民共和国民法典》于 2020 年 5 月 28 日经十三届全国人大三次会议表决通过，自 2021 年 1 月 1 日起施行。

5. 经济法

经济法是调整国家在经济管理中发生的经济关系的法律规范的总和。经济法是一个随着社会主义市场经济体制的建立，适应国家宏观经济调控需要而快速发展起来的法律部门。经济法涉及的范围比较广泛，一般包括有关企业管理的法，如全民所有制工业企业法、中小企业促进法；财政、金融和税务方面的法，如预算法、商业银行法、税收征收管理法；有关能源、交通、通信方面的法，如电力法、铁路法、邮政法；有关农林牧渔和商贸方面的法，如农业法、对外贸易法等；有关市场秩序的法，如产品质量法、反不正当竞争法等。

6. 社会法

社会法是调整劳动关系、社会福利、特殊社会成员保护等社会关系的法律规范的总称。目前，社会法部门中，属于组织方面的有工会法、红十字会法等；属于劳动用工、劳动保护方面的有劳动法、矿山安全法、安全生产法等；属于保障特殊群体权益方面的有妇女权益保障法、未成年人保护法、残疾人保障法等。社会法部门的发展和完善，对于社会的稳定和发展，具有特殊的意义。

7. 环境法

环境法又称自然资源和环境保护法，是有关保护人类生存环境和自然资源，防治污染和其他公害方面的法律规范的总称。环境法是现代社会生产发展和科技进步的结果，是我国法律体系中一个新兴的部门。目前，属于自然资源方面的法主要有森林法、草原法、渔业法、水法、野生动物保护法、矿产资源法等；属于环境保护方面的法有环境保护法、环境影响评价法、海洋环境保护法、大气污染防治法、固体废物污染环境防治法、环境噪声污染防治法、水污染防治法、放射性污染防治法、水土保持法、防沙治沙法、防震减灾法、防洪法、清洁生产促进法、节约能源法等。

8. 程序法

程序法是关于诉讼和非诉讼程序的法律规范的总称。我国诉讼程序方面有刑事诉讼法、民事诉讼法、行政诉讼法，非诉讼程序方面有仲裁法。

（二）海关检验检疫法规的部门分类

明确海关检验检疫法规的部门分类，有利于正确理解海关检验检疫法规所调整的各类法律关系。目前通常的观点认为，海关检验检疫法规归属于行政法，即海关检验检疫法规是调整海关与行政相对人涉及检验检疫业务方面的行政法律关系的法律规范。同时，海关检验检疫法规兼具经济法特性。例如《进出口商品检验法》的立法宗旨提到，"维护社会公共利益和进出口贸易有关各方的合法权益，促进对外经济贸易关系的顺利发展"，海关检验检疫法规是调整国家在经济管理中发生的经济关系的法律规范。此外，海关检验检疫法规还兼具环境法特性。例如《生物安全法》《国境卫生检疫法》《进出境动植物检疫法》，是有关防止疫情疫病传入传出、维护国家安全、保障人民生命健康、保护生物资源和生态环境方面的法律规范。

任务四　海关检验检疫法规的实施

法的实施是指通过执法、司法、守法、法律监督等途径，使法在社会生活中获得实现的活动。法的实施过程，就是把法律规范的要求转化为主体行为的过程。

一、执法

（一）执法的含义

广义的执法，是指国家行政机关依照法定职权和程序，贯彻实施法律的活动，又称行政执法。狭义上的执法，是指特定的行政机关和法律、法规授权的组织，依据法律、法规、规章的规定，对违反行政管理秩序的公民、法人或者其他组织给予行政处罚的活动。

执法是法的实施的重要组成部分。我国宪法规定，国家行政机关是国家权力机关的执行机关，国家权力机关制定的法律和其他规范性法律文件，主要通过国家行政机关的日常职务活动贯彻执行。

（二）执法的特点

执法主体具有特定性。在我国，只有国家行政机关、法律法规授权的组织以及行政机关依法委托的组织才具有执法权。其中，行政机关委托的组织以委托它的行政机关的名义执法。

执法活动具有主动性和单方性。执法既是行政机关对社会进行管理的权力即职权，又是行政机关对社会和民众的义务即职责。多数情况下，行政机关应当以积极的行为主动执行法律，而不一定依赖于行政相对人的请求，作出行政决定时，也不需要行政相对人的同意。

执法内容具有广泛性。执法是以国家名义对社会进行全方位的组织和管理，它涉及国家社会、经济生活的各个方面。特别在现代社会，社会事务愈加复杂，行政管理的范围变得更为广泛，执法的范围也正日益扩大。

（三）执法的基本原则

合法性原则。合法性原则是执法的最基本原则，它要求行政机关必须根据法定权限、法定程序、法定内容和法治精神执行法律，进行社会管理，违法或不当行使职权，应当依法承担法律责任。

合理性原则。它要求行政机关在执法时应当权衡多方面的利益因素和具体情况，正确行使自由裁量权，在严格执行规则的前提下做到公平、公正、合理、适度。

效率原则。它要求行政机关应当在依法行政的前提下，有效行使职权，以取得最大的行政执法效益。

正当程序原则。正当程序原则是西方公法尤其是行政法领域中的基本原则，指的是执法主体在行使管理职权时一定要严格依照法定程序进行，更为关键的是，执法所依据的程序应当是正当的，也就是说，这种程序应当公开、公平、公正、民主，符合法治的精神和理念。

（四）海关检验检疫实务与执法

从执法角度看，海关检验检疫实务包括检验检疫的行政执法工作，海关总署及各地直属海关和隶属海关为实施主体，主要内容包括依照法定职权实施的对出入境货物物品、交通运输工具、人员等进行检验检疫、实施监督管理等工作。

二、司法

司法是指国家司法机关依照法定职权和程序，具体应用法律处理案件的专门活动。

司法是法的实施的一种方式，对实现立法目的、发挥法的作用具有重要意义。

（一）司法的特点

司法不同于其他国家机关、社会组织和公民实施法律的活动，其特点如下。

专属性。司法是由特定国家机关实施法律的专门活动，具有职权的法定性。司法权只能由享有司法权的国家司法机关及其司法人员行使，其他任何国家机关、社会组织和个人都不能行使此项权力。

程序性。司法是严格依照法定职权和法定程序运用法律处理案件的活动，具有严格的程序性。

专业性。司法是运用法律裁判是非、解决纠纷的专门活动，需要由具有精深法律专业知识和丰富经验、符合特别任职条件的人员而不是普通公务人员承担，具有专业性。在我国，法官、检察官、律师等法律职业要求通过国家司法考试，取得法律职业资格。

权威性。司法是以国家强制力为后盾，以国家的名义实施法律的活动，具有裁决的权威性。司法机关依照法定职权和法定程序对案件所作出的裁决是具有法律效力的裁决，任何组织和个人都必须执行，不得擅自修改和违抗。

（二）司法的要求和基本原则

司法公正是对司法的总体要求。司法公正是社会正义的重要组成部分，是法治社会的标志和追求的目标，也是司法的生命。

我国司法遵循以下基本原则。

司法平等原则。在我国，司法平等原则具体体现为"公民在法律面前一律平等"原则，它包括以下几个方面的含义：法对全体公民，不论其民族、种族、性别、职业、社会地位、宗教信仰、财产状况等，在适用法律上一律平等；公民依法享有平等权利，承担平等义务，不允许有超越法律的特权；任何公民的合法权益都受法律保护，违法行为都受法律追究；在诉讼活动中，所有当事人的诉讼地位平等。

司法独立原则。司法独立原则，即司法机关依法独立行使职权。其基本内容是：国家审判权和检察权由人民法院和人民检察院分别行使，其他任何组织和个人均无此权；司法机关独立行使职权，不受行政机关、社会团体和个人干涉；司法机关必须严格依照法律规定和法律程序行使司法权，准确适用法律。

司法法治原则。司法法治原则具体体现为"以事实为根据，以法律为准绳"的原则。以事实为根据，要求司法人员在司法活动中以客观事实而不是主观臆断为依据，做到事实清楚，证据确凿。以法律为准绳，要求严格依法办案，遵守法定程序，按照法的规定确定案件性质，正确区分是非曲直、权益归属、合法与违法、罪与非罪、此罪与彼罪等界限，处理适当，合情合理。

（三）海关检验检疫实务与司法

从司法角度看，海关检验检疫实务包括涉及检验检疫业务的司法工作，其主体主要是各级司法机关，各级海关及其行政相对人作为当事人参与相应的诉讼活动，主要是涉及检验检疫业务的各类行政诉讼和刑事诉讼案件。

三、守法与违法

（一）守法

守法是指国家机关、社会组织和公民个人以法律为自己的行为准则，依照法律行使权利、履行义务的活动。守法是法的实施的一种基本形式，是建设社会主义法治国家的必要条件，也是广大人民群众实现自己根本利益的必然要求。

守法的要求包括：一是具有良好的法律意识，这是守法的前提条件。人们只有知法懂法，尊重法律，才能积极主动地遵守法律。要提高全社会的法律意识，普及法律知识、倡导法治精神具有十分重要的意义。二是按照法律规范规定的行为模式履行义务、行使权利，这是守法的实质性要求。国家机关及其工作人员要带头遵守法律，严格依法办事，维护法的尊严，做守法的模范。三是发生违法行为或法律规定的后果时，要主动承担法律责任，恢复被侵害的权利，这是守法的保障性要求。

（二）违法

广义的违法，是指一切违反法律规定的行为，包括刑事违法（犯罪）、民事违法、行政违法和违宪。狭义的违法仅指一般的违法行为，不包括犯罪。下述违法指广义的违法。

一般地，违法行为由以下几个要素构成。

客观方面。违法必须是某种违反法律规定的行为，包括积极的作为和消极的不作为，即做了法律所禁止的行为和没有做法律所要求的行为。违法的确定必须以法的规定作为前提，以行为作为客观依据，法无规定不违法，思想问题不违法。

客体方面。违法行为必须在不同程度上侵犯了法律所保护的社会关系。行为的违法性与行为的社会危害性具有密切联系。制定和实施法律，是为了通过建立一定的法律秩序，进行社会控制，保障并促进社会发展，维护人们的利益。没有侵犯法律所保护的社会关系，就不构成违法。

主观方面。违法一般要有行为人的故意和过失。故意和过失在不同的法律领域有不同的意义。在刑事领域是判定主观恶性的重要依据，也是区别罪与非罪、此罪与彼罪、轻罪与重罪的重要依据。在民事法律领域，故意和过失统称过错，是构成一般侵权行为的要素。在行政法律领域，一般实行过错推定的方法。只要行为人实施了违法行为，就视为有过错，不必再深究其主观因素。《行政处罚法》第三十三条规定，"当事人有证据足以证明没有主观过错的，不予行政处罚。法律、行政法规另有规定的，从其规定。"

主体。违法者必须具有法定行为能力或责任能力。违法行为的实施者必须是具有相应责任能力的自然人或单位、国家机关。

（三）法律责任

法律责任是指行为人由于违法行为、违约行为或者法律规定而应承受的某种不利的法律后果。

1. 法律责任的种类

按违法行为所违反的法律的性质，法律责任可以划分为刑事责任、民事责任、行政责任、国家赔偿责任、违宪责任。

（1）刑事责任。刑事责任是指由于违反刑事法律而应承担的一种法律责任。刑事责任产生的原因是行为人严重的违法行为，即犯罪。刑事责任是犯罪人向国家所负的一种责任，是一种惩罚性责任，基本上是一种个人责任（单位犯罪除外），是最为严厉的一种法律责任。追究刑事责任唯一的依据是刑事法律。

（2）民事责任。民事责任是指由于违反民事法律、违约或者由于民事法律规定所应承担的一种法律责任。民事责任主要是财产责任，是一方当事人对另一方的责任，是对当事人损失的补偿，在法允许的条件下，民事责任可以由当事人协商解决。根据产生的原因，民事责任又可分为三种：由违约行为产生的违约责任；由民事违法行为，即侵权行为产生的一般侵权责任；由法律规定产生的特殊侵权责任。

（3）行政责任。行政责任是指因违反行政法或因行政法规定而应当承担的法律责任。行政责任产生的原因是行为人的行政违法行为和法律规定的特定情况。承担行政责任的主体是行政主体和行政相对人。通常情况下，行政责任实行过错推定的归责原则，在法律规定的一些场合，实行严格责任。

（4）国家赔偿责任。国家赔偿责任是国家对于国家机关及其工作人员违法行使职权，损害公民、法人和其他组织的合法权益所承担的赔偿责任。产生国家赔偿责任的原因是国家机关及其工作人员在执行职务过程中的不法侵害行为。国家赔偿责任的主体是国家。国家赔偿责任的范围包括行政赔偿和刑事赔偿。

（5）违宪责任。违宪责任是指由于违反宪法而产生的法律责任。违宪通常是指有关国家机关制定的某种法律、法规和规章，以及国家机关、社会组织或公民的某种活动与宪法的规定相抵触。

2. 法律责任的归结

法律责任的归结，简称归责，是指国家机关或其他社会组织根据法律的规定，依照法定程序判断、认定、归结和执行法律责任的活动。

（1）归责原则。

一是责任法定原则。责任法定原则要求法律责任作为一种否定性的法律后果，应当由法律规范预先规定，当违法行为或法定事由出现时，按照事先规定的责任范围、方式等追究责任人的责任。责任法定原则反对责任擅断，反对对行为人不利的溯及既往。

二是因果联系原则。认定和归结法律责任时，必须首先考虑因果关系，即人的行为与损害结果或危害结果之间的因果联系，人的意志、心理等主观因素与外部行为之间的因果关系等。

三是责任相当原则。责任相当原则是指法律责任的大小、处罚的轻重应与违法行为或违约行为的轻重相适应，做到"罪责均衡""罚当其罪"。

四是责任自负原则。责任自负原则要求凡是实施了违法行为或违约行为的人，都应当独立承担法律责任；没有法的规定，不得让没有违法或违约行为的人承担责任，防止株连或变相株连。

（2）免责条件。

法律责任的免除也称免责，是指法律责任由于出现法定条件被全部或部分免除。从我国法律规定和法律实践看，主要存在以下几种免责条件。

一是时效免责。指法律责任经过了一定的期限后而免除。其意义在于保障当事人的合法权益，督促法律关系的主体及时行使权利，提高司法机关和行政机关工作效率，稳定社会生活秩序。

二是不诉或协议免责。指如果受害人或有关当事人不向法院起诉，行为人的法律责任就实际上被免除，或者双方当事人在法律允许的范围内协商同意免责。在这些场合，法律将追究责任的决定权交给受害人或有关当事人。需要注意的是，协议免责一般不适用于犯罪行为和行政违法行为，仅适用于民事违法行为。

三是自首立功免责。指对违法后有自首或立功表现的人，依法免除其部分和全部的法律责任。这是将功抵过的免责形式。

四是人道主义免责。指财产责任中，在责任人确实没有能力全部或部分履行法律责任的情况下，有关的国家机关或权利主体可以出于人道主义考虑免除或部分免除责任主体的法律责任。

五是不可抗力、正当防卫或紧急避险免责。是指出现不能预见、不能避免并不能克服的情况，或者为免受正在进行的不法侵害采取正确适当的防卫措施，或者在紧急情况下为使公共利益、个人合法权益免受危害而采取不得已的行为，依法免除其部分或全部法律责任。

六是自助免责。是指对自助行为所引起的法律责任的减轻或免除。所谓自助行为是指权利人为保护自己的权利，在情势紧迫而又不能及时请求国家机关予以救助的情况下，对他人的财产或自由施加扣押、拘束或其他相应措施，而为法律或社会公共道德所认可的行为。自助行为可以免除部分或全部法律责任。

3. 法律制裁

法律制裁是由特定国家机关对违法者依其法律责任而实施的强制性惩罚措施。法律制裁与法律责任有密切联系。一方面，法律制裁是承担法律责任的一个重要方式。法律责任是前提，法律制裁是结果。法律制裁的目的，是强制责任主体承担法律责任，惩罚违法者，恢复被侵害的权利和法律秩序。另一方面，法律制裁又不等同于法律责任，有法律责任并不等于有法律制裁。例如，在违约的情况下，如果违约方主动承担法律责任，就不存在民事制裁。

与法律责任相对应，法律制裁可以分为刑事制裁、民事制裁、行政制裁以及违宪制裁。

（四）海关检验检疫实务与守法、违法

从守法和违法的角度看，海关检验检疫实务包括货物物品（食品）的进出口、人员和交通运输工具的进出境等，也包括了相关配套产业活动，例如通关、物流、检测等基础保障性业务，其对象主要是海关检验检疫业务的行政相对人，以及相关业务的从业人员。

四、法律监督

法律监督，亦即法律实施的监督，通常有广义和狭义两种含义。狭义上的法律监督，是指由特定国家机关按照法定权限和程序，对立法、司法和执法活动的合法性所

进行的监督。广义上的法律监督，是指由所有国家机关、社会组织和公民对各种法律活动的合法性所进行的监督。下述从广义上使用法律监督一词。

当代中国的法律监督，是以人民民主为基础，以社会主义法治为原则，以权力的合理划分与相互制约为核心，依法对各种行使国家权力的行为和其他法律活动进行检查、约束和督促的法律机制，对维护法治统一和尊严，制约权力、防止腐败和保护公民合法权益，建立和完善社会主义市场经济体制，保障法律的正确实施具有十分重要的意义。

（一）权力机关的监督

权力机关的监督是指各级人民代表大会及其常务委员会所进行的监督。这种监督在国家监督中处于主导地位，其中全国人民代表大会及其常务委员会的监督在整个法律监督体系中具有最高法律效力。

权力机关监督的形式有立法监督、对宪法和法律实施的监督。

立法监督指国家权力机关对享有立法权的国家机关的立法活动及其结果的合法性所进行的监督。监督内容上，立法监督既要就立法活动本身在权限和程序上的合法性进行监督，又要就立法活动的结果即规范性法律文件本身的合法性进行监督。监督对象和范围上，根据宪法和国家机关组织法的规定，不同层级的人民代表大会及其常务委员会监督的对象和范围各有不同。

根据宪法和组织法的规定，全国人民代表大会监督宪法的实施，全国人民代表大会常务委员会监督宪法和法律的实施，有权处理违宪事件，其处理方式包括宣布违宪的法律、法规和其他决定、命令无效，也包括罢免违宪失职的国家领导人。此外，还通过听取和审议最高行政机关、司法机关的工作报告，向有关机关提出质询案，对重大问题组织调查委员会进行调查处理等方式，对宪法和法律的实施进行监督。地方各级人民代表大会监督宪法和法律在本行政区域内的实施，享有广泛而层次有别的对宪法和法律实施的监督权。

（二）司法机关的监督

司法机关的监督包括检察机关的监督和审判机关的监督。

检察机关是国家专门的法律监督机关。检察机关的监督是对有关国家机关执法、司法活动的合法性以及国家工作人员职务犯罪等所进行的监督。检察机关的监督或者与诉讼活动有密切联系，或者是在诉讼过程中进行，或者最终通过诉讼得以完成。主要表现在职务犯罪的侦查、对公安机关的侦查监督、对人民法院的审判监督和对监所的监督。

人民法院是专门行使国家审判权的监督机关。人民法院依法对法院系统和其他国家机关、社会组织、公民的执法、司法、守法活动进行监督。其监督主要表现在对内监督和对外监督两个方面。对内监督是审判机关系统内部依照诉讼程序对具体审判活动及其裁决的合法性所进行的监督。对外监督是审判机关依诉讼程序对本系统外的国家机关、社会组织和公民行为的合法性所进行的监督，包括依照刑事诉讼程序对检察机关起诉的案件进行的监督，依照行政诉讼程序对行政机关具体行政行为合法性的审查监督，依照民事、刑事诉讼程序对公民、法人和其他组织违法犯罪行为进行的监督等。

（三）行政机关的监督

行政机关的监督包括一般行政监督和专门行政监督。

一般行政监督指依照行政管理权限，行政隶属关系中上级行政机关对下级行政机关实施法律所进行的监督，包括上级政府对所属部门和下级政府的监督、上级政府部门对下级政府部门的监督。它同时也是行政机关行使内部管理职能的一种手段，如行政机关内部的执法检查等。

专门行政监督指行政系统内部的专门监督机关以特定的监督形式对国家行政机关及其公职人员违法违纪情况进行的监督，包括行政监察监督、行政复议监督和审计监督。行政监察监督是专门的行政监察机关对国家行政机关及其工作人员执行法律、法规、政策和决定、命令的情况以及违法违纪行为进行的监督。行政复议监督是行政复议机关依行政相对人的请求对具体行政行为的合法性、合理性进行的审查监督。审计监督是国家专门的审计机关对有关行政机关及财政金融机构和企事业组织的财务收支、经济效益和财政法纪的执行情况所进行的监督。

（四）社会监督

社会监督，是指由国家机关以外的政治或社会组织和公民进行的不具有直接法律效力的监督。社会监督主体广泛，方式灵活，没有严格的程序规定，是人民群众行使民主权利，参与国家事务管理的重要手段，主要包括各政党的监督、社会组织的监督、社会舆论的监督、人民群众的监督。

（五）海关检验检疫实务与法律监督

从监督角度看，海关检验检疫实务包括行政机关（主要包括行政复议、审计等行政监督方式）、权力机关、司法机关和社会公众等各类监督。

综上所述，从不同的社会身份、执行角度和研究立场等出发，对海关检验检疫实务有理解上的差异、关注的侧重点不同，但均离不开一个共同的基础，那就是海关检验检疫法规以及在此基础上构建的海关检验检疫法律制度。

【课后练习题】

一、单选题

1. 出入境检验检疫包括国境卫生检疫、进出境动植物检疫、进出口商品检验、进出口食品安全监管。以下理解中有明显错误的是（　　）。

A. 国境卫生检疫：为了预防、抵御和控制公共卫生风险传入，在国境口岸、关口对出入境人员、交通工具、运输设备以及可能传播传染病的行李、货物、邮包等物品实施检疫、监测和卫生监督，并提供必要应对措施。

B. 进出境动植物检疫：为防止动植物疫情疫病及其他有害生物传入、传出国境，保护农林牧渔业生产和人体健康，对进出境动植物及其相关产品以及来自疫区的运输工具实施检疫。

C. 进出口商品检验：在风险管理的基础上，对进入流通领域的进口商品实施批批检验，检验其是否符合国家强制性标准、行业标准、地方标准、团体标准和企业标准。

D. 进出口食品安全监管：为保证进出口食品安全，对进出口食品实施检验检疫及监督管理。

［答案］C

2. 根据马克思主义法学理论，法的本质可以概括为（　　）。

A. 法的本质就是人的理性，法的终极目标是实现公平正义，世界上存在着理想和绝对的完美法律，它是一切法律的基础。

B. 实在法之外没有超越性的理想法存在，法是主权者的命令。

C. 法可以是"非国家的法"和"行动中的法"，即法并不限于国家制定或认可，它还包括一切社会生活中通行的、能够有效约束人们行为的规范，以及现实中的各种法律行为和法律活动。

D. 一方面，法是国家意志的体现。另一方面，法最终决定于社会物质生活条件。

［答案］D

3. 以下说法错误的是（　　）。

A. 法律关系是法律规范在调整人们行为过程中所形成的法律上的权利和义务关

系。法律关系以现行法律的存在为前提，以法律上的权利和义务为内容，以国家强制力为保障。

B. 公民和法人要成为法律关系的主体，享有权利和承担义务，就必须具有权利能力和行为能力，即具有法律关系主体构成的资格。

C. 法律关系客体是指法律关系主体之间权利和义务所指向的对象。在我国，所有的天然物和生产物都可以成为法律意义上的物。

D. 法律事实是法律规范所规定的、能够引起法律关系产生、变更和消灭的现象。根据是否以权利主体的意志为转移，法律事实可以分为法律事件和法律行为。

［答案］C

4. 社会监督，是指由国家机关以外的政治或社会组织和公民进行的不具有直接法律效力的监督。以下法律监督形式中，（   ）不属于社会监督。

A. 各民主党派的监督

B. 社会舆论的监督

C. 人民群众的监督

D. 审计监督

［答案］D

5. （   ）不属于正式解释。

A. 学理解释   B. 行政解释

C. 立法解释   D. 司法解释

［答案］A

二、多选题

1. 检验检疫地位体现在（   ）。

A. 检验检疫是行使国家主权的重要体现

B. 检验检疫是维护国家安全的重要屏障

C. 检验检疫是推动社会经济发展的重要力量

D. 检验检疫是保护消费者利益的重要手段

［答案］ABCD

2. 法是由若干部分构成的一个统一体。构成法的整体的各个主要组成部分，称为法的要素。一般认为，法由（   ）组成。

A. 法律概念   B. 法律原则

C. 法律规范   D. 法律基础

［答案］ABC

3. （　　　）是海关检验检疫法规的法律渊源。

A. 《宪法》

B. 《国境卫生检疫法》

C. 《进出境动植物检疫法实施条例》

D. 海关规章

［答案］ABCD

4. 违法的构成要素一般包括（　　　）。

A. 客观方面　　　　　　　　　　B. 客体方面

C. 主观方面　　　　　　　　　　D. 主体方面

［答案］ABCD

5. 执法的基本原则包括（　　　）。

A. 合法性原则　　　　　　　　　B. 合理性原则

C. 效率原则　　　　　　　　　　D. 正当程序原则

［答案］ABCD

三、判断题

1. 14 世纪欧洲黄热病大流行，在意大利的威尼斯成立世界第一个检疫站，对入境的船只实施在港外抛锚等候 30 天的行政措施，卫生检疫自此诞生。

［答案］错误

2. 法是由国家制定、认可并由国家强制力保证实施的规范体系。

［答案］正确

3. 海关检验检疫法规指的是海关的法律制度体系中，与检验检疫业务职能相关的法律制度。

［答案］正确

4. 义务性规则是指规定主体必须为或者不得为一定行为的规则，通常采用"可以""有权""有……自由"的表述。

［答案］错误

5. 从法律部门划分角度看，海关检验检疫法规归属于行政法，兼具经济法和环境法特性。

［答案］正确

学习笔记

项目二
国境卫生检疫法律制度与实务

【学习目标】

了解国境口岸卫生检疫的主要概念。

掌握国境口岸卫生检疫相关法律法规制度。

掌握国境口岸卫生检疫的监管领域和要求。

【导引 2 – 1】

场景一：张三乘坐飞机入境时，听到机舱广播称，入境旅客有发热、咳嗽、呼吸困难、呕吐、腹泻、皮疹、不明原因皮下出血等传染病症状，或已经诊断患有传染性疾病的出入境人员须主动向海关进行健康申报，接受国境卫生检疫。

请思考：什么是国境卫生检疫？它又有什么作用呢？

场景二：张三正在国际航班的候机大厅的餐厅中用餐时，看见海关的工作人员进入了餐厅后厨，还检查了餐厅工作人员的工作证。

请思考：海关执法和候机大厅里的餐厅有什么关系呢？

任务一　国境卫生检疫法律制度概述

一、国境卫生检疫的概念

国境卫生检疫是由国境卫生检疫机关实施的，以国境口岸为依托，以预防和临床医学及相关自然科学为手段，以法学等社会科学为指导，以行政执法为主要内容的综合性涉外卫生管理活动。国境卫生检疫工作是一项政策性和技术性很强的工作，按照国际通行做法，国境卫生检疫工作的内容包括检疫查验、传染病监测、卫生监督和卫生处理四大任务和签发卫生检疫相关证书等工作。其目的是运用卫生技术手段，通过行政管理的形式，防止传染病由国外传入或者由国内传出，保护人体健康，维护国家卫生管理权力。

国境卫生检疫分为入境卫生检疫和出境卫生检疫；按口岸所在位置可以分为海港检疫、空港检疫和陆地边境检疫；按检疫性质可以分为常规检疫和特殊检疫，其中特殊检疫包括非口岸检疫、临时检疫、随交通工具检疫及赴国外检疫等。国境卫生检疫所涉及的传染病主要有三类：第一类为检疫传染病，包括鼠疫、霍乱和黄热病，以及国务院疾病预防控制部门会同海关总署确定和公布的其他传染病；第二类为监测传染病，包括新型冠状病毒感染、艾滋病、人感染新亚型流感、麻疹、流行性出血热、流行性乙型脑炎、登革热、猴痘、细菌性和阿米巴性痢疾等，以及国务院疾病预防控制部门会同海关总署确定和公布的其他病种；第三类为其他需要在口岸采取相应卫生检疫措施的新发传染病、突发原因不明的传染病"。

二、国际卫生检疫法规体系的建立

卫生检疫法规是世界各国在共同抵制传染病蔓延的实践斗争中产生的，因而具有国际性的共同约束力特征，并对各国的卫生立法产生了深远影响。

国际上最早的卫生检疫法是在 14 世纪制定的。1374 年欧洲受到黑死病的疯狂侵袭，为了有效对抗流行性传染病，意大利威尼斯首先对入境的船只实施在港外锚地等候 40 天的行政措施，采用对患者的用品冰冻、火烧，钱币用醋浸泡等方法进行处理，后来欧洲各国效仿这种海港卫生检疫制度，纷纷在国境口岸设立检疫机构，并相应制定了本国的检疫管理法规。1377 年，在亚得里亚海东岸的拉古萨共和国首先颁布了对海员的管理规则，规定在距离城市与港口较远的地方为登陆之处，所有被疑为受鼠疫传染的人，须在空气新鲜、阳光充足的环境里停留 30 天后方准入境。不久，30 天的隔离仍被认为不安全，于是，又延长至 40 天（Quarantenaria），这就是卫生检疫的萌芽。海港检疫制度的建立，对于控制传染病流行起到了重要的作用。这项制度作为预防传染病的措施，一直沿用到今天，即为今天的海港检疫。

1710 年，英国成立的检疫组织实施了较为妥善的检疫办法，随后西欧各国纷纷效仿，但检疫措施不一。为此，西欧各国，特别是地中海沿岸的国家开始商讨检疫方法。19 世纪初期，一些国家制定了卫生公约，以防止地区性的疾病传播。1834—1843 年，欧洲已有举行关于检疫事项的国际会议的多次提议。

1851 年，奥地利、西班牙、法国、英国、希腊等 11 个国家在巴黎举行了第一次国际卫生会议，产生了第一个地区性的《国际卫生公约》，该公约包括一百三十七条。

1905 年，美洲 24 个国家签订了泛美卫生法规。

1903 年、1912 年和 1926 年在巴黎分别召开了第十一次、第十二次及第十三次国际卫生会议，制定了新的《国际卫生公约》。第十三次会议是国际卫生组织、国际公共卫生局、泛美卫生局三个卫生组织在巴黎联合召开的，参加会议的有包括中国在内的50多个国家。新的《国际卫生公约》有一百七十二条，是当时国际上第一部比较完整的卫生法规，将霍乱、鼠疫、黄热病、天花及斑疹伤寒规定为检疫传染病，对检疫查验、卫生处理等均作了明确的规定。

1933年，德国、美国、法国、意大利、荷兰等22个国家在海牙召开了会议，与会国签订了《国际航空卫生公约》。该公约在1944年和1946年做过两次修订，1951年被纳入《国际公共卫生条例》之中。

1969年，第二十二届世界卫生大会将《国际公共卫生条例》改为《国际卫生条例》，对条例内容也作了改动，规定的检疫传染病为鼠疫、霍乱、天花、黄热病，监测传染病有流行性感冒、疟疾、脊髓灰质炎、斑疹伤寒和回归热。以后又经1973年第二十六届世界卫生大会与1981年第三十四届世界卫生大会两次修改，规定对霍乱不要求预防接种证书，并从检疫传染病中删除了天花（因全球已消灭），检疫传染病保留鼠疫、霍乱、黄热病三种。

1995年，世界卫生大会决定修改《国际卫生条例》，历经10年，于2005年5月23日第五十八届世界卫生大会审议通过了修改后的《国际卫生条例（2005）》。修改后的《国际卫生条例（2005）》对卫生检疫重新定义，要求实施全球健康屏障。《国际卫生条例（2005）》已于2007年6月15日正式生效。

三、我国国境卫生检疫法规的发展沿革

（一）我国早期国境卫生检疫与法规的形成

我国国境卫生检疫诞生于1873年。鸦片战争后，清政府被迫签订了中英《南京条约》，开放了宁波、上海、广州、福州及厦门5个通商口岸。1873年，印度、泰国、新加坡等地霍乱流行并向外传播，频繁进出国境的船舶、人员、货物，给霍乱的传播创造了有利的条件。帝国主义列强为了巩固和扩大在华的既得利益，在其控制下的上海、厦门海关设立了卫生检疫机构，并订立了相应的检疫章程。此后，1883年汕头，1894年宁波，1898年营口、天津，1902年汉口，1909年秦皇岛，1911年广州等港口相继设立卫生检疫机构，同时制定了相应的检疫规定或章程。

（二）中华人民共和国成立前的国境卫生检疫及其法律制度

1930年7月1日，国民政府在上海成立了全国海港检疫总管理处，同时收回上海

检疫所。1930 年 9 月 28 日颁布的《海港检疫章程》，是第一部全国统一的卫生检疫法规，海港卫生检疫各自为政的状态从此结束。1931—1932 年，海港检疫总管理处又陆续收回了厦门、汕头、汉口、营口、安东、广州、天津、塘沽、秦皇岛等卫生检疫所。

1945 年，日本投降后，国民党政府卫生署从海关收回原来的卫生检疫所。1946 年，卫生署先后颁布了交通检疫实施办法、海港检疫所组织规程、海港检疫所消毒蒸熏规则、海港检疫所仓库货栈蒸熏除鼠及消毒征费规则、卫生检疫所交通检疫征费规则等。

航空卫生检疫于 1943 年在重庆开始实施，并在 1946 年制定了航空检疫章程。1948 年 11 月东北全境解放，东北地区设置了首批陆路卫生检疫机构。

（三）中华人民共和国成立后的国境卫生检疫及其法律制度

1950 年 11 月 27 日政务院颁布了《进出口船舶、船员、旅客、行李检查暂行通则》《进出口列车、车员、旅客、行李检查暂行通则》，同年 12 月卫生部下发了《交通检疫标志旗帜及服装暂行规则》等，1951 年又公布了《民用航空检疫暂行办法》。这些规定在防止传染病的传入或传出方面，起到了一定的作用。

1957 年 12 月 23 日，全国人民代表大会常务委员会第八十八次会议通过了《中华人民共和国国境卫生检疫条例》，这是中华人民共和国成立以来第一部卫生检疫法规。1958 年 3 月 25 日，经国务院批准，由卫生部发布了《中华人民共和国国境卫生检疫条例实施规则》，该规则共十章一百二十五条，对卫生检疫的各项工作均作了具体的规定。卫生检疫工作从此有法可依，有章可循。

中华人民共和国成立以来，卫生部颁布的一系列卫生检疫法规，在当时的卫生检疫各项工作中都起到了关键性的指导作用。同时，为后来的卫生检疫立法提供了很好的素材和经验。1975—1985 年，卫生部陆续发布了《关于入境过境飞机人员检疫和卫生监督暂行规定的通知》《国境口岸传染病监测试行办法》《国境口岸卫生监督办法》等文件，并于 1977 年 11 月 15 日经国务院批准，根据《国际卫生条例》对《中华人民共和国国境卫生检疫条例实施规则》作了修订。

（四）改革开放以来的国境卫生检疫及其法律制度

随着我国改革开放的持续深入，经济迅速发展，入出境的人员和货物数量也日益增加，卫生检疫任务十分繁重。为了适应新形势，促进对外贸易，繁荣我国经济，1986 年 12 月 2 日，第六届全国人民代表大会常务委员会第十八次会议通过了《国境卫生检疫法》，于 1987 年 5 月 1 日正式施行。该法有六章二十八条，是在"检疫"概念有了新的引申和扩大的新形势下，为适应预防医学的发展而订立的。该法规定了检疫机关的职责、检疫的对象、主要工作内容及疫情通报等，比如检疫传染病除鼠疫、霍乱、黄热病外，还包括国务院指定的其他传染病；监测传染病由卫生部确定和公布；对发生疫情时的紧急措施和处理程序作了规定；对入出境人员和船舶、飞机、车辆、物品检疫查验，临时检疫，国际间传染病监测，卫生监督和法律责任等也作了明确的规定。《国境卫生检疫法》的制定与施行，使我国国境卫生检疫法规进一步得到完善。2024 年 6 月 28 日，第十四届全国人民代表大会常务委员会第十次会议通过《国境卫生检疫法》修订草案，修订后的《国境卫生检疫法》于 2025 年 1 月 1 日起实施。

1989 年 3 月 6 日，经国务院批准，卫生部发布了《国境卫生检疫法实施细则》，共十二章一百一十四条。它是在总结我国 110 多年，特别是建国 40 年来卫生检疫工作历史经验的基础上，根据国内外疫情的变化，科学技术和预防医学的发展，参照《国际卫生条例》以及外国检疫法规，为防止传染病传入或传出，保护人民身体健康，适应我国进一步扩大对外开放的需要而制定的。该细则是《国境卫生检疫法》有关条款的具体要求和措施，它概括了卫生检疫工作的全部内容。该细则制定的目的，是把党和国家有关国境卫生检疫工作的方针政策以行政法规的形式确定下来，把国境卫生检疫置于国家监督之下，保证国境卫生检疫工作顺利进行。同时，使卫生、公安、交通、铁道、民航、外贸、旅游、海关等部门以及广大入出境人员在国境卫生检疫方面有章可循，做到有法可依。《国境卫生检疫法》及其实施细则的产生标志着我国国境卫生检疫法规体系的日臻完善，我国国境卫生检疫工作已进入了法制化管理的轨道。

我国的国境卫生检疫法规始终贯彻预防为主的方针。卫生检疫工作是预防保健工作的一个重要组成部分，它的宗旨是防止传染病及其致病因子由国内传出或由国外传入，保护人民的身体健康。

四、我国国境卫生检疫法律体系

（一）我国现行卫生检疫法律体系概要

国境卫生检疫是一项依法进行的行政活动，其执法范围广，内容丰富。《国境卫生检疫法》及其实施细则以及相关的法律法规规章共同构成了我国国境卫生检疫工作的法律体系。

国境卫生检疫法的概念有广义、一般意义和狭义之分。

广义的国境卫生检疫法是指由国家制定或其主管部门颁布的，由国家强制力保证实施的，通过对出入境检验检疫机关及其行政管理相对人规定权利义务来调整涉及国境卫生检疫行政法律关系的所有法律规范的总称。主要包括《国际卫生条例（2005）》

等我国批准加入的国际条约，《国境卫生检疫法》（1986 年 12 月 2 日第六届全国人民代表大会常务委员会第十八次会议通过，根据 2007 年 12 月 29 日第十届全国人民代表大会常务委员会第三十一次会议《关于修改〈中华人民共和国国境卫生检疫法〉的决定》第一次修正，根据 2009 年 8 月 27 日第十一届全国人民代表大会常务委员会《关于修改部分法律的决定》第二次修正，根据 2018 年 4 月 27 日第十三届全国人民代表大会常务委员会第二次会议《关于修改〈中华人民共和国国境卫生检疫法〉等六部法律的决定》第三次修正，2024 年 6 月 28 日第十四届全国人民代表大会常务委员会第十次会议修订）等法律；《国境卫生检疫法实施细则》（1989 年 2 月 10 日国务院批准、1989 年 3 月 6 日卫生部令第 2 号公布，根据 2010 年 4 月 24 日《国务院关于修改〈中华人民共和国国境卫生检疫法实施细则〉的决定》第一次修订，根据 2016 年 2 月 6 日《国务院关于修改部分行政法规的决定》第二次修订，根据 2019 年 3 月 2 日《国务院关于修改部分行政法规的决定》第三次修订），《艾滋病防治条例》（2006 年 1 月 29 日国务院令第 457 号公布，根据 2019 年 3 月 2 日《国务院关于修改部分行政法规的决定》修订）等行政法规；《国境口岸突发公共卫生事件出入境检验检疫应急处理规定》（2003 年 11 月 7 日国家质检总局令第 57 号公布，根据 2018 年 4 月 28 日海关总署令第 238 号《海关总署关于修改部分规章的决定》修正），《出入境邮轮检疫管理办法》（2016 年 10 月 25 日国家质检总局令第 185 号公布，根据 2018 年 4 月 28 日海关总署令第 238 号《海关总署关于修改部分规章的决定》第一次修正，根据 2018 年 5 月 29 日海关总署令第 240 号《海关总署关于修改部分规章的决定》第二次修正，根据 2023 年 3 月 9 日海关总署令第 262 号《海关总署关于修改部分规章的决定》第三次修正）等部门规章。这些法律规范包括了一般意义上的国境卫生检疫法，也包括散见于其他法律法规中涉及国境卫生检疫的法律规范。

一般意义上的国境卫生检疫法是指由国家制定和颁布的规范国境卫生检疫、卫生监督检验行为，调整这些行为产生的法律关系，并规定海关和其行政相对人权利义务的法律规范的总称，主要包括《国际卫生条例（2005）》《国境卫生检疫法》《国境卫生检疫法实施细则》，以及相关部门规章。狭义的国境卫生检疫法仅指《国境卫生检疫法》。

（二）《国境卫生检疫法》

这部旨在加强国境卫生检疫工作、防止传染病跨境传播、保障公众生命安全和身体健康、防范和化解公共卫生风险的法律，共八章，包括总则、检疫查验、传染病监测、卫生监督、应急处置、保障措施、法律责任、附则。

在中华人民共和国对外开放的口岸，海关依照本法规定履行检疫查验、传染病监测、卫生监督和应急处置等国境卫生检疫职责。

在部门职责分工方面，明确海关总署统一管理全国国境卫生检疫工作。国务院卫生健康主管部门、国务院疾病预防控制部门和其他有关部门依据各自职责做好国境卫生检疫相关工作。

对检疫涉及的个人信息等，该法规定海关履行国境卫生检疫职责，应当依法保护商业秘密、个人隐私和个人信息，不得侵犯有关单位和个人的合法权益。

对进境出境人员的检疫查验措施，新修订的《国境卫生检疫法》明确规定，海关可以要求进行体温检测、医学巡查等一般检疫查验措施，还可以根据情况，对有关进境出境人员实施流行病学调查、医学检查等进一步的检疫查验措施。进境的外国人若拒绝接受相关检疫查验措施的，海关可以作出不准其进境的决定，同时通知移民管理机构。另外，海关总署应当根据境内外传染病监测和风险评估情况，不断优化检疫查验流程。

新修订的《国境卫生检疫法》还规定，海关总署可以根据境内外传染病监测和风险评估情况，对有关口岸的卫生检疫措施作出便利化安排。

此外，进境出境人员违反《国境卫生检疫法》规定，不如实申报健康状况、相关信息或者拒绝接受检疫查验的，明确由海关责令整改，可以给予警告或者处一万元以下的罚款；情节严重的，处一万元以上五万元以下的罚款。

（三）《国境卫生检疫法实施细则》

《国境卫生检疫法实施细则》共十二章一百一十三条，是对《国境卫生检疫法》有关条款的具体要求和措施，它概括了卫生检疫工作的全部内容。

第一章为一般规定，共十四条，包括本细则的用语、卫生检疫对象、主要任务以及其他章节不能包括的而且又必须执行的内容，都作了比较明确的规定。

第二章为疫情通报，共三条，对国境卫生检疫中发现的疫情如何处置作了规定。

第三章为卫生检疫机关，共四条，规定了卫生检疫机构的设立、职责以及口岸卫生监督员的职责等。

第四章、第五章、第六章分别是海港、航空、陆地边境检疫，共三十一条，分别对海港口岸、航空口岸和陆地边境口岸的入出境人员、交通工具、货物、行李、邮包等物品，实施检疫查验和管理的具体措施作出详细的规定，并对电讯检疫、随车检疫和临时检疫也作了相应的规定。

第七章为卫生处理，共十五条，规定了入出境的集装箱、行李、货物、邮包等物品需要卫生处理的条件、方法、卫生处理时的注意事项和相关证书的签发以及交通工具应当采取的防控措施，第六十七条还专门规定了黄热病等疫苗预防接种的有效期。

第八章为检疫传染病管理，共四节二十九条，分别规定了鼠疫、霍乱、黄热病三种检疫传染病的潜伏期，对染疫人、染疫嫌疑人和受染的交通工具判断以及所应当采取的措施；对就地诊验、留验和隔离等卫生处理措施作了特别的规定，如对受就地诊验的人员，应当发给就地诊验记录簿，按照卫生检疫机关规定的期间、地点，接受医学检查。对受留验的人员必须在卫生检疫机关指定的场所接受留验，经卫生检疫机关同意，也可在船上留验，但船只应备有留验、医疗、消毒设备。

第九章为传染病监测，共七条，规定了传染病监测的对象、内容和卫生检疫机关的职责。

第十章为卫生监督，共五条。第一百零四条规定，卫生检疫机关依照《国境卫生检疫法》第十八条、第十九条规定的内容，对国境口岸和交通工具进行卫生监督。

第十一章为罚则，共三条，第一百零九条和第一百一十条分别规定了应当受到行政处罚的违反《国境卫生检疫法》及其实施细则的行为和处罚的种类。第一百一十一条规定了卫生检疫机关所收罚款应当全部上交国库。

第十二章为附则，共两条，分别规定了国境卫生检疫机关实施卫生检疫的收费标准由国务院财政物价部门共同制定、本实施细则的解释权和实施日期。

（四）海关总署部门规章

为进一步规范国境卫生检疫工作，海关总署制定了一系列国境卫生检疫领域的部门规章，包括《国境口岸突发公共卫生事件出入境检验检疫应急处理规定》《出入境特殊物品卫生检疫管理规定》《出入境口岸食品卫生监督管理规定》《口岸艾滋病预防控制管理办法》《出入境邮轮检疫管理办法》《出入境尸体骸骨卫生检疫管理办法》《出入境检疫处理单位和人员管理办法》《进出境集装箱检验检疫管理办法》《国际航行船舶出入境检验检疫管理办法》等。

（五）其他相关的法律、法规、规章和规范性文件

主要包括：《中华人民共和国传染病防治法》（简称《传染病防治法》），1989 年 2 月 21 日第七届全国人民代表大会常务委员会第六次会议通过，2004 年 8 月 28 日第十届全国人民代表大会常务委员会第十一次会议修订，2013 年 6 月 29 日第十二届全国人民代表大会常务委员会第三次会议《关于修改〈中华人民共和国文物保护法〉等十二

部法律的决定》修正。《中华人民共和国职业病防治法》，2001年10月27日第九届全国人民代表大会常务委员会第二十四次会议通过，根据2011年12月31日第十一届全国人民代表大会常务委员会第二十四次会议《关于修改〈中华人民共和国职业病防治法〉的决定》第一次修正，根据2016年7月2日第十二届全国人民代表大会常务委员会第二十一次会议《关于修改〈中华人民共和国节约能源法〉等六部法律的决定》第二次修正，根据2017年11月4日第十二届全国人民代表大会常务委员会第三十次会议《关于修改〈中华人民共和国会计法〉等十一部法律的决定》第三次修正，根据2018年12月29日第十三届全国人民代表大会常务委员会第七次会议《关于修改〈中华人民共和国劳动法〉等七部法律的决定》第四次修正。《公共场所卫生管理条例》，1987年4月1日国务院发布，根据2016年2月6日《国务院关于修改部分行政法规的决定》第一次修订，根据2019年4月23日《国务院关于修改部分行政法规的决定》第二次修订。《国境口岸卫生监督办法》，1981年12月30日国务院批准，1982年2月4日卫生部、交通部、中国民用航空总局、铁道部发布；根据2011年1月8日《国务院关于废止和修改部分行政法规的决定》第一次修订；根据2019年3月2日《国务院关于修改部分行政法规的决定》第二次修订。《突发公共卫生事件应急条例》，2003年5月9日国务院令第376号公布，根据2011年1月8日《国务院关于废止和修改部分行政法规的决定》修订。

五、我国国境卫生检疫立法的基本原则

我国的国境卫生检疫立法始终坚持以下原则。

（一）预防控制为主的原则

《国境卫生检疫法》第一条规定："为了加强国境卫生检疫工作，防止传染病跨境传播，保障公众生命安全和身体健康，防范和化解公共卫生风险，根据宪法，制定本法。"本条从立法目的上体现了国境卫生检疫预防为主的原则。"预防为主"是我国卫生工作的重要方针，也是我国卫生立法必须遵循的一条重要原则。应该说"预防为主"是包括卫生立法在内的卫生工作的普遍原则，但这个原则对于国境卫生检疫工作来讲具有直接的重要意义，《国境卫生检疫法》的其他原则都是从属于这条根本原则的。国境卫生检疫的目的在于防止传染病的国际传播，对传染病的控制手段，立足于防患于未然，这一点首先体现在《国境卫生检疫法》的条文中。该法第二条第二款规定海关在中华人民共和国对外开放的口岸（以下简称口岸），依法履行检疫查验、传染病监测、卫生监督和应急处置等国境卫生检疫职责；第三条规定了把三种检疫传染病、监

测传染病和其他需要在口岸采取相应卫生检疫措施的新发传染病、突发原因不明的传染病作为预防的主要对象；第九条规定了国境卫生检疫的主要对象包括入境、出境的人员、交通工具、运输设备以及可能传播检疫传染病的行李、货物、邮包等，其他条文根据检疫对象的不同和检疫地点的不同特征相应规定了具体措施，授权国境卫生检疫机关开展卫生检疫活动。此外，这一原则还体现在《国境卫生检疫法》所确定的检疫机关在国境口岸实施检疫查验、传染病监测、口岸卫生监督和卫生处理的活动中。国境卫生检疫机关的工作要紧紧遵循预防控制为主的原则，开展各项执法活动，减少和消除传染病传播的可能性。

（二）全面、迅速的原则

全面，就是指国境卫生检疫机关为防止传染病传入传出，保证口岸卫生环境，要积极依法采取宏观控制措施和微观检疫措施对动态与静态的检疫对象进行全面的卫生检疫和卫生监督。所谓动态的检疫对象，是指出入国境的人员、交通工具、运输设备以及可能传播检疫传染病的行李、货物、邮包等物品。所谓静态的检疫对象，主要是指国境口岸的卫生环境，根据《国境卫生检疫法实施细则》第三条，是指为国境口岸服务的涉外宾馆、饭店、俱乐部，为入境、出境交通工具提供饮食、服务的单位和对入境、出境人员、交通工具、集装箱和货物实施检疫、监测、卫生监督的场所。

迅速检疫的原则包括两个含义。首先，国境卫生检疫机关及其工作人员在发现检疫传染病或疑似检疫传染病时，必须迅速采取传染病控制、卫生处理的有关措施，同时立即通知、报告有关部门。《国境卫生检疫法》第二十七条规定：各地海关发现传染病，应当采取相应的控制措施，并及时向海关总署报告，同时向口岸所在地县级以上地方人民政府疾病预防控制部门以及移民管理机构通报。县级以上地方人民政府疾病预防控制部门发现传染病，应当及时向当地海关、移民管理机构通报。任何单位和个人发现口岸或者进境出境的人员、交通运输工具、货物、物品等存在传播传染病风险的，应当及时向就近的海关或者口岸所在地疾病预防控制机构报告。第三十六条规定：根据重大传染病疫情应急处置需要，经国务院决定可以暂时封锁有关国境或者采取其他紧急措施。第十七条规定：已经实施检疫查验的交通运输工具在口岸停留期间，发现检疫传染病染疫人、疑似染疫人或者有人非因意外伤害死亡且死因不明的，交通运输工具负责人应当立即向海关报告，海关应当依照本法规定采取相应的措施。第十二条规定：海关依据检疫医师提供的检疫查验结果，对判定为检疫传染病染疫人、疑似染疫人的，应当立即采取有效的现场防控措施，并及时通知口岸所在地县级以上地方人民政府疾病预防控制部门。接到通知的疾病预防控制部门应当及时组织将检疫传病染疫人、疑似染疫人接送至县级以上地方人民政府指定的医疗机构或者其他场所实施隔离治疗或者医学观察。有关医疗机构和场所应当及时接收。对可能患有监测传染病的人员，海关应当发给就诊方便卡，并及时通知口岸所在地县级以上地方人民政府疾病预防控制部门。对持有就诊方便卡的人员，医疗机构应当优先诊治。迅速检疫原则的另一个含义是指国境卫生检疫工作具有很强的时间性。国境口岸是出入境的场所，必须保持通畅，讲求效率，对外树立一个国家的良好形象。目前，世界各国（地区）都在不断改进口岸查验管理方式，缩短出入境时间，为发展本国（地区）的对外贸易和经济交往服务。

（三）口岸查验中，卫生检疫先行的原则

总的来说，卫生检疫的目的是防止传染病由国外传入或由国内传出，保护人体健康。国境卫生检疫工作的特殊性决定了口岸查验卫生检疫先行的原则，即国境卫生检疫机关在出入境查验中，先于国境口岸的其他查验部门对人员、交通工具、运输设备，以及可能传播检疫传染病的行李、货物、邮包等实施检疫和卫生处理。这一原则虽然未明文规定在《国境卫生检疫法》中，但是它体现在检疫法的条文中和卫生检疫工作实践中。《国境卫生检疫法》第十条规定：来自境外的交通运输工具因不可抗力或者其他紧急原因停靠、降落在境内口岸以外地区的，交通运输工具负责人应当立即向就近的海关报告，接到报告的海关应当立即派员到场处理，必要时可以请求当地人民政府疾病预防控制部门予以协助；除避险等紧急情况外，未经海关准许，该交通运输工具不得装卸货物、物品，不得上下引航员以外的人员。

六、我国国境卫生检疫机关

国境卫生检疫机关是指国家在国境口岸设立的，依法实施对传染病检疫、监测、卫生监督和卫生处理等活动的行政执法机构。它代表国家在国境口岸行使检疫权力，根据有关法律规定，在中华人民共和国国际通航的港口、机场以及陆地边境和国界江河口岸，依法实施传染病检疫、监测、卫生监督和卫生处理、核生化反恐及突发公共卫生事件应急处置。

1998 年国务院机构改革，将原卫生部所属的卫生检疫局、农业部所属的进出境动植物检疫局和原国家进出口商品检验局"三检"合并组建为原国家出入境检验检疫局，由海关总署管理，各地原"三检"机构合并组建出入境检验检疫局。原国家出入境检验检疫局垂直管理各地出入境检验检疫局，行使国家出入境检验检疫管理权，对出入境货物、交通运输工具、出入境人员等实施检验检疫监管。出入境检验检疫体制实行

"一次报检、一次抽（采）样、一次检验检疫、一次卫生除害、一次收费、一次签证放行"的检验检疫程序。

2001 年 4 月，为适应我国加入世界贸易组织的需要，原国家出入境检验检疫局和原国家质量技术监督局合并组建国家质量监督检验检疫总局（简称国家质检总局），各地出入境国境卫生检疫机构由国家质检总局继续实行垂直管理体制，机构名称不变。省（自治区、直辖市）质量技术监督局仍为同级人民政府的工作部门，体制和机构名称不变。

2018 年 4 月，根据中共中央《深化党和国家机构改革方案》，将国家质检总局的出入境检验检疫管理职责和队伍划入海关总署。目前，我国国境卫生检疫机关是指海关总署及设在各地的海关。

七、国境卫生检疫的主要概念

检疫。指限制无症状的受染嫌疑人的活动和（或）将无症状的受染嫌疑人及有受染嫌疑的行李、集装箱、交通工具或物品与其他人或物体分开，以防止感染或污染的可能播散。

检疫查验。对进境出境的人员、交通运输工具、货物、物品、尸体、骸骨等采取检查措施、实施医学措施。

医学巡查。指检疫医师在口岸进境出境旅客通道，观察进境出境人员是否有传染病临床症状，并对有临床症状的人员进行询问的活动。

医学检查。指检疫医师对进境出境人员检查医学证明文件，实施必要的体格检查、采样检验的活动。

卫生学检查。指由国境卫生检疫机关或在其监督下检查口岸区域、行李、集装箱、交通工具、设施、物品或邮包（包括相关资料和文件），以确定是否存在公共卫生风险。

受染。指受到感染或污染或携带感染源或污染源以至于构成公共卫生风险的人员、行李、货物、集装箱、交通工具、物品、邮包或尸体（骸骨）。

隔离。指将病人或受染者或受染的行李、集装箱、交通工具、物品或邮包与其他人员和物体分开，以防止感染或污染扩散。

留验。指将染疫嫌疑人收留在指定的处所进行诊察和检验。

就地诊验。指一个人在卫生检疫机关指定的期间，到就近的国境卫生检疫机关或者其他医疗卫生单位去接受诊察和检验；或者国境卫生检疫机关、其他医疗卫生单位到该人员的居留地，对其进行诊察和检验。

传染病监测。指对特定环境、人群进行流行病学、血清学、病原学、临床症状以及其他有关影响因素的调查研究，预测有关传染病的发生、发展和流行。

卫生监督。指执行卫生法规和卫生标准所进行的卫生检查、卫生鉴定、卫生评价和采样检验。

行政许可。指行政机关根据公民、法人或者其他组织的申请，经依法审查，准予其从事特定活动的行为。

国境口岸。指国际通航的港口、机场、车站、陆地边境和国界江河的关口。

卫生处理。指消毒、杀虫、灭鼠、除污等措施。

卫生措施。指为预防疾病或污染传播实行的程序，不包括执行法律或安全措施。

核与辐射有害因子。指能够通过自发核衰变放出 α、β 或 γ 射线的天然和人工放射性物质、产生中子的中子发生装置，以及经过加工的能够用于核工业及军事等用途的核材料。

口岸生物有害因子。指细菌类、病毒类、真菌类、立克次体类、衣原体类、毒素类等各种生物病原体和毒素。

口岸化学有害因子。指神经性毒剂、糜烂性毒剂、全身中毒性毒剂、窒息性毒剂、失能性毒剂等。

国境口岸突发公共卫生事件。指突然发生，造成或可能造成入出境人员和国境口岸公众健康严重损害的重大传染病疫情、群体性不明原因疾病、重大食物中毒以及烈性生物病原体、生物毒素、核与辐射和有毒化学物质扩散污染等严重危害公众健康事件。

国际关注的突发公共卫生事件。指根据《国际卫生条例（2005）》规定所确定的不同寻常的事件，即通过疾病的国际传播构成对其他国家的公共卫生风险，以及可能需要采取协调一致的国际应对措施。

八、国境卫生检疫工作的特征

国境卫生检疫是一项政策性和技术性很强的工作，作为国境口岸特有的一项执法工作，既非单纯的技术行为，也有别于其他行政执法机关的管理行为。国境卫生检疫具有以下特征。

国际性。国境卫生检疫工作是以最大限度防止疾病国际传播，尽可能小地干扰国际交通运输和人员往来为宗旨；各国间要协同配合，并共同遵守《国际卫生条例（2005）》等国际规则和各国卫生法规对卫生检疫的特别要求。

主权性。国境卫生检疫对外是一项严肃的维护主权的国家行为，是由主权国家设立在国境口岸的国境卫生检疫机关实施的。

强制性。世界各国通过立法手段，将国境卫生检疫纳入国家法制化管理轨道；国际贸易合同中对国境卫生检疫也有明确的条款规定，使国境卫生检疫工作具有强制执行的法律效力。

应急性。国境卫生检疫工作经常遇到突发情况，如国际关注的突发公共卫生事件，要求国境卫生检疫机关平时要做好应急预案和相关准备工作，随时能够处置各种突发事件。

预见性。国境卫生检疫机关通过危险度分析评估、制定预警和应急准备等干预手段，针对外来危害严重、在国内未发生（或分布不广）而可能传播的疫情以及其他突发公共卫生事件，力求达到防控目的。

技术性。国境卫生检疫是国家为维护根本经济权益与安全而实施的重要技术贸易壁垒措施，是以医学等自然科学为主要技术手段的执法行为，作为技术执法部门，涉及法学、医学、检验等多项科学技术，具有明显的技术特征。

综合性。国境卫生检疫工作的开展，需要边防以及地方各相关部门的多部门、跨地区合作，乃至全社会的配合支持。

任务二　卫生检疫查验制度

一、卫生检疫查验制度概述

本部分所述检疫查验就是指卫生检疫查验，是卫生检疫机关对入出境人员、交通工具、集装箱、货物、废旧物品、特殊物品、旅客携带物、行李、邮包以及尸体、棺柩、骸骨等检疫对象实施的医学检查和卫生学检查，依据卫生学评价结果，判定检疫对象是否符合卫生检疫相关的法律法规、是否应该采取必要的卫生控制措施，最终决定是否准予检疫对象入出境。

二、检疫查验的方式

检疫查验方式因检疫查验的角度不同呈现多样化：根据入、出境的方向，分为入境检疫查验和出境检疫查验；根据实施检疫查验的口岸地理位置，分为海港、空港和陆地边境检疫查验；根据入出境交通工具的类型，分为船舶、航空器以及列车（汽车）等陆地交通工具的检疫查验；根据检疫查验对象的不同，可分为交通工具的检疫查验、出入境人员的检疫查验、集装箱的检疫查验、货物的检疫查验、行李的检疫查验、邮包的检疫查验等；根据交通工具检疫方式，分为电讯检疫、锚地检疫、靠泊检疫和随船检疫。

三、检疫查验的程序和内容

检疫查验的程序和内容依据检疫查验对象的不同而有所差异。

（一）入出境交通工具的卫生检疫查验

海关工作人员在接到入出境交通工具承运方或代理人的申报信息后，首先确定检疫查验方式，做好检疫查验前的各项准备工作，由两个以上海关工作人员登临交通工具实施卫生检疫查验，通过询问、文件审查、流行病学调查、现场卫生检查，综合判定交通工具是否符合卫生检疫相关法律法规要求，作出是否准予入出境的决定。对符合卫生检疫要求的入出境交通工具签发《交通工具卫生证书》后准予放行；对具有流行病学风险的入境交通工具，必须要求在指定地点停靠，根据技术方案、操作指南的相关规定采取进一步的卫生控制措施，待符合卫生检疫要求后签发《交通工具卫生证书》准予放行。其他特殊的入出境交通工具，均需申请入出境卫生检疫，海关工作人员可按照相关规定执行。

1. 入境检疫

（1）入境前报告。在交通工具及人员抵达国境前，交通工具的代理人应尽早向卫生检疫机关通知有关事项。

①海港检疫。船舶应告知船名、国籍、预定到达检疫锚地的日期和时间，发航港、最后寄港，船员和旅客人数，货物种类等。受入境检疫的船舶，还必须按照下列规定悬挂检疫信号等候查验，在卫生检疫机关发给入境检疫证前，不得降下检疫信号。

昼间在明显处所悬挂国际通语信号旗："Q"字旗表示本船没有染疫，请发给入境检疫证；"QQ"字旗表示本船有染疫或者染疫嫌疑，请即刻实施检疫。

夜间在明显处所垂直悬挂灯号：红灯三盏表示本船没有染疫，请发给入境检疫证；红、红、白、红灯四盏表示本船有染疫或者染疫嫌疑，请即刻实施检疫。

②航空检疫。航空器应告知航空器的国籍、机型、号码、识别标志、预定到达时间，出发站、经停站，机组和旅客人数等。

③陆地边境检疫。列车应告知列车的车次、预定到达的时间，始发站，列车编组情况等。

有关管理机关（如港务监督机关，实施检疫的航空站、车站），应当将交通工具到达的日期和时间等事项通知国境卫生检疫机关。

（2）提交申报证件。

①海港检疫。受入境检疫船舶的船长，在检疫医师到达船上时，必须提交由船长签字或者有船医附签的航海健康申报书、船员名单、旅客名单、载货申报单，并出示除鼠证书或者免予除鼠证书。

②航空检疫。受入境检疫的航空器到达机场以后，检疫医师首先登机。机长或者其授权的代理人，必须向卫生检疫机关提交总申报单、旅客名单、货物仓单和有效的灭蚊证书，以及其他有关检疫证件。

③陆地边境检疫。受入境检疫的列车和其他车辆到达车站、关口后，检疫医师首先登车，列车长或者其他车辆负责人，应当口头或者书面向卫生检疫机关申报该列车或者其他车辆上人员的健康情况。

（3）检疫处理。

①海港检疫。在查验中，检疫医师有权查阅航海日志和其他有关证件，需要进一步了解船舶航行中卫生情况时，检疫医师可以向船长、船医提出询问，船长、船医必须如实回答。用书面回答时，须经船长签字和船医附签。

船舶实施入境查验完毕以后，对没有染疫的船舶，检疫医师应当立即签发入境检疫证；如果该船有受卫生处理或者限制的事项，应当在入境检疫证上签注，并按照签注事项办理。对染疫船舶、染疫嫌疑船舶，除通知港务监督机关外，还应当对该船舶发给卫生处理通知书，该船舶上的引航员和经卫生检疫机关许可上船的人员应当视同员工接受有关卫生处理，在卫生处理完毕以后，再发给入境检疫证。船舶领到卫生检疫机关签发的入境检疫证后，可以降下检疫信号。

②航空检疫。检疫医师可以就航空器上的卫生状况等进行询问，机长或者其授权的代理人应当如实回答。在检疫没有结束之前，除卫生检疫机关许可外，任何人不得上下航空器，不准装卸行李、货物、邮包等物品。

对入境航空器查验完毕以后，根据查验结果，对没有染疫的航空器，检疫医师应当签发入境检疫证；如果该航空器有受卫生处理或者限制的事项，应当在入境检疫证上签注，由机长或者其授权的代理人负责执行。对染疫或者有染疫嫌疑的航空器，除通知航空站外，应当对该航空器发给卫生处理通知单，在规定的卫生处理完毕以后，再发给入境检疫证。

③陆地边境检疫。受入境检疫的列车和其他车辆到达车站、关口，在实施入境检疫而未取得入境检疫证以前，未经卫生检疫机关许可，任何人不准上下列车或者其他

车辆，不准装卸行李、货物、邮包等物品。对列车或者其他车辆实施入境检疫完结后，检疫医师应当根据检疫结果或者在必要的卫生处理完毕后，签发入境检疫证。

受入境检疫的列车以及其他车辆，载有来自疫区、有染疫或者染疫嫌疑或者夹带能传播传染病的病媒昆虫和啮齿动物的货物，应当接受卫生检查和必要的卫生处理。

2. 出境检疫

（1）出境前报告。

①海港检疫。船舶代理应当在受出境检疫的船舶启航以前，尽早向卫生检疫机关通知船名、国籍、预定开航的日期和时间，目的港、最初寄港，船员名单和旅客名单，货物种类等有关事项。港务监督机关应当将船舶确定开航的日期和时间尽早通知卫生检疫机关。

船舶的入境、出境检疫在同一港口实施时，船员、旅客没有变动的，可以免报船员名单和旅客名单；有变动的，报变动船员、旅客名单。

②航空检疫。实施卫生检疫机场的航空站，应当在受出境检疫的航空器起飞以前，尽早向卫生检疫机关通知航空器的国籍、机型、号码、识别标志、预定起飞时间，经停站、目的站，机组和旅客人数等。

③陆地边境检疫。实施卫生检疫的车站，应当在受出境检疫列车发车以前，尽早向卫生检疫机关通知列车的车次、预定发车的时间，终到站，列车编组情况等。

（2）提交申报证件。

①海港检疫。受出境检疫的船舶，船长应当向卫生检疫机关出示除鼠证书或者免予除鼠证书和其他有关检疫证件。

②航空检疫。实施卫生检疫机场的航空站，应当在受出境检疫的航空器起飞以前，尽早向卫生检疫机关提交总申报单、货物仓单和其他有关检疫证件。

（3）检疫处理。

①海港检疫。检疫医师可以向船长、船医提出有关船员、旅客健康情况和船上卫生情况的询问，船长、船医对上述询问应当如实回答。对船舶实施出境检疫完毕以后，检疫医师应当按照检疫结果立即签发出境检疫证，如果因卫生处理不能按原定时间启航，应当及时通知港务监督机关。

对船舶实施出境检疫完毕以后，除引航员和经卫生检疫机关许可的人员外，其他人员不准上船，不准装卸行李、货物、邮包等物品。如果违反上述规定，该船舶必须重新实施出境检疫。

②航空检疫。对出境航空器查验完毕以后，如果没有染疫，检疫医师应当签发出

境检疫证或者在必要的卫生处理完毕以后，再发给出境检疫证；如果该航空器因卫生处理不能按原定时间起飞，应当及时通知航空站。

③陆地边境检疫。受出境检疫的列车和其他车辆到达车站、关口，在实施出境检疫而未取得出境检疫证以前，未经卫生检疫机关许可，任何人不准上下列车或者其他车辆，不准装卸行李、货物、邮包等物品。对列车或者其他车辆实施出境检疫完结后，检疫医师应当根据检疫结果或者在必要的卫生处理完毕后，签发出境检疫证。

受出境检疫的列车以及其他车辆，载有来自疫区、有染疫或者染疫嫌疑或者夹带能传播传染病的病媒昆虫和啮齿动物的货物，应当接受卫生检查和必要的卫生处理。

（4）临时检疫。

在国境口岸发现检疫传染病、疑似检疫传染病，或者有人非因意外伤害而死亡并死因不明的，国境口岸有关单位和交通工具的负责人，应当立即向国境卫生检疫机关报告，并申请临时检疫。

（二）入出境人员的卫生检疫查验

所有入境人员均应在最先到达的国境口岸接受卫生检疫查验。徒步入境的人员，必须首先在指定的场所接受入境查验，未经卫生检疫机关许可，不准离开指定的场所。

所有出境人员均应在最后离开的国境口岸接受卫生检疫查验。任何国籍、身份的人员均不予免检。徒步出境的人员，必须首先在指定的场所接受出境查验，未经卫生检疫机关许可，不准离开指定的场所。

海关工作人员通过有症状者健康申报、体温检测、医学巡查、医学排查、快速筛查等措施完成检疫查验工作，对符合卫生检疫要求的入出境人员准予放行；对口岸发现的具有流行病学意义的呼吸道、消化道和蚊媒传播等传染病病例，则根据技术方案、操作指南等相关规定，采取书面健康申报、流行病学调查、体格检查、采集样本、现场快速检测、实验室确证实验、隔离留验、病例移交、卫生处理等一系列卫生控制措施进行现场排查和处置，做好后续跟踪的记录、报告，依据联防联控工作机制做好信息通报。及时整理具有流行病学意义的个案基础资料、排查处置资料、追踪调查资料、总结报告分析资料，立卷归档，妥善保存。

在对口岸传染病可疑病例开展排查处置前，应首先做好个人防护，针对不同传播途径传播的传染病、不同环境使用不同的个人防护装备。在进行现场排查和处置时，应根据传染病致病因子的种类、存在的量，传播途径，以及实施的不同操作等因素选择适当的防护措施。个人防护主要包括呼吸道防护和皮肤接触防护两部分。个人防护水平根据传染病危害程度、实施操作的种类及感染危险度等因素分为三级。

（三）入出境集装箱的卫生检疫查验

海关工作人员在受理报检、做好资料审核后，对集装箱开展细菌学查验、医学媒介生物查验、放射性监测，生物、化学污染查验，夹带废旧物品、垃圾等现场检疫查验，根据查验情况进行卫生学评价，做好卫生处理、退运、放行的处置决定。海关工作人员按照要求做好查验记录和存档工作。

（四）入出境货物的卫生检疫查验

海关工作人员首先受理报检、审核报检资料，根据入出境货物是否来自疫区、有无运载卫生检疫重点管理对象等作出"一般货物""来自疫区货物"的判定。然后开展现场检疫查验，入境货物一般应在口岸停留现场或在入境卸货前进行，出境货物一般在货物产地、货物专用存放场地或出境口岸进行。

对入出境一般货物，海关工作人员要对货物开展流行病学调查、医学媒介生物检查、卫生学检查、采样做病原微生物检测、核生化有害因子检测等，根据现场查验情况进行卫生学评价，作出直接放行、扣留处理或卫生处理后放行的决定。

对入出境来自疫区货物，海关工作人员应要求其逐次报检，在对货物开展现场查验时除完成一般货物现场查验内容，还要根据货物来自的不同疫区确定查验重点，在进行卫生学评价后，采取相应的卫生控制措施。对卫生处理合格的来自疫区货物，应签发消毒/灭鼠/除虫证明，并将现场查验中发现的问题逐级上报，紧急时可直接上报。工作结束后做好查验记录和资料归档工作。

（五）入出境废旧物品的卫生检疫查验

所有入境废旧物品都要依法先做卫生处理，后做检疫查验。对禁止入境的垃圾、旧服装、旧麻袋、旧塑料器具等物品，一经发现即行退货或销毁。由于废旧物品具有特殊的卫生学意义，因此海关工作人员要在查验前做好个人防护，在卫生处理后开展现场查验，然后进行卫生学评价，作出放行、退运或销毁处置决定。

（六）入出境邮包的卫生检疫查验

海关定期派员或常驻国际邮件互换局执行邮寄物检疫业务。入出境邮包现场查验一般包括流行病学调查、卫生学检查、邮寄物种类检查等内容。

查验时海关工作人员首先要做好个人防护；在封闭的环境内进行卫生学查验；需做进一步检疫的，海关工作人员应同邮政工作人员办理交接手续后予以封存，并通知收件人。对发现问题的入出境邮寄物实施退回销毁处理。

（七）入出境快件的卫生检疫查验

海关可在入出境快件的存放仓库、海关监管仓库或者快件集散地设立办事机构或者定期派人到现场实施国际快件检疫业务；原则上对快件的检疫以现场为主，如有必要可在实验室或指定地点检疫。对来自疫区或者已证实被检疫传染病污染的入出境快件视其价值实施卫生处理或销毁，并签发有关单证。

（八）入出境特殊物品的卫生检疫查验

特殊物品是指通过携带、托运或邮递入出境的，在传染病传播方面有特殊意义，需要特殊管理的微生物、人体组织、生物制品、血液及其制品。

入出境特殊物品由海关总署指定并公布的口岸入出境。海关对入出境特殊物品实行卫生检疫审批、现场查验和后续监督管理，对特殊物品经销单位实施登记备案管理。

直属海关负责入出境特殊物品的行政许可工作，受理申报、审核资料，对审核合格的，签发《入出境特殊物品卫生检疫审批单》。口岸海关负责现场查验和后续监管工作，开展现场检疫查验后进行卫生学评价，对符合卫生检疫要求的予以放行；对不符合要求的要签发《检验检疫处理通知书》，并予以封存、退回或销毁处理，做好卫生处理结果记录、归档和上报工作。对尚未认知其传染性的特殊物品，直属海关应当报请海关总署开展技术分析。

（九）入出境尸体、棺柩、骸骨的卫生检疫查验

海关工作人员受理申报材料，对入出境尸体、棺柩、骸骨开展现场查验，对卫生检疫合格或经卫生处理后符合卫生要求的，方准入出境；对患检疫传染病、炭疽死亡的和海关总署、国家卫生健康委员会另有规定的尸体、骸骨必须就近火化，不准移运出入境。

四、检疫传染病的管理

检疫传染病是指鼠疫、霍乱、黄热病以及国务院确定和公布的其他传染病。

（一）鼠疫

1. 染有鼠疫和染有鼠疫嫌疑的判定

鼠疫的潜伏期为 6 日。

（1）船舶、航空器在到达时，有下列情形之一的，为染有鼠疫：船舶、航空器上有鼠疫病例的；船舶、航空器上发现有感染鼠疫的啮齿动物的；船舶上曾经有人在上船 6 日以后患鼠疫的。

（2）船舶在到达时，有下列情形之一的，为染有鼠疫嫌疑：船舶上没有鼠疫病例，但曾经有人在上船后 6 日以内患鼠疫的；船上啮齿动物有反常死亡，并且死因不明的。

2. 卫生处理

（1）对染有鼠疫的船舶、航空器应当实施下列卫生处理：对染疫人实施隔离；对染疫嫌疑人实施除虫，并且从到达时算起，实施不超过 6 日的就地诊验或者留验，在此期间，船上的船员除因工作需要并且经卫生检疫机关许可外，不准上岸；对染疫人、染疫嫌疑人的行李、使用过的其他物品和卫生检疫机关认为有污染嫌疑的，实施除虫，必要时实施消毒；对染疫人占用过的部位和卫生检疫机关认为有污染嫌疑的部位，实施除虫，必要时实施消毒；船舶、航空器上有感染鼠疫的啮齿动物，卫生检疫机关必须实施除鼠，如果船舶上发现只有未感染鼠疫的啮齿动物，卫生检疫机关也可以实施除鼠，实施除鼠可以在隔离的情况下进行，对船舶的除鼠应当在卸货以前进行；卸货应当在卫生检疫机关的监督下进行，并且防止卸货的工作人员遭受感染，必要时，对卸货的工作人员从卸货完毕时算起，实施不超过 6 日的就地诊验或者留验。

（2）对染有鼠疫嫌疑的船舶，应当实施下列卫生处理：对染疫嫌疑人实施除虫，并且从到达时算起，实施不超过 6 日的就地诊验或者留验。在此期间，船上的船员除因工作需要并且经卫生检疫机关许可外，不准上岸；对染疫人、染疫嫌疑人的行李、使用过的其他物品和卫生检疫机关认为有污染嫌疑的，实施除虫，必要时实施消毒；对染疫人占用过的部位和卫生检疫机关认为有污染嫌疑的部位，实施除虫，必要时实施消毒；船舶、航空器上有感染鼠疫的啮齿动物，卫生检疫机关必须实施除鼠，如果船舶上发现只有未感染鼠疫的啮齿动物，卫生检疫机关也可以实施除鼠，实施除鼠可以在隔离的情况下进行，对船舶的除鼠应当在卸货以前进行；卸货应当在卫生检疫机关的监督下进行，并且防止卸货的工作人员遭受感染，必要时，对卸货的工作人员从卸货完毕时算起，实施不超过 6 日的就地诊验或者留验。

（3）对没有染疫的船舶、航空器，如果来自鼠疫疫区，卫生检疫机关认为必要时，可以实施下列卫生处理：对离船、离航空器的染疫嫌疑人，从船舶、航空器离开疫区的时间算起，实施不超过6日的就地诊验或者留验；在特殊情况下，对船舶、航空器实施除鼠。

（4）对到达的时候载有鼠疫病例的列车和其他车辆，应当实施下列卫生处理：对染疫人实施隔离；对染疫人、染疫嫌疑人的行李、使用过的其他物品和卫生检疫机关认为有污染嫌疑的，实施除虫，必要时实施消毒；对染疫人占用过的部位和卫生检疫机关认为有污染嫌疑的部位，实施除虫，必要时实施消毒；卸货应当在卫生检疫机关的监督下进行，并且防止卸货的工作人员遭受感染，必要时，对卸货的工作人员从卸货完毕时算起，实施不超过6日的就地诊验或者留验；对染疫嫌疑人实施除虫，并且从到达时算起，实施不超过6日的就地诊验或者留验；必要时，对列车和其他车辆实施除鼠。

【延伸阅读 2 - 1】鼠疫的危害

鼠疫的传播途径有很多种，无论是通过吸入、食入，还是黏膜、皮肤接触，都可能导致人类感染。然而，不同的传播途径会导致不同的临床表现。在自然状况下，最常见的三种传播方式是：一是跳蚤叮咬染菌的鼠类后传播；二是肺鼠疫病人呼出含有大量鼠疫杆菌的飞沫，导致人与人之间的传播；三是在剥食、皮毛加工、捕猎等活动中，由于皮肤破损导致感染。

鼠疫杆菌不仅会感染人类，还会感染200多种啮齿动物。在这些啮齿动物中，老鼠和旱獭是对人类威胁最大的。当这些动物感染鼠疫杆菌后，部分可能会死亡，另一部分则可能不会出现任何症状，但它们会长期携带鼠疫杆菌，成为"储存宿主"，即传染源。

由于人群对鼠疫普遍易感，但病后会产生持久的免疫力，因此，需要采取措施来预防和控制这种疾病。

　　　　　　——参考自何琼、汪鹏著《常见传染病的防治策略》，甘肃文化出版社，2017。

（二）霍乱

1. 染有霍乱和染有霍乱嫌疑的判定

霍乱潜伏期为5日。船舶在到达的时候载有霍乱病例，或者在到达前5日以内，船上曾有霍乱病例发生，为染有霍乱；船舶在航行中曾经有霍乱病例发生，但是在到达前 5 日以内，没有发生新病例，为染有霍乱嫌疑。

航空器在到达的时候载有霍乱病例，为染有霍乱；航空器在航行中曾经有霍乱病例发生，但在到达以前该病员已经离去，为染有霍乱嫌疑。

2. 卫生处理

（1）对染有霍乱的船、航空器，应当实施下列卫生处理。

①对染疫人实施隔离。

②对离船、离航空器的员工、旅客，从卫生处理完毕时算起，实施不超过 5 日的就地诊验或者留验；从船舶到达时算起 5 日内，船上的船员除因工作需要，并且经卫生检疫机关许可外，不准上岸。

③对染疫人、染疫嫌疑人的行李，使用过的其他物品和有污染嫌疑的物品、食品实施消毒。

④对染疫人占用过的部位，污染嫌疑部位，实施消毒。

⑤对污染或者有污染嫌疑的饮用水，应当实施消毒后排放，并在储水容器消毒后再换清洁饮用水。

⑥人的排泄物、垃圾、废水、废物和装自霍乱疫区的压舱水，未经消毒，不准排放和移下。

⑦卸货必须在卫生检疫机关监督下进行，并且防止工作人员遭受感染，必要时，对卸货工作人员从卸货完毕时算起，实施不超过 5 日的就地诊验或者留验。

（2）对染有霍乱嫌疑的船舶、航空器应当实施下列卫生处理。

①对离船、离航空器的员工、旅客，从卫生处理完毕时算起，实施不超过 5 日的就地诊验或者留验；从船舶到达时算起 5 日内，船上的船员除因工作需要，并且经卫生检疫机关许可外，不准上岸。

②对染疫人、染疫嫌疑人的行李，使用过的其他物品和有污染嫌疑的物品、食品实施消毒。

③对染疫人占用过的部位，污染嫌疑部位，实施消毒。

④对污染或者有污染嫌疑的饮用水，应当实施消毒后排放，并在储水容器消毒后再换清洁饮用水。

⑤人的排泄物、垃圾、废水、废物和装自霍乱疫区的压舱水，未经消毒，不准排放和移下。

⑥卸货必须在卫生检疫机关监督下进行，并且防止工作人员遭受感染，必要时，对卸货工作人员从卸货完毕时算起，实施不超过 5 日的就地诊验或者留验。

⑦对离船、离航空器的员工、旅客，从到达时算起，实施不超过 5 日的就地诊验

或者留验。在此期间，船上的船员除因工作需要，并经卫生检疫机关许可外，不准离开口岸区域；或者对离船、离航空器的员工、旅客，从离开疫区时算起，实施不超过5日的就地诊验或者留验。

（3）对没有染疫的船舶、航空器，如果来自霍乱疫区，卫生检疫机关认为必要时，可以实施下列卫生处理。

①对污染或者有污染嫌疑的饮用水，应当实施消毒后排放，并在储水容器消毒后再换清洁饮用水。

②人的排泄物、垃圾、废水、废物和装自霍乱疫区的压舱水，未经消毒，不准排放和移下。

③对离船、离航空器的员工、旅客，从离开疫区时算起，实施不超过5日的就地诊验或者留验。

（4）对到达时载有霍乱病例的列车和其他车辆应当实施下列卫生处理。

①对染疫人实施隔离。

②对染疫人、染疫嫌疑人的行李，使用过的其他物品和有污染嫌疑的物品、食品实施消毒。

③对污染或者有污染嫌疑的饮用水，应当实施消毒后排放，并在储水容器消毒后再换清洁饮用水。

④卸货必须在卫生检疫机关监督下进行，并且防止工作人员遭受感染，必要时，对卸货工作人员从卸货完毕时算起，实施不超过5日的就地诊验或者留验。

⑤对染疫嫌疑人从到达时算起，实施不超过5日的就地诊验或者留验。

（5）其他处理。

对来自霍乱疫区的或者染有霍乱嫌疑的交通工具，卫生检疫机关认为必要时，可以实施除虫、消毒；如果交通工具载有水产品、水果、蔬菜、饮料及其他食品，除装在密封容器内没有被污染外，未经卫生检疫机关许可，不准卸下，必要时可以实施卫生处理。

对来自霍乱疫区的水产品、水果、蔬菜、饮料以及装有这些制品的邮包，卫生检疫机关在查验时，为了判明是否被污染，可以抽样检验，必要时可以实施卫生处理。

【延伸阅读2-2】霍乱的病因有哪些

人体通过食用被霍乱弧菌污染的食物、水源，或接触被感染的蚊蝇后，可感染霍乱弧菌。然后霍乱弧菌分泌霍乱肠毒素，导致大量水分和电解质聚集在肠腔，形成腹泻，排"米泔水"样粪便。

被污染的水。霍乱细菌可长期在水中休眠，受污染的公共水是霍乱大规模暴发的常见原因。生活在拥挤的环境中而没有足够卫生条件的人，尤其面临感染霍乱风险。

被污染的海鲜。食用来自某些地方的未加工或未煮熟的海鲜，特别是贝类，可能感染霍乱细菌。

被污染的生鲜水果和蔬菜。在霍乱流行的地区，生鲜未剥皮的水果和蔬菜是霍乱感染的常见原因。在发展中国家，肥料或未经处理的灌溉水会污染田间的农产品。

被污染的谷物。在霍乱广泛存在的地区，煮熟后被污染并在室温下保持数小时的谷物，会成为霍乱细菌生长的媒介。

（三）黄热病

1. 染有黄热病和染有黄热病嫌疑的判定

黄热病的潜伏期为 6 日。航空器到达时载有黄热病病例，为染有黄热病；船舶在到达时载有黄热病病例，或者在航行中曾经有黄热病病例发生，为染有黄热病。

来自黄热病疫区的航空器，应当出示在疫区起飞前的灭蚊证书，如果在到达时不出示灭蚊证书，或者卫生检疫机关认为出示的灭蚊证书不符合要求，并且在航空器上发现活蚊，为染有黄热病嫌疑；船舶在到达时，如果离开黄热病疫区没有满 6 日，或者没有满 30 日并且在船上发现埃及伊蚊或者其他黄热病媒介，为染有黄热病嫌疑。

2. 卫生处理

（1）来自黄热病疫区的人员，在入境时，必须向卫生检疫机关出示有效的黄热病预防接种证书。对无有效的黄热病预防接种证书的人员，卫生检疫机关可以从该人员离开感染环境的时间算起，实施 6 日的留验，或者实施预防接种并留验到黄热病预防接种证书生效时为止。

（2）对染有黄热病的船舶、航空器，应当实施下列卫生处理。

①对染疫人实施隔离。

②对离船、离航空器又无有效的黄热病预防接种证书的员工、旅客，实施《国境卫生检疫法实施细则》第八十五条规定的卫生处理。

③彻底杀灭船舶、航空器上的埃及伊蚊及其虫卵、幼虫和其他黄热病媒介，并且在没有完成灭蚊以前限制该船与陆地和其他船舶的距离不少于 400 米。

④卸货应当在灭蚊以后进行，如果在灭蚊以前卸货，应当在卫生检疫机关监督下进行，并且采取预防措施，使卸货的工作人员免受感染，必要时，对卸货的工作人员，从卸货完毕时算起，实施6日的应地诊验或者留验。

（3）对染有黄热病嫌疑的船舶、航空器，应当实施下列卫生处理。

①对离船、离航空器又无有效的黄热病预防接种证书的员工、旅客，实施《国境卫生检疫法实施细则》第八十五条规定的卫生处理。

②彻底杀灭船舶、航空器上的埃及伊蚊及其虫卵、幼虫和其他黄热病媒介，并且在没有完成灭蚊以前限制该船与陆地和其他船舶的距离不少于400米。

③卸货应当在灭蚊以后进行，如果在灭蚊以前卸货，应当在卫生检疫机关监督下进行，并且采取预防措施，使卸货的工作人员免受感染，必要时，对卸货的工作人员，从卸货完毕时算起，实施6日的应地诊验或者留验。

（4）对没有染疫的船舶、航空器，如果来自黄热病疫区，卫生检疫机关认为必要时，可以实施彻底杀灭船舶、航空器上的埃及伊蚊及其虫卵、幼虫和其他黄热病媒介，并且在没有完成灭蚊以前限制该船与陆地和其他船舶的距离不少于400米。

（5）对到达的时候载有黄热病病例的列车和其他车辆，或者来自黄热病疫区的列车和其他车辆，应当对染疫人实施隔离，卸货应当在灭蚊以后进行，如果在灭蚊以前卸货，应当在卫生检疫机关监督下进行，并且采取预防措施，使卸货的工作人员免受感染，必要时，对卸货的工作人员，从卸货完毕时算起，实施6日的应地诊验或者留验。对列车、车辆彻底杀灭成蚊及虫卵、幼虫；对无有效黄热病预防接种证书的员工、旅客，可以从该人员离开感染环境的时间算起，实施6日的留验，或者实施预防接种并留验到黄热病预防接种证书生效时为止。

【延伸阅读2－3】致命的"黄杰克"——黄热病

黄热病（yellow fever）是一种由黄热病毒引起、经蚊媒传播的急性传染病，黄热病毒不能在人与人之间直接传播，埃及伊蚊（Aëdes aegypti mosquitoes）是黄热病毒的主要传播媒介。在20世纪初找到防控蚊媒传染病的有效方法之前，黄热病是威胁美国公众健康的大敌之一。据美国学者K. David Patterson测算，从1693年到1905年的212年间，共有10000~150000人死于黄热病。多发频发的黄热病瘟疫在美国历史上留下了深刻的烙印，以至于当时的人们认为可怕的黄热病瘟疫其杀伤力和破坏性堪比战场上骄悍的敌军。漫画家将黄热病描绘成身着黄军装（Yellow Military Jacket）的骷髅形象，黄热病也就有了"黄杰克（Yellow Jack）"的绰号。

（四）就地诊验、留验和隔离

1. 就地诊验

就地诊验，是指一个人在卫生检疫机关指定的期间，到就近的卫生检疫机关或者其他医疗卫生单位去接受诊察和检验；或者卫生检疫机关、其他医疗卫生单位到该人员的居留地，对其进行诊察和检验。

卫生检疫机关对受就地诊验的人员，应当发给就地诊验记录簿，必要的时候，可以在该人员出具履行就地诊验的保证书以后，再发给其就地诊验记录簿。受就地诊验的人员应当携带就地诊验记录簿，按照卫生检疫机关指定的期间、地点，接受医学检查；如果就地诊验的结果没有染疫，诊验期满的时候，受就地诊验的人员应当将就地诊验记录退还卫生检疫机关。

卫生检疫机关应当将受就地诊验人员的情况，用最快的方法通知受就地诊验人员的旅行停留地的卫生检疫机关或者其他医疗卫生单位。卫生检疫机关、医疗卫生单位遇有受就地诊验的人员请求医学检查时，应当视同急诊给予医学检查，并将检查结果在就地诊验记录簿上签注；如果发现其患检疫传染病或者监测传染病、疑似检疫染病或者疑似监测传染病时，应当立即采取必要的卫生措施，将其就地诊验记录簿收回存查，并且报告当地卫生防疫机构和签发就地诊验记录簿的卫生检疫机关。

2. 留验

留验，是指卫生检疫机关将染疫嫌疑人收留在指定的处所进行诊察和检验，留验期限根据各种检疫传染病的潜伏期予以确定。按照规定，对染有鼠疫、黄热病嫌疑人的留验期限为6天，对染有霍乱嫌疑人的留验期限为5天。

受留验的人员必须在卫生检疫机关指定的场所接受留验。但有下列情形之一的，经卫生检疫机关同意，可在船上留验：船长请求船员在船上留验的；旅客请求在船上留验，经船长同意，并且船上有船医和医疗、消毒设备的。留验人员未经卫生检疫机关许可，不准离开留验场所或上岸。

3. 隔离

隔离，是指卫生检疫机关对正在患检疫传染病的人，或者经卫生检疫机关初步诊断，认为已经感染检疫传染病或者已经处于检疫传染病潜伏期的染疫人施行隔离，将其收留在指定的处所，限制其活动并进行治疗，直到消除传染病传播的危险。

受留验的人员在留验期间如果出现检疫传染病的症状，卫生检疫机关应当立即对该人员实施隔离，对与其接触的其他受留验的人员，应当实施必要的卫生处理，并且从卫生处理完毕时算起，重新计算留验时间。

任务三　传染病监测制度

传染病监测是最基本的传染病预防和控制活动之一，通过系统的、完整的、连续的和规范的观察，获取某种传染病在该地区人群中发生、发展、分布、消长规律，为制定防治对策和措施提供科学依据。

一、传染病监测的对象

入出境人员（包括国际通行交通工具上的中国籍员工）、交通工具、食品、饮用水和其他物品以及病媒昆虫、动物，国境口岸的涉外宾馆、饭店内居住的入出境人员及工作人员等都属于传染病监测的对象。

二、传染病监测的病种

国境口岸传染病监测的病种，主要涉及检疫传染病、监测传染病、禁止外国人入境的疾病、不得从事交通工具或口岸饮食业的传染病、《传染病防治法》规定管理的其他传染病以及新出现和原因不明的传染病。

检疫传染病。鼠疫、霍乱、黄热病以及国务院疾病预防控制部门会同海关总署确定和公布的其他传染病。

国际间监测传染病。包括新型冠状病毒感染、艾滋病、人感染新亚型流感、麻疹、流行性出血热、流行性乙型脑炎、登革热、猴痘、细菌性和阿米巴性痢疾等，以及国务院疾病预防控制部门会同海关总署确定和公布的其他病种。

其他需要在口岸采取相应卫生检疫措施的新发传染病、突发原因不明的传染病。

从业人员禁止传染病。痢疾、伤寒、甲型病毒性肝炎、戊型病毒性肝炎等消化道传染病，以及患有活动性肺结核、化脓性或者渗出性皮肤病等有碍食品安全的疾病。

我国法定的传染病。我国法定的传染病病种分为甲类、乙类和丙类，目前共 39种。对乙类传染病中的传染性非典型肺炎、炭疽中的肺炭疽和人感染高致病性禽流感，采取甲类传染病的预防、控制措施。

监测的其他传染病。根据国际、国内传染病疫情发生情况，对于国家临时公布或国外发生、国内尚未发生的传染病及新发生的传染病进行监测，如甲型 H1N1 流感、H7N9 人感染高致病性禽流感、基肯孔雅、西尼罗热、拉沙热、埃博拉出血热等。

三、传染病监测内容

传染病监测的内容包括首发病例的个案调查；暴发流行的流行病学调查；传染源调查；国境口岸内监测传染病的回顾性调查；病原体的分离、鉴定，人群、有关动物血清学调查以及流行病学调查；有关动物、病媒昆虫、食品、饮用水和环境因素的调查；消毒、除鼠、除虫的效果观察与评价；国境口岸以及国内外监测传染病疫情的收集、整理、分析和传递；对监测对象开展健康检查和对监测传染病病人、疑似病人、密切接触人员的管理。

口岸卫生检疫工作中，流行病学调查是了解疫情分布和发病水平、追溯传染源（病因）、指导疫情防控的重要途径和手段，尤其是现场流行病学调查，更是卫生检疫工作人员必须具备的一项基本技能，其调查工作好坏直接关系到疫情处置的成败。因此要求及时、全面、准确收集与疾病有关的具有流行病学意义的相关资料，快速分析、准确判断，使用合理的描述性或分析性流行病学方法确定传染源或病因，并对传染源或其他风险因素的危害性做出评价，建立疫情的适时控制和长期干预机制，为制定科学、合理的防治方案提供依据。

四、传染病监测的步骤

一般监测步骤：收集资料；整理资料，分析资料；资料反馈。

传染病流行监测步骤：收集、整理、分析、资料；预测、预报流行趋势；提出检疫措施并检查采取措施的效果。

五、传染病监测的方法

（一）观察

在口岸对出入境人员检疫查验的同时，借助临床医学，结合流行病学，运用视、问、听、触诊，及时发现健康人群中的传染病患者。

（二）调查

1. 健康申报

即在口岸要求出入境人员就自己的健康情况，向国境卫生检疫机关进行申报说明，以便及早发现病人。为便利出入境旅客通关，海关总署于 2023 年 10 月 26 日发布了《关于优化调整健康申报模式的公告》（2023 年第 151 号），自 2023 年 11 月 1 日零时起，出入境人员免于填报《中华人民共和国出/入境健康申明卡》，但有发热、咳嗽、呼吸困难、呕吐、腹泻、皮疹、不明原因皮下出血等传染病症状，或已经诊断患有传染性疾病的出入境人员须主动向海关进行健康申报，并配合海关做好体温检测、流行病学调查、医学排查、采样检测等卫生检疫工作。

2. 发放就诊方便卡

对来自检疫传染病和监测传染病疫区的人员，根据流行病学和医学检查结果发给就诊方便卡，如出现有关传染病症状或者患某种传染病时能及时获得卫生机关和医疗卫生单位的重视和诊疗，以尽早发现传染病患者，并给予及早处置。

3. 查验健康证书、预防接种证书

对需要提供健康证书和预防接种证书的出入境人员，要求提供相应的证书，以及时了解入出境人员的健康和免疫状况。

4. 暴发流行调查

详细询问旅客的旅行史，尤其是近 4 周的旅行史和接触史；询问健康状况，若近期曾患病，应进一步询问既往病史，包括发病时间、地点、主要症状、诊断、治疗及预防接种情况。

（三）监测诊疗

在口岸进行医学巡查，在国际旅行卫生保健机构设立监测门诊，对出入境旅客进行健康观察和询问：面部有无潮红、苍白、浮肿或失水，结膜有无充血或黄疸，皮肤有无红疹、出血点或瘀斑，精神状态有无异常或不振，有无呕吐、腹泻，体态、行动、呼吸有无异常等。及时发现病态者，对其进行传染病排查和必要的医疗救助。

（四）健康检查

健康检查是一项以体格检查、器械检查与实验室检查相结合的检测监测方法，其目的在于发现和鉴别检疫传染病和传染病。

根据有关规定，健康检查的对象为下列人员：申请来华定居，或任职、就业、学习在华居留 1 年或 1 年以上的外国人；经批准出国劳务、留学、探亲、定居及其他出境 1 年以上的中国公民；在境外居住 3 个月以上回国的中国公民；国境通行交通工具上的中国籍员工；在出入境口岸和出入境交通工具上食品和饮用水从业人员；外派劳务人员。

六、疫情管理

疫情信息是有关传染病发生、发展、分布规律以及变化趋势的动态资料。疫情管理

的内容包括疫情报告，疫情通报、公布及保密管理和疫情信息收集、整理、分析等内容。

疫情报告。各级国境卫生检疫机构应指定专人负责疫情信息的传递工作，上报前要核实疫情信息的准确性、完整性，要严格按照疫情报告要求，在规定的时限内通过传染病监测信息网络向海关总署和地方卫生部门报告疫情信息。

疫情通报、发布及保密管理。各级国境卫生检疫机构应在多部门联防联控机制有效运行下进行疫情通报，自身要建立传染病疫情定期分析通报制度，紧急情况下需每日进行疫情分析与通报。国务院卫生行政部门为传染病疫情的发布授权部门，国境卫生检疫机构未经授权不得对外公布疫情。各级国境卫生检疫机构应制定疫情管理等相关制度，指定相关部门和人员负责传染病疫情报告管理工作，严格执行保密管理。如有关艾滋病病毒阳性或感染者的疫情信息要严格遵照《全国艾滋病检测工作规范》要求执行。

疫情信息收集、整理、分析。各级国境卫生检疫机构要注意收集、整理、分析疫情信息，开展疫情信息风险评估，科学研判传染病的发生、发展和流行趋势。

七、国际旅行卫生保健工作内容

国际旅行卫生保健工作涉及国际旅行健康服务和卫生检疫技术支撑。

国际旅行健康服务。国际旅行健康服务属于旅游医学范畴，涉及旅行中突发公共卫生事件的应对、旅行相关传染病和慢性病的预防与控制、旅行健康咨询、旅行食品卫生与安全、旅行气候与卫生、特殊人群的旅行保健、旅行卫生与管理以及旅行意外伤害的救助和防范等一系列内容，还包括预防接种和外国人体检验证服务。各直属海关设立的国际旅行卫生保健中心承担入出境人员国际旅行健康服务工作。

卫生检疫技术支撑。国际旅行卫生保健中心依法履行口岸传染病监测职责，致力于卫生检疫技术支撑体系建设，各级国境卫生检疫机构根据口岸工作需要在所属保健中心设置口岸工作部或其他相同职能的科（室），指导或协助口岸开展传染病排查工作，加强口岸传染病医学排查能力建设。在保健中心建立与卫生检疫技术支撑要求相适应的病原微生物检测，医学媒介生物监测、分类鉴定和携带病原体检测实验室，加强实验室能力建设。保健中心配合做好应对口岸突发公共卫生事件技术、试剂、疫苗、药品等应急储备；在应急处置中参与现场医疗救护，开展病原体检测，指导生物样品采集运送、生物安全防护和个人消毒工作，不断加强突发公共卫生事件应对能力建设；大力推进科技创新及人才队伍建设，不断提高科研能力、构建高效的人才保障体系，为发挥卫生检疫技术支撑作用做足人才和技术储备。

任务四　口岸卫生监督制度

一、概述

口岸卫生监督，是指国境卫生检疫机关根据食品安全、卫生法律法规和食品安全、卫生标准等，对国境口岸和停泊在国境口岸的交通工具、公共场所进行的卫生检查、卫生鉴定、卫生评价和采样检验的执法活动，以改善国境口岸和交通工具的卫生面貌，控制和消灭传染源，切断传播途径。

国境卫生检疫机关进行口岸卫生监督的任务包括：监督和指导有关人员对啮齿动物、病媒昆虫的防除；检查和检验食品、饮用水及其储存、供应、运输设备；监督从事食品、饮用水供应的从业人员的健康状况，检查其健康证明书；监督和检查垃圾、废物、污水、粪便、压舱水的处理，以保证国境口岸及交通工具、行李、货物、邮包等整洁卫生，防止疾病传播。

二、口岸卫生监督的分类和要求

（一）口岸卫生监督的分类

口岸卫生监督有以下不同分类：按照实施过程，可以分为预防性卫生监督和经常性卫生监督；按照监督内容，可以分为环境卫生监督、食品卫生监督、传染病管理监督、医学媒介生物控制监督。

（二）口岸卫生监督工作要求

国境口岸卫生监督工作主要有以下要求：应有两名以上监督员参加，卫生监督员根据被监督相对人的特点确定监督重点；监督过程中，需要现场采样时，应按照要求采集具有代表性、满足实验要求数量的样品，食品采样需要购买样品；监督结束后要进行卫生学评价，根据评价结果分别作出整改、约谈、处罚等决定；书面做好现场监督、采样记录，建立卫生监督档案，并分类归档。

国境卫生检疫机关设立国境口岸卫生监督员，根据国家规定的卫生标准，对国境口岸的卫生状况和停留在国境口岸的入出境交通工具卫生状况实施卫生监督：监督和指导有关人员对啮齿动物、病媒昆虫的防除；检查和检验食品、饮用水及其储存、供应、运输设施；监督从事食品、饮用水供应的从业人员的健康状况，检查其健康证明书；监督和检查垃圾、废物、污水、粪便、压舱水的处理。

国境口岸卫生监督员在执行任务时，有权对国境口岸和入出境交通工具进行卫生监督和技术指导，对卫生状况不良和可能引起传染病传播的因素提出改进意见，协同有关部门采取必要的卫生控制措施。

三、国境口岸卫生监督

（一）国境口岸卫生监督的内容

国境口岸卫生监督分为预防性卫生监督和经常性卫生监督。

预防性卫生监督，是针对口岸各种设施，在建设开始之前，即从选址、设计、施工到竣工整个过程中，预先做好卫生监督，使口岸的各种设施符合卫生学要求，减少和消除产生污染的各种因素，保证口岸各种设施在建成投入使用后，不产生任何危害人体健康的因素。

经常性卫生监督，是对口岸已建成交付使用的各种设施和内外环境、食品、生活饮用水、劳动卫生、媒介生物控制、传染病防治等方面产生危害人体健康因素的各个环节实施定期或不定期的卫生监督，作出卫生质量评价，提出控制措施，消除污染因素，提高卫生水平，保护人体健康。

具体监督内容包括以下几种。

1. 卫生许可管理

国境卫生检疫机关对在国境口岸内从事食品、饮用水生产经营单位，公共场所经营单位，口岸服务业，以及从事入出境货物储存的单位实行卫生许可管理。卫生许可管理包括卫生许可的申请、受理、审查、决定、签发、收费及《卫生许可证》管理等内容。

2. 食品生产经营单位卫生监督

入出境口岸从事食品生产经营单位以及为入出境交通工具提供食品、饮用水服务的口岸食品生产经营单位（简称食品生产经营单位）；在入出境口岸内以及入出境交通工具上的食品、饮用水从业人员（简称从业人员）为国境口岸食品生产经营单位卫生监督对象。

国境卫生检疫机关对食品生产经营单位实行卫生许可管理，根据卫生许可审查和日常卫生监督检查结果，对食品生产经营单位实施 A、B、C、D 共 4 个等级的量化分级管理，并根据风险分析和日常监督情况实施动态监督管理，每年重新核定级别。对其从业人员实行健康管理。

3. 饮用水卫生监督

国境卫生检疫机关对国境口岸内的生活饮用水自用水源（包括地面和地下水）、集中供水点、末梢水、二次供水及交通工具供水点及供水船（车）等实施卫生许可管理，开展饮用水日常卫生监督，定期采样监测水质是否符合《生活饮用水卫生标准》（GB 5749—2022）。

4. 公共场所卫生监督

国境卫生检疫机关对口岸内的旅店业、餐饮场所、商业购物场所、文化娱乐场所、洗浴按摩场所、理发/美容场所、公共交通等候室、交通工具、游泳场馆、体育场馆、展览馆/博物馆/美术馆/图书馆及其他公共场所开展卫生监督工作，对新、改、扩建的公共场所开展预防性审查，对已获取卫生许可证正常营业的公共场所开展卫生监督，每季度开展公共场所环境因素监测。

5. 入出境货物储存场地卫生监督

国境卫生检疫机关对用于储存出入境或中转的货物、集装箱和其他物品的仓库或场地开展卫生监督。每年实施不少于两次的卫生监督，对有特殊卫生要求的应每季度实施不少于一次的卫生监督。

6. 环境卫生监督

国境卫生检疫机关开展的环境卫生监督就是对国境口岸的卫生监督。要定期对所辖口岸及其周边半径400米环境开展医学媒介生物本底调查和动态监测工作。

（二）国境口岸的卫生要求

国境口岸和国境口岸内涉外的宾馆、生活服务单位以及候船、候车、候机厅（室）应当有健全的卫生制度和必要的卫生设施并保持室内外环境整洁、通风良好。国境口岸有关部门应当采取切实可行的措施，控制啮齿动物、病媒昆虫，使其数量降低到不足为害的程度。仓库、货场必须具有防鼠设施。国境口岸的垃圾、废物、污水、粪便必须进行无害化处理，保持国境口岸环境整洁卫生。

四、交通工具卫生监督

（一）交通工具卫生监督的内容

国境卫生检疫机关对所有停留在中华人民共和国边境口岸（包括开放和未开放的水域、港口）的国际航行船舶（包括钻井平台、驳船、海吊、军舰和航母等）、国际航行航空器以及入出中华人民共和国边境口岸的列车（汽车）等开展卫生监督。

1. 环境卫生

重点检查入出境交通工具的客舱、宿舱及俱乐部、餐厅等公共场所卫生状况；厕所、盥洗室清洁程度；固液体废弃物无害化处理情况；来自霍乱疫区的压舱水是否随意排放。

2. 食品、饮水卫生

重点检查食品贮藏室卫生和温度控制情况；食品是否卫生安全；食品加工及厨房、餐厅卫生状况；饮用水是否符合《生活饮用水卫生标准》（GB 5749—2022）；从业人员不得患传染性疾病和化脓性皮肤病，中国籍交通工具员工应持有效的《国际旅行健康检查证明书》。

3. 医学媒介生物控制

重点检查医学媒介生物控制情况，是否具备足量有效的消、杀、灭药物及完好的防鼠、防虫设施。根据检查结果，结合卫生学评价，确定是否签发《船舶免予卫生控制措施证书/船舶卫生控制措施证书》。

4. 传染病控制

重点检查交通工具卫生证书是否符合要求；交通工具上的员工健康状况和《国际旅行健康检查证明书》《疫苗接种或预防措施国际证书》是否有效；是否配备有足够的急救和消毒药品。

（二）交通工具的卫生要求

对交通工具的卫生要求是：交通工具上宿舱、车厢必须保持清洁卫生，通风良好；必须备有足够的消毒、除鼠、除虫药物及器械，并备有防鼠装置；货舱、行李舱、货车车厢在装货前或卸货后应当进行彻底清扫，有毒物品和食品不得混装，防止污染；对不符合卫生要求的入境、出境交通工具，必须接受卫生检疫机关的督导并立即进行改进。

五、食品、饮用水及从业人员卫生监督

国境口岸和交通工具上的食品、饮用水均应清洁卫生，无毒无害。容器、管道、贮存场所、仓库等均应符合卫生标准要求，防止其在运转、传递过程中被污染。饮食服务等从业人员应当符合健康要求。

（一）食品、饮用水及从业人员的监督内容

对国境口岸食品生产服务行业实施口岸卫生许可证管理，对符合条件的予以发放口岸卫生许可证；要求口岸食品生产经营单位向厂方索取食品卫生检验合格证单，凭

证采购，保证食品卫生质量；监督交通工具上餐厅、灶房的卫生状况；监督从业人员的健康状况，凡患有痢疾、伤寒、病毒性肝炎等消化道传染病（包括病原携带者），活动性肺结核，化脓性或者渗出性皮肤病以及其他有碍食品卫生的疾病的，不得参加接触直接入口食品的工作；对食品作出综合性卫生学评价。

（二）对食品、饮用水及从业人员的卫生要求

国境口岸和交通工具上的食品、饮用水必须符合有关的卫生标准；国境口岸的涉外宾馆，以及向入出境的交通工具提供饮食服务的部门，营业前必须向卫生检疫机关申请卫生许可证；国境口岸涉外的宾馆和入出境交通工具上的食品、饮用水从业人员应当持有卫生检疫机关签发的健康证明。

六、国境口岸突发公共卫生事件处置

国境口岸突发公共卫生事件以其具有的突发性、群体性、严重性、复杂性、频发性和全球性的特点，给口岸安全和正常秩序带来严重危害，为有效预防、及时缓解、控制和消除口岸突发公共卫生事件所造成的各种危害，保障入出境人员健康和国境口岸卫生安全，为入出境人员提供快速、高效、安全的通关环境，满足 WHO 对其成员指定对外开放口岸的应急核心能力需求，检验检疫人员必须具备国境口岸突发公共卫生事件应对能力。

（一）国境口岸突发公共卫生事件的种类

根据事件的表现形式分为：在一定时间、一定范围、一定人群中，当病例数累计达到规定预警值时所形成的事件；在一定时间、一定范围，当环境危害因素达到规定预警值时形成的事件，病例为事后发生，也可能无病例，如核生化事件，发生事件时尚未出现病例。

根据事件的成因和性质分为：重大传染病疫情、群体性不明原因疾病、重大食物中毒和职业中毒、新发传染性疾病、群体性预防接种反应和群体性药物反应，重大环境污染事故、核事故和放射事故，生物、化学、核辐射恐怖事件，自然灾害导致的人员伤亡和疾病流行，以及其他影响公众健康的事件。

（二）国境口岸突发公共卫生事件的分级

依据突发公共卫生事件性质、危害程度、紧急程度和发展势态，一般将突发公共卫生事件划分为四级：特别重大（I级）、重大（II级）、较大（III级）和一般（IV级）。

1. 特别重大突发公共卫生事件（Ⅰ级）

有下列情形之一的：

（1）肺鼠疫、肺炭疽在大、中城市发生并有扩散趋势，或肺鼠疫、肺炭疽疫情波及2个以上的省份，并有进一步扩散趋势；

（2）发生传染性非典型肺炎、人感染高致病性禽流感病例，并有扩散趋势；

（3）涉及多个省份的群体性不明原因疾病，并有扩散趋势；

（4）发生新传染病或我国尚未发现的传染病发生或传入，并有扩散趋势，或发现我国已消灭的传染病重新流行；

（5）发生烈性病菌株、毒株、致病因子等丢失事件；

（6）周边以及与我国通航的国家和地区发生特大传染病疫情，并出现输入性病例，严重危及我国公共卫生安全的事件；

（7）国务院卫生行政部门认定的其他特别重大突发公共卫生事件。

2. 重大突发公共卫生事件（Ⅱ级）

有下列情形之一的：

（1）在一个县（市）行政区域内，一个平均潜伏期（6天）内发生5例以上肺鼠疫、肺炭疽病例，或者相关联的疫情波及2个以上的县（市）；

（2）发生传染性非典型肺炎、人感染高致病性禽流感疑似病例；

（3）腺鼠疫发生流行，在一个市（地）行政区域内，一个平均潜伏期内多点连续发病20例以上，或流行范围波及2个以上市（地）；

（4）霍乱在一个市（地）行政区域内流行，1周内发病30例以上，或波及2个以上市（地），有扩散趋势；

（5）乙类、丙类传染病波及2个以上县（市），1周内发病水平超过前5年同期平均发病水平2倍以上；

（6）我国尚未发现的传染病发生或传入，尚未造成扩散；

（7）发生群体性不明原因疾病，扩散到县（市）以外的地区；

（8）发生重大医源性感染事件；

（9）预防接种或群体性预防性服药出现人员死亡；

（10）一次食物中毒人数超过100人并出现死亡病例，或出现10例以上死亡病例；

（11）一次发生急性职业中毒50人以上，或死亡5人以上；

（12）境内外隐匿运输、邮寄烈性生物病原体、生物毒素造成我境内人员感染或死亡的；

（13）省级以上人民政府卫生行政部门认定的其他重大突发公共卫生事件。

3. 较大突发公共卫生事件（Ⅲ级）

有下列情形之一的：

（1）发生肺鼠疫、肺炭疽病例，一个平均潜伏期内病例数未超过 5 例，流行范围在一个县（市）行政区域以内；

（2）腺鼠疫发生流行，在一个县（市）行政区域内，一个平均潜伏期内连续发病 10 例以上，或波及 2 个以上县（市）；

（3）霍乱在一个县（市）行政区域内发生，1 周内发病 10 ~ 29 例，或波及 2 个以上县（市），或市（地）级以上城市的市区首次发生；

（4）1 周内在一个县（市）行政区域内，乙、丙类传染病发病水平超过前 5 年同期平均发病水平 1 倍以上；

（5）在一个县（市）行政区域内发现群体性不明原因疾病；

（6）一次食物中毒人数超过 100 人，或出现死亡病例；

（7）预防接种或群体性预防性服药出现群体心因性反应或不良反应；

（8）一次发生急性职业中毒 10 ~ 49 人，或死亡 4 人以下；

（9）市（地）级以上人民政府卫生行政部门认定的其他较大突发公共卫生事件。

4. 一般突发公共卫生事件（Ⅳ级）

有下列情形之一的：

（1）腺鼠疫在一个县（市）行政区域内发生，一个平均潜伏期内病例数未超过 10 例；

（2）霍乱在一个县（市）行政区域内发生，1 周内发病 9 例以下；

（3）一次食物中毒人数 30 ~ 99 人，未出现死亡病例；

（4）一次发生急性职业中毒 9 人以下，未出现死亡病例；

（5）县级以上人民政府卫生行政部门认定的其他一般突发公共卫生事件。

（三）国境口岸突发公共卫生事件应对工作机制

1. 国境口岸突发事件出入境检验检疫应急指挥体系

海关总署及其设在各地的直属海关和隶属海关，共同组成国境口岸突发事件出入境检验检疫应急指挥体系，并履行各自职责。

海关总署统一协调、管理国境口岸突发事件出入境检验检疫应急指挥体系，并履行相应的职责；海关总署成立国境口岸突发事件出入境检验检疫应急处理专家咨询小组，为应急处理提供专业咨询、技术指导，为应急决策提供建议和意见。

直属海关负责所辖区域内的国境口岸突发事件出入境检验检疫应急处理工作，并履行相应的职责；直属海关成立国境口岸突发事件出入境检验检疫应急处理专业技术机构，承担相应工作。

隶属海关负责组建突发事件出入境检验检疫应急现场指挥部，根据具体情况及时组织现场处置工作；与直属海关突发事件出入境检验检疫应急处理专业技术机构共同开展现场应急处置工作，并随时上报信息；加强与当地人民政府及其相关部门的联系与协作。

2. 应急准备

海关总署负责制订全国国境口岸突发事件出入境检验检疫应急预案。各级海关根据此应急预案，结合本地口岸实际情况，制订本地国境口岸突发事件出入境检验检疫应急预案，并报上一级海关和当地政府备案。

各级海关应针对不同的突发公共卫生事件准备充分的应急设备、设施、防护用品、医疗器械以及其他物资和技术储备，并应与当地政府应急办、卫生行政部门及其他相关部门建立突发公共卫生事件联防联控机制，确定定点医疗、检测等相关机构。

3. 应急演练

各级海关应当定期开展突发事件出入境检验检疫应急处理相关技能的培训，组织应急演练，推广先进技术；应当根据国境口岸突发事件出入境检验检疫应急预案的要求，保证应急处理人员、设施、设备、防治药品和器械等资源的配备、储备，提高应对突发事件的处理能力；应当依照法律、行政法规、规章的规定，开展突发事件应急处理知识的宣传教育，增强对突发事件的防范意识和应对能力。

4. 应急保障

（1）组织保障。各级海关在当地政府和上级主管机关的领导下，成立领导小组；一线检验检疫工作人员组成工作小组；组织卫生管理、流行病学、临床医学、卫生检验、卫生处理、信息管理等专业的专家组成专家小组。

（2）人员保障。各级海关处置口岸突发公共卫生事件的人员包括流行病学调查人员、医疗救护人员、卫生处理（消毒、杀虫、灭鼠）人员、除污人员、后勤保障人员、信息工作人员等。

（3）物资保障。各级海关应当做好处置突发事件应急物资计划编制、采购、领用，定期核查补充和日常维护等。

（4）实验室保障。配备或调动数量足够、具有相应资质的实验室工作人员；配备满足生物、化学、核辐射检测业务工作基本需求的实验室设备；实验室设计、建设及生物安全满足有关标准要求。

任务五　卫生处理制度

一、概述

卫生处理，是指国境卫生检疫机关对需要采取卫生措施的入出境交通工具、运输设备和其他可能传播检疫传染病的行李、货物、邮包等物品进行的消毒、杀虫、灭鼠等执法活动。

二、卫生处理的范围和对象

卫生处理的范围包括入出境人员及交通工具、运输设备、货物、尸体、棺柩、骸骨以及口岸区域等，图2-1为海关工作人员对口岸区域内的出入境旅客通道进行卫生处理。

图2-1　海关工作人员对口岸区域内的出入境旅客通道进行卫生处理

卫生处理的对象包括入出境人员中的受染人和受染嫌疑人，入出境或过境货物（包括动植物、动植物产品和其他检疫物），交通工具，集装箱，行李，邮包，快件，废旧交通工具，废旧物品，食品，饮用水，生活垃圾，废弃物，尸体，棺柩，传染病人和动物及其排泄物、分泌物、污染场所和物品等。

三、卫生处理的方法

（一）环境防制

环境防制是指根据防制对象的生态习性，掌握其滋生繁殖的基本规律，通过治理和改善生态环境，清除其滋生、栖息场所，从而达到消灭其危害的目的，是一种有效的治本措施。

（二）物理防制

物理防制是指根据防制对象的物理性质，所采取的消毒、杀虫、灭鼠方法。

消毒是利用化学或者物理因子的直接作用控制或者杀灭人体、动物身体表面，环境或者交通工具、集装箱、货物、物品、行李、邮包中的传染性病原体。物理消毒法是应用物理因素进行消毒，包括热力消毒和辐射消毒。其中，热力消毒分为干热消毒和湿热消毒，辐射消毒分为紫外线消毒、电离消毒和微波消毒。

杀虫是采用机械、生物、物理、化学等卫生措施控制，杀灭交通工具、集装箱、货物、物品、行李、邮包中传播人类疾病的医学媒介生物，以切断虫媒传染病的传播途径。杀虫最常用的方法是化学杀虫剂法。常用的杀虫剂包括有机氯类、有机磷类、氨基甲酸酯类、拟除虫菊酯类杀虫剂，昆虫生长调节剂，熏蒸杀虫剂，以及增效剂。目前常用熏蒸剂进行杀虫，主要有溴甲烷、磷化铝、硫酰氟等。

灭鼠是采用灭鼠剂杀灭国境口岸或者交通工具、集装箱、货物、物品、行李、邮包中存在的传播人类疾病的啮齿类医学媒介生物，以控制鼠传疾病的传播。灭鼠的主要方法包括：采用急性灭鼠剂（如毒鼠磷）或慢性灭鼠剂（如溴敌隆）制作毒饵毒杀啮齿动物；使用熏蒸剂杀灭密闭空间内的啮齿动物。

（三）化学防制

化学防制是指利用天然或合成的化学物质，干扰防制对象正常生理的新陈代谢机制，使其中毒死亡。这是目前国境卫生检疫机构最常使用、最重要的一种卫生处理方法。化学试剂主要包括氯制剂类（如漂白粉、次氯酸钠）、过氧化物类（如过氧乙酸）、碘类（如碘伏）、季铵盐类（如新洁尔灭）、酚类（如来苏尔）、醛类（如甲醛）、杂环类（环氧乙烷）。

（四）生物防制

生物防制是指根据自然界生物之间相互联系、相互依赖、相互制约的链系规律，利用生物或生物的代谢产物防制病虫害。

任何一种防制方法都有一定的局限性，其除害处理效果会受到诸多因素的影响，因此，在选择卫生处理方法时，要综合考虑各种因素，因地、因时、因防制对象，选择正确的防制方法，同时应合理采用环境、物理、化学、生物等各种防制手段进行综合防制，全面提高防制效果。

四、卫生处理的基本原则

卫生处理的基本原则包括工作原则、消杀灭措施选择原则、卫生处理药品标识原则。

（一）工作原则

卫生处理从业人员应持有效的岗位资格证书，并在直属局卫生监管部门备案；实施强制性消杀灭卫生处理要依法依规，坚持"最低限度干扰国际旅行和交通运输"的原则，既要讲究效率和效益，又要确保安全。

（二）消杀灭措施选择原则

对来自疫区的交通工具、集装箱、货物、行李和邮包，经检查认为病原微生物污染较重或疑似染疫的，选择随时消毒或者终末消毒。对密闭较好的空间和不宜浸湿的贵重物品可进行熏蒸消毒。对占地面积大、密闭性差的场所或物品实施喷洒消毒。

对来自霍乱疫区、黄热病疫区或鼠疫疫区的交通工具、集装箱、货物和行李，携带与传染病密切相关的病媒昆虫的，应采取杀虫措施。虫患较重且又密闭的场所实施熏蒸除虫，虫患较轻的可采用胃毒剂或者触杀剂进行处理。

对染有鼠疫或有鼠疫染疫嫌疑，以及有鼠患的交通工具、集装箱和货物，应当实施灭鼠。染有鼠疫或有鼠疫受染嫌疑的交通工具，或鼠患较重的交通工具、集装箱和货物，需实施熏蒸灭鼠；未染有鼠疫和鼠疫受染嫌疑，以及交通工具鼠患较轻或者不宜密闭的，可采用毒饵或器械灭鼠。

（三）卫生处理药品标识原则

卫生处理药品应使用国家卫生检疫行政主管部门批准的产品，药品标识必须标明生产日期（批号），产品主要成分及含量，防制对象、范围和使用方法、剂量、规格，注意事项及急救方法，厂名、厂址、邮编、电话等。

五、各类检疫对象的卫生处理要求

（一）交通工具卫生处理

入出境的交通工具有下列情形之一的，应当由卫生检疫机关实施消毒、除鼠、除虫或者其他卫生处理：来自检疫传染病疫区的；被检疫传染病污染的；发现有与人类健康有关的啮齿动物或者病媒昆虫，超过国家卫生标准的。

（二）废旧物品卫生处理

卫生检疫机关对来自疫区的、被检疫传染病污染的或者可能成为检疫传染病传播媒介的行李、货物、邮包等物品，根据污染程度，分别实施消毒、除鼠、除虫，对污染严重的实施销毁。对于由境外起运经过我国境内的货物，如果不在境内换装，除发生流行病学上有重要意义的事件，需要实施卫生处理外，在一般情况下不实施卫生处理。

（三）尸体、骸骨卫生处理

入出境的尸体、骸骨托运人或者代理人应当申请卫生检疫，并出示死亡证明或者其他有关证件，对不符合卫生要求的，必须接受卫生检疫机关实施的卫生处理。经卫生检查合格后，方准运进或者运出。对因患检疫传染病而死亡的病人尸体，必须就近火化，不准移运。

（四）其他物品的卫生处理

对染疫人、染疫嫌疑人的行李、使用过的物品、占用过的部位等要实施除鼠、除虫、消毒；对污染或者有污染嫌疑的饮用水、食品以及人的排泄物、垃圾、废物等实施消毒；对来自霍乱疫区的水产品、水果、蔬菜、饮料以及装有这些制品的邮包，必要时可以实施卫生处理。

任务六　法律责任

【导引2-2】

小明在回国前有在鼠疫流行的国家逗留的经历，因担心后续行程安排，在入境申报健康状况时，隐瞒了相关经历。

请思考：小明会承担什么法律责任？

一、国境卫生检疫行政相对人的法律责任

（一）国境卫生检疫行政相对人的违法行为

《国境卫生检疫法》第四十四条规定，违反本法规定，进境出境人员不如实申报健

康状况、相关信息或者拒绝接受检疫查验的，由海关责令改正，可以给予警告或者处一万元以下的罚款；情节严重的，处一万元以上五万元以下的罚款。

第四十五条规定，违反本法规定，有下列情形之一的，对交通运输工具负责人，由海关责令改正，给予警告，可以并处五万元以下的罚款；情节严重的，并处五万元以上三十万元以下的罚款：

未按照规定向海关申报与检疫查验有关的事项或者不如实申报有关事项；

拒绝接受对交通运输工具的检疫查验或者拒绝实施卫生处理；

未取得进境检疫证或者出境检疫证，交通运输工具擅自进境或者出境；

未经海关准许，交通运输工具驶离指定的检疫查验地点，装卸货物、物品或者上下人员；

已经实施检疫查验的交通运输工具在口岸停留期间，发现检疫传染病染疫人、疑似染疫人或者有人非因意外伤害死亡且死因不明的，未立即向海关报告；

过境的交通运输工具在中国境内装卸货物、物品或者上下人员，或者添加燃料、饮用水、食品和供应品不接受海关监督。

有下列情形之一的，依照前款规定给予处罚：

进境出境货物、物品的收发货人、收寄件人、携运人（携带人）、承运人或者其代理人未按照规定向海关申报与检疫查验有关的事项或者不如实申报有关事项，或者拒绝接受检疫查验、拒绝实施卫生处理，或者未经海关准许移运或者提离货物、物品；

托运尸体、骸骨进境出境的托运人或者其代理人未按照规定向海关申报或者不如实申报，或者未经检疫查验合格擅自进境出境。

第四十六条规定，违反本法规定，血液等人体组织、病原微生物、生物制品等关系公共卫生安全的货物、物品进境出境未经检疫审批或者未经检疫查验合格擅自进境出境的，由海关责令改正，给予警告，没收违法所得，并处一万元以上五十万元以下的罚款；情节严重的，并处五十万元以上二百万元以下的罚款。

第四十七条规定，违反本法规定，未经许可在口岸从事食品生产经营、饮用水供应服务、公共场所经营的，由海关依照《中华人民共和国食品安全法》等有关法律、行政法规的规定给予处罚。

违反本法有关卫生监督的其他规定，或者拒绝接受卫生监督的，由海关责令改正，给予警告，可以并处十万元以下的罚款；情节严重的，并处十万元以上三十万元以下的罚款。

第四十八条规定，使用买卖、出借或者伪造、变造的国境卫生检疫单证的，由海关责令改正，处二万元以上十万元以下的罚款。

第五十条规定，违反本法规定，构成违反治安管理行为的，由公安机关依法给予治安管理处罚；构成犯罪的，依法追究刑事责任。

《国境卫生检疫法实施细则》第一百零九条又进一步细化了以下 11 种情形，包括：应当受入境检疫的船舶，不悬挂检疫信号的；入境、出境的交通工具，在入境检疫之前或者在出境检疫之后，擅自上下人员，装卸行李、货物、邮包等物品的；拒绝接受检疫或者抵制卫生监督，拒不接受卫生处理的；伪造或者涂改检疫单、证，不如实申报疫情的；瞒报携带禁止进口的微生物、人体组织、生物制品、血液及其制品或者其他可能引起传染病传播的动物和物品的；未经检疫的入境、出境交通工具，擅自离开检疫地点，逃避查验的；隐瞒疫情或者伪造情节的；未经卫生检疫机关实施卫生处理，擅自排放压舱水、移下垃圾、污物等控制的物品的；未经卫生检疫机关实施卫生处理，擅自移运尸体、骸骨的；废旧物品、废旧交通工具，未向卫生检疫机关申报，未经卫生检疫机关实施卫生处理和签发卫生检疫证书而擅自入境、出境或者使用、拆卸的；未经卫生检疫机关检查，从交通工具上移下传染病病人造成传染病传播危险的。

此处需要说明的是，上述 11 种情形中，有些条款需要满足各项要素才可以实施处罚，如应当受入境检疫的船舶，不悬挂检疫信号等；而有些情形只需满足其中一部分，即可以实施处罚，如伪造或者涂改检疫单、证，不如实申报疫情等。实践中应如何加以区分呢？笔者认为，若规定的情形前后要素有因果关系，那就需要违法行为满足该情形的各要素才可实施处罚；若规定的情形各要素间无因果关系，那么违法行为满足其中一部分即可实施处罚。

（二）法律责任

1. 行政责任

《国境卫生检疫法》对每一类违法行为的行政责任已做了明确规定，《国境卫生检疫法实施细则》第一百一十条则对该细则第一百零九条所列的 11 种违法行为所应承担的法律责任也予以规定如下：具有该细则第一百零九条所列第（一）至第（五）项行为的，处以警告或者 100 元以上 5000 元以下的罚款；具有该细则第一百零九条所列第（六）至第（九）项行为的，处以 1000 元以上 1 万元以下的罚款；具有该细则第一百零九条所列第（十）、第（十一）项行为的，处以 5000 元以上 3 万元以下的罚款。

2. 刑事责任

除上述行政责任外，《国境卫生检疫法》第五十条同时规定："构成犯罪的，依法

追究刑事责任。"（此处的"刑法有关规定"指《刑法》第三百三十二条，即妨害国境卫生检疫罪）

依照《刑法》第三百三十二条第一款，犯妨害国境卫生检疫罪的，处三年以下有期徒刑或者拘役，并处或者单处罚金。依照该条第二款，单位犯本罪的，对单位判处罚金，并对其直接负责的主管人员和其他直接责任人员，处三年以下有期徒刑或者拘役，并处或者单处罚金。

2020 年 3 月 13 日，最高人民法院、最高人民检察院、公安部、司法部、海关总署五部委印发了《关于进一步加强国境卫生检疫工作依法惩治妨害国境卫生检疫违法犯罪的意见》，意见进一步明确了妨害国境卫生检疫的具体行为。

意见明确，实施下列行为之一的，属于妨害国境卫生检疫行为：

检疫传染病染疫人或者染疫嫌疑人拒绝执行海关依照国境卫生检疫法等法律法规提出的健康申报、体温监测、医学巡查、流行病学调查、医学排查、采样等卫生检疫措施，或者隔离、留验、就地诊验、转诊等卫生处理措施的；

检疫传染病染疫人或者染疫嫌疑人采取不如实填报健康申明卡等方式隐瞒疫情，或者伪造、涂改检疫单、证等方式伪造情节的；

知道或者应当知道实施审批管理的微生物、人体组织、生物制品、血液及其制品等特殊物品可能造成检疫传染病传播，未经审批仍逃避检疫，携运、寄递出入境的；

出入境交通工具上发现有检疫传染病染疫人或者染疫嫌疑人，交通工具负责人拒绝接受卫生检疫或者拒不接受卫生处理的；

来自检疫传染病流行国家、地区的出入境交通工具上出现非意外伤害死亡且死因不明的人员，交通工具负责人故意隐瞒情况的；

其他拒绝执行海关依照国境卫生检疫法等法律法规提出的检疫措施的。

此外，意见还明确，实施上述行为，引起鼠疫、霍乱、黄热病以及新冠肺炎等国务院确定和公布的其他检疫传染病传播或者有传播严重危险的，依照刑法第三百三十二条的规定，以妨害国境卫生检疫罪定罪处罚。

对于单位实施妨害国境卫生检疫行为，引起鼠疫、霍乱、黄热病以及新冠肺炎等国务院确定和公布的其他检疫传染病传播或者有传播严重危险的，应当对单位判处罚金，并对其直接负责的主管人员和其他直接责任人员定罪处罚。

二、国境卫生检疫工作人员的法律责任

《国境卫生检疫法》第四十九条规定，海关等有关部门、地方人民政府及其工作人员在国境卫生检疫工作中玩忽职守、滥用职权、徇私舞弊的，由上级机关或者所在单位

责令改正，对负有责任的领导人员和直接责任人员依法给予处分。

此外，国境卫生检疫工作人员也可能涉及刑事责任。《刑法》第四百零九条规定了传染病防治失职罪。依照《刑法》第四百零九条，犯传染病防治失职罪的，处三年以下有期徒刑或者拘役。

除传染病防治失职罪之外，国境卫生检疫工作人员的违法失职行为可能还构成玩忽职守罪、滥用职权罪、徇私舞弊不移交刑事案件罪等。

任务七　国际卫生条例

新修订的《国境卫生检疫法》第二十四条规定："中华人民共和国缔结或者参加的有关卫生检疫的国际条约同本法有不同规定的，适用该国际条约的规定。但是，中华人民共和国声明保留的条款除外。"由此可见，国际卫生条例是海关开展国境卫生检疫监管的直接法律依据。

一、概述

1830—1847 年，霍乱在欧洲肆虐，促进了针对烈性传染病的外交和公共卫生方面的多方合作，第一届世界公共卫生大会于 1851 年在巴黎召开。1948 年 WHO 章程开始生效，1951 年 WHO 成员表决通过了《国际公共卫生条例》，1969 年该条例更名为《国际卫生条例》，通常被称为《国际卫生条例（1969）》。该条例在 1973 年和 1981 年曾做过两次较小规模的修订。

《国际卫生条例》是为防止传染病传播而制定的操作性程序法规，是一部具有法律约束力的国际法律文件，对承认该条例的成员具有普遍约束力。该条例包含了面对疾病国际传播，为了确保最大限度的安全，尽可能小地干扰国际交通，空港和海港所应采取的常规措施；规定了 WHO 及各国在应对和控制传染病暴发方面所发挥的作用和所尽的义务。该条例要求成员承担的义务包括基本义务和合作义务两方面。基本义务充分体现在现行条例的宗旨中，即"最大限度地防止疾病在国际间传播，保障安全，同时又尽可能小地干扰世界交通运输。"依据这个目的，条例给成员设定了以下几个方面的基本义务。

一是充分的疫情通报义务，要求成员在国内暴发鼠疫、霍乱和黄热病这 3 种疾病的情况下，应当及时向 WHO 进行充分的通报。

二是适当的预防与控制义务。预防义务是指成员应在机场和港口建立相应的口岸卫生机构，并配置一定的设施，积极地进行防范，以便防止传染病地方性暴发或扩散；控制义务是指成员应当对条例所规定的 3 种传染病采取适度的控制性措施，如隔离、留验、消毒、杀虫和除鼠等，以阻止其国际扩散。

三是对国际交通施加最小干扰的义务。设定这一义务的目的是防止在某成员的领土内发生传染病时，其他成员采取过激的行为，从而导致对国际交通构成严重的障碍。条例允许成员为了保护其领土免受传染病的侵袭采取相应的公共卫生措施，但不能超过该条例所规定的限度；规定卫生措施应当立即采取，毫不拖延地完成和不加歧视地适用；成员在通常情况下不得阻止他国船舶和飞机自由通行，除非该船舶或者飞机已经感染或被怀疑感染的传染病属于该条例所规定的 3 种检疫传染病之一。

二、《国际卫生条例（1969）》的修订

过去几十年中，《国际卫生条例（1969）》在控制世界传染病和规范各国卫生检疫工作方面起着重要作用。但随着全球经济、文化、卫生、安全的一体化，条例在总体上已不再适用，可能与以下因素有关。

一是多种新传染病出现。据 WHO 统计，在过去 30 多年内至少出现了 30 多种新的传染病。全球气候的变化，微生物生存的自然环境和人们生活方式的改变，以及微生物自身的变异和进化，导致病原体不断出现。

二是人口和物资在全球范围内流动频繁，传染病病原体被带到世界各地。传染病的存在范围并没有缩小，事实上在不断扩大，即使有些传染病在发达国家已经得到了相当有效的控制，但是在发展中国家，传染病仍然在危害人类的健康；过去已经得到控制的疾病如霍乱、肺结核等，开始重新出现。

三是恐怖事件和手段日益增多。传染病可能来自生物恐怖袭击。一些疾病传播媒介被有目的使用的可能性正在增大。

四是其他意外，如化学品或核放射材料的意外泄漏也会导致疾病的蔓延。

为此，世界卫生大会于 1995 年通过 WHA48.7 号决议，提出修订《国际卫生条例》。其后，WHO 成立了来自流行病学、免疫学、病毒学、细菌学、寄生虫学、环境卫生学、卫生统计学领域以及国际旅游部门的专家小组，于 1995 年 12 月召开了 1 次非正式磋商会议，提出了对条例的修订建议。WHO 将这些建议发至各国征求意见并督促他们积极参加条例的修订工作。为了准备条例草案的起草工作，WHO 成立了工作小组，由公共卫生和检疫、疾病监测、国际公共卫生合作、食源性疾病和媒介控制、卫生管理等领域的专家组成，研究条例的修改工作。2001 年 5 月，第五十四届世界卫生大会通过了 WHA54.14 号决议——《全球卫生安全：流行病预警和应对》，要求 WHO

为成员识别、核实和应对国际关注的公共卫生突发事件提供支持。2002年，第五十五届世界卫生大会在WHA55.16号决议中敦促各成员继续修订条例，使之成为应对自然发生、意外泄漏及人为使用生物、化学因子或放射性核物质事件的全球公共卫生措施的一部分，反映出当时疾病形势的变化。2003年，第五十六届世界卫生大会WHA56.28号决议要求建立面向所有成员的政府间工作组，审核条例修订草案以供世界卫生大会考虑。经过多年的努力，在各成员的积极参与下，WHO修订条例工作小组在2003年年底完成了供区域协商使用的工作文件。2004年1月WHO秘书处向各成员提供了修订草案，征求各国意见。2004年6月，WHO六大区域分别召开磋商会议，讨论和评议《国际卫生条例修订草案》。2004年11月和2005年2月、5月，WHO召开了3次政府间工作组会议，组织各成员对条例修订草案进行讨论、审议，以使各成员就条例内容达成协商一致。最终在2005年5月23日的第五十八届世界卫生大会上讨论通过了《国际卫生条例（2005）》，新的条例于2007年6月15日起正式生效。这也标志着保护人类健康行动、全球卫生管理和应对普遍关注的突发公共卫生事件有了新的国际法律依据。

三、《国际卫生条例（2005）》的变化和特点

新条例在内容和格式上作了重大调整，纳入了许多新的观点和内容，突破了传统的传染病管理模式，以适应当前国际疾病防控，以及交通和贸易发展的新形势。

（一）变化

《国际卫生条例（2005）》在结构和内容上变化很大，将原来的94条、4个附录、5个附件修改为66条、9个附件，主要的变化体现在以下方面。

1. 基本概念的变化。《国际卫生条例（1969）》有31个定义，而《国际卫生条例（2005）》有58个，增加了很多新的定义，并对一些定义进行了修改，其中值得重视的有以下几个定义变化。

一是"疾病"概念的变化，不仅仅指霍乱、鼠疫、黄热病等传染病，扩展为任何病因或来源的疾病。

二是用"受染地区"替代"疫区"，它由WHO指定而非成员自定。

三是"入境口岸"有了明确而详细的界定，是指旅行者、交通工具、集装箱、货物、物品、行李和邮包入境或出境的国际关口，以及为入境或出境的旅行者、交通工具、集装箱、货物、物品、行李和邮包服务的单位和区域。

四是提出了"国际关注的突发公共卫生事件"的概念。

此外，《国际卫生条例（2005）》还增加了"受染""污染""除污""集装箱装卸区"等41个新定义。

2. 宗旨和原则的变化。《国际卫生条例（1969）》的目的是最大限度防止疾病的国际传播，保障安全，同时又尽可能小地干扰世界交通运输。《国际卫生条例（2005）》目的是以针对公共卫生危害、同时又避免对国际交通和贸易造成不必要干扰的适当方式预防、抵御和控制疾病的国际传播，并提供公共卫生应对措施，突出了对国际贸易的重视。《国际卫生条例（2005）》还增加了一条"原则"，这也是新出现的内容，要求条例的执行应充分尊重人的尊严、人权和基本自由，应在《联合国宪章》和《世界卫生组织组织法》的指导之下执行，以保护世界上所有人民不受疾病国际传播之害的目标为指导，并规定根据《联合国宪章》和《国际法》的原则，国家具有主权权力根据其卫生政策立法和实施法规，但在这样做时，它们应遵循本条例的目的。

3. 设置了主管当局。要求缔约国指定条例的国家归口单位，即每个国家都应指定一个国家中心，作为随时就有关事项与WHO联系的联络点。考虑到不同国家的机构组织形式各异，《国际卫生条例（2005）》还要求成员指定实施卫生措施的当局——主管当局（不是《国际卫生条例（1969）》规定的卫生机构），并在第22条详细规定了主管当局的作用。

4. 对信息和公共卫生应对措施作出了明确规定。与《国际卫生条例（1969）》只要求成员向WHO通报疫情相比，《国际卫生条例（2005）》对国际关注突发公共卫生事件的监测、通报、磋商、核实以及其他来源的报告和出乎意料或不同寻常公共卫生事件的信息共享都作了规定，同时也要求WHO向成员提供有关信息，并加强与其他国际组织的合作。对于国际关注公共卫生事件的确定，也提供了具体的决策文件，规定了相应的操作规则。

5. 增加了WHO建议方面的内容。《国际卫生条例（2005）》规定WHO可以针对不同情况，发布临时建议或长期建议。

（1）对人员可采取以下建议：不必采取特定的卫生措施；审查在受染疫地区的旅行史；审查医学检查证明和任何实验室分析结果；需要做医学检查；审查疫苗接种或其他预防措施的证明；需要接种疫苗或采取其他预防措施；对嫌疑者实行检疫或其他卫生措施；对受染者实行隔离并进行必要的治疗；追踪与嫌疑或受染者接触的人员；不准嫌疑或受染者入境；拒绝未感染的人员进入受染地区；进行出境检查并（或）限制来自受染疫地区的人员出境。

（2）针对交通工具、集装箱、物品、货物和邮包向缔约国发布的建议可包括以下意见：不必采取特定的卫生措施；审查载货清单和航行路线；实行检查；审查离境或过境时采取消除感染或污染措施的证明；处理交通工具、集装箱、物品、货物、行李、邮包或骸骨以消除感染或污染源（包括病媒和宿主）；采取具体卫生措施以确保安全处理和运输骸骨；实行隔离或检疫；如果现有的一切处理或操作方法均不成功，则在监控的情况下查封和销毁受感染或污染或者嫌疑的交通工具、集装箱、货物、物品、行李或邮包；不准离境或入境。

6. 《国际卫生条例（2005）》用"主管当局"替代《国际卫生条例（1969）》中的"卫生机构"部分，规定了对成员机场和港口的要求和主管当局的作用，并将具体的技术要求置于附件中。值得注意的是，《国际卫生条例（2005）》考虑到广大非洲国家的实际情况，增加了对陆地过境点的规定，要求成员加强对陆地过境点的能力建设。与之相对应，在"公共卫生措施"中也增加了对陆地过境点的卡车、火车和客车的相关内容。

7. 成立突发事件委员会和审查委员会。《国际卫生条例（2005）》规定了两个委员会的职责、组成和工作程序。

8. 确定了监测、应对的核心要求。《国际卫生条例（2005）》在核心条款及附件对在国家一级、基层和中层一级、社区一级，以及机场、港口和陆地过境点的监测和应对的基本程序和基本能力作了要求。

9. 提供了评估和通报可能构成突发公共卫生事件情况的决策文件，规定天花、野毒株引起的脊髓灰质炎、SARS、新亚型病毒引起的人患流感发生时必须向 WHO 通报。霍乱、肺鼠疫、黄热病、病毒性出血热（埃博拉出血热、拉沙热、马尔堡出血热）、西尼罗热，引起国家或区域特别关注的其他疾病（登革热、立裂谷热和脑膜炎球菌病）发生时必须使用《国际卫生条例（2005）》提供的突发公共卫生事件决策文件进行评估。《国际卫生条例（2005）》还包括成员确定其他事件是否构成国际关注的突发公共卫生事件的决策文件，对暴发是否严重、不寻常或出乎预料，是否有国际传播的严重危险以及是否存在限制国际旅行或贸易的严重危险作了考虑。

10. 扩大了医学媒介生物监测范围，将《船舶除鼠证书/船舶免予除鼠证书》改为《船舶免予卫生控制证书/船舶卫生控制证书》，加强了对媒介传播疾病的控制措施。

11. 扩大了疫苗接种、预防措施的范围，将《国际黄热病预防接种或复种证书》改为《疫苗接种或预防措施国际证书》。

12. 充实了《航海健康申报单》的内容，使之更为具体。

（二）特点

与《国际卫生条例（1969）》相比，《国际卫生条例（2005）》在结构、概念、内容等方面都发生了改变，主要具有以下特点。

1. 突破传统疾病的概念，适用范围扩大，具有很强的灵活性。《国际卫生条例（1969）》所辖疾病仅指检疫传染病，即霍乱、鼠疫、黄热病，《国际卫生条例（2005）》中的疾病包含了任何来源或病因造成的疾病，生物、物理、化学因素导致的疾病，只要可能构成国际关注的突发公共卫生事件，都应是条例管辖的对象；《国际卫生条例（2005）》不再规定检疫传染病名录，取消了原先规定的霍乱、鼠疫和黄热病检疫传染病名单，而是使用"国际关注的突发公共卫生事件"概念。这一概念外延更广，这一转变最大限度地扩展了条例的适用范围，同时也使条例具有很大的灵活性和适应性。一方面，所有的可能构成国际关注的公共卫生突发事件都可以依据条例确定的机制来应对，可以快速反应，及时控制突发事件；另一方面，也不必经常修改条例来适应不断变化的国际公共卫生情况，条例具有很大的灵活度，但同时又具有相对的稳定性。

2. 强调流行病预警和应对战略。《国际卫生条例（1969）》仅疫情通报、卫生措施及其程序、所辖各疫病之特殊规定这 3 部分在一定程度上体现了传染病预警和控制的策略，其主要目的还是规定发现和控制检疫传染病的具体技术和措施。《国际卫生条例（2005）》充分体现了流行病预警和应对策略，从对国际关注的突发公共卫生事件的监测、信息通报、核实到国际关注的突发公共卫生事件的确定，都作了系统的规定。为了有效监测、评估和通报国际关注的突发公共卫生事件，《国际卫生条例（2005）》在附件 1 中对国家监测和应对以及指定机场、港口和陆地过境点的核心能力提出了要求，并在附件 2 中提供了评估和可能构成国际关注的突发公共卫生事件的决策文件和使用事例。确定国际关注的突发公共卫生事件或特定公共卫生危害后，WHO 可以发布临时建议或长期建议指导对此事件采取的卫生措施，其他成员也可以采取与 WHO 推荐措施不同的其他卫生措施。系统建立了监测—通报、磋商、核实—评估—建议的程序。《国际卫生条例（2005）》确立了流行病预警和应对策略的法律地位。

3. 《国际卫生条例（2005）》凸现了 WHO 干预国际公共卫生问题的作用。

一是加强了信息通报与核实。要求成员以最有效的通信方式通报公共卫生事件，并重视非当事国来源的其他报告及其核实情况。WHO 还可向当事国之外的成员或公众通报有关信息。

二是在缔约国的要求下，WHO 可向发生国际关注的突发公共卫生事件的当事国或受到此事件影响的其他成员提供指导和援助，直接参与公共卫生事件的处理。

三是干预国际关注的突发公共卫生事件的手段更加主动。对国际关注的公共卫生危害或突发事件，《国际卫生条例（2005）》主要通过提出长期建议和临时建议进行干预。对突发公共卫生事件，WHO 会根据情况提出特定的临时建议；对常规或定期卫生危害需采取的卫生措施，WHO 将以长期建议形式提出。对于成员采取的额外的卫生措施，也要求基于 WHO 的指导或建议；若额外的卫生措施对国际交通造成明显干扰，缔约国应当向 WHO 提供采取此类措施的公共卫生依据和有关科学信息，WHO 可要求有关缔约国重新考虑对此类措施的执行。

四是引入了争端解决机制。仿效 WTO，WHO 第一次将争端解决制度引进条例中，用以解决对条例的解释或者执行中产生的任何争端。如两缔约国之间的分歧无法协商解决，可提交总干事，仲裁解决，体现了 WHO 的权威性。

4. 对检查、监督对象的公共卫生状况与基本能力的要求进一步提高。《国际卫生条例（2005）》关于公共卫生措施及其能力要求的条款和内容比《国际卫生条例（1969）》明显减少，但部分要求却趋于提高，特别突出了对媒介控制的要求。如对到达或离开的交通工具、集装箱、货物、物品和行李，要求保持无感染或污染源，其中污染源指包括能传播条例针对的疾病的昆虫或其他动物，即医学媒介生物；对国际口岸的设施，要求保持无感染或污染源（包括媒介），机场、港口和集装箱终点周围 400 米内应保持无媒介；对集装箱与集装箱装卸区设了专门条款，要求保持无感染和污染（包括媒介）；对交通工具、集装箱、物品和货物，可采取"建议"的措施，包括拒绝离境或入境；对受感染或污染的物品、货物和行李，在卫生处理不成功时可责令销毁。将船舶媒介控制的范围从鼠类扩展到所有媒介。

5. 《国际卫生条例（2005）》体现了对人权的尊重。《国际卫生条例（2005）》在原则中指出，条例的执行应充分尊重人的尊严、人权和基本自由。本着这一原则，条例在多个方面作了修订，更加体现出人性化特征。如规定实施干扰性和创伤性最小的医学检查；未经旅行者或其父母或监护人事先知情同意，不得进行本条例规定的医学检查、疫苗接种、预防措施；接种疫苗或接受预防措施的旅行者本人或其父母或其监护人应当被告知接种或不接种疫苗以及采用或不采用预防措施引起的任何风险。在实行本条例规定的卫生措施时，缔约国应当以尊重其尊严、人权和基本自由的态度对待旅行者，并尽量减少此类措施引起的任何不适或痛苦，其中包括以礼待人，尊重所有旅行者；考虑旅行者在性别、社会文化、种族或宗教方面所关注的问题；以及向接受检疫、隔离、医学检查或其他公共卫生措施的旅行者提供或安排足够的食品和饮水、适宜的住处和衣服，保护其行李和其他财物，给予适宜的医疗，以能被听懂的语言（如可能）提供必要联络手段和其他适当的帮助。

6. 突出了合作和援助机制。WHO 充分了解成员之间、成员与 WHO 之间、WHO 与其他国际组织之间的合作对于控制疾病国际传播的重要性。与《国际卫生条例（1969）》不同，《国际卫生条例（2005）》明确设置了合作和援助条款，要求成员之间进行合作：对公共卫生事件进行检测和评估并采取应对措施、提供技术和后勤支持或给予方便；特别在发展、加强和维持条例所要求的公共卫生能力方面，为促进执行其根据条例承担的义务动员财政资源以及为执行本条例制订法律草案及其他法律和行政管理规定。WHO 与缔约国之间的合作：评价和评估其公共卫生能力，促进条例的有效执行；向缔约国提供技术和后勤支持或给予方便，并动员财政资源以支持发展中国家建设、加强和维持附件 1 所规定的能力。在第 2 部分"信息和公共卫生应对措施"中，也要求 WHO 与政府间组织和国际机构合作。

【延伸阅读 2 - 4】共建"一带一路"·卫生合作

实现人人享有健康是人类共同的美好愿景。近年来，中国积极推动打造"健康丝绸之路"。从派遣医疗队、实施人才培养，到传染病防控、开展卫生援助，再到推广中医药、签订合作协议……中国积极深化同各国在卫生健康领域交流合作，与 160 多个国家和国际组织签署卫生合作协议，以实际行动完善全球公共卫生治理，为推进构建人类卫生健康共同体作出重要贡献。

援非盟非洲疾控中心总部——

"增进非洲人民的健康福祉"

不久前，非洲疾控中心采购官员特斯法耶·海勒米查和同事们搬进了中国援建的非洲疾控中心新办公楼，"能在设备先进、功能完善的新楼工作，真是太好了！"说起新的办公环境，海勒米查很高兴。

位于埃塞俄比亚首都亚的斯亚贝巴的非洲疾控中心总部项目，是 2018 年中非合作论坛北京峰会上宣布的对非合作旗舰项目。该项目由中国土木工程集团有限公司承建，于今年 1 月竣工，总建筑面积为 2.35 万平方米，建设项目包括可容纳 400 余人的办公楼、配有 3 种等级共 10 个实验室的实验楼等，是非洲大陆第一个拥有现代化办公和实验条件、设施完善的全非疾控中心。

"非洲疾控中心的大型办公楼和多个实验室正是我们急需的！"非盟农业、农村发展、蓝色经济和环境可持续发展委员若泽法·萨科说，该项目有助于加强非洲公共卫生机构的能力建设，提高突发公共卫生事件应急响应速度和疾病防控能力。

2023 年 6 月，中方为非洲疾控中心组建了一支 14 人的技术服务团队，进行为期 3 年的技术服务及维修保障工作，并为非方相关人员提供系统性培训。会议系统配备的同声传译可以帮助非洲各国的工作人员无障碍沟通；会议系统的摄像头有追踪功能，可自动将发言人的图像显示到大屏幕上……"这些智能、人性化的功能给非方留下了深刻印象。"技术服务组组长杨宇杰说。

作为中非友谊和团结协作的标志性建筑，非洲疾控中心总部将进一步助力中非双方开展公共卫生技术合作，帮助非洲国家筑牢公共卫生防线。非盟委员会主席法基表示："这是非中合作的成果，有助于增进非洲人民的健康福祉，彰显非中坚实的全面战略合作伙伴关系。"

——人民网，2023 年 10 月。

【课后练习题】

一、单选题

1.《国境卫生检疫法实施细则》所称的"隔离"是指将染疫人收留在（   ），限制其活动并进行治疗，直到消除传染病传播的危险。

A. 国境口岸   B. 医疗机构

C. 指定的处所   D. 染疫人住所

［答案］C

2. 根据《国境卫生检疫法实施细则》的规定，在口岸发现有人非因意外伤害而死亡并死因不明的，国境口岸有关单位和交通工具的负责人，应当立即向（   ）报告。

A. 卫生行政部门   B. 公安机关

C. 国境卫生检疫机关   D. 港务监督部门

［答案］C

3. 持有效卫生证书的船舶在入境前（   ），应当向卫生检疫机关报告有关事项，经答复同意后，即可进港。

A. 12 小时   B. 24 小时   C. 36 小时   D. 48 小时

［答案］B

4. 口岸查验中，（   ）查验优先。

A. 缉私   B. 商检

C. 动植检   D. 国境卫生

［答案］D

5. 鼠疫的潜伏期为（   ）日。

A. 3   B. 6   C. 7   D. 10

［答案］B

二、多选题

1.《国境卫生检疫法实施细则》规定的检疫传染病有（   ）。

A. 鼠疫   B. 霍乱   C. 黄热病   D. 艾滋病

［答案］ABC

2. 国境卫生检疫可以分为（　　　）。

A. 入境卫生检疫　　　　　　　　B. 出境卫生检疫

C. 过境卫生检疫　　　　　　　　D. 转港卫生检疫

［答案］AB

3. 行政相对人违反国境卫生检疫管理的规定，可能承担（　　　）责任。

A. 民事　　　　B. 行政　　　　C. 刑事　　　　D. 涉外

［答案］BC

4. 我国的国境卫生检疫法律体系包括（　　　）。

A. 《国境卫生检疫法》

B. 《国境卫生检疫法实施细则》

C. 海关总署相关规章

D. 其他相关法律法规

［答案］ABCD

5. 国境口岸传染病监测的病种，主要涉及（　　　）。

A. 检疫传染病

B. 监测传染病

C. 其他需要在口岸采取相应卫生检疫措施的新发传染病、突发原因不明的传染病

D. 不得从事交通工具或口岸饮食业的传染病

［答案］ABCD

三、判断题

1. 国境卫生检疫是由国境卫生检疫机关实施的。

［答案］正确

2. 口岸的食品经营单位由市场监督管理局负责监管。

［答案］错误

3. 《国际卫生条例》是开展国境卫生检疫的法律依据。

［答案］正确

4. 国境口岸突发公共卫生事件的由地方卫生行政部门处理。

［答案］错误

5. 所有出入境人员一律要向海关填报健康申明卡。

［答案］错误

学习笔记

项目三
进出境动植物检疫法律制度与实务

【学习目标】

了解进出境动植物检疫的概念。

掌握检疫审批。

掌握禁止进境动植物。

掌握进境动植物检疫。

掌握出境动植物检疫。

掌握过境检疫。

准确掌握进出境动植物的种类。

准确掌握进出境动植物的检疫要求。

【导引 3 – 1】

2024 年 3 月 11 日，第十四届全国人民代表大会第二次会议举行第三场"部长通道"采访活动。海关总署署长俞建华在回答中国网记者提问时介绍到，近两年，有些人从境外通过不同渠道携带甲虫、蜈蚣等"异宠"入境，外来物种给我们的生物安全带来了威胁。针对这种情况，海关通过大数据模型，绘制了 3000 多幅"异宠"的图片，构建三维仿真数据库，同时研发应用智能审图技术，让机器自动地识别这些"异宠"，从而大大提升了海关的查获率，2023 年，全国海关在各口岸查获 4.4 万只"异宠"。

请思考：什么是"异宠"？"异宠"能否入境呢？

任务一　进出境动植物检疫法律制度

一、进出境动植物检疫概况

要掌握进出境动植物检疫法律制度，必须先了解什么是进出境动植物检疫，以及进出境动植物检疫有哪些特点。

（一）进出境动植物检疫的概念

进出境动植物检疫是国家为防止动物传染病、寄生虫病和植物危险性病、虫、杂草以及其他有害生物传入、传出国境，保护农、林、牧、渔业生产和人体健康，促进对外经济贸易发展，依法对进出境的动植物、动植物产品和其他检疫物，装载动植物、动植物产品和其他检疫物的装载容器、包装物，以及来自动植物疫区的运输工具实施检疫。

（二）进出境动植物检疫的特点

进出境动植物检疫是一门科学，既要遵循动植物检疫一般规律和国际通行规则，又要适应中国国情并体现中国特色，具有预防性、依法性、技术性、公益性、涉外性、风险性、应急性的特点。

1. 预防性

预防性，即防患于未然，这是检疫与生俱来的属性。进出境动植物检疫产生于预防和控制动植物疫情疫病在不同地域间人为传播所造成的巨大灾害的斗争，它的基本思想是运用强制的预防性保护措施来阻止域外动植物疫情疫病传入，比其进入后再进行治理更为经济、安全和有效。

2. 依法性

依法性是指依照国家法律法规的要求，运用法律手段来管理各种进出境动植物及其产品、包装物、运输工具等的流动，防止动植物疫情疫病传播。动植物检疫产生伊始就带有强制执行的色彩，包括采取暂停、禁止进境甚至关闭口岸等措施，是国家意志的体现。

3. 技术性

技术性是指进出境动植物检疫必须以科学为依据、依托一定的技术来实施，以达到科学检疫的目的。检测科学技术水平的高低，直接关系到进出境动植物检疫执法把关水平的高低。

4. 公益性

进出境动植物检疫工作不仅可以保护具体贸易行为的安全，也可以防止具体贸易行为可能造成的动植物疫情疫病和有毒有害物质的传播扩散，保护农、林、牧、渔业生产和人体健康。进出境动植物检疫是由政府部门实施、保障社会共同利益、满足社会公共利益需求的行为。

5. 涉外性

进出境动植物检疫不仅要防止动物传染病、寄生虫病和植物危险性病、虫、杂草以及其他有害生物传入国境，也要防止传出。作为 WTO 成员，必须遵守世界贸易组织/卫生与植物卫生措施（WTO/SPS）的一般规则和国际通行做法，WTO/SPS 协定，《国际植物保护公约》（IPPC）、WOAH 等国际组织的标准、指南以及国际惯例是进出境动植物检疫的重要依据。

6. 风险性

动植物疫情疫病具有隐蔽性，其传入、定殖、扩散、暴发、流行，需要时间和量的积累。一些外来疫病和有害生物，本身较难发现和识别，而且受人类认识能力的限制，尚未对其进行深入研究，缺乏有效的快速检测和诊断手段，发现时往往已经大范围扩散，难以在短时间内有效控制，甚至无法彻底根除，遗患子孙后代。

7. 应急性

动植物疫情疫病和有毒有害物质的发生往往具有紧急性、突发性和多变性等特点，一旦发生，会立刻影响进出口贸易。进出境动植物检疫必须强化应急管理，制订完善应急处置预案，做好应急物资与技术储备，在突发动植物疫情疫病或公共卫生事件时能够快速应急响应。

（三）进出境动植物检疫的管理体制

关于进出境动植物检疫的管理体制，《进出境动植物检疫法》及《进出境动植物检疫法实施条例》均有明确规定。根据规定，"国务院设立动植物检疫机关，统一管理全国进出境动植物检疫工作。国家动植物检疫机关在对外开放的口岸和进出境动植物检疫业务集中的地点设立的口岸动植物检疫机关，依照本法规定实施进出境动植物检疫。国务院农业行政主管部门主管全国进出境动植物检疫工作"。

1998 年，为了适应我国加快改革开放和对外贸易发展的需要，经国务院批准，原国家进出口商品检验局、原国家进出境动植物检疫局和原国家进出境卫生检疫局"三检"合并成立国家出入境检验检疫局，原由农业部主管的进出境动植物检疫工作交由国家出入境检验检疫局负责。原设在各地的商检、动植检、卫检机构也进行合并，成立出入境检验检疫机关，负责口岸动植物检疫工作。2001 年，根据我国深化经济体制改革、"入世"承诺及加入 WTO 后新形势的需要，国务院决定将原国家质量技术监督局和国家出入境检验检疫局合并，成立国家质量监督检验检疫总局，直属国务院，原由国家出入境检验检疫局主管的全国进出境动植物检疫工作也继续交由国家质量监督检验检疫总局负责。各地负责口岸动植物检疫工作的机构则保持不变，仍为各地出入境检验检疫机关。2018 年 3 月，中共中央印发了《深化党和国家机构改革方案》，将国家质量监督检验检疫总局的出入境检验检疫管理职责和队伍划入海关总署。根据《海关总署职能配置、内设机构和人员编制规定》，海关总署负责贯彻落实党中央关于海关工作的方针政策和决策部署，在履行职责过程中坚持和加强党对海关工作的集中统一领导，出入境动植物及其产品检疫是其主要职责之一。海关总署统一管理全国进出境动植物检疫工作，各地海关依法实施进出境动植物检疫。

二、进出境动植物检疫法的概念

进出境动植物检疫制度是在进出境动植物检疫活动中实施检疫活动和接受检疫活动双方应遵守的行为规范的总和。进出境动植物检疫法是国家制定的用以调整国家与被检疫对象在进出境动植物检疫方面的权利及义务关系的法律规范，它构建了国家和被检疫对象依法实施检疫活动的行为准则体系，其目的是保护农、林、牧、渔业生产和人体健康，促进对外经济贸易发展。

从法律性质上看，进出境动植物检疫法属于义务性法规，以规定被检疫对象的义务为主，被检疫对象的权利建立在其依法接受检疫机关的进出境动植物检疫的基础之上，处于从属地位。进出境动植物检疫法属于义务性法规的这一特点是由进出境动植物检疫的无偿性和强制性决定的。进出境动植物检疫法的另一特点是具有综合性，它是由一系列单行的进出境动植物检疫法律法规和行政规章制度组成的体系。进出境动植物检疫法的综合性特点是由进出境动植物检疫制度所调整的进出境动植物检疫法律关系的复杂性决定的。

三、进出境动植物检疫与进出境动植物检疫法的关系

进出境动植物检疫作为一种执法活动，重点在于保护我国的国门生物安全；而进出境动植物检疫法是一种法律制度，属于上层建筑范畴，侧重解决权利及义务关系。进出境动植物检疫与进出境动植物检疫法之间存在着紧密的联系。在现代法治国家，进出境动植物检疫活动必须依照进出境动植物检疫法的规定进行，不得法外实行进出境动植物检疫，进出境动植物检疫法是进出境动植物检疫的法律依据和法律保障；而进出境动植物检疫法又必须以保障进出境动植物检疫活动的有序进行为其存在的理由和依据。进出境动植物检疫在国家对外经济贸易活动中的重要性决定了进出境动植物检疫法在法律体系中的重要地位。

四、进出境动植物检疫法律关系

进出境动植物检疫法律关系是进出境动植物检疫法所确认和调整的国家与被检疫

对象之间、国家之间，以及各级政府之间在进出境动植物检疫过程中形成的权利与义务关系。

（一）进出境动植物检疫法律关系的构成

进出境动植物检疫法律关系与其他法律关系一样，由主体、客体和内容三方面构成。

1. 进出境动植物检疫法律关系的主体

法律关系的主体是指法律关系的参加者，进出境动植物检疫法律关系的主体即进出境动植物检疫法律关系中享有权利和承担义务的当事人。在我国进出境动植物检疫法律关系中，权利主体一方是代表国家实施进出境动植物检疫的国家行政机关，即海关总署及各级海关；另一方是承担进出境动植物检疫义务的人，包括法人、自然人和其他组织，在进出境动植物检疫法上称之为"货主、物主或者其代理人"。

在进出境动植物检疫法律关系中，权利主体双方法律地位平等，但是由于主体之间是行政管理者与被管理者的关系，双方的权利与义务不对等。这和一般的民事法律关系中主体双方权利与义务对等是不同的，这也是进出境动植物检疫法律关系的一个重要特征。

2. 进出境动植物检疫法律关系的客体

进出境动植物检疫法律关系的客体是指进出境动植物检疫法律关系主体的权利、义务所共同指向的对象，即检疫对象。根据法律规定，检疫对象有5类：第一类是进境、出境、过境的动植物、动植物产品和其他检疫物；第二类是装载动植物、动植物产品和其他检疫物的装载容器、包装物、铺垫材料；第三类是来自动植物疫区的运输工具；第四类是进境拆解的废旧船舶；第五类是有关法律、行政法规、国际条约规定或者贸易合同约定应当实施进出境动植物检疫的其他货物、物品。

3. 进出境动植物检疫法律关系的内容

进出境动植物检疫法律关系的内容是指权利义务主体所享有的权利和所应承担的义务，这是进出境动植物检疫法律关系中最实质的内容，即进出境动植物检疫法的灵魂。它规定了权利主体可以有什么行为、不可以有什么行为，如违反了这些规定，必须承担相应的法律责任。

海关实施进出境动植物检疫的权利主要表现在检疫审批、进境检疫、出境检疫、过境检疫、携带邮寄物检疫、运输工具检疫、检疫监督等内容，以及对违反进出境动植物检疫法的行为进行处罚。其义务主要是向相对人宣传、辅导解读进出境动植物检疫法并接受相关咨询，及时纠正违法行为，依法受理相对人对进出境动植物检疫行为的行政复议等。

相对人的义务主要有依法申请检疫审批、依法接受检疫，权利主要有依法申请复议和提起诉讼等。

（二）进出境动植物检疫法律关系的产生、变更和消灭

进出境动植物检疫法是引起进出境动植物检疫法律关系的前提条件，但进出境动植物检疫法本身并不能够产生具体的进出境动植物检疫法律关系。进出境动植物检疫法律关系的产生、变更和消灭必须有能够引起进出境动植物检疫法律关系产生、变更或消灭的客观情况，即由进出境动植物检疫法律关系事实来决定。如，一个企业申请进口一批木材，企业向海关申请检疫审批手续，进出境动植物检疫法律关系产生；企业申请变更进境口岸，进出境动植物检疫法律关系变更；海关在口岸完成进境检疫手续，经检疫合格后对该批木材放行，进出境动植物检疫法律关系消灭。

（三）进出境动植物检疫法律关系的保护

进出境动植物检疫法律关系是同国家利益及企业和个人的权益相联系的。保护进出境动植物检疫法律关系，实质上就是保护国门生物安全，保障我国的动植物体系安全，保护企业及个人的合法权益。进出境动植物检疫法律关系的保护是国家通过行政和法律手段保证进出境动植物检疫法律关系主体享有权利和履行义务，主体不履行义务将承担一定的法律后果。进出境动植物检疫法律关系的保护对权利主体双方是平等的，不能只对一方予以保护，而对另一方不予保护。

进出境动植物检疫法律关系的保护形式和方法多种多样，主要包括行政手段和司法手段。进出境动植物检疫法中关于未报检、未依法办理检疫审批手续、未按检疫审批的规定执行等违法行为规定了罚款、吊销检疫单证等行政处罚。刑法对逃避动植物检疫行为及伪造、变造动植物检疫单证、印章、标志、封识行为给予刑罚的规定，以及当事人对海关进出境动植物检疫执法行为不服的提起行政复议或者行政诉讼，都是对进出境动植物检疫法律关系的直接保护。

任务二　进出境动植物检疫法的主要内容

进出境动植物检疫法有狭义和广义之分。狭义的进出境动植物检疫法专指《进出境动植物检疫法》及其实施条例；广义的进出境动植物检疫法是指我国进出境动植物

检疫法律体系，既包括法律、行政法规，也包括行政规章、规范性文件。

一、《进出境动植物检疫法》及其实施条例

（一）《进出境动植物检疫法》的立法目的

与国外制定进出境动植物检疫法律制度的目的一样，我国对进出境动植物及其产品制定并实施强制检疫法律制度，是为了防止动物传染病、寄生虫病和植物危险性病、虫、杂草以及其他有害生物由国外传入和在国内蔓延。动植物及动植物产品所感染的动物传染病、寄生虫病和植物危险性病、虫、杂草以及其他有害生物，不仅对农、林、牧、渔业生产造成威胁，有些人畜共患病，如炭疽杆菌，还直接威胁人民的身体健康及生命安全。我国海关常在进口的原毛、皮张、鱼粉、干鱼制品及动物性药材中检出多种生活害虫和各类杂草种子。因此，《进出境动植物检疫法》第一条明确规定了立法目的："为防止动物传染病、寄生虫病和植物危险性病、虫、杂草以及其他有害生物（以下简称病虫害）传入、传出国境，保护农、林、牧、渔业生产和人体健康，促进对外经济贸易的发展，制定本法。"

（二）进出境动植物检疫机关的职能权限

根据《进出境动植物检疫法》及其实施条例的规定，国家动植物检疫机关（即现海关总署）统一管理全国进出境动植物检疫工作，收集国内外重大动植物疫情，负责国际间进出境动植物检疫的合作与交流。

口岸海关实施动植物检疫时，可以行使下列职权：依照法律法规规定登船、登车、登机实施检疫；进入港口、机场、车站、邮局以及检疫物的存放、加工、养殖、种植场所实施检疫，并依照规定采样；根据检疫需要，进入有关生产、仓库等场所，进行疫情监测、调查和检疫监督管理；查阅、复制、摘录与检疫物有关的运行日志、货运单、合同、发票及其他单证。

口岸海关在港口、机场、车站、邮局执行动植物检疫任务时，海关、交通、民航、铁路、邮电等有关部门应当配合。

当国外发生重大动植物疫情并可能传入中国时，可根据情况采取下列紧急预防措施：国务院可以对相关边境区域采取控制措施，必要时下令禁止来自动植物疫区的运输工具进境或者封锁有关口岸；国务院农业行政主管部门可以公布禁止从动植物疫情流行的国家和地区进境的动植物、动植物产品和其他检疫物的名录；有关口岸海关可以对可能受病虫害污染的进境动植物、动植物产品、装载容器、包装物、铺垫材料、

运输工具等采取紧急检疫处理措施；受动植物疫情威胁地区的地方人民政府可以立即组织有关部门制订并实施应急方案，同时向上级人民政府和国家动植物检疫机关报告。

邮电、运输部门对重大动植物疫情报告和送检材料应当优先传送。

（三）进出境动植物检疫的范围

根据《进出境动植物检疫法》及其实施条例的规定，进出境时依法需实施动植物检疫的范围包括：进境、出境、过境的动植物、动植物产品和其他检疫物；装载动植物、动植物产品和其他检疫物的装载容器、包装物、铺垫材料；来自动植物疫区的运输工具；进境拆解的废旧船舶；有关法律、行政法规、国际条约规定或者贸易合同约定应当实施进出境动植物检疫的其他货物、物品。

这里的"动物"是指饲养、野生的活动物，如畜、禽、兽、蛇、龟、鱼、虾、蟹、贝、蚕、蜂等；"动物产品"是指来源于动物未经加工或者虽经加工但仍有可能传播疫病的产品，如生皮张、毛类、肉类、脏器、油脂、动物水产品、奶制品、蛋类、血液、精液、胚胎、骨、蹄、角等；"植物"是指栽培植物、野生植物及其种子、种苗及其他繁殖材料等；"植物产品"是指来源于植物未经加工或者虽经加工但仍有可能传播病虫害的产品，如粮食、豆、棉花、油、麻、烟草、籽仁、干果、鲜果、蔬菜、生药材、木材、饲料等；"其他检疫物"是指动物疫苗、血清、诊断液、动植物性废弃物等；"装载容器"是指可以多次使用、易受病虫害污染并用于装载进出境货物的容器，如笼、箱、桶、筐等。

同时，国家禁止下列各物进境：动植物病原体（包括菌种、毒种等）、害虫及其他有害生物；动植物疫情流行的国家和地区的有关动植物、动植物产品和其他检疫物；动物尸体；土壤。

另外，还有一部分动植物、动植物产品和其他检疫物是禁止携带、寄递进境的，具体名录由农业行政主管部门负责制定公布。目前执行的《中华人民共和国禁止携带、寄递进境的动植物及其产品和其他检疫物名录》是农业农村部和海关总署于2021年10月20日联合发布的。

（四）进出境动植物检疫的主要制度

1. 检疫审批制度

所谓检疫审批制度，是指输入检疫物或者过境运输检疫物，必须依法事先提出申请，办理检疫审批手续。检疫审批的目的在于，对输入或通过中国境内运输的检疫物，海关根据事先已掌握的输出国或地区疫情，决定是否同意输入或过境，可以减少不必要的损失，防止危险性动植物疫情传入我国。特别是外贸进口，事先办理检疫审批手续尤为重要。因为世界各地的动植物疫情是相当复杂的，进口单位不一定了解国外的疫情，也不能完全掌握国家有关法律的具体规定，很可能发生盲目引进大宗检疫物的情况，在抵达口岸时因违法而被退货或销毁，造成经济损失。如果事先办理检疫审批手续，可以让进口单位在进口前了解我国的检疫要求，在对外谈判中做到心中有数，在签订合同时将我国的检疫要求列入其中，一旦发生上述情况，进口单位可以依据合同索赔，避免损失。

2. 动植物检疫申报制度

所谓动植物检疫申报制度，是指输入输出检疫物或者过境运输检疫物，必须向口岸海关或其他法定机关申报检疫，提交相应申报资料。动植物检疫申报制度分为进境申报制度、出境申报制度、过境申报制度、携带和邮寄进境申报制度。

3. 现场检疫制度和隔离检疫制度

现场检疫和隔离检疫都是动植物检疫工作的重要环节。现场检疫是指进出境检疫物抵达口岸时，检疫人员登机、登船、登车或到货物停放地进行的检疫。根据《进出境动植物检疫法》，海关依照法律规定登船、登车、登机实施检疫，进入港口、车站、机场、邮局以及检疫物的存放、加工、养殖、种植场所实施检疫，并依照规定采样。隔离检疫是指动植物在指定的隔离场所进行的检疫。"隔离"具有双重含义：一是严防国外的动植物疫情疫病传入国内；二是防止病源微生物或有害生物感染或污染进境动植物。根据《进出境动植物检疫法》，输入动植物需要隔离检疫的或者出境前需经隔离检疫的动物，在口岸海关指定的隔离场所检疫。

4. 检疫监督制度

根据《进出境动植物检疫法》及其实施条例，海关对进出境动植物、动植物产品的生产、加工、存放过程，实行检疫监督制度。检疫监督的范围包括：进出境动植物、动植物产品的生产、加工、存放过程；进出境动物和植物种子、种苗及其他繁殖材料隔离饲养或隔离种植过程；进出境动植物检疫熏蒸、消毒处理业务单位、人员及其开展的熏蒸、消毒工作；运往保税区（含保税工厂、保税仓库等）的进境动植物、动植物产品和其他检疫物，装载动植物、动植物产品和其他检疫物的装载容器、包装物。海关开展检疫监督的方式包括：根据需要，在机场、港口、车站、仓库、加工厂、农场等生产、加工、存放进出境动植物、动植物产品和其他检疫物的场所实施动植物疫情监测；对运载进出境动植物、动植物产品和其他检疫物的运输工具、装载容器加施动植物检疫封识或者标志；对有关单位防疫工作开展指导，如对进出境动植物、动植物产品的生产、加工、存放单位的防疫指导，对进出境动植物检疫熏蒸、消毒处理业务单位熏蒸、消毒工作进行监督指导等。海关实施动植物疫情监测时，有关单位应当配合，未经海关许可，不得移动或者损坏动植物疫情监测器具。对海关加施的动植物检疫封识或者标志，未经许可不得开拆或者损毁。

5. 其他检疫制度

除上述检疫制度外，《进出境动植物检疫法》还明确规定了调离检疫物批准制度（即未经批准不能擅自调离检疫物）、检疫放行制度（即进出境或过境检疫物须经海关办理放行手续）、废弃物处理制度（即进出境或过境运输工具的废弃物须按规定处理，不得擅自抛弃）和检疫收费制度（即海关实施检疫依照规定收费）等。

二、我国进出境动植物检疫法律体系

经过多年的发展，我国已逐步形成以《进出境动植物检疫法》为核心的，包括法律、行政法规、部门规章以及我国缔结或参加的有关动植物检疫的国际条约、双边协定、协议等在内的一整套进出境动植物检疫法律制度体系。

（一）法律

除《进出境动植物检疫法》外，其他与进出境动植物检疫相关的法律包括：《中华人民共和国海关法》（简称《海关法》）、《生物安全法》、《食品安全法》、《中华人民共和国农业法》、《中华人民共和国渔业法》、《中华人民共和国森林法》、《中华人民共和国邮政法》、《中华人民共和国民用航空法》、《中华人民共和国动物防疫法》、《中华人民共和国畜牧法》、《中华人民共和国野生动物保护法》、《中华人民共和国种子法》、《农产品质量安全法》等。

（二）行政法规

除《进出境动植物检疫法实施条例》外，其他与进出境动植物检疫相关的行政法规包括：《食品安全法实施条例》《中华人民共和国邮政法实施细则》《实验动物管理条例》《国际航行船舶进出中华人民共和国口岸检查办法》《重大动物疫情应急条例》《中华人民共和国濒危野生动植物进出口管理条例》《乳品质量安全监督管理条例》《快递暂行条例》《中华人民共和国外交特权与豁免条例》《病原微生物实验室生物安全管理条例》《农业转基因生物安全管理条例》《森林病虫害防治条例》《植物检疫条例》《饲料和饲料添加剂管理条例》《中华人民共和国畜禽遗传资源进出境和对外合作研究利用审批办法》《中华人民共和国外国籍船舶航行长江水域管理规定》《外国民用航空器飞行管理规则》等。

（三）规章

与进出境动植物检疫相关的规章很多，主要包括：《出口食用动物饲用饲料检验检疫管理办法》《进境植物繁殖材料检疫管理办法》《进境植物繁殖材料隔离检疫圃管理办法》《进境栽培介质检疫管理办法》《进出境集装箱检验检疫管理办法》《供港澳食用陆生动物检验检疫管理办法》《出入境检验检疫风险预警及快速反应管理规定》《出入境快件检验检疫管理办法》《出入境粮食和饲料检验检疫管理办法》《进境动植物检疫审批管理办法》《进境动物和动物产品风险分析管理规定》《进境植物和植物产品风险分析管理规定》《进境水生动物检验检疫管理办法》《出境竹木草制品检疫管理办法》《进境动物遗传物质检疫管理办法》《进境水果检验检疫监督管理办法》《出境货物木质包装检疫处理管理办法》《进境货物木质包装检疫监督管理办法》《出境水果检验检疫监督管理办法》《出境水生动物检验检疫监督管理办法》《进出口饲料和饲料添加剂检验检疫监督管理办法》《供港澳蔬菜检验检疫监督管理办法》《进境动物隔离检疫场使用监督管理办法》《中华人民共和国进出口食品安全管理办法》《出入境人员携带物检疫管理办法》等。

（四）我国缔结或参加的国际条约、双边协定等

我国缔结或参加的国际条约、双边协定等的内容，也是进出境动植物检疫工作的重要法律依据。《进出境动植物检疫法》规定："中华人民共和国缔结或者参加的有关动植物检疫的国际条约与本法有不同规定的，适用该国际条约的规定。但是，中华人民共和国声明保留的条款除外。"多年来，为保护我国农、林、牧、渔业生产安全和人民身体健康，防止动植物病虫害传播，我国政府已和世界上100多个国家和地区建立合作交流机制，与欧洲、美洲、亚洲、大洋洲的30多个国家建立动植物检疫合作关系。我国政府及主管部门已和各国政府及主管部门签署双边和多边动植物检疫协议、议定书、备忘录或纪要等。同时，我国还是世界动物卫生组织（WOAH）、IPPC、亚太区域植物保护委员会（APPPC）等国际组织的成员，参与国际多边合作活动，发挥积极作用。

【延伸阅读3-1】我国进出境动植物检疫法律制度的确立与完善

（一）中华人民共和国成立前的进出境动植物检疫法律制度发展

我国进出境动植物检疫起步较晚。清末到民国初期，随着进出口贸易的发展，中国开始出现动植物检疫萌芽。中国最早的动物检疫机关是1903年在中东铁路管理局建立的铁路兽医检疫处，对来自沙俄的各种肉类食品进行检疫工作。1913年英国为防止

牛羊疫病的传入，禁止病畜皮毛的进口，向中国政府提出检疫要求。上海的英国商人为了使其经营的产品顺利地出口到英国，聘请了英国的兽医派德洛克在上海做出口肉类检验，并签发兽医卫生证书。1921年英国驻华使馆照会中国政府外交部，要求执行英国政府颁布的《禁止染有病虫害植物进口章程》；1922年又以中国无国家兽医检查机关为由，禁止中国的肉类进口。1927年6月，美国驻华使馆照会中国政府外交部，送交美国农业部"关于限制毛革肉类进口令"，规定自1927年12月1日起，凡未经政府兽医机关检验，没有按规定格式签发兽医证书的猪、羊的肠衣，禁止进口。在国外压力和国内商人的强烈要求下，中华民国军政府农工部开始筹备设立"毛革肉类出口检查所"，并于1927年10月制定公布了《农工部毛革肉类出口检查所章程》，规定在通商口岸设置"毛革肉类出口检查所"，配备具有专业知识的兽医人员，添置必要设备执行兽医检验。随后又公布了《毛革肉类出口检查条例》和《毛革肉类检查条例实施细则》，同时限制了染有炭疽病菌的肉类进口。1928年以后，国民政府陆续制定公布了《农产物检查条例实施细则》《农产物检查所检验病虫害暂行办法》《商品检验法》《植物病虫害检验施行细则》等一系列制度，对保护当时国内农业和畜牧业起到了积极的作用，也促进了农畜产品的出口。抗日战争爆发后，各地负责商品检验工作的机构相继停办，动植物检疫工作基本上处于停滞状态。

（二）中华人民共和国成立后的进出境动植物检疫法律制度发展

中华人民共和国成立后，国家高度重视动植物检疫工作，1952年在对外贸易部下设商品检验总局负责对外动植物检疫工作，并先后制定《输出输入植物病虫害检验暂行办法》《输出输入植物检疫操作规程》《输出输入植物检疫暂行办法》《输出输入植物应实施检疫种类与检疫对象名单》《邮寄输入植物检疫补充规定》等。1964年2月，国务院决定将动植物检疫从对外贸易部划归农业部领导（动物产品检疫仍由商品检验总局管理）。

党的十一届三中全会以后，农业部加强对进出境动植物检疫工作的领导，制定《关于对外植物检疫工作的几项补充规定》和《动物检疫操作规程》，修订《进口植物检疫对象名单》。1981年，为了防止地中海实蝇传入，国务院批转农业部《关于严防地中海实蝇传入国内的紧急报告》。

1982年，国务院正式批准成立国家动植物检疫总所，负责统一管理全国口岸动植物检疫工作。同年，国务院颁布《中华人民共和国进出口动植物检疫条例》（以下简称《条例》），以国家行政法规的形式明确规定进出口动植物检疫的宗旨、意义、范围、程序、方法以及检疫处理和相应的法律责任。这是我国进出境动植物检疫史上第一部比较完善的检疫法规。1983年，农业部制定了《中华人民共和国进出口动植物检疫条例实施细则》，之后又发布了一系列配套规章，如《进口动物检疫对象名单》《进口植物检疫对象名单》《中华人民共和国禁止进口植物名单》等。这些规章的发布，使进出境动植物检疫的执法行为更加规范化、制度化，更好地保护了中国的农林牧渔业生产和人民身体健康，促进了对外贸易的发展。

随着检疫工作形势发展，《条例》渐渐不能适应实际需要。1987 年 3 月，国家动植物检疫总所成立检疫法起草小组，着手将《条例》上升为法律的相关工作。通过调查研究，总结 1949 年以来口岸动植物检疫的经验教训，以及《条例》颁布以来的实施情况，同时参照 10 多个国家的检疫法规以及国际动植物检疫法典公约，历经 4 年多时间，对检疫法草案进行了多次修改和完善。1991 年 10 月 30 日，第七届全国人大常委会第二十二次会议审议通过了《进出境动植物检疫法》，自 1992 年 4 月 1 日起施行。1996 年 12 月，国务院发布第 206 号令，颁布《进出境动植物检疫法实施条例》，对《进出境动植物检疫法》中的原则规定进行细化，自 1997 年 1 月 1 日起施行。《进出境动植物检疫法》及其实施条例的颁布实施，扩大了中国动植物检疫在国际上的影响，标志着我国的进出境动植物检疫进入了社会主义法制建设的轨道。此后，农业部、国家动植物检疫局根据工作需要，先后制定了一系列配套规章及规范性文件，如《中华人民共和国进境动物一、二类传染病、寄生虫病名录》《禁止携带、寄递进境的动植物及其产品和其他检疫物名录》《进境植物检疫危险性病、虫、杂草名录》《进境植物检疫禁止进境物名录》等，对实现进出境动植物检疫"把关、服务、促进"的宗旨发挥了重要的作用。

【延伸阅读 3 - 2】动植物检疫的历史沿革

（一）动植物检疫的产生

检疫制度最初是针对人类传染病而制定的。14 世纪欧洲著名的"黑死病"（即淋巴腺鼠疫）大流行，导致的死亡人数约占当时欧洲人数的 1/4，威尼斯为防止病菌传入，规定外来船只入港后，需经过 40 天的隔离观察和检查，没有发现疫病才允许船上人员离船登陆。这种原是针对人而采取的隔离措施和检疫手段，后来为防止病虫害的传播和蔓延而扩展到动物和植物方面，于是就产生了动植物检疫。

（二）初期世界各国动植物检疫规定

在与病虫害斗争的过程中，人们逐步认识到了制定动植物检疫法的必要性和重要性。通过国家立法机关制定强制执行的检疫制度以防止动物传染病、寄生虫病和植物危险性病、虫、杂草以及其他有害生物由国外传入和在国内蔓延，人们习惯称之为

"法规防治"。19 世纪中叶至 20 世纪初，世界上发生了一系列危险的植物病虫害传播，造成了巨大的损失。植物病虫害的传播和蔓延促使一些受害国家有针对性地制定了禁止从疫区进口某种植物的法令。如法国、俄国相继颁布了禁止从国外输入葡萄枝条的法令；俄国、德国为防止马铃薯甲虫传入，禁止从美国进口马铃薯；印度尼西亚禁止从斯里兰卡进口咖啡植株及咖啡豆，防止咖啡锈病传入。动物检疫方面，日本采取措施防御当时的西伯利亚牛瘟传入；意大利发现美国输入欧洲的肉类有旋毛虫，率先下令禁止美国肉类进口，之后奥地利、德国、法国也相继宣布了类似的禁令；英国鉴于美国东部数州发生牛传染性胸膜肺炎疫情，下令禁止输入美国活牛，丹麦等国也相继采取同样措施。

（三）各国动植物检疫法律规范

随着植物保护和动物疾病预防科学的发展，人们认识到了仅禁止疫区动植物及其产品进口，防止一种疫病、虫害远不能适应贸易发展的需要，相关措施逐渐从笼统的禁运发展到对疫病、虫害的直接检疫，一些国家制定了既有针对性又有较大灵活性的检疫法律法规。1886 年日本颁布兽医传染病预防规划，在此基础上，于 1896 年制定了兽医预防法，1914 年制定出口植物检查证明规程；1907 年英国颁布危险性病虫法案；1901 年加拿大宣布病虫条例指令；1912 年美国国会通过植物检疫法，1935 年正式颁布动植物检疫法令；1960 年新西兰颁布动物保护法，1967 年颁布动物法，1968 年颁布家禽法，1969 年颁布动物医药法；1908 年澳大利亚公布家禽检疫规章，1975 年制定动物法令。检疫实践表明，动植物检疫收效的一个必要的条件，是着眼于保护一个生物地理区域，而不仅仅是保护某个国家或地区。只有在一个生物地理区域范围内免受某种疫病、害虫的危害，该区域中的国家或地区才得以保护。为保护一个生物地理区域免受某种病虫的危害，检疫立法的双边、多边合作成为发展的必然趋势。1881 年，众多国家在瑞士伯尔尼签订《葡萄根瘤蚜公约》，这是世界上第一个以防止危险性病虫传播为目的的国际公约。1929 年《国际植物保护公约》在罗马签署，并于 1951 年联合国粮农组织第 6 次大会正式通过。一些区域性动植物保护组织也逐渐建立起来，如欧洲和地中海区域植物保护组织（EPPO）、APPPC、近东地区植物保护委员会（NEPPC）、非洲植物检疫理事会（IAPSC）、南美洲国际农业保护委员会（CIPA）、中美洲国际动植物保护组织（ORZSA）、博利瓦尔区域植物保护组织（OBSA）、北美植物保护组织（NAPPO）、WOAH 及其区域性组织。各国在与他国的贸易和其他交往中，为加强合作还签订了一些协定、备忘录和其他法律文书，使缔约双方共同采取一切必要措施防止检疫性病虫害传入，达到保护本国农牧业生产的目的。所有国际性的协定、协议或备忘录，既是协作，更是必须履行的国际义务。

任务三　资质管理

【导引 3 - 2】

　　杭州亚运会马术项目比赛时间为 2023 年 9 月 26 日至 10 月 6 日,在桐庐马术中心举行,共产生 6 枚金牌。

　　2023 年 9 月 29 日凌晨,53 匹亚运会参赛马在杭州海关所属杭州萧山机场海关的监管下通关入境。这些赛马沿着生物安全通道,由海关关员、马术项目管理指挥中心赛事保障组工作人员全程"护送"至桐庐马术中心。至此,114 匹亚运会参赛马全部顺利"入住"比赛场馆,除了 2 匹是中国国内马外,其余 112 匹马在入境前全部向海关总署申请了检疫审批。

　　请思考:什么是检疫审批?什么样的动物进境时需要向海关申请检疫审批呢?

一、检疫审批［进境(过境)动植物及其产品检疫审批］

　　检疫审批是世界上很多国家为保护国内农、林、牧、渔业生产安全,降低动物传染病、寄生虫病或植物检疫性有害生物传入或传出国境风险而实施的一项制度。

(一)检疫审批的设定依据

　　《进出境动植物检疫法》第十条规定,输入动物、动物产品、植物种子、种苗及其他繁殖材料的,必须事先提出申请,办理检疫审批手续。

(二)检疫审批的实施依据

　　《进出境动植物检疫法实施条例》第九条规定,输入动物、动物产品和进出境动植物检疫法第五条第一款所列禁止进境物的检疫审批,由国家动植物检疫局或者其授权的口岸动植物检疫机关负责。输入植物种子、种苗及其他繁殖材料的检疫审批,由植物检疫条例规定的机关负责。

　　《进境动植物检疫审批管理办法》第二条规定,本办法适用于对进出境动植物检疫法及其实施条例以及国家有关规定需要审批的进境动物(含过境动物)、动植物产品和需要特许审批的禁止进境物的检疫审批。海关总署根据法律法规的有关规定以及国务院有关部门发布的禁止进境物名录，制定、调整并发布需要检疫审批的动植物及其产品名录。

（三）实施检疫审批的监管依据

《进出境动植物检疫法》第七条规定，国家动植物检疫机关和口岸动植物检疫机关对进出境动植物、动植物产品的生产、加工、存放过程，实行检疫监督制度。

《进出境动植物检疫法实施条例》第五十三条规定，国家动植物检疫局和口岸动植物检疫机关对进出境动植物、动植物产品的生产、加工、存放过程，实行检疫监督制度。具体办法由国务院农业行政主管部门制定。

根据《进出境动植物检疫法》及其实施条例的规定，输入动物、动物产品、植物种子、种苗及其他繁殖材料的，必须事先提出申请，在贸易合同或者协议签订前办妥检疫审批手续。

（四）须办理检疫审批产品范围

1. 动物及其产品检疫审批

活动物：动物（指饲养、野生的活动物如畜、禽、兽、蛇、水生动物、蚕、蜂等）、胚胎、精液、受精卵、种蛋及其他动物遗传物质。

食用性动物产品：肉类及其产品（含脏器、肠衣）、鲜蛋类（含食用鲜乌龟蛋、食用甲鱼蛋）、乳品（包括生乳、生乳制品、巴氏杀菌乳、巴氏杀菌工艺生产的调制乳）、可食用骨蹄角及其产品、动物源性中药材、燕窝等动物源性食品。

非食用性动物产品：皮张类（蓝湿皮、蓝干皮、已鞣制皮毛除外）、毛类（不包括洗净毛、碳化毛、毛条）、骨蹄角及其产品、蚕茧、饲料用乳清粉、鱼粉、肉粉、骨粉、肉骨粉、油脂、血粉、血液等动物源性饲料，以及含有动物成分的有机肥料。

水产品：两栖类（如蛙等）、爬行类（如鳄鱼、龟、鳖、蛇等）、水生哺乳类（如鲸等）、其他养殖水产品及其非熟制加工品（如养殖三文鱼，包括如下 HS 编码的产品：0302130090、0303110000、0303120000、0304410000、0305412000）等。

2. 植物及其产品检疫审批

各种杂豆、杂粮、茄科类蔬菜、植物源性中药材等具有疫情疫病传播风险的植物源性食品。

果蔬类：新鲜水果、番茄、茄子、辣椒果实。

烟草类：烟叶及烟草薄片。

粮谷类：小麦、玉米、稻谷、大麦、黑麦、燕麦、高粱等（不包括粮食加工品，如大米、面料、米粉、淀粉等）。

豆类：大豆、绿豆、豌豆、赤豆、蚕豆、鹰嘴豆等。

薯类：马铃薯、木薯、甘薯等（不包括薯类加工品，如马铃薯细粉、冷冻马铃薯条、冷冻马铃薯球、冷冻马铃薯饼、冷冻马铃薯坯、冷冻油炸马铃薯条等）。

饲料类：麦麸、豆饼、豆粕等。

其他类：植物栽培介质［不包括陶瓷土粉和植物生长营养液（不含动物成分或未经加工的植物成分和有毒有害物质）］。

3. 特许审批

动植物病原体（包括菌种、毒种等）、害虫及其他有害生物，动植物疫情流行国家和地区的有关动植物、动植物产品和其他检疫物，动物尸体，土壤。

列入《中华人民共和国进境植物检疫禁止进境物名录》（农业部公告第 72 号）内的货物。

4. 过境动物检疫审批

过境动物。[①]

（五）检疫审批机关

根据进境、过境物的种类不同，目前我国办理动植物、动植物产品及其他检疫物检疫审批的机关主要包括以下几个。

1. 海关总署

《进出境动植物检疫法实施条例》第九条规定，输入动物、动物产品和进出境动植物检疫法第五条第一款所列禁止进境物的检疫审批，由国家动植物检疫局或者其授权的口岸动植物检疫机关负责。

《进境动植物检疫审批管理办法》第二条规定，本办法适用于对进出境动植物检疫法及其实施条例以及国家有关规定需要审批的进境动物（含过境动物）、动植物产品和需要特许审批的禁止进境物的检疫审批。海关总署根据法律法规的有关规定以及国务院有关部门发布的禁止进境物名录，制定、调整并发布需要检疫审批的动植物及其产品名录。

根据上述规定，海关总署根据法律法规的有关规定以及国务院有关部门发布的禁止进境物名录，制定、调整并发布需要检疫审批的动植物及其产品名录。列入需要检

---

① 以海关总署最新公告为准。海关总署最近一次调整为《关于取消部分动植物产品进境检疫审批的公告》（海关总署公告 2024 年第 77 号）。

疫审批的动植物及其产品名录中，规定须办理检疫审批的进境动植物、动植物产品和其他检疫物，需要向海关总署办理进境检疫审批手续。

所有需要检疫审批的过境动植物、动植物产品和其他检疫物，需要向海关总署办理过境检疫审批手续。

2. 直属海关

根据海关总署公告 2021 年第 101 号《关于授权直属海关开展部分进境动植物及其产品检疫审批事宜的公告》、海关总署公告 2022 年第 22 号《关于授权直属海关开展进境粮食等植物产品检疫审批事宜的公告》、海关总署公告 2022 年第 83 号《关于授权直属海关开展部分进境动植物及其产品检疫审批事宜的公告》，部分进境动植物及其产品，可以向被授权的直属海关申请检疫审批。

3. 农业、林业部门

《进出境动植物检疫法实施条例》第九条规定，输入植物种子、种苗及其他繁殖材料的检疫审批，由植物检疫条例规定的机关负责。

《植物检疫条例》第十二条规定，从国外引进种子、苗木，引进单位应当向所在地的省、自治区、直辖市植物检疫机构提出申请，办理检疫审批手续。但是，国务院有关部门所属的在京单位从国外引进种子、苗木，应当向国务院农业主管部门、林业主管部门所属的植物检疫机构提出申请，办理检疫审批手续。具体办法由国务院农业主管部门、林业主管部门制定。

根据上述规定，目前，农业农村部和各省、自治区、直辖市农业农村厅（局）负责从国外引进种子、苗木和其他繁殖材料（不包括国家禁止进境物和林木种子、林木种苗）的检疫审批。其中，农业农村部负责国务院和中央各部门所属在京单位、驻京部队单位、外国驻京机构等单位引种的检疫审批；各省、自治区、直辖市有关单位和中央京外单位引种的检疫审批由种植地的省、自治区、直辖市农业农村厅（局）办理。林业部门检疫审批分工方面，国家林业和草原局负责国务院和中央各部门所属在京单位、驻京部队单位、外国驻京机构等单位引进林木种子和林木种苗（包括日本进口的樱花）的检疫审批；各省、自治区、直辖市林业和草原局（厅）负责各省、自治区、直辖市有关单位和中央京外单位引进林木种子和林木种苗（包括日本进口的樱花）的检疫审批。

（六）检疫审批条件

《进出境动植物检疫法实施条例》第十条规定，符合下列条件的，方可办理进境检疫审批手续：输出国家或者地区无重大动植物疫情；符合中国有关动植物检疫法律、法规、规章的规定；符合中国与输出国家或者地区签订的有关双边检疫协定（含检疫协议、备忘录等）。

（七）检疫审批程序

根据《进境动植物检疫审批管理办法》的有关规定，检疫审批主要包括以下几项程序。

1. 申请

申请办理检疫审批手续的单位应当是具有独立法人资格并直接对外签订贸易合同或者协议的单位。过境动物和过境转基因产品的申请单位应当是具有独立法人资格并直接对外签订贸易合同或者协议的单位或者其代理人。

申请单位按要求填写《进境动植物检疫许可证申请表》（网上申请），并提交有关初审证明材料，到进境口岸或使用地的直属海关办理初审。办理动植物过境或转基因产品过境的，申请单位应当向海关总署提出申请。申请单位办理动物过境检疫审批申请时，应当提交输出国家或者地区政府动植物检疫机关出具的疫情证明、输入国家或者地区政府动植物检疫机关出具的准许该动物进境的证件，并说明拟过境的路线。

2. 初审

初审机构对申请单位检疫审批申请进行初审，合格的，由初审机构签署初审意见，并将所有材料上报海关总署审核（部分审批事项授权直属海关进行审核）。对需要实施检疫监管的进境动植物产品，必要时出具对其生产加工存放单位的考核报告。初审不合格的，将申请材料退回申请单位。

3. 审批

海关总署（部分审批事项授权直属海关进行审核）根据审核情况，签发《进境动植物检疫许可证》《动物过境检疫许可证》或者《进境动植物检疫许可证申请未获批准通知单》。

（八）检疫许可证件的重新办理及失效、废止或者终止使用

1. 检疫审批的重新办理

根据《进出境动植物检疫法实施条例》及《进境动植物检疫审批管理办法》，办理进境检疫审批手续后，有下列情况之一的，货主、物主或者其代理人应当重新申请办理检疫审批手续：变更进境物的品种或者数量超过许可数量的5%以上的；变更输出国家或地区的；变更入境口岸、指运地或者运输路线的；超过检疫审批有效期的。

2. 检疫许可证件的失效、废止或者终止使用

有下列情况之一的，检疫许可证件失效、废止或者终止使用：超过有效期的自行失效；在许可范围内，分批进口、多次报检使用的，许可数量全部核销完毕的自行失效；国家依法发布禁止有关检疫物进境的公告或者禁令后，已签发的有关检疫许可证件自动废止；申请单位违反检疫审批的有关规定，海关总署可以终止已签发的检疫许可证件的使用。

（九）办理进境动植物检疫审批的程序

企业可以在"互联网 + 海关"全国一体化在线政务服务平台（http：//online.customs.gov.cn，简称"互联网 + 海关"平台）自主申报办理，方便快捷，具体操作指南如下。

1. 企业端申报入口

（1）建议使用 chrome 80 以上版本的浏览器进入检疫审批系统登录界面，可使用原检疫审批系统的用户名、密码登录，新企业可在电子口岸注册用户或 IC 卡登录。

（2）登录后系统会校验登录人是否通过了实名认证，若未实名，需要企业先去做实名认证操作（有系统提示引导），否则无法在新系统申报业务。

（3）实名后登录系统可能存在的问题：若原检用户在老系统备案的企业信息与实名企业信息完全不一致（统一社会信用代码和组织机构代码都不一致），系统将无法关联企业历史数据，企业可以申请新的许可证，但是查不到以往的许可证信息。

（4）系统只允许企业类型的账号登录，若提示登录人为个人类型，则无法操作业务，可联系客服热线解决。

（5）登录时弹窗提示下载卡控件，请完成安装，否则后续上传附件会受影响。

2. 许可证申请

登录成功后，选择申报管理下面的许可证申请菜单，办理新的许可证。

3. 选择业务类别

在界面处点击业务类别，下拉选项中选择要申报的业务类别。

4. 填写申报信息

（1）申请海关：选择需要申报的海关，可以输入海关名称或者海关关区代码查询。

（2）基本信息中联系电话请填写准确的手机号码，后续审批进度状态发生变化时，系统会以短信形式提醒申请人。

（3）产地国家和部分品种名来源于海关总署官网发布的相关种类的准入清单，若准入清单中包含的内容在系统中没有选项，请联系客服热线解决。

（4）品种名为选项时，若无符合实际的内容可选，可选择最后的"其他"选项，自行录入内容。

（5）计量单位填写注意和后续报关申报时填写一致，保证后续自动核销顺畅。

（6）运输信息中的指定监管场地来源于海关总署官网发布的指定监管场地清单，若清单中包含的内容在系统中没有选项，请联系客服热线解决。

（7）带 * 的为必填项。

5. 申请单暂存

（1）暂存成功。

填写完申报信息后，点击暂存，如果提示暂存成功，说明填写的数据是完整的。

（2）暂存失败。

填写完申报信息后，点击暂存，如果有" * * * * 不能为空"的提示，说明有的必填信息没有填写完整，请填写完整后再点击暂存。

6. 申请单申报

（1）申报成功。

暂存成功后，点击申报，确认申报，会提示已申报。

（2）申报失败。

①暂存成功后，点击申报，有一部分业务类别会提示"必须上传带 * 号类型的附件"，这是因为这部分业务类别对附件有必传项的要求，上传带 * 号的附件，再点击申报，就能申报成功了。

②上传附件需先安装卡控件。

7. 申请单查询

（1）可在"申报管理"菜单下的"申请单查询"中查看审批进度，同时有短信提醒审批进度的辅助功能，但由于手机号码错误等原因可能会有收不到短信的情况。

（2）在"申请单查询"界面直接点击查询按钮可查询企业的全部申请单。

（3）状态为"发往海关"时说明已申报成功。

（4）状态为"海关入库成功"时说明海关已收到申请。

（5）若状态为"发送失败"或"海关入库失败"，请联系客服热线解决。

（6）海关入库成功后，在海关审批作出决定前均可由企业发起撤回申请，一般情况下都会准予撤回。撤回成功后可编辑申请单并再次申报。

（7）受理单、准予许可决定书等文书可点击打印按钮进行查看。

（8）许可证内容在"许可证信息查询"中查看。

二、出境特定动植物及其产品、其他检疫物的生产、加工、存放单位注册登记

对于特定的出境动植物及其产品、其他检疫物，其生产、加工、存放单位应当依法向海关申请注册登记。

（一）设定依据

《进出境动植物检疫法》第七条规定，国家动植物检疫机关和口岸动植物检疫机关对进出境动植物、动植物产品的生产、加工、存放过程，实行检疫监督制度。

《进出境动植物检疫法实施条例》第三十二条规定，对输入国要求中国对向其输出的动植物、动植物产品和其他检疫物的生产、加工、存放单位注册登记的，口岸动植物检疫机关可以实行注册登记，并报国家动植物检疫局备案。

（二）实施依据

《进出境动植物检疫法》第七条规定，国家动植物检疫机关和口岸动植物检疫机关对进出境动植物、动植物产品的生产、加工、存放过程，实行检疫监督制度。

《进出境动植物检疫法实施条例》第三十二条规定，对输入国要求中国对向其输出的动植物、动植物产品和其他检疫物的生产、加工、存放单位注册登记的，口岸动植物检疫机关可以实行注册登记，并报国家动植物检疫局备案。

《供港澳食用陆生动物检验检疫管理办法》第五条规定，海关对供港澳食用陆生动物饲养场（以下简称"饲养场"）实行注册登记管理。注册登记以饲养场为单位，一场一证，注册登记编号应专场专用。饲养场未经注册登记的，其饲养的食用陆生动物不得供应香港、澳门特别行政区。

《出境水生动物检验检疫监督管理办法》第四条规定，对输入国家或者地区要求中国对向其输出水生动物的生产、加工、存放单位注册登记的，海关总署对出境水生动物养殖场、中转场实施注册登记制度。

《进出境非食用动物产品检验检疫监督管理办法》第四十一条规定，输入国家或者地区要求中国对向其输出非食用动物产品生产、加工、存放企业注册登记的，海关总署对出境生产加工企业实行注册登记。

《进出境粮食检验检疫监督管理办法》第二十五条规定，输入国家或者地区要求中国对向其输出粮食生产、加工、存放企业注册登记的，直属海关负责组织注册登记，并向海关总署备案。

《出境水果检验检疫监督管理办法》第四条规定，我国与输入国家或者地区签定的双边协议、议定书等明确规定，或者输入国家或者地区法律法规要求对输入该国家的水果果园和包装厂实施注册登记的，海关应当按照规定对输往该国家或者地区的出境水果果园和包装厂实行注册登记。我国与输入国家或地区签定的双边协议、议定书未有明确规定，且输入国家或者地区法律法规未明确要求的，出境水果果园、包装厂可以向海关申请注册登记。

《进出口饲料和饲料添加剂检验检疫监督管理办法》第三十条规定，海关总署对出口饲料的出口生产企业实施注册登记制度，出口饲料应当来自注册登记的出口生产企业。

《出境货物木质包装检疫处理管理办法》第三条规定，海关总署统一管理全国出境货物木质包装的检疫监督管理工作。主管海关负责所辖地区出境货物木质包装的检疫监督管理。

《出境竹木草制品检疫管理办法》第四条规定，海关总署对出境竹木草制品及其生产加工企业实施分级分类监督管理。

（三）监管依据

《进出境动植物检疫法》第七条规定，国家动植物检疫机关和口岸动植物检疫机关对进出境动植物、动植物产品的生产、加工、存放过程，实行检疫监督制度。

《供港澳食用陆生动物检验检疫管理办法》第二条规定，海关总署统一管理内地供港澳食用陆生动物的检验检疫和监督管理工作。各级海关负责所辖区域供港澳食用陆生动物的检验检疫和监督管理工作。

《出境水生动物检验检疫监督管理办法》第三条规定，海关总署主管全国出境水生动物的检验检疫和监督管理工作。主管海关负责所辖区域出境水生动物的检验检疫和监督管理工作。

《进出境非食用动物产品检验检疫监督管理办法》第三条规定，海关总署主管全国进出境非食用动物产品的检验检疫和监督管理工作。主管海关负责所辖地区进出境非食用动物产品的检验检疫和监督管理工作。

《进出境粮食检验检疫监督管理办法》第三条规定，海关总署统一管理全国进出境粮食检验检疫监督管理工作。主管海关负责所辖区域内进出境粮食的检验检疫监督管理工作。

《出境水果检验检疫监督管理办法》第三条规定，海关总署统一管理全国出境水果检验检疫与监督管理工作。主管海关负责所辖地区出境水果检验检疫与监督管理工作。

《进出口饲料和饲料添加剂检验检疫监督管理办法》第三条规定，海关总署统一管理全国进出口饲料的检验检疫和监督管理工作。主管海关负责所辖区域进出口饲料的检验检疫和监督管理工作。

《出境货物木质包装检疫处理管理办法》第三条规定，海关总署统一管理全国出境货物木质包装的检疫监督管理工作。主管海关负责所辖地区出境货物木质包装的检疫监督管理。

《出境竹木草制品检疫管理办法》第三条规定，海关总署主管全国出境竹木草制品检疫和监督管理工作。主管海关负责所辖区域内出境竹木草制品的检疫和监督管理工作。

（四）实施范围

出境种苗花卉生产企业；出境新鲜水果（含冷冻水果）果园和包装厂；出境烟叶加工、仓储企业；出境竹木草制品生产加工企业；出境货物木质包装除害处理标识加施企业；供港澳食用陆生动物饲养场；出境水生动物养殖场、中转场；出境非食用动物产品生产、加工、存放企业；出口粮食加工、仓储企业；出境饲料生产、加工、存放企业。

（五）许可条件

按照《供港澳食用陆生动物检验检疫管理办法》《出境水生动物检验检疫监督管理办法》《进出境非食用动物产品检验检疫监督管理办法》《进出境粮食检验检疫监督管理办法》《出境水果检验检疫监督管理办法》《进出口饲料和饲料添加剂检验检疫监督管理办法》《出境货物木质包装检疫处理管理办法》《出境竹木草制品检疫管理办法》要求实施。

三、进出境动植物检疫除害处理单位核准

从事进出境动植物检疫除害处理的单位，应当向海关提出申请，经海关核准后，方可从事进出境动植物检疫除害处理业务。

（一）设定及实施依据

《进出境动植物检疫法实施条例》第五十五条规定，从事进出境动植物检疫熏蒸、消毒处理业务的单位和人员，必须经口岸动植物检疫机关考核合格。

《出入境检疫处理单位和人员管理办法》（国家质检总局令第181号公布，根据海

关总署令第 238 号、第 240 号修正）第二条规定，本办法适用于对出入境检疫处理单位和人员的核准以及监督管理。第六条规定，检疫处理单位和人员应当在核准范围内从事出入境检疫处理工作；未经核准，不得从事或者超范围从事出入境检疫处理工作。海关根据相关法律法规或者输入国家（地区）要求，对需要实施检疫处理的对象，向货主或者其代理人签发检疫处理通知书。货主或者其代理人应当委托有资质的检疫处理单位实施检疫处理。

其他依据包括《海关总署办公厅关于取消从事进出境动植物检疫处理业务人员资格许可的通知》（署办动植函〔2020〕16 号）、《关于进一步优化出入境检疫处理监督管理工作的公告》（海关总署公告 2022 年第 77 号）、《海关总署办公厅关于进一步规范进出境动植物检疫除害处理单位核准和监督工作的通知（署办动植函〔2022〕13 号）。

（二）实施机构及办结时限

申请人应当向所在地直属海关提出申请。

直属海关自受理申请之日起 20 个工作日内作出是否核准的决定。20 个工作日内不能作出决定的，经直属海关负责人批准，可以延长 10 个工作日，并将延长期限的理由书面告知申请单位。

同意申请的，向申请人核发《进出境动植物检疫除害处理核准证书》。

（三）申请条件

按照实施方式和技术要求，进出境动植物检疫除害处理单位分为 A 类、B 类、C 类。其中，A 类为动植物病虫害熏蒸消毒处理（大宗动植物产品船舶熏蒸），B 类为动植物病虫害熏蒸除害处理（A 类熏蒸除外），C 类为动植物病虫害消毒除害处理（不包括动植物检疫防疫消毒）。《出入境检疫处理单位和人员管理办法》中规定的 D 类、E 类、F 类、G 类处理业务以及 C 类中的卫生检疫消毒业务，实施单位无须取得海关核准。

1. **基本条件**

申请从事进出境动植物检疫除害处理工作的单位，应当具备下列基本条件：具有独立法人资格；具有满足条件的办公场所；申请从事的检疫处理类别需要使用危险化学品的，其从业人员及危险化学品的运输、储存、使用应当符合国家有关规定；使用的出入境检疫处理器械、药剂以及计量器具应当符合国家有关规定；具有必要的出入境检疫处理安全防护装备、急救药品和设施；建立有效的质量控制、效果评价、安全保障以及突发事件应急机制等管理制度；建立完整的出入境检疫处理业务档案、技术培训档案和职工职业健康档案管理制度；配备经直属海关核准的检疫处理人员；配备专职或者兼职安全员，法律法规有规定的，还应当具备相应的资质。

2. 特殊条件

（1）申请从事 A 类进出境动植物检疫除害处理工作的单位，除应当具备《出入境检疫处理单位和人员管理办法》（以下简称"本办法"）第七条所列条件以外，还应当符合下列条件：具有 B 类出入境检疫处理资质 3 年以上，近 3 年无安全和质量事故；药品、仪器、设备、材料、专用药品库及操作规范符合法律法规、标准和技术规范的要求；配备检疫处理熏蒸气体浓度测定仪器、残留毒气检测仪器、大气采样仪器等设备。

（2）申请从事 B 类进出境动植物检疫除害处理工作的单位，除应当具备本办法第七条所列条件以外，还应当符合下列条件：处理场所、药品、仪器、设备、材料、专用药品库及操作规范符合法律法规、标准和技术规范的要求；配备检疫处理熏蒸气体浓度测定仪器、残留毒气检测仪器、大气采样仪器等设备。

（3）申请从事 C 类进出境动植物检疫除害处理工作的单位，除应当具备本办法第七条所列条件以外，还应当符合下列条件：药品、仪器、设备、材料、专用药品库及操作规范符合法律法规、标准和技术规范的要求；配备消毒效果评价相关检测设备。

（4）有下列情形之一的，检疫处理单位应当自变更之日起 30 日内向颁发核准证书的直属海关申请办理变更手续：法定代表人变更；检疫处理人员变更；其他重大事项变更。

（5）检疫处理单位需要延续核准证书有效期的，应当于有效期（6 年）届满 3 个月前向颁发核准证书的直属海关申请办理延续手续。

（6）有下列情形之一的，检疫处理单位需要向颁发核准证书的直属海关申请办理注销手续：检疫处理单位核准证书有效期届满未申请延续的；检疫处理单位依法终止的；核准证书依法被撤销、撤回或者吊销的；因不可抗力导致许可事项无法实施的；法律、法规规定的应当注销的其他情形。

（四）申请材料

1. 核准申请

登录海关总署"互联网＋海关"平台，在线填写申请表，并根据随附单证要求上传扫描件。随附单证要求：《进出境动植物检疫除害处理单位核准申请表》原件、扫描件；工商营业执照原件、扫描件；申请单位所在地地方政府对检疫处理单位实施职业卫生安全许可的，提交职业卫生安全许可证原件、扫描件；申请单位章程、质量管理体系、安全保障体系、突发事件应急机制、检疫处理操作规范等文件材料原件、扫描件。

2. **变更申请**

登录海关总署"互联网＋海关"平台，在线填写《进出境动植物检疫除害处理单位变更申请表》。

3. **延续申请**

登录海关总署"互联网＋海关"平台，在线填写《进出境动植物检疫除害处理单位延续申请表》。

4. **注销申请**

登录海关总署"互联网＋海关"平台，在线填写《进出境动植物检疫除害处理单位注销申请表》。

取得准予注销许可后，应交回原《进出境动植物检疫除害处理单位核准证书》（纸质原件一份）。

（五）办理地点

申请人可以登录海关总署"互联网＋海关"平台，进入"行政审批"版块办理。

办理过程中如有疑问，申请人可以拨打各直属海关咨询电话或 12360 海关服务热线。

四、进境动植物产品国外生产、加工、存放单位注册登记

根据《进出境动植物检疫法实施条例》第十七条，国家对向中国输出动植物产品的国外生产、加工、存放单位，实行注册登记制度。

（一）设定及实施依据

1. 《进出境动植物检疫法实施条例》

第十七条规定，国家对向中国输出动植物产品的国外生产、加工、存放单位，实行注册登记制度。

2. 其他

《进出口饲料和饲料添加剂检验检疫监督管理办法》（国家质检总局令第 118 号公布，根据国家质检总局令第 184 号和海关总署令第 238 号、第 240 号、第 243 号、第 262 号修正）。

《进出境非食用动物产品检验检疫监督管理办法》（国家质检总局令第 159 号公布，

根据国家质检总局令第 184 号和海关总署令第 238 号、第 240 号、第 262 号修正）。

《进境水生动物检验检疫监督管理办法》（国家质检总局令第 183 号令公布，根据海关总署令第 243 号修正）。

《进境水果检验检疫监督管理办法》（国家质检总局令第 68 号公布，根据海关总署令第 238 号、第 243 号修正）。

《进出口饲料和饲料添加剂检验检疫监督管理办法》（国家质检总局令第 118 号公布，根据国家质检总局令第 184 号和海关总署令第 238 号、第 240 号、第 243 号、第 262 号修正）。

《进出境粮食检验检疫监督管理办法》（国家质检总局令第 177 号公布，根据海关总署令第 238 号、第 240 号、第 243 号修正）。

（二）实施机构及办结时限

申请人应当向海关总署提出申请。

自受理之日起 20 个工作日内作出决定；不能决定的，经负责人批准，可以延长 10 个工作日。涉及首次输华检疫准入事项的除外。

（三）申请条件

1. 向中国输出动植物产品的境外生产加工企业应当符合输出国家或者地区相关法律法规和标准要求，并达到中国有关法律法规和强制性标准要求。

2. 产品种类：动物遗传物质（精液、胚胎）、动物源性饲料（水生动物蛋白、陆生动物蛋白、动物油脂、宠物食品等）、高中风险非食用动物产品（生皮毛、水洗羽毛羽绒、热处理动物骨等）、饲料添加剂、生物材料（牛血液制品）等。

粮食（大豆、小麦、大麦、油菜籽、玉米等）、水果、植物源性饲料（粕类饲料、饲草等）等。

3. 国外动植物产品生产、加工、存放单位的注册登记首次、延续、变更和注销申请。

4. 动植物产品已获准入资质。

（四）申请材料

1. 注册登记

（1）输出国家或者地区相关动物疫情防控、兽医卫生管理、兽药残留控制、生产企业注册管理等方面的法律法规和标准规范。

输出国家或者地区相关植物疫情防控、植物保护、农药残留控制、生产企业注册管理等方面的法律法规和标准规范。

（2）输出国家或者地区主管部门机构设置、实验室检测体系以及管理和技术人员配置情况。

（3）输出国家或者地区主管部门对其推荐企业的检验检疫、兽医卫生控制情况的评估。

（4）生产、加工、存放企业信息（企业名称、地址、官方批准编号），注册产品信息（产品名称、主要原料、用途等），企业产品允许在输出国家或者地区自由销售的官方证明。

2. 延续申请

材料同注册登记。

3. 变更申请

输出国家或者地区主管部门对已注册登记企业信息变更的证明性材料。

4. 注销申请

出口国（地区）官方出具的注销申请。

（五）办理方式及地点

办理方式为网上办理。申请人登录海关总署"互联网＋海关"平台，进入"行政审批"版块，点击"进境动植物产品国外生产、加工、存放单位注册登记"后办理。

任务四　进境动植物检疫

【导引 3 - 3】

2024 年 2 月 21 日，经专业机构鉴定，X 海关此前在进境包裹中查获的 14 株绿色植物为捕蝇草，属于《濒危野生动植物种国际贸易公约》（CITES）附录 Ⅱ 列名的茅膏菜科植物。

此前，X 海关关员在对一批进境包裹进行查验时，发现一个包裹过机检查图像异常。经开箱查验，关员发现包裹内有 9 个透明的塑料密封袋，袋中为数量不一的绿色鲜活植物，植物叶片边缘有锯齿状的刺毛。经鉴定，上述植物均为捕蝇草。

捕蝇草属于外来物种，未经检验检疫处理极易携带有害病虫、病毒，给生态安全带来隐患。目前该邮件已被暂扣，待后续处置。

请思考：境外哪些动植物产品可以通过合法途径进入我国境内？需要办理的手续有哪些？

一、进境检疫要求及依据

（一）进境检疫法定依据

根据《进出境动植物检疫法实施条例》，对输入的动植物、动植物产品及其他检疫物，按照我国法律、行政法规，国家标准、行业标准，以及海关总署、农业行政主管部门规定的动植物检疫要求实施检疫。

（二）进境检疫合同要求

根据《进出境动植物检疫法》及其实施条例，通过贸易、科技合作、交换、赠送、援助等方式输入动植物、动植物产品和其他检疫物的，应当在合同或者协议中订明中国法定的检疫要求，并订明必须附有输出国家或者地区政府动植物检疫机关出具的检疫证书。这里的"中国法定的检疫要求"，是指中国的法律、行政法规以及国务院农业行政主管部门、海关总署规定的动植物检疫要求。

二、进境检疫主要程序

（一）检疫申报

1. 进境动物和动物产品的检疫申报范围

进境动物和动物产品的动植物检疫申报范围包括进境活动物、动物产品和其他检疫物三大类。

（1）进境活动物。进境活动物包括饲养、野生的活动物，如畜、禽、兽、蛇、龟、鱼、虾、蟹、贝、蚕、蜂等。

（2）动物产品。动物产品是指来自动物未经加工，或虽经加工但仍然有可能传播疾病的产品，如生皮张、毛类、肉类、脏器、动物水产品、奶制品、蛋类、血液、精液、胚胎、骨、蹄、角等。

（3）其他检疫物。其他检疫物是指动物疫苗、血清、诊断液、动物性废弃物等。

凡是进境活动物、动物产品及其他检疫物，装载动物、动物产品及其他检疫物的装载容器包装物，以及来自动植物疫区的运输工具，均属于实施检疫的范围。

国家禁止进境的动物和动物产品包括：动物病原体及其他有害生物；动物疫情流行的国家和地区的有关动物、动物产品和其他检疫物；动物尸体。

动物疫情流行的国家和地区的有关动物、动物产品名录，可参考《禁止从动物疫病流行国家/地区输入的动物及其产品一览表》。

2. 进境动物和动物产品的检疫申报相关管理要求

（1）进境的动物及其产品，在提供贸易合同、发票、产地证书的同时，还必须提供输出国家（地区）官方的检疫证书。

（2）种畜、禽及其精液、胚胎、受精卵，应当在入境前30天申报。

（3）输入其他动物的，应当在入境前15天申报。

（4）海关总署根据法律法规的有关规定以及国务院有关部门发布的禁止进境物名录，制定、调整并发布需要检疫审批的动植物及其产品名录。申请办理检疫审批手续的单位应当在签订贸易合同或者协议前，向审批机构提出申请并取得《进境动植物检疫许可证》。

3. 进境植物和植物产品的动植物检疫申报范围

进境植物及植物产品的动植物检疫申报范围包括植物、植物产品及其他检疫物三类。

（1）植物。植物是指栽培植物、野生植物及其种子、种苗及其他繁殖材料等。

（2）植物产品。植物产品是指来自植物未经加工或者虽经加工但仍有可能传播病虫害的产品，如粮食、豆、棉花、油、麻、烟草、籽仁、干果、鲜果、蔬菜、生药材、木材、饲料等。

（3）其他检疫物。其他检疫物是指植物性废弃物等，如垫木、芦苇、麻袋、草帘、竹篓、纸等废旧植物性包装物、有机肥料等。

中国禁止入境的植物及植物产品包括：植物病原体、害虫及其他有害生物；植物疫情流行的国家和地区的有关植物、植物产品和其他检疫物；土壤。

禁止进境的植物及植物产品，包括但不限于《中华人民共和国进境植物检疫禁止进境物名录》（农业部公告第72号）。

4. 进境植物和植物产品的检疫申报相关管理要求

（1）进境的植物及其产品，在提供贸易合同、发票、产地证书的同时，还必须提供输出国家或地区官方的检疫证书。

（2）输入植物、种子、种苗及其他繁殖材料的，应当在入境前7天申报。

（3）海关总署根据法律法规的有关规定以及国务院有关部门发布的禁止进境物名录，制定、调整并发布需要检疫审批的动植物及其产品名录。申请办理检疫审批手续的单位应当在签订贸易合同或者协议前，向审批机构提出申请并取得《进境动植物检疫许可证》。

（4）海关总署对进境植物产品境外生产、加工、存放单位实施注册登记制度。境外生产加工企业应当符合输出国家或地区法律法规和标准的相关要求，并达到中国有关法律法规和强制性标准的要求。

（二）现场检疫

1. 检疫地点

输入动植物、动植物产品和其他检疫物，应当在进境口岸实施检疫。未经口岸海关同意，不得卸离运输工具。因口岸条件限制等原因，可以由海关总署决定将动植物、动植物产品和其他检疫物运往指定地点检疫。在运输、装卸过程中，货主或者其代理人应当采取防疫措施。指定的存放、加工场所，应当符合动植物检疫和防疫的规定。

2. 检疫方式

（1）装载动物的运输工具抵达口岸时，口岸海关应当采取现场预防措施，对上下运输工具或者接近动物的人员、装载动物的运输工具和被污染的场地作防疫消毒处理。

（2）检疫人员可以到运输工具上和货物现场实施检疫，核对货、证是否相符，并可以按照规定采取样品。承运人、货主或者其代理人应当向检疫人员提供装载清单和有关资料。

（3）对船舶、火车装运的大宗动植物产品，应当就地分层检查；限于港口、车站的存放条件，不能就地检查的，经口岸海关同意，也可以边卸载边疏运，将动植物产品运往指定的地点存放。在卸货过程中经检疫发现疫情时，应当立即停止卸货，由货主或者其代理人按照海关的要求，对已卸和未卸货物作除害处理，并采取防止疫情扩散的措施；对被病虫害污染的装卸工具和场地，也应当作除害处理。

（4）进境的同一批动植物产品分港卸货时，海关只对本港卸下的货物进行检疫，先期卸货港的海关应当将检疫及处理情况及时通知其他分卸港的海关；需要对外出证的，由卸毕港的海关汇总后统一出具检疫证书。在分卸港实施检疫中发现疫情并必须进行船上熏蒸、消毒时，由该分卸港的海关统一出具检疫证书，并及时通知其他分卸港的海关。

（5）对于实施标识管理的进境转基因产品，海关应当核查标识并实施转基因项目符合性检测。对符合农业转基因生物标识审查认可批准文件并经转基因检测合格的，准予进境；不按规定标识的，重新标识后方可进境；未标识的，不得进境。对实施标识管理的农业转基因生物目录以外的进境动植物及其产品，海关可根据情况实施转基因项目抽查检测。进境供展览用的转基因产品，须获得法律法规规定的主管部门签发的有关批准文件后方可入境，展览期间应当接受海关的监管。展览结束后，所有转基因产品必须作退回或者销毁处理。如因特殊原因，需改变用途的，须按有关规定补办进境检验检疫手续。

3. 检疫内容

（1）动物：检查有无疫病的临床症状。发现疑似感染传染病或者已死亡的动物时，在货主或者押运人的配合下查明情况，立即处理。动物的铺垫材料、剩余饲料和排泄物等，由货主或者其代理人在检疫人员的监督下，作除害处理。

（2）动物产品：检查有无腐败变质现象，容器、包装是否完好。符合要求的，允许卸离运输工具。发现散包、容器破裂的，由货主或者其代理人负责整理完好，方可卸离运输工具。根据情况，对运输工具的有关部位及装载动物产品的容器、外表包装、铺垫材料、被污染场地等进行消毒处理。需要实施实验室检疫的，按照规定采取样品。对易滋生植物害虫或者混藏杂草种子的动物产品，同时实施植物检疫。

（3）植物、植物产品：检查货物和包装物有无病虫害，并按照规定采取样品。发现病虫害并有扩散可能时，及时对该批货物、运输工具和装卸现场采取必要的防疫措施。对来自动物传染病疫区或者易带动物传染病和寄生虫病病原体并用作动物饲料的植物产品，同时实施动物检疫。

（4）动植物性包装物、铺垫材料：检查是否携带病虫害、混藏杂草种子、沾带土壤，并按照规定采取样品。

（5）其他检疫物：检查包装是否完好及是否被病虫害污染。发现破损或者被病虫害污染时，作除害处理。

（三）隔离检疫

1. 隔离检疫场所

《进出境动植物检疫法》规定，输入动植物需隔离检疫的，在口岸海关指定的隔离场所检疫。指定的隔离饲养或者隔离种植场所，应当符合动植物检疫和防疫的规定。为做好进境动植物的隔离检疫工作，国家主管出入境动植物检疫工作的部门分别于1999 年和 2009 年出台《进境植物繁殖材料隔离检疫圃管理办法》（国家出入境检验检疫局长令第 11 号）和《进境动物隔离检疫场使用监督管理办法》（国家质检总局令122 号），对进境动植物隔离场所相关问题进行明确。

根据上述规章，进境种用大中动物应当在海关总署设立的动物隔离检疫场所（以下简称国家隔离场）隔离检疫，当国家隔离场不能满足需求，需要在指定隔离场隔离检疫时，应当报经海关总署批准。进境种用大中动物之外的其他动物应当在国家隔离场或者指定隔离场隔离检疫。申请使用国家隔离场的，使用人应当向海关总署提交申请材料。海关总署对经审查合格的申请，在签发《进境动植物检疫许可证》中列明批准内容。申请使用指定隔离场的，申请人应当在办理《进境动植物检疫许可证》前，向所在地直属海关提交申请材料。直属海关对经审查合格的申请，签发《隔离场使用证》。《隔离场使用证》有效期为 6 个月，使用一次有效。同一隔离场再次申请使用的，应当重新办理审批手续。两次使用的间隔期间不得少于 30 天。

进境植物繁殖材料需隔离检疫的，则根据植物繁殖材料风险程度不同，在相应的隔离检疫圃实施隔离。进境高、中风险的植物繁殖材料，应当在国家隔离检疫圃隔离种植；因科研、教学等需要引进的高、中风险植物繁殖材料，应当在专业隔离检疫圃隔离种植；中风险进境植物繁殖材料，可以在地方隔离检疫圃隔离种植。

2. 隔离检疫期限

根据《进出境动植物检疫法实施条例》及《进境动物隔离检疫场使用监督管理办法》，进境种用大中动物隔离检疫期为 45 天，其他动物隔离检疫期为 30 天。需要延长或者缩短隔离检疫期的，应当报海关总署批准。

进境植物繁殖材料的隔离种植期限，根据《进境植物繁殖材料隔离检疫圃管理办法》规定，按检疫审批要求执行。检疫审批不明确的，则按以下要求执行：一年生植物繁殖材料至少隔离种植一个生长周期；多年生植物繁殖材料一般隔离种植 2～3 年；因特殊原因，在规定时间内未得出检疫结果的可适当延长隔离种植期限。进境动物和植物种子、种苗及其他繁殖材料在隔离饲养、隔离种植期间，应当接受口岸海关的检疫监督。

（四）实验室检疫

实验室检疫是动植物检疫的重要环节，也是海关最终出具检疫结果的主要依据。海关对现场检疫扦取的样品以及在现场检疫中发现的病、虫、杂草籽标本，都需要在实验室内做进一步检疫检验和鉴定。实践中，海关根据不同商品类别和应检的检疫对象不同，确定采用不同的检疫检验方法，一般病害的检疫检验方法有洗涤检查法、漏斗分离检查法、直接镜检法、分离培养检查法、切片检查法、萌芽检查法和水培检查法等；害虫有筛检、剖检、饲养和镜检鉴定；杂草有筛检和镜检鉴定。对于一些害虫幼虫难以鉴定时，可进行饲养鉴定。对外部形态不易识别的杂草种子，可进行种植，依其植株各部器官的形态来鉴别种类。

（五）境外预检、监装及产地疫情调查

进口高货值、大批量农产品或者初次从某个国家或地区进口动植物、动植物产品时，为降低外来有害生物传入的风险，根据检疫需要，商输出动植物、动植物产品国家或地区政府有关部门同意，海关总署可以派检疫人员进行预检、监装或者产地疫情调查。这些措施，可以有效地拒疫情于国门之外，减少疫情传入机会，减少发现疫情导致退货、销毁造成的损失。比如，我国进口种畜前均派检疫人员到输出国（地区）进行预检。而世界上许多国家也普遍采用这一措施，比如美国从我国进口种猪会派检疫人员到我国进行预检；中国向日本输出哈密瓜、荔枝时，日本检疫机关会派检疫专家到我国进行合作检疫及监装；加拿大出入境检验检疫机关在每年春秋季都会派员赴荷兰对输加的郁金香种球实施产地检疫等。

（六）检疫放行出证及处理

1. 输入动植物、动植物产品和其他检疫物，经检疫合格的，海关出具《入境货物检验检疫证明》准予进境。需要调离进境口岸海关监管区检疫的，由进境口岸海关签发《检疫调离通知单》。货主或者其代理人凭口岸海关签发的《入境货物检验检疫证明》《检疫调离通知单》办理报关、运递手续。海关对输入的动植物、动植物产品和其他检疫物，凭口岸海关签发的《入境货物检验检疫证明》《检疫放行通知单》《检疫调离通知单》验放。运输、邮电部门凭单运递，运递期间国内其他检疫机关不再检疫。

2. 输入动植物、动植物产品和其他检疫物，经检疫不合格的，由口岸海关签发《检验检疫处理通知书》，通知货主或者其代理人在海关的监督和技术指导下根据不同情况作相应处理。

（1）检出一类传染病、寄生虫病的动物，连同其同群动物全群退回或者全群扑杀并销毁尸体。

（2）检出二类传染病、寄生虫病的动物，作退回或者扑杀，同群其他动物在隔离场或者其他指定地点隔离观察。

（3）输入动物产品和其他检疫物经检疫不合格，或输入植物、植物产品和其他检疫物，经检疫发现有植物危险性病、虫、杂草的，作除害、退回或者销毁处理。经除害处理合格的，准予进境。

（4）输入动植物、动植物产品和其他检疫物，经检疫发现有对农、林、牧、渔业

有严重危害的其他病虫害的，作除害、退回或者销毁处理。经除害处理合格的，准予进境。

（5）需要对外索赔的，由口岸海关出具检疫证书。

【延伸阅读 3 - 3 】浙里有宝·遇上亚运：首批赛马抵杭　智慧监管"秒"通关

杭州亚运会迎来了一批特殊的"运动员"。2023 年 9 月 21 日凌晨，杭州亚运会首批 47 匹进境赛马飞抵杭州萧山国际机场，在杭州海关检疫监管下顺利通关入境。这些赛马将于 9 月 26 日至 10 月 6 日在桐庐马术中心参加杭州亚运会马术比赛。

早在这批赛马搭乘的飞机从国外起飞时，海关就已经通过"提前申报"便捷通关举措，收到并预审相关信息和单证。赛马搭乘的飞机一落地，在停机坪等候的海关关

员立即登机检疫，询问了解马匹运输途中情况，检查赛马整体健康状态。

在口岸装卸转运区，赛马在马僮的牵引下陆续走出"马箱"，踏上了杭州的土地。此时，赛马已经长途飞行十几个小时。"我们需要在精准检疫的同时，尽可能压缩现场检疫时长。"参与现场工作的萧山机场海关监管一科林勤龙介绍，关员用手持扫描仪现场扫描马匹体内的生物芯片，配合海关自主开发的赛马芯片识别小程序，数据直接传输到指挥中心的"赛马检疫在线"智慧监管系统，自动识别、比对，提升了现场的验核效率。

口岸检疫通关仅仅是赛马全流程管理的其中一环。口岸检疫合格后，这些赛马将沿着生物安全通道，由海关关员全程"护送"至马术中心。抵达场馆后，海关将全程驻场，对赛马在马术中心期间的临床健康状况、生物安全管理等实施全方位的检疫监管，保障赛马检疫安全，健康参赛。比赛结束后，海关将对参赛马进行健康检查并出具动物卫生证书，赛马凭证书可出境返回。

杭州海关有关负责人介绍，未来几天，预计将有 120 余匹来自近 20 个国家和地区的赛马"齐聚杭城"，将在桐庐马术中心上演盛装舞步、障碍赛、三项赛的"巅峰对决"。

——参考自潮新闻。

任务五　出境动植物检疫

【导引 3 - 4】

2024 年 6 月 13 日 10 点，某快递公司位于杭州的基地迎来第一波杨梅出运高峰，一天 10 万单，400 吨杨梅运往全国各地。"排面"起飞！浙产杨梅出口新加坡一颗超 20 元，出口迪拜一颗超 30 元，真"杨梅"吐气。

请思考：我国哪些动植物产品可以出口到境外？需要符合哪些法定要求？海关对出境的动植物及其产品需要检疫什么？

一、出境检疫依据

《进出境动植物检疫法实施条例》第三十四条规定，输出动植物、动植物产品和其他检疫物的检疫依据包括：输入国家或者地区和中国有关动植物检疫规定；双边检疫协定；贸易合同中订明的检疫要求。根据上述行政法规及海关总署相关规章，实践中，海关对输出动植物、动植物产品和其他检疫物实施检疫的依据主要为：中国政府与输出国或地区政府签订的双边/多边检疫协议、议定书、备忘录等规定的检疫要求；中国法律、行政法规和海关总署等相关主管部门规定的检疫要求；输入国家或地区入境动植物产品的检疫要求或强制性检疫要求；贸易合同或信用证订明的检疫要求。

二、出境动植物和动植物产品的动植物检疫申报范围和管理要求

（一）出境动物和动物产品的动植物检疫申报范围

出境动物和动物产品的出口申报前监管动植物检疫申报范围包括动物和动物产品。

动物指饲养、野生的活动物，如畜、禽、兽、蛇、龟、鱼、虾、蟹、贝、蚕、蜂等。

动物产品指来源于动物未经加工或者虽经加工但仍有可能传播疫病的产品，如生皮张、毛类、肉类、脏器、油脂、动物水产品、奶制品、蛋类、血液、精液、胚胎、骨、蹄、角等。

（二）出境动物和动物产品的动植物检疫申报要求

1. 出境水生动物

（1）产品范围。

水生动物指活的鱼类、软体类、甲壳类及其他在水中生活的无脊椎动物等，包括其繁殖用的精液、卵、受精卵。

（2）文件依据。

《出境水生动物检验检疫监督管理办法》（国家质检总局令第 99 号公布，根据国家质检总局令第 196 号和海关总署令第 238 号、第 240 号、第 243 号修正）。

（3）管理要求。

对输入国家（地区）要求中国对向其输出水生动物的生产、加工、存放单位注册登记的，海关总署对出境水生动物养殖场、中转场实施注册登记制度。

目前已实施注册登记的有内地供港澳地区水生动物企业、中国向日本出口金鱼养殖场、中国输日本活鳗鱼养殖场、中国输韩国水生动物养殖企业等。

登录海关总署动植物检疫司网站（http：//dzs. customs. gov. cn/），点击"企业信息"—"活动物类"—"水生动物"，可查询获得登记的注册登记企业名单。

（4）申报要求。

出境野生捕捞水生动物的发货人或者其代理人应当按照法律、行政法规和海关总署规定，向产地或者组货地海关提出出口申报前监管申请，提供捕捞渔船与出口企业的供货协议（含捕捞船只负责人签字）。进口国家（地区）对捕捞海域有特定要求的，申报时应当申明捕捞海域。

出境养殖水生动物的货主或者其代理人应当向养殖场、中转场所在地海关申报。

2. 出境饲料和饲料添加剂

（1）产品范围。

饲料，指经种植、养殖、加工、制作的供动物食用的产品及其原料，包括饵料用活动物、饲料用（含饵料用）冰鲜冷冻动物产品及水产品、加工动物蛋白及油脂、宠物食品及咬胶、饲草类、青贮料、饲料粮谷类、糠麸饼粕渣类、加工植物蛋白及植物粉类、配合饲料、添加剂预混合饲料等。

饲料添加剂，指饲料加工、制作、使用过程中添加的少量或者微量物质，包括营养性饲料添加剂、一般饲料添加剂等。

加工动物蛋白及油脂，包括肉粉（畜禽）、肉骨粉（畜禽）、鱼粉、鱼油、鱼膏、虾粉、鱿鱼肝粉、鱿鱼粉、乌贼膏、乌贼粉、鱼精粉、干贝精粉、血粉、血浆粉、血球粉、血细胞粉、血清粉、发酵血粉、动物下脚料粉、羽毛粉、水解羽毛粉、水解毛发蛋白粉、皮革蛋白粉、蹄粉、角粉、鸡杂粉、肠膜蛋白粉、明胶、乳清粉、乳粉、蛋粉、干蚕蛹及其粉、骨粉、骨灰、骨炭、骨制磷酸氢钙、虾壳粉、蛋壳粉、骨胶、动物油渣、动物脂肪、饲料级混合油、干虫及其粉等。

（2）文件依据。

《进出口饲料和饲料添加剂检验检疫监督管理办法》（国家质检总局令第118号公布，根据国家质检总局令第184号和海关总署令第238号、第240号、第243号修正）。

（3）管理要求。

海关总署对进出口饲料实施风险管理，包括在风险分析的基础上，对进出口饲料实施的产品风险分级、企业分类、监管体系审查、风险监控、风险警示等措施。

海关总署对出口饲料的出口生产企业实施注册登记制度，输入国家或地区有注册登记要求的，出口饲料应当来自注册登记的出口生产企业。

（4）申报要求。

饲料出口前，货主或者其代理人应当凭贸易合同、出厂合格证明等单证向属地海关提出出口申报前监管申请。海关对所提供的单证进行审核，符合要求的受理申报。

出厂合格证明指注册登记的出口饲料或者饲料添加剂生产、加工企业出具的，证明其产品经本企业自检自控体系评定为合格的文件。

出口饲料产品应符合进口国家或地区的要求，应货证相符。需要注册登记的，相关单证所载内容和产品标识信息应与注册登记信息一致。

3. 出境非食用动物产品

（1）产品范围。

非食用动物产品是指非直接供人类或者动物食用的动物副产品及其衍生物、加工品，如非直接供人类或者动物食用的动物皮张、毛类、纤维、骨、蹄、角、油脂、明胶、标本、工艺品、内脏、动物源性肥料、蚕产品、蜂产品、水产品、奶产品等。

（2）文件依据。

《进出境非食用动物产品检验检疫监督管理办法》（国家质检总局令第150号公布，

根据国家质检总局令第 184 号和海关总署令第 238 号、第 240 号、第 262 号修正）。

（3）管理要求。

非食用动物产品的发货人或者其代理人应当按照法律、行政法规和海关总署规定，向产地或组货地海关提出出口申报前监管申请，提供贸易合同、自检自控合格证明等相关单证。海关对所提供的单证进行审核，符合要求的受理申报。

4. 供港澳食用陆生动物

（1）产品范围。

供港澳食用陆生动物是指内地供应香港、澳门特别行政区用于屠宰食用的活牛、活羊、活猪、活禽等动物，其中活禽包括鸡、鸭、鹅、鸽、鹌鹑、鹧鸪及其他饲养的禽类。

（2）文件依据。

《供港澳食用陆生动物检验检疫管理办法》（海关总署令第 266 号公布）。

（3）管理要求。

海关对供港澳食用陆生动物饲养场实行注册登记管理。

（4）申报要求。

注册登记饲养场应当在供港澳食用陆生动物装运 7 日前向所在地海关报送供港澳计划。

供港澳食用陆生动物装运前应当进行隔离检疫。供港澳活牛、活羊、活猪隔离检疫期不少于 7 日，供港澳活禽隔离检疫期不少于 5 日。

注册登记饲养场应当在装运 3 日前向所在地海关申请启运地检验检疫。特殊情况下，经海关同意，可以临时申请启运地检验检疫。

5. 供港澳蔬菜

（1）产品范围。

供港澳蔬菜是指由内地供应香港、澳门特别行政区的蔬菜。

（2）文件依据。

《供港澳蔬菜检验检疫监督管理办法》（国家质检总局令第 120 号公布，根据国家质检总局令第 196 号和海关总署令第 238 号、第 240 号修正）。

（3）管理要求。

海关对供港澳蔬菜种植基地和供港澳蔬菜生产加工企业实施备案管理。种植基地和生产加工企业应当向海关备案。

主管海关对种植基地实施备案管理。非备案基地的蔬菜不得作为供港澳蔬菜的加工原料，海关总署另有规定的小品种蔬菜除外（小品种蔬菜，是指日供港澳蔬菜量小，不具备种植基地备案条件的蔬菜)。

（4）所需单证要点。

供港澳蔬菜加工原料证明文件、出货清单以及出厂合格证明。

（三）出境植物和植物产品的动植物检疫申报范围

出境植物和植物产品的出口申报前监管动植物检疫申报范围包括植物、植物产品和其他检疫物。

植物是指栽培植物、野生植物及其种子、种苗及其他繁殖材料等。

植物产品是指来源于植物未经加工或者虽经加工但仍有可能传播病虫害的产品，如粮食、豆、棉花、油、麻、烟草、籽仁、干果、鲜果、蔬菜、生药材、木材、饲料等。

其他检疫物是指植物废弃物，如垫舱木、芦苇、草帘、竹篓、麻袋、纸等废旧植物性包装物、有机肥料等。

（四）出境植物和植物产品的动植物检疫申报要求

1. 出境水果

（1）产品范围。

新鲜水果。

（2）文件依据。

《出境水果检验检疫监督管理办法》（国家质检总局令第91号公布，根据海关总署令第238号、第240号、第243号修正）。

（3）管理要求。

中国与输入国家（地区）签订的双边协议、议定书等有明确规定的，或者输入国家（地区）法律法规要求对输入该国家（地区）的水果果园和包装厂实施注册登记的，海关按照规定对输往该国家（地区）的出境水果果园和包装厂实行注册登记。

中国与输入国家（地区）签订的双边协议、议定书未有明确规定的，且输入国家（地区）法律法规未明确要求的，出境水果果园、包装厂可以向海关申请注册登记。

登录海关总署动植物检疫司网站（http：//dzs. customs. gov. cn/），点击"企业信息"—"植物产品类"—"水果"，可查询中国出口水果注册企业名单。

（4）申报要求。

出境水果应当向包装厂所在地海关提出出口申报前监管申请，按申报规定提供有关单证及产地供货证明；出境水果来源不清楚的，不予受理申报。

（5）特定国家和地区出境要求。

①苹果出口秘鲁。

依据文件：《关于输秘苹果有关要求的公告》（国家质检总局公告 2005 年第 26 号）。

商品名称：苹果。

商品产地：中国。

证书要求：对输秘苹果实施出口前检验检疫，合格后出具植物检疫证书。

②鲜梨出口巴西。

依据文件：《关于中国鲜梨出口巴西植物检疫要求的公告》（海关总署公告 2020 年第 1 号）。

商品名称：鲜梨（*Pyrus* spp. ）。

商品产地：来自橘小实蝇（*Bactrocera dorsalis*）非疫区的鲜梨产区（中国北纬 33° 以北地区）。

证书要求：海关总署官员应进行抽样检查，并按照要求出具植物检疫证书。

③鲜梨出口厄瓜多尔。

依据文件：《关于中国鲜梨出口厄瓜多尔植物检疫要求的公告》（海关总署公告 2022 年第 68 号）。

商品名称：鲜梨，包括砂梨（*Pyrus pyrifolia*）、白梨（*Pyrus bretschneideri*）、香梨（*Pyrus sinkiangensis*）及其杂交种，英文名 Pear。

商品产地：中国。

证书要求：经检疫合格的，中国海关将出具植物检疫证书，并在附加声明栏中注明："This consignment of fresh pear fruits complies with the requirements specified in the Protocol of Phytosanitary Pequirements for Export of Pear Fruits from China to Ecuador, and is free of any quarentine pests of concern for Ecuador. "（该批货物符合中国鲜梨输往厄瓜多尔植物检疫要求的议定书，不带厄方关注的检疫性有害生物。）

对于来自橘小实蝇疫区须实施出口前冷处理的货物，应在植物检疫证书上注明处理温度、持续时间、处理设施名称或编号等信息。对于在运输途中实施冷处理的，应在植物检疫证书上用英文注明 "Cold treatment in transit"（运输途中冷处理），以及冷处理的温度、处理时间、集装箱号码和封识号等。

④砂梨出口美国。

依据文件：《关于中国砂梨出口美国植物检验检疫要求的公告》（国家质检总局公告 2013 年第 18 号）。

商品名称：新鲜砂梨果实（学名 *Pyrus pyrifolia*，英文名 Sand pear）。

商品产地：中国所有砂梨产区。

证书要求：经检验检疫合格的砂梨，海关将出具一份植物检疫证书，并在附加声明栏中注明："All fruit in this shipment complies with the work plan for the exportation of Sand Pear（Pyrus pyrifolia）from the People's Republic of China."（该批水果符合中国砂梨出口工作计划。）同时，还应在植物检疫证书上注明该批货物的原产省份、包装厂名称或注册号。

⑤鲜枣出口美国。

依据文件：《关于中国鲜枣出口美国植物检疫要求的公告》（海关总署公告 2020 年第 42 号）。

商品名称：鲜枣。

商品产地：中国。

证书要求：对来自北纬 33°以南地区以及新疆吐鲁番地区（枣实蝇发生区）的鲜枣，须针对实蝇实施冷处理，并在植物检疫证书处理栏（第 6 栏）中注明。一旦美国动植物卫生检验局（APHIS）颁布新法规，允许在原产地进行冷处理，输往美国的鲜枣将可选择装运前冷处理方式，在中国境内按照新法规实施，并在植物检疫证书处理栏（第 6 栏）中注明。

经检疫合格并符合出口条件的鲜枣，中国海关应出具植物检疫证书。

⑥水果出口毛里求斯。

依据文件：《关于向毛里求斯出口水果有关要求的公告》（国家质检总局公告 2005 年第 93 号）。

商品名称：苹果、梨和柚子。

商品产地：苹果、梨须产于陕西、山东、河北、辽宁、山西、新疆、安徽产区的注册果园和包装厂。柚子须产于湖南、湖北、江西、四川产区的注册果园和包装厂。

证书要求：经检疫合格并符合出口条件的水果，中国海关应出具植物检疫证书。

⑦柑橘输往墨西哥。

依据文件：《关于中国柑橘输往墨西哥植物检验检疫要求的公告》（国家质检总局公告 2015 年第 79 号）。

商品名称：柑橘果实，包括橘（*Citrus reticulata*）、橙（*Citrus sinensis*）、杂柑（*Citrus hybrids*）、沙田柚（*Citrus maxima*）和柚（*Citrus grandis*）。

商品产地：陕西、云南、贵州、四川、湖南、江西、浙江、福建、广西、广东、重庆和湖北。

证书要求：在签发植物检疫证书之前，海关进行查验，确认合格后签发植物检疫证书。

植物检疫证书包括：

如果是在运输途中进行的冷处理，附加声明："Based on the inspection, the fruits of this shipment are free of quarantine pests and comply with the requirements pointed out in the Protocol."（经检验，该批水果不带有检疫性有害生物，符合本议定书的要求。）植物检疫证书附带如下冷处理的证明材料：集装箱封识证书；该封识证书必须包括以下信息：集装箱标识、集装箱封识日期、海关检疫官的姓名与签名；集装箱封识编码；温度记录。

如果是在原产地进行的冷处理，附加声明："Based on the cold treatment and the inspection, the fruits of this shipment are free of quarantine pests and comply with the requirements pointed out in the Protocol."（经冷处理与检验，该批水果不带有检疫性有害生物，符合本议定书的要求。）同时，注明产地、冷处理公司注册名称、冷处理库注册名称、授的冷处理设施和集装箱堆放区号。应详细注明："Tratamiento en Frio"（冷处理）字样，冷处理开始和结束日期、持续时间、持续温度与最高温度。

⑧梨出口墨西哥。

依据文件：《关于输墨梨有关要求的公告》（国家质检总局公告 2005 年第 142 号）。

商品名称：梨。

商品产地：输墨梨应产自中国山东、河北、新疆、陕西、安徽和北京 6 个省区市。

证书要求：海关对输墨梨实施出口前检验检疫，合格后出具植物检疫证书。

⑨苹果出口墨西哥。

依据文件：《关于输墨苹果有关要求的公告》（国家质检总局公告 2005 年第 27 号）。

商品名称：苹果。

商品产地：输墨苹果应产自中国山东、陕西、山西、河南、河北、辽宁、甘肃、宁夏和北京 9 个省区市。

证书要求：海关对输墨苹果实施出口前检验检疫，合格后出具植物检疫证书。

⑩苹果、梨出口南非。

依据文件：《关于中国苹果、梨出口南非的公告》（国家质检总局公告 2007 年第 157 号）。

商品名称：苹果、梨。

商品产地：苹果、梨产区包括陕西、山东、河北、辽宁、山西、安徽、河南、甘肃、江苏、北京、天津、新疆、吉林。

证书要求：海关按照有关规定和议定书要求，对出口南非的苹果、梨实施检验检疫，合格的签发植物检疫证书。

⑪水果出口泰国。

依据文件：《中国向泰国输入水果的检验检疫要求》（国家质检总局公告2004年第193号）。

商品名称：中国输往泰国的苹果、梨、柑橘、葡萄和枣等水果。

商品产地：中国。

证书要求：海关实施出口前检验检疫，合格的水果出具植物检疫证书。

⑫水果出口泰国过境第三国。

依据文件：《关于中泰进出口水果过境第三国检验检疫要求的公告》（海关总署公告2021年第89号）。

商品名称：海关总署允许的水果种类清单中所列的水果。

商品产地：中国。

证书要求：在植物检疫证书附加声明栏中注明"This fruit is in compliance with the Protocol on the Inspection and Quarantine Requirements for Exportation and Importation of fruits between China and Thailand through Territories of the Third Countries."（该批水果符合中国和泰国进出口水果过境第三国检验检疫要求议定书列明的要求。）同时，注明集装箱号和封识号码。

植物检疫证书有效期为10天。

⑬荔枝和龙眼出口乌拉圭。

依据文件：《关于向乌拉圭出口荔枝和龙眼有关问题的公告》（国家质检总局公告2004年第51号）。

商品名称：荔枝和龙眼。

商品产地：中国。

证书要求：海关对输乌荔枝和龙眼应实施出口前检验检疫，并出具官方植物检疫证书。

⑭水果出口越南。

依据文件：《海关总署动植司关于中越进出口水果检疫相关事宜的通知》（动植函〔2018〕29号）。

商品名称：水果。

商品产地：中国。

证书要求：水果须来自经注册登记的果园和包装厂，在植物检疫证书附加声明栏中应注明注册登记包装厂的名称或代码。

⑮水果出口智利。

依据文件：《关于输智利水果有关要求的公告》（国家质检总局公告 2004 年第 175 号）。

商品名称：中国输往智利的苹果、梨、新疆香梨、荔枝、龙眼。

商品产地：输智苹果应产自中国山东、陕西、山西、河南、河北、辽宁、甘肃、宁夏、北京。

证书要求：海关应对输智水果实施出口前检验检疫，合格后出具植物检疫证书。

⑯猕猴桃出口智利。

依据文件：《关于中国猕猴桃出口智利植物检疫要求的公告》（海关总署公告 2020 年第 2 号）。

商品名称：输往智利的鲜食猕猴桃，包括中华猕猴桃（*Actinidia chinensis* Planchon）、美味猕猴桃（*A. deliciosa* C. F. Liang et A. R. Ferguson）、软枣猕猴桃［*A. arguta* (Siebold & Zuccarini) Planchone et Miquel］，以及它们的杂交种。

商品产地：中国猕猴桃产区。

证书要求：海关总署官员应对输往智利的猕猴桃进行抽样检查，并按照要求出具植物检疫证书。

2. 出境竹木草制品

（1）产品范围。

包括出境的竹、木、藤、柳、草、芒等制品。

（2）文件依据。

《出境竹木草制品检疫管理办法》（国家质检总局令第 45 号公布，根据海关总署令第 238 号、第 240 号修正）。

（3）管理要求。

海关总署对出境竹木草制品及其生产加工企业实施分级分类监督管理。海关对出境竹木草制的企业进行评估、考核，将企业分为一类、二类、三类 3 个企业类别。

（4）申报要求。

企业或者其代理人办理出境竹木草制品申报手续时，应当按照检验检疫申报规定提供有关单证。一类、二类企业申报时应当同时提供《出境竹木草制品厂检记录单》。

3. 出境粮食

（1）产品范围。

粮食，指用于加工、非繁殖用途的禾谷类、豆类、油料类等作物的籽实以及薯类的块根或者块茎等。

（2）文件依据。

《进出境粮食检验检疫监督管理办法》（国家质检总局令第 177 号公布，根据海关总署令第 238 号、第 240 号、第 243 号修正）。

《关于调整部分进出境货物监管要求的公告》（海关总署公告 2020 年第 99 号）。

（3）管理要求。

输入国家或者地区要求中国对向其输出粮食生产、加工、存放企业注册登记的，直属海关负责组织注册登记，并向海关总署备案。

（4）申报要求。

装运出境粮食的船舶、集装箱等运输工具的承运人、装箱单位或者其代理人，应当在装运前向海关申请清洁、卫生、密固等适载检验。未经检验检疫或者检验检疫不合格的，不得装运。

粮食的发货人或者其代理人应当按照法律、行政法规和海关总署规定，向储存或者加工企业所在地海关申报，并提供贸易合同、发票、质量合格声明等材料。［依据《关于调整部分进出境货物监管要求的公告》（海关总署公告 2020 年第 99 号）取消出境粮食申报提供自检合格证明的监管要求，改为提供质量合格声明］贸易方式为凭样成交的，还应当提供成交样品。

出境粮食检验有效期最长不超过 2 个月；检疫有效期原则定为 21 天，黑龙江、吉林、辽宁、内蒙古和新疆地区冬季（11 月至次年 2 月底）可以酌情延长至 35 天。超过检验检疫有效期的粮食，出境前应当重新申报。

出境粮食经产地检验检疫合格后，出境口岸海关按照相关规定查验，重点检查货证是否相符、是否感染有害生物等。

出境粮食到达口岸后拼装的，应当重新申报，并实施检疫。出境粮食到达口岸后因变更输入国家或者地区而有不同检验检疫要求的，应当重新申报，并实施检验检疫。

4. 出境中药材

（1）产品范围。

中药材是指药用植物、动物的药用部分，采收后经初加工形成的原料药材。

（2）文件依据。

《进出境中药材检疫监督管理办法》（国家质检总局令第 169 号发布，根据海关总署令第 238 号、第 240 号、第 243 号修正）。

《中华人民共和国药典》（2020 年版）。

《关于进一步加强进出口中药材检验检疫监管工作的通知》（质检办食函〔2012〕832 号）。

（3）管理要求。

境外国家（地区）对中国输往该国家（地区）的出口中药材生产企业实施注册管理且要求海关总署推荐的，海关总署统一向该国家（地区）主管当局推荐。

（4）所需单证要点。

出口中药材生产企业、出口商应当按照法律、行政法规和海关总署规定，向产地或者组货地海关提出出口申报前监管申请。申报时，需如实申报产品的预期用途，除合同、发票、装箱单外，还应提交以下材料：生产企业出具的出厂合格证明；产品符合进境国家或者地区动植物检疫要求的书面声明。

（5）审单要点。

中药材进出境时，企业应当向主管海关申报预期用途，明确"药用"或者"食用"。申报为"药用"的中药材应为列入《中华人民共和国药典》药材目录的物品。申报为"食用"的中药材应为国家法律、行政法规、规章、文件规定可用于食品的物品。

货物用途栏目：选择"17—药用"或"12—食用"。

5. 出境转基因产品

（1）产品范围。

转基因产品是指《农业转基因生物安全管理条例》规定的农业转基因生物及其他法律法规规定的转基因生物与产品。

（2）文件依据。

《进出境转基因产品检验检疫管理办法》（国家质检总局令第 62 号公布，根据国家质检总局令第 196 号和海关总署令第 238 号、第 243 号修正）。

（3）管理要求。

海关总署负责全国进出境转基因产品的检验检疫管理工作，主管海关负责所辖地区进出境转基因产品的检验检疫以及监督管理工作。

（4）申报要求。

对出境产品需要进行转基因检测或者出具非转基因证明的，货主或者其代理人应当提前向所在地海关提出申请，并提供输入国家或者地区官方发布的转基因产品进境要求。

三、出境动植物检疫程序

（一）产地检疫/隔离检疫

根据《进出境动植物检疫法》《进出境动植物检疫法实施条例》及海关总署有关规章，目前我国对出口动植物及其产品主要实行启运地/产地检疫及离境口岸查验/复检制度。输出动物，出境前需经隔离检疫的，须在海关指定的隔离场所实施检疫。需隔离检疫的情况主要有：进口国（地区）要求隔离检疫的，海关按照进口国（地区）的要求对出境动物进行隔离检疫；根据贸易合同的规定需对出境动物进行隔离检疫的，按合同约定进行检疫；在对出境动物进行检疫过程中发现传染病的，应对其同群假定健康动物实施隔离检疫；我国政府对出境动物有隔离检疫规定的，按规定要求进行隔离检疫。出境动物隔离饲养期间，海关将对其饲养过程实施检疫监督。

对输出动物产品的，我国对几种主要畜禽疫病规定了疫情报告制度。出境动物产品须来源于非疫区健康群的动物。对于出口肉食类动物产品用的屠宰动物，须经过县级以上畜禽防疫机构，根据进口国（地区）对活动物的产地检疫要求或有关检疫规定进行检疫，并出具产地检疫证书或运输检疫证明。海关应在出境动物产品生产加工期间经常或定期到生产加工企业检查卫生防疫情况，必要时可以驻厂，实施生产加工全过程的检疫监督。

输出植物、动植物产品和其他检疫物的，在仓库或者货场实施检疫；根据需要，也可以在生产、加工过程中实施检疫。待检出境植物、动植物产品和其他检疫物应当数量齐全，包装完好，堆放整齐，唛头标记明显。

（二）实验室检疫

出境动植物产品的实验室检疫应按输入国家或地区的检疫要求进行。输入国家或地区的检疫要求应在贸易合同或信用证、协议书等单证中明确反映出来，以便口岸海关按输入国家或地区的具体检疫要求实施检疫，以确保出境动植物产品到达进口国家或地区口岸时能够顺利通关。输入国家或地区对出境动物产品的实验室检疫没有具体要求的，口岸海关应根据国家标准、行业标准确定的检验方法、操作程序及判定标准执行；无国家标准、行业标准的，可参照国际通行做法进行。进口方有明确要求并已订入有关协议或合同的，可按进口方要求进行。

（三）离境口岸验证/复检

经启运地口岸海关检疫合格的出口动植物、动植物产品和其他检疫物运抵口岸后，离境口岸海关应当按规定实施临床检查、复检或验证放行：动物应当经出境口岸海关临床检疫或者复检；植物、动植物产品和其他检疫物从启运地随原运输工具出境的，由出境口岸海关验证放行，改换运输工具出境的，换证放行；植物、动植物产品和其他检疫到达出境口岸后拼装的，因变更输入国家或者地区而有不同检疫要求的，或者超过规定的检疫有效期的，应当重新报检。

输出动植物、动植物产品和其他检疫物，经启运地口岸海关检疫合格后运往出境口岸时，运输、邮电部门凭启运地口岸海关签发的检疫单证运递，国内其他检疫机关不再检疫。

（四）检疫放行出证及处理

《进出境动植物检疫法》第二十一条规定，输出动植物、动植物产品和其他检疫物，由口岸动植物检疫机关实施检疫，经检疫合格或者经除害处理合格的，准予出境，检疫不合格又无有效方法作除害处理的，不准出境。根据上述规定，实践中，海关将根据工作需要对经检疫合格的出境动植物签发《动物卫生证书》《植物检疫证书》等有关单证。对检疫不合格又无有效方法作除害处理的，签发《出境货物不合格通知单》，不准出境。检疫不合格但经过除害处理使其达到检疫处理目的的，经口岸海关再次检疫合格后，准予出境。货主或其代理人凭有关单证办理报关、出境手续。

任务六　过境物、携带物、寄递物、
快件、运输工具检疫

【导引3-5】

蜥蜴、蜘蛛、雪貂、树蛙……你能想象，这些被称为"异宠"的奇异生物正成为不少年轻人的"心头好"吗？

然而，"异宠"并非想养就能养。海关提醒，市面上流行的"异宠"多为外来物种，它们在给饲养者带来视觉满足感、心理抚慰感的同时，也带来了外来物种入侵的生物安全风险。

请思考：哪些动植物及其产品可以通过携带、寄递、快件等方式入境？哪些动植物及其产品不可以通过携带、寄递、快件等方式入境？

一、过境（含转运）动植物及其产品检疫

境外动植物、动植物产品和其他检疫物在事先得到批准的情况下，允许途经中华人民共和国关境运往其他国家（地区）。具体是指：同中华人民共和国缔结或者共同参加含有货物过境条款的国际条约、协定的国家或者地区的过境货物，按照有关条约、协定规定准予过境。其他过境货物，应当经国家商务、交通运输等主管部门批准并向进境地海关备案后准予过境。动物产品必须以原包装过境，在我国境内换包装的，按入境产品处理。根据《进出境动植物检疫法》及其实施条例的规定，海关对过境动植物、动植物产品和其他检疫物依法实施检验检疫和全程监督管理。

（一）制度依据

《进出境转基因产品检验检疫管理办法》（国家质检总局令第 62 号公布，根据国家质检总局令第 196 号和海关总署令第 238 号、第 243 号修正）。

《进出口饲料和饲料添加剂检验检疫监督管理办法》（国家质检总局令第 118 号公布，根据国家质检总局令第 184 号和海关总署令第 238 号、第 240 号、第 243 号、第 262 号修正）。

《进出境非食用动物产品检验检疫监督管理办法》（国家质检总局令第 159 号公布，根据国家质检总局令第 184 号和海关总署令第 238 号、第 240 号、第 262 号修正）。

《进出境粮食检验检疫监督管理办法》（国家质检总局令第 177 号公布，根据海关总署令第 238 号、第 240 号、第 243 号修正）。

《中华人民共和国海关过境货物监管办法》（海关总署令第 260 号公布）。

《过境动物和动物产品检疫管理办法》（动植物检疫总所总检动字〔1992〕第 10 号附件 4，国家质检总局公告 2017 年第 54 号确认继续有效）。

（二）基本要求与主要程序

1. 过境检疫要求

过境动植物及其产品应符合《中华人民共和国海关过境货物监管办法》的基本要求。根据《进出境动植物检疫法》及其实施条例、《农业转基因生物安全管理条例》，运输动植物、动植物产品和其他检疫物过境的，应当符合以下规定。

（1）运输动物过境的，必须事先获得海关总署同意，并按照指定的口岸和路线过境。装载过境动物的运输工具、装载容器、饲料和铺垫材料，必须符合中国动植物检疫的规定。过境动物必须是经输出国（地区）检验检疫合格的，并有输出国（地区）

官方机构出具的动物检疫证书。

（2）运输农业转基因生物过境的，必须事先获得海关总署同意。装载过境植物、动植物产品和其他检疫物的运输工具和包装物、装载容器必须完整。经口岸海关检查，发现运输工具或者包装物、装载容器有可能造成途中散漏的，承运人或者押运人应当按照口岸海关的要求，采取密封措施；无法采取密封措施的，不准过境。

（3）动植物、动植物产品和其他检疫物过境期间，未经海关批准，不得开拆包装或者卸离运输工具。

（4）以下范围的动植物及其产品禁止过境：来自或者运往我国停止或者禁止贸易的国家或者地区的；属于军需品，且未通过军事途径运输的；同时属于毒品范围的；同时属于卫生检疫特殊物品的；属于外来入侵物种的；属于濒危动植物及其制品，且法律未另作规定的；属于《进出境动植物检疫法》规定禁止进境的动植物病原体（包括菌种、毒种等）、害虫及其他有害生物，动植物疫情流行的国家和地区的有关动植物、动植物产品和其他检疫物，动物尸体，土壤等，且法律未另作规定的；属于国家规定禁止过境的其他情形的。

2. 过境检疫主要程序

（1）办理过境检疫审批。

（2）过境检疫许可与检疫监管。

过境货物为动植物、动植物产品和其他检疫物的，应当提交输出国家或者地区政府动植物检疫机关出具的检疫证书。运输动物过境的，货主或其代理人必须在动物入境前向海关总署提出动物过境检疫审批申请，说明拟过境的路线，办理《动物过境检疫许可证》。

运输转基因产品过境的，货主或者其代理人应当事先向海关总署提出过境许可申请，填写《转基因产品过境转移许可证申请表》，并提交输出国家或者地区有关部门出具的国（境）外已进行相应的研究证明文件或者已允许作为相应用途并投放市场的证明文件、转基因产品的用途说明和拟采取的安全防范措施以及其他相关资料。海关总署对符合要求的，签发《转基因产品过境转移许可证》并通知进境口岸海关。

动植物、动植物产品和其他检疫物过境期间未经海关批准不得卸离运输工具。

（3）申报与运输。

运输工具负责人应当提交过境货物运输申报单，向进境地海关如实申报。

过境货物自进境起到出境止，应当按照交通运输主管部门规定的路线运输，交通运输主管部门没有规定的，由海关规定。

过境货物运抵出境地，经出境地海关核销后，方可运输出境。

海关根据工作需要，可以派员押运过境货物，运输工具负责人应当提供方便。

（4）入境口岸现场检疫及处理。

①过境动物。

过境动物运达进境口岸时，进境口岸海关应当对运输工具、容器的外表进行消毒并对动物进行临床检疫，经检疫合格的，准予过境。发现有《进出境动植物检疫法》第十八条规定的名录所列的动物传染病、寄生虫病的，全群动物不准过境。过境动物的饲料受病虫害污染的，作除害、不准过境或者销毁处理。过境的动物的尸体、排泄物、铺垫材料及其他废弃物，必须按照海关的规定处理，不得擅自抛弃。

②过境植物、动植物产品和其他检疫物。

对过境植物、动植物产品和其他检疫物，口岸海关检查运输工具或者包装是否完好并能防止渗漏，是否附着土壤、害虫及杂草等有害生物。经检疫合格的，准予过境；发现有《进出境动植物检疫法》第十八条规定的名录所列的病虫害的，作除害处理或者不准过境。

③过境转基因产品。

对过境转基因产品，经口岸海关审查合格的，准予过境，并由出境口岸海关监督其出境。对改换原包装及变更过境路线的过境转基因产品，应当按照规定重新办理过境手续。

（5）过境期间的检疫监督。

海关对过境动物实施全程监督，主要的监管要求如下。

过境期间，未经海关同意，任何人不得将过境动物卸离运输工具。

过境动物须按指定路线在中国境内运输，口岸海关对其在中国境内的运输全过程实施检疫监督管理，可根据《动物过境检疫许可证》的要求，派员监运过境动物至出境口岸，货主或其代理人须负责押运人员的一切费用。

过境期间动物尸体、排泄物、铺垫材料及其他废弃物必须按照海关的有关规定，进行无害化处理，不得擅自抛弃。

上下过境动物运输工具的人员须经海关允许，并接受必要的防疫消毒处理；需在中国境内添装饲料、铺垫材料的，应事先征得海关的同意，所添装的饲料、铺垫材料应来自非疫区并符合兽医卫生要求。

动物过境途中发生一类动物传染病、寄生虫病，全群扑杀；发生二类动物传染病、寄生虫病，扑杀阳性动物。

（6）离境检疫。

过境动植物、动植物产品和其他检疫物离境时，承运人凭入境口岸海关签发的

《入境货物通关单》向出境口岸海关申报，出境口岸海关验证放行，不再实施检疫。

（三）过境动物检疫

1. 过境检疫许可

过境货物为动物的，还应当同时提交海关签发的《进境动植物检疫许可证》。

2. 指定进境口岸与指定路线

过境动物以及其他经评估为生物安全高风险的过境货物，应当从指定的口岸进境。
运输动物过境的，应当按照海关规定的路线运输。

3. 检疫要求

装载过境动物的运输工具、笼具必须完好并能防止渗漏。动物在吸血昆虫活动季节过境，其运输工具、装载笼具还须具有有效的防护设施。

过境动物的饲料和铺垫材料必须未受病虫害污染，并有输出国家或者地区政府动物或兽医检疫机关出具的来自非疫区证书。

过境动物的运输工具抵达进境口岸时，口岸海关对运输工具、接近动物的人员以及被污染的场地做防疫消毒处理。

海关对过境动物在进境口岸实施检疫，并对其在中国境内的运输全过程实施检疫监督管理。

过境动物应当在检疫合格后过境运输，过境动物的尸体、排泄物、铺垫材料及其他废弃物，必须依法处理，不得擅自抛弃。

动植物、动植物产品和其他检疫物过境期间未经海关批准不得卸离运输工具。

上下过境动物运输工具的人员须经海关允许，并接受必要的防疫消毒处理。

4. 检疫不合格处置

过境动物经检疫合格的，准予过境。发现有《中华人民共和国进境动物检疫疫病名录》所列动物传染病、寄生虫病的，全群动物不准过境。过境途中发现上述动物有传染病、寄生虫病的，按有关规定就地处理。

过境动物的饲料受病虫害污染的，做除害处理或者销毁处理。需要在中国境内添装饲料、铺垫材料时，应预先征得海关同意，所添装的饲料、铺垫材料应来自非疫区并符合兽医卫生要求。

二、进出境人员携带物检疫

进出境人员携带物是指进出境的旅客（包括享有外交、领事特权与豁免权的外交代表）和交通工具的员工以及其他人员随身携带以及随所搭乘的车、船、飞机等交通工具托运的物品和分离运输的物品。其中，分离运输的物品是指出入境人员在其入境后或者出境前 6 个月内（含 6 个月），以托运方式运进或者运出的本人行李物品。

（一）制度依据

《出入境人员携带物检疫管理办法》（国家质检总局令第 146 号公布，根据海关总署令第 238 号、第 240 号、第 243 号修正）。

《中华人民共和国禁止携带、寄递进境的动植物及其产品和其他检疫物名录》（农业农村部　海关总署公告第 470 号）〔原《中华人民共和国禁止携带、邮寄进境的动植物及其产品名录》（农业部　国家质检总局公告第 1712 号）同时废止〕。

（二）进出境人员携带物的检疫要求

1. 应申报并接受检疫的物品范围

进出境人员携带下列物品，应当向海关申报并接受检疫：入境动植物、动植物产品和其他检疫物；出入境生物物种资源、濒危野生动植物及其产品；出境的国家重点保护的野生动植物及其产品；出入境的微生物、人体组织、生物制品、血液及血液制品等特殊物品；出入境的尸体、骸骨等；来自疫区、被传染病污染或者可能传播传染病的出入境的行李和物品；其他应当向海关申报并接受检疫的携带物。

根据《关于填写〈中华人民共和国海关进/出境旅客行李物品申报单〉有关事项的公告》（海关总署　国家质检总局公告 2005 年第 28 号）要求，动植物及其产品、微生物、生物制品、人体组织、血液及其制品的申报内容，调整到海关进出境旅客行李物品申报单中，入境旅客携带上述物品应按规定填写海关进出境旅客行李物品申报单，向海关申报。

伴侣动物的携带人在现场应填写《携带进境宠物（犬、猫）信息登记表》。

携带动植物、动植物产品和其他检疫物出境，依法需要申报的，携带人应当按照规定申报并提供有关证明。

2. 禁止携带进境的物品范围

进出境人员禁止携带下列物品进境：动植物病原体（包括菌种、毒种等）、害虫及其他有害生物；动植物疫情流行的国家或者地区的有关动植物、动植物产品和其他检疫物；动物尸体；土壤；《中华人民共和国禁止携带、寄递进境的动植物及其产品和其他检疫物名录》所列各物；国家规定禁止进境的废旧物品、放射性物质以及其他禁止进境物。

3. 需办理审批手续的物品范围

携带动植物、动植物产品入境需办理检疫审批手续的，应当事先向海关总署申请办理动植物检疫审批手续，取得海关总署签发的《进境动植物检疫许可证》和其他相关单证。

携带植物种子、种苗及其他繁殖材料进境的，携带人应当向取得《引进种子、苗木检疫审批单》（农业农村部门办理）或者《引进林木种子、苗木和其他繁殖材料检疫审批单》（林业和草原部门办理），因特殊情况无法事先办理检疫审批的，应当按照有关规定申请补办。海关对上述检疫审批单电子数据进行系统自动比对验核。

因科学研究等特殊需要，携带《出入境人员携带物检疫管理办法》第五条第一项至第四项（即"禁止携带进境的物品范围"中 1~4 项）的物品入境的，应当事先向海关总署申请办理动植物检疫特许审批手续，取得海关总署签发的《进境动植物检疫许可证》和其他相关单证。

《中华人民共和国禁止携带、寄递进境的动植物及其产品和其他检疫物名录》所列各物，经国家有关行政主管部门审批许可，并具有输出国家或者地区官方机构出具的检疫证书的，可以携带入境。

携带特殊物品出入境，应当事先向直属海关办理卫生检疫审批手续。携带自用且仅限于预防或者治疗疾病用的血液制品或者生物制品出入境的，不需办理卫生检疫审批手续，但需出示医院的有关证明；允许携带量以处方或者说明书确定的一个疗程为限。

4. 特定物品的检疫要求

携带入境的活动物仅限犬或者猫（也称"宠物"或"伴侣动物"），并且每人每次限带 1 只。携带人应当向海关提供输出国家或者地区官方动物检疫机构出具的有效检疫证书和疫苗接种证书。宠物应当具有芯片或者其他有效身份证明。

携带农业转基因生物入境的，携带人应当取得《农业转基因生物安全证书》，凭输出国家或者地区官方机构出具的检疫证书办理相关手续。海关对《农业转基因生物安全证书》电子数据进行系统自动比对验核。列入农业转基因生物标识目录的进境转基因生物，应当按照规定进行标识。

携带尸体、骸骨等出入境的，携带人应当按照有关规定向海关提供死者的死亡证明以及其他相关单证。

携带濒危野生动植物及其产品进出境或者携带国家重点保护的野生动植物及其产品出境的，应当在《中华人民共和国濒危野生动植物进出口管理条例》规定的指定口岸进出境，携带人应当取得进出口证明书。海关对进出口证明书电子数据进行系统自动比对核验。

5. 实施检查的地点和方式

（1）检查方式。

海关可以在交通工具、人员出入境通道、行李提取处或者后台运送处及托运处等现场，对出入境人员携带物进行现场检查，现场检查可以使用 X 光机、检疫犬以及其他方式进行。

对出入境人员可能携带本办法规定应当申报的携带物而未申报的，海关可以进行查询并抽检其物品，必要时可以开箱（包）检查。

（2）人员要求。

出入境人员应当接受检查，并配合检验检疫人员工作。

享有外交、领事特权与豁免权的外国机构和人员公用或者自用的动植物、动植物产品和其他检疫物入境，应当接受海关检疫；海关查验，须有外交代表或者其授权人员在场。

（3）截留处置。

携带物有下列情形之一的，海关依法予以截留，对依法截留的携带物出具截留凭证，截留期限不超过 7 天：需要做实验室检疫、隔离检疫的；需要作检疫处理的；需要作限期退回或者销毁处理的；应当提供检疫许可证以及其他相关单证，不能提供的；需要移交其他相关部门的。

（4）检疫处理和放行。

携带物经海关现场检疫合格且无须作进一步实验室检疫、隔离检疫或者其他检疫处理的，当场予以放行。

对未能提供相关有效单证而暂时截留的携带物，携带人应当在截留期限内补交相关有效单证；经海关核查合格，无须作进一步实验室检疫、隔离检疫或者其他检疫处理的，予以放行，携带人凭海关签发的截留凭证在规定的期限内领取。

携带物需要做实验室检疫、隔离检疫或者卫生除害处理的，经海关截留检疫合格后予以放行。携带人凭截留凭证在规定期限内领取。逾期不领取的，作自动放弃处理；截留检疫不合格又无有效处理方法的，作限期退回或者销毁处理。

携带入境动植物、动植物产品和其他检疫物发现有规定病虫害，或者其他应当实施卫生除害处理情形的，按照有关规定实施卫生除害处理。

携带物有下列情况之一的，按照有关规定予以限期退回或者作销毁处理：所提交单证不符的；未能提供相关有效单证而暂时截留的携带物，在截留期限内未能补交的；经检疫（包括现场检疫）不合格又无有效卫生除害处理方法的；入境动物超过限额的；

法律法规规定禁止入境的；其他应当予以限期退回或者作销毁处理的。

对截留（包括暂时截留）后经检疫合格限期领取或者限期退回的携带物，逾期不领取或者出入境人员书面声明自动放弃的，视同无人认领物，由海关按照有关规定处理。

（5）有关特殊情况的处理规定。

对享有外交豁免权人员携带动植物、动植物产品及其他检疫物，依照《进出境动植物检疫法》《中华人民共和国外交特权与豁免条例》和外交部文件规定，检疫人员有权对享有外交豁免权人员携带的检疫物进行查验和检疫，查验时须有当事人在场，避免引起外交交涉。

对大型活动（国际会议、体育比赛等）参加人员携带动植物、动植物产品及其他检疫物，要求在入境前，由组织者或国内接待单位出面同出入境海关联系，通知所有参加人员了解中国动植物检疫方面的规定，并按规定办理检疫手续。携带《中华人民共和国进境植物检疫禁止进境物名录》中的检疫物和携带《中华人民共和国禁止携带、寄递进境的动植物及其产品和其他检疫物名录》中的检疫物，一律截留销毁；其他检疫物，只在现场验货登记，随后由检疫人员到活动中心及驻地实施集中统一检疫和检疫监管。

【延伸阅读 3 - 4】守牢国门生物安全，非法入境物种不"宜宠"

蜥蜴、蜘蛛、雪貂、树蛙……你能想象，这些被称为"异宠"的奇异生物正成为不少年轻人的"心头好"吗？

然而，"异宠"并非想养就能养。海关提醒，市面上流行的"异宠"多为外来物种，它们在给饲养者带来视觉满足感、心理抚慰感的同时，也带来了外来物种入侵的生物安全风险。

"神奇生物"线上热销，"异宠"竟成流量密码

在某电商平台，地址位于安徽宿州的一家"异宠"店铺内，鬃狮蜥蜴已热销上千单。从图片上来看，鬃狮蜥蜴宛若四脚蛇，脑袋呈三角状，身上鳞片坚硬。在店家的口中，"它虽然看起来凶，其实相当温顺，既没有毒，也不咬人"。而且，它还可以陪主人逛街，跟主人互动，更是拍照发圈耍酷的"神奇生物"。

记者注意到，不少买家对鬃狮蜥蜴的评价是"色泽鲜艳""机灵活泼"，并对其爱不释手。商家认为鬃狮蜥蜴"相当好养，一个箱子铺点纸板，喂点昆虫和蔬菜就行"。一条鬃狮蜥蜴的售价118元起步，身长为40厘米的公蜥蜴能卖到4688元。

店铺介绍，鬃狮蜥蜴的故乡在澳大利亚。当记者咨询"店中鬃狮蜥蜴都是从澳大利亚进口吗"，工作人员给出了肯定的回复。"它们如何入境？"对于记者的这一追问，

工作人员当即改口："现在鬃狮蜥蜴都是本地繁殖。"

此前，某"异宠"博主曾分享包括小香猪、松鼠、鹦鹉等"冷门小众宠物"名单，吸引了 3000 多位网友留言。不过，他们更多是晒出自家养的"异宠"，比如非洲大蜗牛、六角恐龙、花枝鼠、睫角守宫、树蛙、雪貂等，并宣称"这才是真正的冷门宠物"。

此外，目前不少博主利用互联网记录"异宠"习性、分享"异宠"饲养经验，头部博主粉丝数往往超过千万，"异宠"成为崛起的流量密码，进一步激发爱好者的饲养热情。

不法分子窥探"商机"，"异宠"隐秘非法入境

"'异宠'，最先兴起于欧美、日本，后在我国逐渐流行，是指被人们当作宠物饲养和观赏的野生动物及其人工繁育的后代。"海关关员解释。

据介绍，目前国内流行的"异宠"品种有陆龟、毒蛇、变色龙、守宫、蟾蜍、仓鼠、龙猫、竹节虫、蜘蛛、寄居蟹、蜗牛、章鱼等，一些海洋生物也进入国内市场。如今，中国的"异宠"种类已达上千种，且多是外来物种。

按照相关规定，除了犬、猫等伴侣动物外，包括所有的哺乳动物、鸟类、鱼类、两栖类、爬行类、昆虫类和其他无脊椎动物、动物遗传物质禁止携带、邮寄进境，但不法分子仍然窥探"商机"偷渡"异宠"。

2024 年 3 月 29 日，某海关邮局办事处在对进境邮件实施 X 光机检查时，发现一个邮件机检图像异常，有疑似大型昆虫活动迹象。关员介绍："经过开拆查验，我们发现邮件内装有 5 个塑料盒子，每个盒子内各有一头活体甲虫。"

鉴定报告显示，这 5 头甲虫均为赫克力士长戟大兜虫。据了解，收件人是一名"异宠"爱好者，从网络上找到一个专门出售各类奇异昆虫的卖家，企图通过个人邮件的渠道寄往国内后自行饲养。

海关启动专项行动，"异宠"暗藏三大隐患

按照相关法规，通过正规外贸途径进境的活动物，不仅要依法办理检疫审批手续，在入境时还要接受入境地海关的隔离检疫，在隔离检疫合格后，才能进入国内。

首先，"异宠"非法入境威胁生物多样性。现阶段，"异宠"不但种类繁多，而且部分物种在中国具有极强的适应、繁衍能力，一旦发生逃逸或被遗弃，由于没有天敌压制，会加速繁殖扩散，极有可能破坏生态系统。

其次，威胁农、林、牧、渔业生产安全。"异宠"一旦逃逸到自然界，很可能会挤占本土农作物生态位，造成农、林、牧、渔业减产甚至绝收。

最后，威胁人民群众健康安全。"异宠"存在攻击性、毒性并携带多种病原微生

物，极易给饲养者和他人造成伤害。此前"不速之客"红火蚁频繁出没，其攻击性极强，被咬轻则过敏，重则可致命。

——参考自新浪网。

三、寄递物检疫

寄递物检疫是指对通过国际邮政寄递进出境的动植物、动植物产品和其他检疫物实施的检疫。进境寄递物来源广泛，虽数量不大但流向分散，事先多未办审批，进境后监管困难，极易将危险性病虫传带进境。因此，加强对寄递物检疫和监管对保护我国农业生产有着重要的意义。

（一）制度依据

《中华人民共和国禁止携带、寄递进境的动植物及其产品和其他检疫物名录》（农业农村部　海关总署公告第 470 号）〔原《中华人民共和国禁止携带、邮寄进境的动植物及其产品名录》（农业部　国家质检总局公告第 1712 号）同时废止〕。

《关于印发〈进出境邮寄物检疫管理办法〉的通知》（国质检联〔2001〕34号）。

（二）寄递物检疫范围

1. 需实施检疫的寄递物范围

根据《进出境邮寄物检疫管理办法》及生物安全相关规定，通过邮政寄递的下列物品应实施检疫管理：进境的动植物、动植物产品及其他检疫物；进出境的微生物、人体组织、生物制品、血液及其制品等特殊物品；来自疫区的、被检疫传染病污染的或者可能成为传染病传播媒介的邮包；进境寄递物所使用或携带的植物性包装物、铺垫材料；含许可制度管理或须加贴检验检疫标志方可入境的物品；其他法律法规、国际条约规定需要实施检疫的进出境寄递物；可能引起生物恐怖的可疑进出境寄递物。

2. 禁止寄递进境的动植物及其产品和其他检疫物

列入《中华人民共和国禁止携带、寄递进境的动植物及其产品和其他检疫物名录》范围的物品，除下列情形外，禁止通过邮政寄递进境：经国家有关行政主管部门审批许可，并具有输出国家或地区官方机构出具的检疫证书，不受此名录的限制；法律、行政法规、部门规章对禁止携带、寄递进境的动植物及其产品和其他检疫物另有规定的，按相关规定办理。

（三）申报要求

1. 申报前准备

寄递进境植物种子、苗木及其繁殖材料的，收件人须事先按规定向有关农业或林业主管部门办理检疫审批手续；属于农业转基因生物材料的，需要提供《农业转基因生物安全证书》等相关文件；因特殊情况无法事先办理的，收件人应向进境口岸所在地直属海关申请补办检疫审批手续。

寄递属于《中华人民共和国禁止携带、寄递进境的动植物及其产品和其他检疫物名录》以外物品的，收件人须事先向海关总署或经其授权的进境口岸所在地直属海关申请办理检疫审批手续。

因科研、教学等特殊需要，寄递进境《中华人民共和国禁止携带、寄递进境的动植物及其产品和其他检疫物名录》所列进境物的，国际邮件收件人或其代理人须事先按照有关规定向海关总署申请办理《进境动植物检疫许可证》。

寄递物属微生物、人体组织、生物制品、血液及其制品等特殊物品的，收件人或寄件人须向入境口岸所在地或产地直属海关申请办理检疫审批。

2. 申报要求

（1）入境申报。

进境国际邮件入境后，国际邮件收件人或其代理人向海关提供入境邮寄物清单等相应单证，并限期到海关办理申报和检疫手续。

国际邮件属于须办理检疫审批的，须提供有关审批证件。国际邮件属于许可证制度管理或须加贴检验检疫标志方可入境的物品，必须提供相应的证明文件或加贴标志，不能提供相关文件或标志的，应按规定提供补办的相关手续。

（2）出境申报。

出境邮寄物有下列情况之一的，寄件人须向海关申报：寄往与中国签订双边植物检疫协定的国家（地区），或进口国（地区）有检疫要求的；出境邮寄物中有微生物、人体组织、生物制品、血液及其制品等特殊物品的；对输入国家（地区）有要求和物主有检疫要求的出境邮寄物。

（四）检疫查验

1. 实施检疫查验的地点和方式

（1）检疫查验地点。

根据《进出境动植物检疫法》及其实施条例的规定，寄递进境的动植物、动植物产品和其他检疫物，由海关在国际邮件互换局实施检疫。因此，邮政部门应当配合和支持邮件检疫工作，并提供必要的工作条件。海关定期派员或常驻国际邮件互换局执行邮检任务。

进境寄递物运抵国际邮件交换局后，邮局和海关在分拣过程中发现有应检邮件，移交给检疫人员实施检疫。需取回做实验室检疫的，检疫人员与邮局办理交接手续。寄递出境的动植物邮包，物主有检疫要求的，由寄件人原件送检或到寄递物存放地实施检疫。

（2）查验方式。

查验方式分为 X 光机/CT 机检查、海关检疫人员人工查验及检疫犬搜查检疫 3 种方式。

（3）检疫方式。

①进境寄递物检疫。

现场检疫时，海关应审核单证并对包装物进行检疫。需拆包查验时，由邮政部门工作人员进行拆包、重封。重封时，应加贴检验检疫封识。

对于需要带离查验现场做进一步检疫处理的邮件，由海关同邮政机构办理交接手续后予以封存，并由邮政部门通知收件人。封存期一般不超过 45 日，收件人应在此期限内前来办理相关手续，超过此期限的海关可自行处理该邮件。

②出境寄递物检疫。

根据物主的要求，按照检疫规定，参照有关国家或地区要求和工作程序进行检疫。

③实验室检疫。

对送交实验室检疫的寄递物，按照国家动植物检疫操作规程进行检疫、鉴定并出具检疫结果。

（4）检疫处理与放行。

进境寄递物经检疫合格或经检疫处理合格的，由海关在邮件显著位置加盖检验检疫印章放行，由邮政机构运递。海关对来自疫区或者被检疫传染病污染的进出境寄递物实施卫生处理，并签发有关单证。

进境寄递物有下列情况之一的，由海关作退回或销毁处理：未按规定办理检疫审批或未按检疫审批的规定执行的；单证不全的；经检疫不合格又无有效方法处理的；其他需作退回或销毁处理的。

对进境寄递物作退回处理的，海关应出具有关单证，注明退回原因，由邮政机构负责退回寄件人；作销毁处理的，海关应出具有关单证，并与邮政机构共同登记后，由邮政部门通知收件人。

出境寄递物经海关检疫合格的，由海关出具有关单证，由邮政机构运递。经检疫不合格又无有效方法作除害处理的，作换件处理或退回寄件人。

四、快件检疫

出入境快件，是指依法经营出入境快件的企业，在特定时间内以快速的商业运输方式承运的出入境货物和物品。

（一）制度依据

《进境栽培介质检疫管理办法》（国家出入境检验检疫局令第 13 号公布，根据国家质检总局令第 196 号和海关总署令第 238 号、第 240 号、第 243 号修正）。

《出入境检验检疫报检规定》（国家出入境检验检疫局令第 16 号公布，根据国家质检总局令第 196 号和海关总署令第 238 号、第 240 号、第 243 号修正）。

《出入境快件检验检疫管理办法》（国家质检总局令第 3 号公布，根据海关总署令第 238 号、第 240 号、第 243 号修正）。

《进境动植物检疫审批管理办法》（国家质检总局令第 25 号公布，根据国家质检总局令第 170 号和海关总署令第 238 号、第 240 号、第 262 号修正）。

《进境动物遗传物质检疫管理办法》（国家质检总局令第 47 号公布，根据海关总署令第 238 号、第 240 号、第 262 号修正）。

《进出境转基因产品检验检疫管理办法》（国家质检总局令第 62 号公布，根据国家质检总局令第 196 号和海关总署令第 238 号、第 243 号修正）。

《出入境特殊物品卫生检疫管理规定》（国家质检总局令第 160 号公布，根据国家质检总局令第 184 号和海关总署令第 238 号、第 240 号、第 243 号修正）。

《进出口环保用微生物菌剂环境安全管理办法》（环境保护部　国家质检总局令第 10 号公布）。

（二）检疫范围

根据《出入境快件检验检疫管理办法》，应当实施检验检疫的出入境快件包括：根据《进出境动植物检疫法》及其实施条例和《国境卫生检疫法》及其实施细则，以及有关国际条约、双边协议规定应当实施动植物检疫和卫生检疫的；列入海关实施检验检疫的进出境商品目录内的；其他有关法律法规规定应当实施检验检疫的。

（三）申报要求

1. 申报前准备

输入动物、动物产品、植物种子、种苗及其他繁殖材料的，应当取得相应的检疫审批许可证和检疫证明。

因科研等特殊需要，输入禁止进境物的，应当取得海关总署签发的特许审批证明。

属于微生物、人体组织、生物制品、血液及其制品等特殊物品的，应当取得相关审批。

属于农业转基因产品的，还应当取得主管部门签发的《农业转基因生物安全证书》或者相关批准文件。

2. 申报要求

需实施检验检疫的快件参照普货涉检申报的相关要求申报。

（四）检验检疫程序

1. 检验检疫的地点和方式

海关对出入境快件应以现场检验检疫为主，特殊情况的，可以取样做实验室检验检疫。

快件运营人应当配合检验检疫工作，向海关提供有关资料和必要的工作条件、工作用具等，必要时应当派出人员协助工作。

2. 现场检疫查验

（1）入境检验检疫。

对国家法律法规规定应当办理检疫许可证的快件，按照国家法律法规和相关检疫要求实施检疫。

对样品、礼品、非销售展品和私人自用物品快件，免予检验，应实施检疫的，按有关规定实施检疫。

对以上两类以外的货物和物品快件，按比例进行抽查检验。具体检验检疫工作，按照实际产品相关规定执行。

（2）出境检验检疫。

对国家法律法规规定应当办理检疫许可证的快件，依据输入国家或者地区和中国有关检验规定实施检疫。

对样品、礼品、非销售展品和私人自用物品快件，免予检验，物主有检疫要求的，实施检疫。

对以上两类以外的货物和物品快件，按比例进行抽查检验。具体检验检疫工作，按照实际产品相关规定执行。

（3）快件的封存。

海关对出入境快件需作进一步检验检疫处理的，可以予以封存，并与快件运营人办理交接手续。封存期一般不超过 45 日。

3. 检疫处置

（1）合格放行。

入境快件经检验检疫合格的，予以放行，经检验检疫不合格但经实施有效检验检疫处理，符合要求的，予以放行。

出境快件经检验检疫合格的，予以放行。

（2）检疫处理。

入境快件经检疫发现被检疫传染病病原体污染的或者带有动植物检疫危险性病虫害的以及根据法律法规规定须作检疫处理的，海关应当按规定实施动植物检疫处理或卫生处理。

入境快件经检验不符合法律、行政法规规定的强制性标准或者其他必须执行的检验标准的，必须在海关的监督下进行技术处理。

（3）退回或销毁。

对出入境快件作出退回或者销毁处理的，海关应当办理有关手续并通知快件运营人。

①入境快件。

入境快件有下列情形之一的，由海关作退回或者销毁处理，并出具有关证明：未取得检疫审批并且未能按规定要求补办检疫审批手续的；按法律法规或者有关国际条约、双边协议的规定，须取得输出国官方出具的检疫证明文件或者有关声明，而未能取得的；经检疫不合格又无有效方法处理的；入境快件经检验不符合法律、行政法规规定的强制性标准或者其他必须执行的检验标准，不能进行技术处理或者经技术处理后，重新检验仍不合格的；其他依据法律法规的规定须作退回或者销毁处理的。

②出境快件。

出境快件经检验检疫不合格的，不准出境。

【延伸阅读 3－5】相关文件

关于《中华人民共和国禁止携带、寄递进境的动植物
及其产品和其他检疫物名录》的公告
农业农村部　海关总署公告第 470 号

为防止动植物疫病及有害生物传入和防范外来物种入侵，保护我国农林牧渔业生

产安全、生态安全和公共卫生安全，根据《中华人民共和国生物安全法》《中华人民共和国动物防疫法》《中华人民共和国进出境动植物检疫法》《中华人民共和国种子法》等法律法规，农业农村部会同海关总署对《中华人民共和国禁止携带、邮寄进境的动植物及其产品名录》（农业部、国家质量监督检验检疫总局公告第1712号）进行了修订完善，形成了新的《中华人民共和国禁止携带、寄递进境的动植物及其产品和其他检疫物名录》（以下简称《名录》），现予以发布。

《名录》自发布之日起生效，适用于进（过）境旅客、进境交通运输工具司乘人员、自境外进入边民互市或海关特殊监管区域内的人员、享有外交特权和豁免权的人员随身携带或分离托运，以及邮递、快件和跨境电商直购进口等寄递方式进境的动植物及其产品和其他检疫物。原《中华人民共和国禁止携带、邮寄进境的动植物及其产品名录》（农业部、国家质量监督检验检疫总局公告第1712号）同时废止。

农业农村部和海关总署将在风险评估的基础上，对《名录》实施动态调整。

特此公告。

农业农村部

海关总署

2021年10月20日

<h3 align="center">中华人民共和国禁止携带、寄递进境的动植物及其
产品和其他检疫物名录[1]</h3>

一、动物及动物产品类

（一）活动物（犬、猫除外[2]）。包括所有的哺乳动物、鸟类、鱼类、甲壳类、两栖类、爬行类、昆虫类和其他无脊椎动物，动物遗传物质。

（二）（生或熟）肉类（含脏器类）及其制品。

（三）水生动物产品。干制，熟制，发酵后制成的食用酱汁类水生动物产品除外。

（四）动物源性乳及乳制品。包括生乳、巴氏杀菌乳、灭菌乳、调制乳、发酵乳，奶油、黄油、奶酪、炼乳等乳制品。

（五）蛋及其制品。包括鲜蛋、皮蛋、咸蛋、蛋液、蛋壳、蛋黄酱等蛋源产品。

（六）燕窝。经商业无菌处理的罐头装燕窝除外。

（七）油脂类，皮张，原毛类，蹄（爪）、骨、牙、角类及其制品。经加工处理且无血污、肌肉和脂肪等的蛋壳类、蹄（爪）骨角类、贝壳类、甲壳类等工艺品除外。

（八）动物源性饲料、动物源性中药材、动物源性肥料。

二、植物及植物产品类

（九）新鲜水果、蔬菜。

（十）鲜切花。

（十一）烟叶。

（十二）种子、种苗及其他具有繁殖能力的植物、植物产品及材料。

三、其他检疫物类

（十三）菌种、毒种、寄生虫等动植物病原体，害虫及其他有害生物，兽用生物制品，细胞、器官组织、血液及其制品等生物材料及其他高风险生物因子。

（十四）动物尸体、动物标本、动物源性废弃物。

（十五）土壤及有机栽培介质。

（十六）转基因生物材料。

（十七）国家禁止进境的其他动植物、动植物产品和其他检疫物。

注：1. 通过携带或寄递方式进境的动植物及其产品和其他检疫物，经国家有关行政主管部门审批许可，并具有输出国家或地区官方机构出具的检疫证书，不受此名录的限制。

2. 具有输出国家或地区官方机构出具的动物检疫证书和疫苗接种证书的犬、猫等宠物，每人仅限携带或分离托运一只。具体检疫要求按相关规定执行。

3. 法律、行政法规、部门规章对禁止携带、寄递进境的动植物及其产品和其他检疫物另有规定的，按相关规定办理。

五、出入境运输工具检疫

随着国际运输事业的发展，车、船、飞机装载着世界各地的各种各样的商品，频繁往返于各国（地区）之间。运输工具频繁往返于动植物疫区，被动植物危险病虫害污染的概率大大增加，这又会对所装载的货物造成第二次污染。加强对进出境运输工具的检疫管理，是防止动植物危险病虫害传入的一个重要环节。根据《进出境动植物检疫法》及其实施条例，对运输工具实施动植物检疫的范围主要包括以下四类。

（一）对来自动植物疫区的运输工具的检疫

来自动植物疫区的船舶、飞机、火车抵达口岸时，由口岸海关实施检疫。所谓动植物疫区，是指动植物疫情流行，并能通过运输工具将病虫害传入我国的国家和地区。动植物疫区分为动物疫区和植物疫区两种。当来自动植物疫区的船舶、飞机、火车到达口岸时，海关可以登船、登机、登车实施现场检疫。有关运输工具负责人应当接受检疫人员的询问并在询问记录上签字，提供运行日志和装载货物的情况，开启舱室接受检疫。口岸海关实施检疫时，应当对运输工具可能隐藏病虫害的餐车、配餐间、厨房、储藏室、食品舱等动植物产品存放、使用场所和泔水、动植物性废弃物的存放场所以及集装箱箱体等区域或者部位实施检疫；必要时，作防疫消毒处理。

来自动植物疫区的船舶、飞机、火车，经检疫发现有《进出境动植物检疫法》第十八条规定的名录所列病虫害的，必须作熏蒸、消毒或者其他除害处理。发现有禁止进境的动植物、动植物产品和其他检疫物的，必须作封存或者销毁处理；作封存处理的，在中国境内停留或者运行期间，未经口岸海关许可，不得启封动用。对运输工具上的泔水、动植物性废弃物及其存放场所、容器，应当在口岸海关的监督下作除害处理。

来自动植物疫区的进境车辆，由口岸海关作防疫消毒处理。装载进境动植物、动植物产品和其他检疫物的车辆，经检疫发现病虫害的，连同货物一并作除害处理。装运供应香港、澳门地区的动物的回空车辆，实施整车防疫消毒。另外，进境运输工具上的泔水、动植物性废弃物，应当依照口岸海关的规定处理，不得擅自抛弃。

来自动植物疫区的进境运输工具经检疫或者经消毒处理合格后，运输工具负责人或者其代理人要求出证的，由口岸海关签发《运输工具检疫证书》或者《运输工具消毒证书》。

（二） 对进境拆解的废旧船舶的检疫

《进出境动植物检疫法》第三十八条规定，进境供拆船用的废旧船舶，由口岸动植物检疫机关实施检疫。对发现病虫害的，应当在口岸海关监督下作除害处理。发现有禁止进境的动植物、动植物产品和其他检疫物的，应当在口岸海关的监督下作销毁处理。

（三） 对出境运输工具的检疫

《进出境动植物检疫法》及其实施条例明确规定，装载出境的动植物、动植物产品和其他检疫物的运输工具，应当符合动植物检疫和防疫的规定。出境运输工具上的泔水、动植物性废弃物，应当依照口岸海关的规定处理，不得擅自抛弃。装载动物出境的运输工具，装载前应当在海关监督下进行消毒处理。发现危险性病虫害或者超过规定标准的一般性病虫害的，作除害处理后方可装运。

（四）对过境运输工具的检疫

根据《进出境动植物检疫法》及其实施条例，装载过境动物的运输工具、装载容器、饲料和铺垫材料，必须符合中国动植物检疫的规定。装载过境植物、动植物产品和其他检疫物的运输工具和包装物、装载容器必须完整。经口岸海关检查，发现运输工具或者包装物、装载容器有可能造成途中散漏的，承运人或者押运人应当按照口岸海关的要求，采取密封措施；无法采取密封措施的，不准过境。进境、过境运输工具在中国境内停留期间，交通员工和其他人员不得将所装载的动植物、动植物产品和其他检疫物带离运输工具；需要带离时，应当向口岸海关报检。

任务七　法律责任

【导引 3 - 6 】

某公司委托某国际货运公司申报一票进口货物，申报品名为其他印刷油墨等，经现场查验发现有木质包装未申报。后该公司被海关依法处以 3000 元罚款的行政处罚。

请思考：进出境动植物及其产品的当事人应当遵守哪些法律法规的规定？如果没有遵守会受到什么样的行政处罚？

为了保证《进出境动植物检疫法》及其实施条例的贯彻执行，维护法律的严肃性、权威性，《进出境动植物检疫法》第七章、《进出境动植物检疫法实施条例》第九章分别对各类从事动植物进出境业务的行政相对人（包括货主或其代理人，承运人或押运人，出入境旅客或其他人员等）违反《进出境动植物检疫法》及其实施条例行为应承担的法律责任进行了明确，同时也对海关工作人员违法行为应承担的法律责任进行了明确。

一、动植物检疫行政相对人的违法行为及其法律责任

（一）行政违法行为及其法律责任

1. 未依法办理检疫审批手续行为

根据《进出境动植物检疫法》及其实施条例，依法应当办理检疫审批手续的情形，主要包括以下三类：一是输入动物、动物产品、植物种子、种苗及其他繁殖材料的；二是携带、邮寄植物种子、种苗及其他繁殖材料进境的；三是运输动植物，动植物产

品和其他检疫物过境（含转运，下同）的。对货主或其代理人（携带、邮寄进境的责任主体为物主，过境运输的责任人为承运人或押运人）未依法办理检疫审批手续即输入或携带、邮寄上述产品进境的，即属违法，应当承担相应的法律责任。

根据《进出境动植物检疫法》第三十九条、《进出境动植物检疫法实施条例》第五十九条，对各类行政相对人未依法办理检疫审批手续的，海关可以处以5000元以下的罚款。

【案例分析3-1】未依法办理检疫审批手续会怎样

2020年10月至2022年5月，当事人以一般贸易方式申报出口木质宠物笼、猫爬架、实木花架等货物共计14票，其中有12票报关单，货物实际生产单位为浙江某游乐设备有限公司、武义某宠物用品有限公司，报检信息生产单位某家具（中国）有限公司、惠州市某竹木制品有限公司、福建省某竹木有限公司、曹县某工艺品厂。当事人出口的木质宠物笼、实木花架等货物，HS编码分别为4421999090、9403609990，检验检疫类别为P/Q，出境需经海关检疫，当事人未依法办理检疫审批手续。

依照《进出境动植物检疫法实施条例》第五十九条第一款第（一）项之规定，海关对当事人科处3500元罚款。

2. 申报的动植物、动植物产品或者其他检疫物与实际不符行为

对从事动植物进出境业务的行政相对人而言，如实向海关申报其进出境动植物、动植物产品及其他检疫物的品名、数量、重量、产地及其他必要项目是其应尽的法律义务。对行政相对人申报的动植物、动植物产品或其他检疫物与实际进出境的检疫物不符的，即构成违法，应当承担相应的法律责任。

根据《进出境动植物检疫法》第四十条、《进出境动植物检疫法实施条例》第五十九条规定，有上述违法行为的，海关可以处以5000元以下的罚款。已取得检疫单证的，予以吊销。

【案例分析3-2】进口货物的木质包装没申报会怎样

2022年7月15日，某发光制品有限公司申报一票进口货物"气溶胶罐"等，申报包装种类为"其他包装"，经查验该批货物有木质包装未申报。

根据《进出境动植物检疫法实施条例》第十八条第三款之规定，动植物性包装物、铺垫材料进境时，货主或者其代理人应当及时向口岸动植物检疫机关申报。

本案中当事人未如实申报货物包装种类，构成未报检或者未依法办理检疫审批手续的违法行为。

根据《进出境动植物检疫法实施条例》第五十九条第一款第（一）项之规定，海关对当事人科处 4000 元罚款。

3. 未经口岸海关许可擅自将进境、过境的动植物、动植物产品或者其他检疫物卸离运输工具或者运递行为

《进出境动植物检疫法》第十四条规定，输入动植物、动植物产品和其他检疫物，应当在进境口岸实施检疫。未经口岸动植物检疫机关同意，不得卸离运输工具。因口岸条件限制等原因，可以由国家动植物检疫机关决定将动植物、动植物产品和其他检疫物运往指定地点检疫。第二十七条规定，动植物、动植物产品和其他检疫物过境期间，未经动植物检疫机关批准，不得开拆包装或者卸离运输工具。第三十一条规定，邮寄本法第二十九条规定的名录以外的动植物、动植物产品和其他检疫物进境的，由口岸动植物检疫机关在国际邮件互换局实施检疫，必要时可以取回口岸动植物检疫机关检疫；未经检疫不得运递。对从事动植物进出境业务的行政相对人而言，如有违反上述规定行为的，即属违法，应当承担相应的法律责任。

根据《进出境动植物检疫法》第三十九条、第四十一条及《进出境动植物检疫法实施条例》第六十条规定，对有上述违法行为的，海关可以处以 3000 元以上 3 万元以下的罚款。

【案例分析 3 - 3】未经海关同意擅自将未检疫的动植物卸离运输工具会怎样

2021 年 6 月 29 日，当事人某航空公司货运包机承载法国种猪 563 头到达某机场。W 海关关员接到新一代查验系统布控指令到达停机坪现场后，发现该航空公司未经海关许可，擅自开启货舱门，已将部分种猪卸离运输工具并装载到转运车上。该航空公司的行为，违反了《进出境动植物检疫法》第十四条第一款"输入动植物、动植物产品和其他检疫物，应当在进境口岸实施检疫。未经口岸动植物检疫机关同意，不得卸离运输工具"的规定。

根据《进出境动植物检疫法实施条例》第六十条第（一）项之规定，海关对当事人科处 4000 元罚款。

4. 擅自调离或处理在口岸海关指定的隔离场所中隔离检疫的动植物行为

《进出境动植物检疫法》第十四条规定，输入动植物，需隔离检疫的，在口岸动植物检疫机关指定的隔离场所检疫。第二十条规定，出境前需经隔离检疫的动物，在口岸动植物检疫机关指定的隔离场所检疫。

对未按海关要求在指定隔离场所接受检疫，擅自调离或处理相关动植物的行为，海关可根据《进出境动植物检疫法》第三十九条、《进出境动植物检疫法实施条例》第六十条规定，对违法行为人处以 3000 元以上 3 万元以下的罚款。

【案例分析 3 - 4】隔离动物未经许可擅自调离指定场所会怎样

某农业科技有限公司于 2021 年 11 月 20 日至 21 日以一般贸易方式申报从美国进口南美白对虾 5280 只，用途为种用，之后擅自将本应在某进境水生动物隔离检疫场隔离检疫的南美白对虾转运到某水产科技有限公司。

根据《进出境动植物检疫法》第十四条第二款之规定，输入动植物，需隔离检疫的，在口岸动植物检疫机关指定的隔离场所检疫。根据《进境水生动物检验检疫监督管理办法》第三十五条之规定，进境种用、养殖和观赏水生动物应当在指定隔离场进行至少 14 天的隔离检疫。

本案中，当事人违反上述规定，将本应在指定的隔离场所进行隔离检疫的进口种用虾，转运至其他地方，构成了擅自调离在检验检疫部门指定的隔离场所中隔离检疫的进境水生动物的违法行为。

根据《进出境动植物检疫法实施条例》第六十条第（二）项之规定，海关对当事人科处 18000 元罚款。

5. 擅自开拆过境动植物、动植物产品或者其他检疫物包装，或者擅自开拆、损毁动植物检疫封识或者标志行为

《进出境动植物检疫法》第二十七条规定，动植物、动植物产品和其他检疫物过境期间，未经动植物检疫机关批准，不得开拆包装或者卸离运输工具。《进出境动植检法实施条例》第五十七条规定，口岸动植物检疫机关根据需要，可以对运载进出境动植物、动植物产品和其他检疫物的运输工具、装载容器加施动植物检疫封识或者标志；未经口岸动植物检疫机关许可，不得开拆或者损毁检疫封识、标志。

对违反上述规定行为的，根据《进出境动植物检疫法》第四十一条、《进出境动植物检疫法实施条例》第六十条规定，海关可以处以 3000 元以上 3 万元以下的罚款。

【案例分析 3 - 5】未经海关同意，擅自开拆、损毁动植物检疫封识会怎样

2020 年 8 月 10 日，当事人向 S 海关申报进口"辣椒干"6225 千克，申报总价26020.5 美元。目的地海关派员查验时发现上述货物的动植物检疫封识已被损毁，并被卸离运输工具。涉案货物货值人民币 182643 元。

当事人未经海关许可，擅自开拆、损毁动植物检疫封识并擅自将检疫物卸离运输工具，其行为违反《进出境动植物检疫法》第十四条第一款之规定。

根据《进出境动植物检疫法实施条例》第六十条第（一）、（三）项之规定，海关对当事人科处 5000 元罚款。

6. 擅自抛弃过境动物尸体、排泄物、铺垫材料或者其他废弃物，或者未按规定处理运输工具上的泔水、动植物性废弃物行为

《进出境动植物检疫法》第二十五条规定，过境的动物的尸体、排泄物、铺垫材料及其他废弃物，必须按照动植物检疫机关的规定处理，不得擅自抛弃。《进出境动植物检疫法实施条例》第四十七条规定，对运输工具上的泔水、动植物性废弃物及其存放场所、容器，应当在口岸动植物检疫机关的监督下作除害处理。

对违反上述规定行为的，根据《进出境动植物检疫法》第四十一条、《进出境动植物检疫法实施条例》第六十条规定，海关可以处以 3000 元以上 3 万元以下的罚款。

7. 伪造、变造动植物检疫单证、印章、标志、封识行为

动植物检疫单证、印章、标志、封识等，是海关在实施动植物检疫工作中签发或使用，用于证明身份、资格、权利义务关系或有关事实的凭证，是海关公信力和权威性的具体体现。任何伪造、变造动植物检疫单证、印章、标志、封识的行为，都是严重妨碍海关依法履行职责的违法行为，应承担相应法律责任。

根据《进出境动植物检疫法》第四十三条、《进出境动植物检疫法实施条例》第六十二条规定，对此类违法行为，应当依法追究刑事责任；尚不构成犯罪或者犯罪情节显著轻微依法不需要判处刑罚的，由海关处 2 万元以上 5 万元以下的罚款。

【案例分析 3-6】伪造动植物检疫单证、印章会怎样

2023 年 8 月 9 日，当事人申请单号为 223N……13868 的植物检疫证书，货物为成套木托盘板、三角条、木制茶桌样品、木制椅子样品，共 35 件。2023 年 8 月 11 日，当事人单位委托福州某报关有限公司向 M 海关申报出口，但实际发货为 34 件。通过比对，签证人员"陈辉"字迹与其日常签名笔迹不符；同时 N 海关及 N 海关驻邵武办事处均未使用所涉证书上编号 045 的检验检疫专用章。经系统查询，编号 223N……09001 植物检疫证书实际发货人为福建 A 股份有限公司。当事人单位上述行为构成伪造动植物检疫单证、印章。

根据《进出境动植物检疫法实施条例》第六十二条第（二）项之规定，海关对当事人科处 25000 元罚款。

（二）刑事违法行为及其法律责任

刑事责任是指触犯刑事法律的规定、构成犯罪的人依据刑事法律的规定应承担的法律责任。刑事处罚的目的是要通过惩罚预防犯罪、减少犯罪。《进出境动植物检疫法》和《刑法》对动植物检疫方面的犯罪都作了规定。

1. 逃避动植物检疫行为

《进出境动植物检疫法》第四十二条规定，违反本法规定，引起重大动植物疫情的，依照刑法有关规定追究刑事责任。《刑法》第三百三十七条【妨害动植物防疫、检疫罪】规定，违反有关动植物防疫、检疫的国家规定，引起重大动植物疫情的，或者有引起重大动植物疫情危险，情节严重的，处三年以下有期徒刑或者拘役，并处或者单处罚金。单位犯前款罪的，对单位判处罚金，并对其直接负责的主管人员和其他直接责任人员，依照前款的规定处罚。也就是说，逃避动植物检疫，引起重大动植物疫情的，将构成逃避动植物检疫罪，承担相应的刑事法律责任。

这里所提的"重大动植物疫情"，一般指三种情况，即：引起的动植物疫情，过去没有发生过，对农林牧渔业生产危害极大；或引起的动植物疫情，难于治理，后果严重；或引起的动植物疫情造成的实际损失巨大。

【延伸阅读 3 - 6】刑法修正案（七）对"妨害动植物防疫、检疫罪"的具体规定

刑法修正案（七）将刑法第三百三十七条第一款修改为："违反有关动植物防疫、检疫的国家规定，引起重大动植物疫情的，或者有引起重大动植物疫情危险，情节严重的，处三年以下有期徒刑或者拘役，并处或者单处罚金。"

修正案对刑法原条文作了两处修改：一是将"违反进出境动植物检疫法的规定"修改为"违反有关动植物防疫、检疫的国家规定"，使该条的适用范围由过去只适用于"进出境动植物检疫"扩大到"境内"所有动植物防疫、检疫。

具体是指：违反有关动物疫情管理规定的行为，如瞒报、谎报动物疫情；违反规定处置染疫动物、产品、排泄物、污染物；违反有关动物检疫管理规定的行为，如违反规定运输染疫、疑似染疫、疫区易感、病死或者死因不明的动物及其制品；藏匿、转移、盗掘被依法隔离、封存、处理的染疫动物及其产品；经营、运输、屠宰、加工动物、动物产品逃避检疫等行为。

二是对追究刑事责任增加了"有引起重大动植物疫情危险，情节严重的"的情形。

【延伸阅读 3 - 7】相关文件

最高人民检察院、公安部关于印发《最高人民检察院、公安部关于公安机关管辖的刑事案件立案追诉标准的规定（一）的补充规定》的通知

公通字〔2017〕12 号

各省、自治区、直辖市人民检察院，公安厅、局，军事检察院，新疆生产建设兵团人民检察院、公安局：

为及时、准确打击犯罪，根据《中华人民共和国刑法》《中华人民共和国刑法修正案（七）》《中华人民共和国刑法修正案（八）》《中华人民共和国刑法修正案（九）》等法律规定，最高人民检察院、公安部制定了《最高人民检察院、公安部关于公安机关管辖的刑事案件立案追诉标准的规定（一）的补充规定》。现印发给你们，请遵照执行。

《最高人民检察院、公安部关于公安机关管辖的刑事案件立案追诉标准的规定（一）》和《最高人民检察院、公安部关于公安机关管辖的刑事案件立案追诉标准的规定（一）的补充规定》印发后，公安机关管辖的上述刑事案件立案追诉标准有司法解释或者司法解释性质文件作出进一步明确规定的，依照司法解释或者司法解释性质文件的规定掌握相关案件的立案追诉标准。

各地在执行中遇到的问题，请及时分别报最高人民检察院和公安部。

最高人民检察院

公安部

2017 年 4 月 27 日

最高人民检察院、公安部关于公安机关管辖的刑事案件
立案追诉标准的规定（一）的补充规定（节选）

九、将《立案追诉标准（一）》第五十九条修改为：［妨害动植物防疫、检疫案（刑法第三百三十七条）］违反有关动植物防疫、检疫的国家规定，引起重大动植物疫情的，应予立案追诉。

违反有关动植物防疫、检疫的国家规定，有引起重大动植物疫情危险，涉嫌下列情形之一的，应予立案追诉：

（一）非法处置疫区内易感动物或者其产品，货值金额 5 万元以上的；

（二）非法处置因动植物防疫、检疫需要被依法处理的动植物或者其产品，货值金额 2 万元以上的；

（三）非法调运、生产、经营感染重大植物检疫性有害生物的林木种子、苗木等繁殖材料或者森林植物产品的；

（四）输入《中华人民共和国进出境动植物检疫法》规定的禁止进境物逃避检疫，或者对特许进境的禁止进境物未有效控制与处置，导致其逃逸、扩散的；

（五）进境动植物及其产品检出有引起重大动植物疫情危险的动物疫病或者植物有害生物后，非法处置导致进境动植物及其产品流失的；

（六）一年内携带或者寄递《中华人民共和国禁止携带、邮寄进境的动植物及其产品名录》所列物品进境逃避检疫 2 次以上，或者窃取、抢夺、损毁、抛洒动植物检疫机关截留的《中华人民共和国禁止携带、邮寄进境的动植物及其产品名录》所列物品的；

（七）其他情节严重的情形。

本条规定的"重大动植物疫情"，按照国家行政主管部门的有关规定认定。

最高人民检察院、公安部、海关总署
关于办理进境携带物和寄递物动植物检疫监管领域刑事案件
适用立案追诉标准若干问题的通知
公食药〔2019〕510 号

各省、自治区、直辖市人民检察院、公安厅（局），军事检察院，新疆生产建设兵团人民检察院、公安局，海关总署广东分署，海关总署驻天津、上海特派办，各直属海关：

为正确适用《关于公安机关管辖的刑事案件立案追诉标准的规定（一）的补充规定》（公通字〔2017〕12 号，以下简称《补充规定》），切实解决进境携带物和寄递物动植物检疫监管领域出现的新问题，更好保障国门安全，现就《补充规定》适用进境携带物和寄递物动植物检疫监管领域的有关问题通知如下：

一、《补充规定》第九条第二款第（六）项中的术语解释

（一）"逃避检疫"情形是指行为人知道或者应当知道携带、寄递的动植物及其产品属于《中华人民共和国禁止携带、邮寄进境的动植物及其产品名录》所列物品，仍然携带、寄递进境，且未向海关申报或者未如实向海关申报的行为。

（二）"截留"是指海关对依法截留的携带物已出具截留凭证或者虽未出具截留凭证，但海关执法人员已经向行为人明确口头或者书面告知（通知）其携带或者寄递进境的物品属于《中华人民共和国禁止携带、邮寄进境的动植物及其产品名录》所列物品，须作截留处理的。

二、《补充规定》第九条第二款第（七）项规定的"其他情节严重的情形"包括以下情形

（一）在国家行政主管部门公告（通告）采取紧急预防措施期间，携带或寄递公告（通告）所列禁止进境的动植物及其产品进境，逃避检疫的。

（二）携带《中华人民共和国禁止携带、邮寄进境的动植物及其产品名录》所列物品进境，拒绝接受海关关员现场执法，且所携物品检出有引起重大动植物疫情危险的动物疫病或者植物有害生物的。

以上意见为《补充规定》有关内容的具体解释，立案追诉工作请各单位结合本意见，按照《补充规定》执行。执行中遇到的问题，请分别报最高人民检察院、公安部、海关总署。

最高人民检察院　公安部　海关总署

2019 年 12 月 6 日

2. 伪造、变造动植物检疫单证、印章、标志、封识行为

《进出境动植物检疫法》第四十三条规定，伪造、变造检疫单证、印章、标志、封识，依照刑法有关规定追究刑事责任。《刑法》第二百八十条规定，伪造、变造、买卖或者盗窃、抢夺、毁灭国家机关的公文、证件、印章的，处三年以下有期徒刑、拘役、管制或者剥夺政治权利；情节严重的，处三年以上十年以下有期徒刑，并处罚金。海关是专门的国家机关，除海关以外的任何单位或个人私印、私刻、私制动植物检疫单证、印章、标志、封识，或者涂改已由海关出具的检疫证书的内容、检疫结果等，均构成犯罪，应承担相应的刑事法律责任。

3. 阻碍检验检疫人员执行公务的行为

检验检疫工作人员是代表国家执行公务的，海关工作人员依法执行公务时，任何单位和个人不得阻挠。以暴力、威胁方法阻碍检验检疫工作人员依法执行公务的，将构成妨碍公务罪，按照《刑法》第二百七十七条的规定，可以判处三年以下有期徒刑、拘役、管制或者罚金。其他阻碍检验检疫工作人员执行公务的行为，可以按照《中华人民共和国治安管理处罚法》的规定追究责任。

二、海关工作人员的违法行为及其法律责任

（一）行政违法行为及其法律责任

海关工作人员代表国家履行进出境动植物检疫工作职责，必须遵守法律，依照法

律赋予的权限及程序严格执法，维护国家利益。对检验检疫工作人员在履行进出境动植物检疫工作中出现违法行为应承担的行政法律责任，《进出境动植物检疫法》第四十五条有明确规定，动植物检疫机关检疫人员滥用职权，徇私舞弊，伪造检疫结果，或者玩忽职守，延误检疫出证，不构成犯罪的，给予行政处分。

（二）刑事违法行为及其法律责任

根据《刑法》及《最高人民检察院关于渎职侵权犯罪案件立案标准的规定》，检验检疫工作人员在开展进出境动植物检疫工作过程中可能会因下列违法行为而承担相应的刑事法律责任。

1. 动植物检疫徇私舞弊行为

海关工作人员徇私舞弊，伪造检疫结果的，将予立案，按"动植物检疫徇私舞弊罪"追究法律责任，主要情形包括：采取伪造、变造的手段对检疫的单证、印章、标志、封识等作虚假的证明或者出具不真实的结论的；将送检的合格动植物检疫为不合格，或者将不合格动植物检疫为合格的；对明知是不合格的动植物，不检疫而出具合格检疫结果的；其他伪造检疫结果应予追究刑事责任的情形。

《刑法》第四百一十三条第一款规定，动植物检疫机关的检疫人员徇私舞弊，伪造检疫结果的，处五年以下有期徒刑或者拘役；造成严重后果的，处五年以上十年以下有期徒刑。

2. 动植物检疫失职行为

海关工作人员严重不负责任，对应当检疫的检疫物不检疫，或者延误检疫出证、错误出证，致使国家利益遭受重大损失的，将予立案，按"动植物检疫失职罪"追究法律责任，主要情形包括：导致疫情发生，造成人员重伤或者死亡的；导致重大疫情发生、传播或者流行的；造成个人财产直接经济损失 15 万元以上，或者直接经济损失不满 15 万元，但间接经济损失 75 万元以上的；造成公共财产或者法人、其他组织财产直接经济损失 30 万元以上，或者直接经济损失不满 30 万元，但间接经济损失 150 万元以上的；不检疫或者延误检疫出证、错误出证，引起国际经济贸易纠纷，严重影响国家对外经贸关系，或者严重损害国家声誉的；其他致使国家利益遭受重大损失的情形。

《刑法》第四百一十三条第二款规定，动植物检疫机关的检疫人员严重不负责任，对应当检疫的检疫物不检疫，或者延误检疫出证、错误出证，致使国家利益遭受重大损失的，处三年以下有期徒刑或者拘役。

【课后练习题】

一、单选题

1. 海关对进出境动植物、动植物产品的（　　　）过程实施动植物检疫监督制度。

A. 生产、加工 　　　　　　　　B. 加工、存放

C. 生产、存放 　　　　　　　　D. 生产、加工、存放

［答案］D

2. 国家对向中国输出动植物产品的国外生产、加工、存放单位，实行（　　　）制度。

A. 注册登记 　　　　　　　　　B. 监督管理

C. 备案 　　　　　　　　　　　D. 现场检疫

［答案］A

3. 携带动物进境，必须持有输出动物的国家或者地区政府动植物检疫机关出具的检疫证书，经检疫合格后放行；携带犬、猫等宠物进境的还必须持有（　　　）。

A. 卫生合格证书 　　　　　　　B. 动物检疫证书

C. 疫苗接种证书 　　　　　　　D. 兽医卫生证书

［答案］C

4. 装载出境动物的运输工具，装载前应当在口岸海关监督下进行（　　　）。

A. 清洗处理 　　　　　　　　　B. 消毒处理

C. 灭害处理 　　　　　　　　　D. 以上都对

［答案］B

5. 根据《出入境人员携带物检疫管理办法》的规定，旅客能携带入境的活动物是（　　　）。

A. 猫　　　　　　B. 宠物猪　　　　　　C. 蛇　　　　　　D. 鹦鹉

［答案］A

二、多选题

1. 依照《进出境动植物检疫法》规定实施检疫的范围包括（　　　）。

A. 进出境的动植物、动植物产品和其他检疫物

B. 装载动植物、动植物产品和其他检疫物的装载容器、包装物

C. 来自动植物疫区的运输工具

D. 来自卫生疫区的运输工具

［答案］ABC

2. 检验检疫机关对输入的动植物、动植物产品及其他检疫物实施动植物检疫的依据包括（　　）。

A. 我国国家标准

B. 我国行业标准

C. 海关总署规定

D. 贸易合同订明的检疫要求

［答案］ABC

3. 过境动物的（　　），必须按照海关的规定处理，不得擅自抛弃。

A. 尸体   B. 排泄物

C. 铺垫材料   D. 其他废弃物

［答案］ABCD

4. 下列各物属国家禁止进境的是（　　）。

A. 动物尸体   B. 土壤

C. 动植物病原体   D. 植物栽培介质

［答案］ABC

5. 根据我国《刑法》的规定，进出境动植物检疫人员有可能构成下列（　　）犯罪。

A. 动植物检疫徇私舞弊罪

B. 商检徇私舞弊罪

C. 动植物检疫失职罪

D. 商检失职罪

［答案］AC

三、判断题

1. 在任何情况下，都不得引进动植物检疫禁止进境物。

［答案］错误

2. 运输动物产品过境的，应当事先取得海关总署签发的《动物过境许可证》。

［答案］正确

3. 邮寄进境的动植物、动植物产品和其他检疫物，由海关在国际邮件互换局实施检疫。邮局应当提供必要的工作条件。

［答案］正确

4. 输出动植物、动植物产品和其他检疫物，检疫不合格又无有效方法作除害处理的，不准出境。

　　［答案］正确

　　5. 海关可以在港口、机场、车站的旅客通道、行李提取或者托运处等现场，对出入境人员携带物进行检查，对出入境人员可能携带应当申报而未申报的动植物、动植物产品和其他检疫物，海关可以进行查询并抽检其物品，必要时可以开箱（包）检查。

　　［答案］正确

学习笔记

项目四
进出口商品检验法律制度与实务

【学习目标】

了解我国进出口商品检验法律制度的发展过程。

了解我国进出口商品检验法律体系。

熟悉我国进出口商品法检制度。

熟悉我国进出口商品检验程序和特定要求。

了解我国进出口商品检验监督管理制度。

【导引 4 - 1】

某企业向海关申请进口一批国外某品牌汽车，被告知需先申请中国强制性产品认证（CCC 认证），获得 CCC 认证的进口汽车方可申请报关。在进口口岸需按照我国国家标准进行一般项目检验、安全性能检验和品质检验，检验合格后方可销售。

请思考：进口汽车如果出现质量问题，海关应该如何处置呢？

任务一　进出口商品检验法律制度概述

一、我国进出口商品检验法律制度的确立与完善

1864 年，上海仁记洋行（英国劳合氏公司的保险代理人）开始代办水险和船舶检验、鉴定业务，我国进出口商品检验由此起源。在半殖民地半封建社会，进出口商品检验业务由外国检验机构垄断，中国政府出具的证书国外不予承认，不能在国际上发挥应有的证明作用。

中华人民共和国成立后，人民政府加强对进出口商品检验工作的领导，制定了一系列进出口商品检验的法律、法规和规章，对加强进出口商品检验工作起到了重要促进作用。1949 年 9 月，中国人民政治协商会议第一届全体会议代行全国人民代表大会

的职权，通过了具有临时宪法性质的《中国人民政治协商会议共同纲领》，其中第三十七条规定，我国"实行对外贸易的管制，并采用保护贸易政策"。1951 年，中央人民政府政务院财政经济委员会公布《商品检验暂行条例》，实行进出口商品品质管制政策。1952 年，对外贸易部设立商品检验总局。1953 年 12 月 17 日，周恩来总理主持政务院第 198 次会议，讨论通过《输出输入商品检验暂行条例》，此条例于 1954 年 1 月 3 日发布实施。

中国共产党第十一届中央委员会第三次全体会议以来，我国实行改革开放政策，进出口商品检验法制工作重新走向正轨。1980 年，国务院将对外经贸部商品检验局改制为国家进出口商品检验总局。1984 年 1 月 6 日，国务院通过《中华人民共和国进出口商品检验条例》，此条例于同年 1 月 28 日发布实施。

我国现行的进出口商品检验法律制度形成于 20 世纪 80 年代后期，其标志是 1989 年 2 月 21 日第七届全国人民代表大会常务委员会第六次会议通过的《进出口商品检验法》，这是中华人民共和国成立以来第一部调整进出口商品检验法律关系的专门法律，自 1989 年 8 月 1 日起实施。这项法律制度的确立，对中国改革开放事业的发展，尤其是对加强进出口商品检验工作和促进对外经济贸易的发展发挥了重要的作用。1992 年 10 月 7 日经国务院批准、由原国家进出口商品检验局于 1992 年 10 月 23 日发布的《进出口商品检验法实施条例》，对《进出口商品检验法》进行细化，使之更具有操作性。

随着我国国内情况和所处国际环境的变化，以及进出口商品检验工作经验的积累，我国进出口商品检验法律制度不断发展和完善。2002 年 4 月 28 日，第九届全国人民代表大会常务委员会第二十七次会议通过《关于修改〈中华人民共和国进出口商品检验法〉的决定》，修正后的《进出口商品检验法》于 2002 年 10 月 1 日起实施。2005 年 8 月 31 日，国务院令第 447 号公布新的《进出口商品检验法实施条例》，新条例自 2005 年 12 月 1 日起施行，原条例同时废止。2013 年 7 月 18 日，国务院发布《国务院关于废止和修改部分行政法规的决定》（国务院令第 638 号），对《进出口商品检验法实施条例》部分条款进行了修改或废止，涉及代理报检单位注册登记制度、报检员注册登记制度、出入境快件运营企业核准、原产地申请人注册登记、出口食品生产企业注册登记、装运前检验机构指定六项行政许可内容。同年 7 月 28 日，国务院发布《国务院办公厅关于促进进出口稳增长、调结构的若干意见》（国办发〔2013〕83 号），减少出口法检商品种类，原则上一般工业制成品不再实行出口法检。

2018 年 4 月，原出入境检验检疫管理职责和队伍划入海关总署，进出口商品检验监管成为新海关的重要职责之一。《进出口商品检验法》于 2018 年和 2021 年进行了三次修正，取消了检验鉴定机构的检验许可，新增了进出口商品检验采信的相关规定。

二、我国进出口商品检验法律体系

到目前为止，我国已经逐步形成以《进出口商品检验法》为核心，层次分明、门类配套、内外协调的进出口商品检验法律、行政法规和规章体系。

法律包括：《进出口商品检验法》《食品安全法》《中华人民共和国药品管理法》《中华人民共和国计量法》《中华人民共和国特种设备安全法》《中华人民共和国大气污染防治法》《中华人民共和国固体废物污染环境防治法》《中华人民共和国噪声污染防治法》等。

行政法规包括：《进出口商品检验法实施条例》《原产地条例》《认证认可条例》《危险化学品安全管理条例》《医疗器械监督管理条例》《烟花爆竹安全管理条例》《消耗臭氧层物质管理条例》等。

规章包括：《进出口商品抽查检验管理办法》《进出口商品数量重量检验鉴定管理办法》《进出口商品检验鉴定机构管理办法》《进口商品残损检验鉴定管理办法》《进出口工业品风险管理办法》《进出口煤炭检验管理办法》《进出口玩具检验监督管理办法》《进口旧机电产品检验监督管理办法》《进口可用作原料的固体废物检验检疫监督管理办法》《进口汽车检验管理办法》《进口棉花检验监督管理办法》《进口许可制度民用商品入境验证管理办法》《出口烟花爆竹检验管理办法》《中华人民共和国海关进出口商品检验采信管理办法》等。

这一系列法律、行政法规、规章的相继颁布实施，建立和完善了我国的进出口商品检验法律制度，对促进我国改革开放和对外经济贸易事业的顺利发展，提高我国进出口商品质量，维护对外贸易当事人的合法权益，巩固进出口商品检验部门自身的法律地位，促进政府职能转变，提高工作效率等都具有十分重要的作用。

三、《进出口商品检验法》的立法宗旨

《进出口商品检验法》是规范进出口商品检验活动的基本法，它源于进出口商品检验活动，同时又服务于进出口商品检验。《进出口商品检验法》第一条明确规定其立法宗旨："加强进出口商品检验工作，规范进出口商品检验行为，维护社会公共利益和进出口贸易有关各方的合法权益，促进对外贸易关系的顺利发展。"这四句话相互关联、不可分割，体现了《进出口商品检验法》的四个目的，共同构成了《进出口商品检验法》的立法宗旨。

在这四个目的中，规范的出发点是加强商品检验工作，维护法定的权益，促进外贸顺利发展。但要实现这几项要求，又必须以规范的行为作为保证，没有依法实施的规范

的行为，其他的立法目的就难以实现。所以，作为一部法律，必须根据其特点重视其规范作用，用法律来规范进出口商品检验的行为，在规范中体现法律所要达到的目的。

四、进出口商品检验管理体制

关于进出口商品检验的管理体制，《进出口商品检验法》及其实施条例作了明确规定，即海关总署主管全国进出口商品检验工作；海关总署设在各地的出入境检验检疫机构及其分支机构管理所负责地区的进出口商品检验工作。关于实施进出口商品检验的主体，《进出口商品检验法》第三条、第九条和《进出口商品检验法实施条例》第五条、第七条作了明确规定，即包括海关总署、出入境检验检疫机构、检验机构和法律、行政法规规定的其他检验机构。

（一）海关总署

根据《进出口商品检验法》和国务院批准的海关总署"三定方案"的规定，海关总署在管理全国进出口商品检验工作方面的职责主要是：负责进出口商品法定检验，监督管理进出口商品鉴定、验证、质量安全等；拟订进出口商品法定检验和监督管理的工作制度，承担进口商品安全风险评估、风险预警和快速反应工作；承担国家实行许可制度的进口商品检验工作，监督管理法定检验商品的数量、重量鉴定；依据双多边协议承担出口商品检验相关工作。

海关总署与国家市场监督管理总局建立进口产品缺陷信息通报和协作机制。海关总署在口岸检验监管中发现不合格或存在安全隐患的进口产品，依法实施技术处理、退运、销毁，并向国家市场监督管理总局通报。

（二）出入境检验检疫机构

根据《进出口商品检验法》，出入境检验检疫机构是海关总署设在各地从事法定商品检验以及对所辖地区进出口商品检验工作实施管理的行政机关。根据《海关法》，国家在对外开放的口岸和海关监管业务集中的地点设立海关。目前，海关总署在全国31个省、自治区和直辖市设立了42个直属海关，560多个隶属海关。出入境检验检疫机构（即海关，本项目依据《进出口商品检验法》表述为出入境检验检疫机构）管理所负责地区的进出口商品检验工作。其主要职责包括：贯彻执行进出口商品检验方面的法律、法规和政策规定及工作规程；负责所辖区域的进出口商品检验、鉴定和监管工作；实施进出口商品的法定检验和监督管理；依法对所辖区域检验鉴定机构实施监督管理等。

（三）检验机构

检验机构，即进出口商品检验鉴定机构，是依据我国有关法律法规规定，接受对外贸易关系人或者国内外检验机构及其他有关单位的委托，办理进出口商品检验鉴定业务的中资进出口商品检验鉴定机构及其分支机构和中外合资、中外合作、外商独资进出口商品检验鉴定机构及其分支机构。检验机构基于当事人的委托以第三方的身份从事法定检验以外的进出口商品的检验鉴定工作，其性质属于商业性委托检验。

（四）法律、行政法规规定的其他检验机构

由于进出口商品种类繁多，考虑到有些进出口商品或者检验项目的专业性很强，在有些法律、行政法规中，对这些进出口商品或者检验项目的检验机构作了专门的规定，而不是由《进出口商品检验法》规定的出入境检验检疫机构或检验机构进行。如对进口药品的检验，根据《中华人民共和国药品管理法》的规定，由国务院药品检验机构实施。因此，《进出口商品检验法》第九条规定，法律、行政法规规定的其他检验机构实施检验的进出口商品或者检验项目，依照有关法律、行政法规的规定办理。《进出口商品检验法实施条例》第五条规定，进出口药品的质量检验、计量器具的量值检定、锅炉压力容器的安全监督检验、船舶（包括海上平台、主要船用设备及材料）和集装箱的规范检验、飞机（包括飞机发动机、机载设备）的适航检验以及核承压设备的安全检验等项目，由有关法律、行政法规规定的机构实施检验。

【延伸阅读 4-1】药品进口管理要求

根据《药品进口管理办法》（卫生部　海关总署令第 86 号），进口药品必须取得国家食品药品监督管理局核发的《进口药品注册证》（或者《医药产品注册证》），或者《进口药品批件》后，方可办理进口备案和口岸检验手续。具体需注意：

1. 药品必须经由国务院批准的允许药品进口的口岸进口。
2. 口岸药品监督管理局负责药品的进口备案工作。
3. 口岸药品检验所按照《进口药品注册证》（或者《医药产品注册证》）载明的注册标准对进口药品进行检验。
4. 进口单位持《进口药品通关单》向海关申报，海关凭口岸药品监督管理局出具的《进口药品通关单》，办理进口药品的报关验放手续。

五、法定检验

法定检验，是指出入境检验检疫机构对列入目录的进出口商品以及法律、行政法规规定须经出入境检验检疫机构检验的其他进出口商品实施的检验。具体而言，法定检验就是确定列入目录的进出口商品以及法律、行政法规规定须经出入境检验检疫机构检验的其他进出口商品是否符合国家技术规范的强制性要求的合格评定活动。合格评定程序包括：抽样、检验和检查；评估、验证和合格保证；注册、认可和批准以及各项的组合。

法定检验，是进出口商品检验工作的重心。对进出口商品实施法定检验，体现了国家的强制管理权。出入境检验检疫机构对列入目录的进出口商品实施法定检验，是一种行政执法行为，不同于其他检验鉴定活动。第一，它是国家管理权的体现；第二，它表现为合格评定的方式，但其实质是一种管理活动；第三，它是强制实施的；第四，它是专属权力，是体现强制管理权的检验行为，由出入境检验检疫机构专门行使，其他部门和机构均不为之，排除了其他部门、机构行使法定检验职权的可能性。

（一）法定检验的基本原则

国际贸易商品种类繁多，进出口商品涉及工业产品、农产品及其他消费品，国家对一些重要的进出口商品必须实施检验管理。《进出口商品检验法》第四条规定，进出口商品检验应当根据保护人类健康和安全、保护动物或者植物的生命和健康、保护环境、防止欺诈行为、维护国家安全的原则进行。这五项原则，既是制定、调整必须实施检验的进出口商品目录的原则和依据，又是法定检验的基本原则，也是我国实施法定检验的目的，还是进出口商品检验的法定目标。这些原则符合 WTO《技术性贸易壁垒协定》（TBT）的有关规定。

TBT 规定，不应阻止任何国家（地区）在其认为适当的程度内采取必要措施，保证其出口产品的质量，或保护人类、动物或植物的生命或健康及保护环境，或防止欺诈行为。TBT 还规定，各国（地区）所采用的技术性贸易壁垒措施对贸易的限制不得超过为实现国家安全要求、防止欺诈行为、保护人类健康或安全、保护动物或植物的生命或健康及保护环境这些合法目标所必需的限度。《进出口商品检验法》确立的法定检验的五项基本原则，使得 WTO/TBT 的有关规则与我国进出口商品检验的法定目标两者之间得以协调。

（二）法定检验的范围

根据《进出口商品检验法》第五条和《进出口商品检验法实施条例》第四条，法定检验商品包括两大部分。

1. 必须实施检验的进出口商品目录内的商品

必须实施检验的进出口商品目录，是确定必须实施检验的进出口商品范围的法律文件，由海关总署制定、调整并公布实施，通过规定商品名称、商品编码等内容，明确检验对象。凡是列入目录的进出口商品，必须由出入境检验检疫机构实施检验。目前，绝大部分法定检验商品是必须实施检验的进出口商品目录内的商品。制定目录，就是确定必须实施检验的进出口商品的具体范围。调整目录，就是增加、减少或者修订必须实施检验的进出口商品范围。公布实施，就是明确必须实施检验的进出口商品范围并通过对外公布目录这一形式实施。

第一，制定、调整和公布实施目录的主体是海关总署。第二，制定、调整目录，应当根据保护人类健康和安全、保护动物或者植物的生命和健康、保护环境、防止欺诈行为、维护国家安全五项原则。第三，目录应当至少在实施之日30日前公布；在紧急情况下，应当不迟于实施之日公布。第四，海关总署制定、调整目录时，应当征求国务院对外贸易主管部门等有关方面的意见。

2. 法律、行政法规规定必须经出入境检验检疫机构检验的其他进出口商品

除必须实施检验的进出口商品目录内的商品外，法定检验商品还包括法律、行政法规规定须经出入境检验检疫机构检验的其他进出口商品。如根据《进出口商品检验法》《食品安全法》《认证认可条例》《进出口商品检验法实施条例》《危险化学品安全管理条例》等法律、行政法规的规定，对出口危险货物包装容器的性能鉴定和使用鉴定，对装运出口易腐烂变质食品、冷冻品的集装箱、船舱、飞机、车辆等运载工具的适载检验，对进口可用作原料的固体废物、成套设备、旧机电产品、进出口危险化学品的检验等均属于法定检验的范围。

【延伸阅读4-2】调整必须实施检验的进出口商品目录

2022年8月30日，海关总署发布《关于调整必须实施检验的进出口商品目录的公告》（海关总署公告2022年第79号），对必须实施检验的进出口商品目录进行调整：对涉及非危金属材料及其制品、电子行业加工设备、干燥器设备及器具等87个10位海关商品编号的商品，取消海关监管条件"A"，海关对相关商品不再实施进口商品检验。

自2018年机构改革以来，海关总署先后发布三份关于调整必须实施检验的进出口商品目录的公告，分别是 2021 年第 39 号、2021 年第 81 号和 2022 年第 79 号，不再对涉及机电产品等 321 个 10 位海关商品编号实施进口商品检验，新增对涉及进口再生原料等 8 个 10 位海关商品编号实施进口商品检验，新增对涉及出口钢坯等 53 个 10 位海关商品编号实施出口商品检验。

（三）法定检验的内容

《进出口商品检验法实施条例》第九条规定，出入境检验检疫机构对进出口商品实施检验的内容，包括是否符合安全、卫生、健康、环境保护、防止欺诈等要求以及相关的品质、数量、重量等项目。

进出口商品的合格评定活动，首先必须确定进出口商品是否符合保护人类健康和安全、保护动物和植物的生命或者健康、保护环境、防止欺诈行为、维护国家安全的要求。TBT 规定，不应阻止任何国家（地区）在其认为适当的程度内采取必要措施，保证其出口产品的质量，或保护人类、动物或者植物的生命或者健康及环境保护，或防止欺诈行为；各国（地区）所采用的技术性贸易壁垒措施对贸易的限制不得超过为实现国家（地区）安全要求、防止欺诈行为、保护人类健康或者安全、保护动物或者植物的生命或者健康及环境保护这些合法目标所必需的限度。因此，国家可以对进出口商品是否符合安全、卫生、健康、环境保护、防止欺诈等要求及其相关的品质、数量、重量等项目实施必要的检验。

品质检验是进出口商品检验的内容之一。通常所说的进出口商品品质，是指商品的内在质量、外观质量和规格，如商品的化学成分、物理和机械性能、生物化学特征、造型结果、色泽、味觉等技术要求。检验人员运用各种检测手段，包括感官检验、化学检验、物理测试、微生物学检验等，对进出口商品的品质、规格、等级等进行检验，确定商品品质是否符合国家技术规范的强制性要求。

（四）法定检验的方式

进出口商品检验工作具有复杂性、多样性的特点。为了有效履行职责，便利对外贸易，出入境检验检疫机构在实施法定检验的过程中，对进出口企业划定类别，实施分类管理，对不同的企业、不同的产品，按照国际通行的合格评定程序采取多种多样的检验监管方式，实施检验监管。

1. 批批检验方式（逐批检验方式）

批批检验方式，是依据国家技术规范的强制性要求，对应申报检验的进出口商品的每一批次都实施具体检验，并对每一批进出口货物出具检验证书、换证凭单或货物通关单，表示该批货物合格，符合标准规定，准许出口或进口销售使用。批批检验是100％的检验，需要投入大量的人力、物力资源，此种方式已不能完全适应对外贸易的迅速发展。目前，批批检验方式主要适用于对高风险敏感商品的检验。

2. 抽批检验方式（监督检验方式）

抽批检验方式，是依据国家技术规范的强制性要求，对进出口商品以申报的批次为单位，抽取部分批次由检验机构实施检验并出具检验结果；对未抽取到的批次，由检验检疫机构根据企业管理状况和商品的质量水平，对该批次商品质量做出判断评定并出具检验结果。

3. 免予检验方式（免予法定检验方式）

免予检验方式，是对法定检验范围内的商品经过规定的程序，对符合国家规定免验条件并经批准的免验商品免予法定检验，检验检疫机构根据申请人提供的有关质量合格方面的文件直接做出评定结论。

根据《进出口商品检验法》及其实施条例，免予检验的进出口商品包括两类。一类是进出境的样品、礼品、暂准进出境的物品以及其他非贸易性物品等。这些物品由于不属于贸易范畴，依法免予检验，但法律、行政法规另有规定的除外。另一类是符合免予检验条件的目录内商品。凡是列入目录的进出口商品，应当依法由出入境检验检疫机构实施强制性检验。为了促进优质产品的生产和消费，鼓励优质商品进出口，促进对外经济贸易的发展，对符合国家规定的免予检验条件的商品，收货人、发货人或者其生产企业可以提出申请，经海关总署审查批准，出入境检验检疫机构免予检验。

（五）法定检验的依据

《进出口商品检验法》第七条规定，列入目录的进出口商品，按照国家技术规范的强制性要求进行检验；尚未制定国家技术规范的强制性要求的，应当依法及时制定，未制定之前，可以参照海关总署指定的国外有关标准进行检验。《进出口商品检验法实施条例》第七条规定，法定检验的进出口商品，由出入境检验检疫机构依照《进出口商品检验法》第七条规定实施检验。海关总署根据进出口商品检验工作的实际需要和国际标准，可以制定进出口商品检验方法的技术规范和行业标准。

1. 国家技术规范的强制性要求

国家技术规范的强制性要求，是指规定必须强制执行的产品特性或其相关工艺和生产方法，包括适用的管理规定在内的文件。该文件还可包括专门关于适用于产品、工艺或生产方法的专门术语、符号、包装、标志或标签要求。国家技术规范的强制性要求是出入境检验检疫机构实施法定检验的基本依据，具有强制执行力。所以，法定检验中出入境检验检疫机构必须按照国家技术规范的强制性要求进行检验。在我国目前的法律体制中，国家技术规范的强制性要求包括国家颁布的有关法律、行政法规、部门规章、强制性标准以及具有强制执行力的规范性文件。

2. **主管部门指定的境外有关标准**

在检验工作实践中，列入目录的进出口商品，有的尚未制定国家技术规范的强制性要求，比如对列入目录的某一商品或者某检验项目，尤其是一些高新技术产品尚缺乏质量标准、技术要求和检验方法标准等，在这种情况下，就要采取措施，由主管部门依法及时制定，尽快明确国家技术规范的强制性要求，完善检验依据。而在强制性要求制定公布之前，可以参照海关总署指定的国外有关标准进行检验。对于参照有关标准进行检验，应具备两个条件：第一，该标准是由海关总署指定，不得参照未经海关总署指定的有关标准，体现了全国进出口商品检验行政执法的统一性；第二，指定的标准是国外的有关标准，即可以参照海关总署指定的国际标准、进口国（地区）或者出口国（地区）的标准以及相关技术要求进行检验。

3. **进出口商品检验方法的技术规范和行业标准**

制定进出口商品检验方法的技术规范和行业标准，是《进出口商品检验法实施条例》赋予海关总署的一项工作职责。制定进出口商品检验方法的技术规范和行业标准，是为了统一检验的准绳和尺度，提高检验工作的质量和效率，在科学技术与实践经验的基础上，对进出口商品检验工作的抽样、试验、分析、测定、作业、检查、统计等步骤、程序和要求的规定，从而准确测定进出口商品的质量、功能等属性，对其作出符合性评价。进出口商品检验方法的技术规范和行业标准对出入境检验检疫机构具有强制执行力。同时，进出口商品检验方法标准也是判定标准的重要组成部分，是实施进出口商品检验不可缺少的依据。海关总署应该根据进出口商品检验工作的实际需要，按照国际标准制定进出口商品检验方法的技术规范和行业标准。这里讲的国际标准，主要指国际标准化组织（ISO）、国际电工委员会（IEC）、国际电信联盟（ITU）、WHO、联合国粮食及农业组织（FAO）和国际食品法典委员会（CAC）等制定的标准，以及 ISO 认可的国际组织和其他国际组织所制定的标准，这些标准都是制定检验方法的技术规范和标准的依据。

《进出口商品检验法实施条例》第七条第三款规定，进出口商品检验依照或者参照的技术规范、标准以及检验方法的技术规范和标准，应当至少在实施之日 6 个月前公布；在紧急情况下，应当不迟于实施之日公布。

【案例分析 4 – 1】进口煤炭商品检验

某公司自国外进口一批煤炭，海关应该如何进行检验监管？

1. 进口煤炭按照我国国家技术规范的强制性要求实施检验。常用的检验标准包括《商品煤质量　民用散煤》（GB 34169—2017）、《商品煤质量　民用型煤》（GB 34170—2017）、《商品煤质量抽查和验收方法》（GB/T 18666—2014）等。

2. 进口煤炭由卸货口岸海关检验。进口煤炭应当在口岸主管海关的监督下，在具备检验条件的场所卸货。

3. 海关对进口煤炭涉及安全、卫生、环保的项目以及相关品质、数量、质量实施检验，并在 10 个工作日内根据检验结果出具证书。

4. 未经检验或者检验不合格的进口煤炭不准销售、使用。对进口煤炭中发现的质量问题，主管海关应当责成收货人或者其代理人在监管下进行有效处理；发现安全、卫生、环保项目不合格的，按照《进出口商品检验法实施条例》有关规定处理，并及时上报海关总署。

任务二　进口商品检验制度

进口商品检验是维护国家安全、保护人类和动植物生命健康、保护环境、防止欺诈行为的重要措施，也是国家主权的体现，对保护我国对外贸易顺利进行和持续发展具有重要作用。

一、进口商品法定检验的程序

进口商品法定检验的程序，是出入境检验检疫机构对进口商品实施法定检验时所遵循的方式、方法、步骤、时限的总称。对进口商品实施法定检验必须按照规定程序进行。在进出口商品检验实践中，出入境检验检疫机构对进口商品实施法定检验的工作程序，一般包括以下几个环节。

（一）报检

报检是指进口商品收货人或者其代理人向出入境检验检疫机构申报、接受出入境检验检疫机构对进口商品检验的行为。报检是进口商品法定检验的第一个环节。

1. 报检范围

报检范围，即进口商品收货人向出入境检验检疫机构申报检验的范围。根据《进出口商品检验法》及其实施条例，法定检验的进口商品报检范围包括：必须实施检验的进出口商品目录内的进口商品；法律、行政法规规定必须由出入境检验检疫机构实施检验的其他进口商品。

2. 报检主体

根据《进出口商品检验法》及其实施条例，法定检验进口商品的报检主体包括收货人及其代理人。

收货人，是指国际货物买卖合同（习惯上称为外贸合同或进出口合同）的买方。按照《中华人民共和国对外贸易法》，从事对外贸易的企业可以直接对外签订进出口合同，也可以委托其他外贸经营企业代理进口或出口，由外贸企业对外签订进出口合同。因此，作为报检主体的收货人相应就有两种类型：一是直接与外商签订外贸合同的收货人；二是接受企业委托代理签订外贸合同的买方，即名义收货人。

由于我国改革开放和市场经济的发展，进口贸易量大大增加，企业的专业分工越来越精细，而且很多进口商品收货人经营场所不在口岸地区，亲自到口岸出入境检验检疫机构办理报检手续不方便、成本高、效率低，客观上需要委托专业代理报检单位向出入境检验检疫机构报检。关于代理报检人，《进出口商品检验法实施条例》规定了两种形式。一种是接受进口商品的收货人委托，为进口商品收货人办理报检手续的代理报检企业，即收货人的委托代理报检人。根据我国《民法典》的有关规定，委托代理人从事代理活动之前必须取得委托人的授权，在授权范围内，以被代理人的名义从事民事法律行为。因此，代理报检单位在向出入境检验检疫机构报检时，应当出具授权委托书。在代理报检和配合出入境检验检疫机构检验工作范围内，代理报检单位既享有一定的权利，又必须承担相应义务，如果代理报检企业违反《进出口商品检验法》及其实施条例规定的义务，同样要承担相应的行政或刑事责任。另一种是出入境快件运营企业的报检，即对采用快件方式进口商品的，收货人应当委托出入境快件运营企业办理报检手续。这是一种特殊的代理报检方式，出入境快件运营企业接受进口商品收货人的委托，应当以自己的名义办理报检手续，承担与收货人相同的法律责任。

（二）检验

检验，是进口商品法定检验程序的第二个环节，也是其核心部分。《进出口商品检验法》第十二条，《进出口商品检验法实施条例》第十六条、第十八条等相关条文对其作了明确规定。

1. **申请检验**

申请检验是法定检验的进口商品收货人在办理完进口商品海关放行手续后，在规定的地点和期限内向出入境检验检疫机构申请对进口商品实施检验的行为。申请检验规定的目的是确保检验工作能够及时实施，避免和减少收货人在办理通关手续后逃避检验、将进口商品未经检验即销售或者使用的情况发生。根据《进出口商品检验法实施条例》，进口商品收货人申请检验的时限是通关放行后 20 日内。申请检验的地点是进口商品实施检验的地点。

2. **检验时间**

进口商品检验的时间为"国家商检部门统一规定的期限"。"国家商检部门统一规定的期限"是指海关总署根据不同商品检验所需要的时间所规定的统一的检验期限。海关总署统一规定的期限应该对外公布，出入境检验检疫机构应当在规定的期限内检验完毕。

3. **检验地点**

《进出口商品检验法实施条例》第十八条规定，法定检验的进口商品应当在收货人报检时申报的目的地检验。大宗散装商品、易腐烂变质商品、可用作原料的固体废物以及已发生残损、短缺的商品，应当在卸货口岸检验。对前两款规定的进口商品，海关总署可以根据便利对外贸易和进出口商品检验工作的需要，指定在其他地点检验。

4. **检验方法**

在进口商品检验工作中，由于进口商品种类繁多，商品的品质、规格、性能、包装不同，检验项目不一、要求有别，因此进出口商品的检验方法很多。但总的来讲，其检验方法分为两大类，即感观检验法和理化检验法。

感观检验，就是凭眼、手、鼻、舌等感觉器官，检验、鉴定进口商品的外观质量（如图 4 -1）。对有些商品，感观检验占有很重要的地位，例如茶叶、肉类、食品等。感观检验结果受人的年龄、习惯以及感觉器官的灵敏程度等主客观条件的影响。随着科学技术的进步，某些感观检验项目正逐步被机械、电子仪器检验所代替。

图 4 - 1　海关关员对进口食品实施感官检验
图片来源：央视新闻客户端

理化检验，就是凭借各种化学试剂、生物、仪器和机械对进口商品品质进行检验（如图 4 -2）。它包括化学分析、物理检验和微生物学检验。化学分析是运用化学检验技术和仪器设备，通过对抽取的样品进行分析测试，确定进口商品的化学特性、化学成分及其含量的一种检验手段。它分为化学分析法和仪器分析法。物理检验是运用各种量具、仪器、设备等测量或比较各种产品的物理性能或物理量的数据，进行系统整理，从而衡量进口商品物理性能、质量好坏的一种检验手段。微生物学检验是对动植物及其产品和各种食品，应用培养细菌后进行鉴定、生物化学鉴定、血清学诊断以及动物毒性试验等方法，检查其是否附有有害微生物，是否符合卫生、安全要求的一种检验手段。

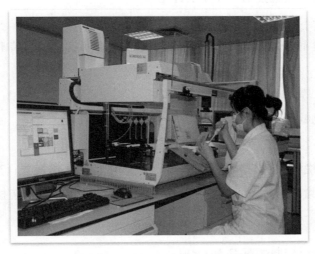

图 4 - 2　海关实验室开展进口商品的理化检验
图片来源："海关发布"微信公众号

5. 报检地点和报检凭证

《进出口商品检验法实施条例》第十六条规定，法定检验的进口商品的收货人应当持合同、发票、装箱单、提单等必要的凭证和相关批准文件，向海关报关地的出入境检验检疫机构报检。这是对法定检验进口商品的报检地点和报检凭证的明确规定。

报检凭证是报检时报检人必须提交的书面文件。根据《进出口商品检验法》及其实施条例和海关总署的有关规定，进口商品报检时，报检人应当填写《入境货物报检单》，并提供贸易合同、发票、装箱单、提单等必要的凭证和相关批准文件；代理单位报检的，还应当提供授权委托书。

2020 年，为贯彻落实国务院"放管服"改革要求，进一步优化营商环境、促进贸易便利化，海关总署决定全面推广进口货物"两步申报"改革试点。进口收货人或代理人可通过中国国际贸易单一窗口（http：www. singlewindow. cn，简称"单一窗口"）或"互联网＋海关"平台，开展进口货物"两步申报"，也可通过"掌上海关"App 开展非涉证、非涉检、非涉税情况下的概要申报。境内收发货人信用等级为一般信用及以上，实际进境的货物均可采用"两步申报"。在推广"两步申报"改革同时保留现有申报模式，企业可自行选择一种模式进行申报。

（三）出证

出证，是出入境检验检疫机构对法定检验的进口商品实施检验后签发相关具有法律效力证明文件的环节。对进口商品而言，出入境检验检疫机构出具的检验检疫证单主要包括检验证书和其他证书、凭单及证单。

1. 检验证书

适用于经检验不符合要求的入境货物和报检人要求或交接、结汇、结算需要的入境货物。

2. 其他证书、凭单及证单

如《入境货物检验检疫证明》，适用于经检验合格后同意销售、使用或安装的法定检验目录内的商品，作为入境货物检验合格准予销售或使用的凭证。《进口机动车辆检验证明》，适用于检验合格的进口机动车辆，供进口机动车辆换领行车牌证。《卫生证书》，适用于经检验合格的入境食品、食品添加剂、食品容器、包装材料和食品用工具及设备。

（四）对不合格进口商品的处理

法定检验的进口商品，经出入境检验检疫机构依法检验，如检验结果不符合国家技术规范的强制性要求或者其他相关要求的即判定为不合格商品。根据《进出口商品检验法实施条例》，对法定检验的进口商品不合格的处理包括以下几个方面的内容。

1. 对涉及人身财产安全、健康、环境保护项目不合格的法定检验进口商品的处理

《进出口商品检验法实施条例》规定，对该类不合格的进口商品，由出入境检验检疫机构责令当事人销毁，或者出具退货处理通知单，办理退运手续。

2. 对涉及人身财产安全、健康、环境保护以外其他项目不合格的进口商品的处理

《进出口商品检验法实施条例》规定，对该类不合格的进口商品，可以在出入境检验检疫机构的监督下进行技术处理，经重新检验合格的，方可销售或者使用。

3. 当事人申请出入境检验检疫机构出证的，出入境检验检疫机构应当及时对不合格进口商品出具检验证书

进口商品经检验不合格时，当事人有可能需要出入境检验检疫机构签发检验证书以维护自己的民事权益。因此，只要当事人申请，出入境检验检疫机构必须及时出具商品检验证书，不得无故拖延或者附带条件。

4. 对检验不合格的进口成套设备及其材料的处理

《进出口商品检验法实施条例》规定，出入境检验检疫机构对进口成套设备及其材料检验不合格的，应当签发不准安装使用通知书。经技术处理，并经出入境检验检疫机构重新检验合格的，方可安装使用。

【案例分析 4－2】进口不合格商品的整改

某海关对平行进口汽车进行现场查验时发现，4 辆汽车的车速表标度盘上的速度值单位不是 km/h，不符合我国国家标准《汽车用车速表》（GB 15082—2008）规定。据此，要求企业对上述汽车进行技术处理，经重新检验合格后放行。

平行进口汽车由贸易商直接从海外市场购买并引入我国市场进行销售，如美规车和欧规车是在美国和欧洲市场采购的进口汽车，相比一般进口车辆，平行进口汽车并非专为我国商场设计和制造，往往与我国强制性国家标准的要求不符，进入国内市场时需根据国家标准进行符合性整改。

二、残损鉴定

国际贸易中，商品运输远隔重洋，环节多、风险大，出现残损短缺的概率较高。非法定检验进口商品出现质量不合格或者残损短缺，需要凭相关检验证书对外索赔，弥补经济损失。因此，《进出口商品检验法》第十三条规定，必须经商检机构检验的进口商品以外的进口商品的收货人，发现进口商品质量不合格或者残损短缺，需要由商检机构出证索赔的，应当向商检机构申请检验出证。《进出口商品检验法实施条例》第二十条规定，法定检验以外的进口商品的收货人，发现进口商品质量不合格或者残损、短缺，申请出证的，出入境检验检疫机构或者其他检验机构应当在检验后及时出证。也就是说，对法定检验以外的进口商品，收货人发现进口商品质量不合格或者残损、短缺并申请出证的，可以自行选择向两种机构申请出证：第一，向出入境检验检疫机构申请出证；第二，向进出口商品检验鉴定机构申请出证。接受申请的检验机构应当及时检验出证。

【案例分析 4 - 3】进口铜精矿短重案例

某海关对进口的铜精矿依企业申请实施重量鉴定，经电子汽车衡计算，检出湿重短重近 900 吨，短重率超 35%。根据实验室提供的水分数据计算，该批货物干重短重超 700 吨，短重率超 30%。海关对上述货物及时出具证书，并协助企业对外索赔，为企业挽回经济损失超 200 万元。

进口商品数量重量鉴定是海关守护国门经济安全、维护进出口贸易企业合法权益、打击欺诈行为的重要职能。近年来，海关持续推进依企业申请对进口铁矿、铜精矿、大豆等大宗商品数量重量进行鉴定，及时出具证书，帮助企业挽回巨额损失。

三、装运前检验

（一）对装运前检验制度的一般规定

对进口商品实施装运前检验（亦称发货前检验），是国际贸易中普遍采用的质量保证措施。装运前检验，是根据各进口国（地区）或进口商的要求，对进口商品在出口国（地区）进行货物发运前的检验，以保证进口商品的质量、规格等能符合要求。《进出口商品检验法》第十四条规定，对重要的进口商品和大型的成套设备，收货人应当依据对外贸易合同约定在出口国（地区）装运前进行预检验、监造或者监装，主管部门应当加强监督；商检机构根据需要可以派出检验人员参加。《进出口商品检验法实施条例》第二十一条规定，对属于法定检验范围内的关系国计民生、价值较高、技术复杂的以及其他重要的进口商品和大型成套设备，应当按照对外贸易合同约定监造、装运前检验或者监装。收货人保留到货后最终检验和索赔的权利。

我国实施装运前检验的进口商品包括两类：一类是由于关系国计民生、价值较高、技术复杂或者其他重要进口商品；另一类是大型成套设备。

装运前检验的方式包括：监造、装运前预检验和监装。监造是对生产厂家从原料验收、产品生产到出厂的全过程进行跟踪和监督检查。装运前预检验是在产品生产完成后、发运前，根据进口国（地区）或者进口商的要求，对产品品质、性能、规格等进行检验。监装是对商品的包装、运输过程进行跟踪和监督检查。

一般而言，收货人是实施监造、装运前检验或者监装的责任主体。出入境检验检疫机构可以根据工作需要，也可以根据收货人的申请，派员参加收货人实施的监造、装运前检验或者监装，或者组织收货人实施监造、装运前检验或者监装。这种情况下，出入境检验检疫机构主要是发挥检验技术、信息等方面优势，协助收货人及时发现、处理在制造、装运过程中存在的安全、质量等方面的问题，以尽可能减少损失。

值得强调的是，装运前检验不能代替按照规定对商品进口后进行的最终检验和验收，也不能免除双方所应当承担的风险和责任，收货人仍拥有对外索赔的权利，协议中也必须对此进行明确。

（二）对进口可用作原料的固体废物实施装运前检验

《进出口商品检验法实施条例》第二十二条规定，国家对进口可用作原料的固体废物实行装运前检验制度，进口时，收货人应当提供出入境检验检疫机构或者检验机构出具的装运前检验证书。

根据 2020 年 11 月 24 日发布的《关于全面禁止进口固体废物有关事项的公告》（生态环境部、商务部、国家发展和改革委员会、海关总署联合公告 2020 年第 53 号），自 2021 年 1 月 1 日起禁止以任何方式进口固体废物。该项装运前检验实际已全面终止。

（三）对进口旧机电产品实施装运前检验

《进出口商品检验法实施条例》第二十二条规定，对价值较高、涉及人身财产安全、健康、环境保护项目的高风险进口旧机电产品，除应办理备案手续外，还应当按照国家有关规定实施装运前检验。

对进口旧机电产品实施装运前检验制度的主要内容包括：首先，需要实施装运前检验的旧机电产品的范围由海关总署公布。目前，按照有关规定应当实施装运前检验的进口旧机电产品，一是涉及人身健康安全、卫生、环境保护的大型二手设备，二是经国家贸易主管部门批准的、国家特殊需要的进口旧机电产品。其次，需要进行装运前检验的，在办理备案手续时，由备案机构出具《进口旧机电产品装运前检验备案书》。不需要进行装运前检验的，由备案机构出具《进口旧机电产品免装运前检验证明书》。再次，对价值较高、涉及人身财产安全、健康、环境保护项目的高风险进口旧机电产品的装运前检验由出入境检验检疫机构或者检验机构实施。检验合格的，出具《装运前检验证明书》。最后，进口旧机电产品属于法定检验的进口商品。出入境检验检疫机构凭收货人提供的出入境检验检疫机构或者检验机构出具的《装运前检验证明书》或者《进口旧机电产品免装运前检验证明书》受理报检。收货人不能提交《装运前检验证明书》或者《进口旧机电产品免装运前检验证明书》的，检验检疫机构不受理其报检。到货检验的检验结果与装运前检验结果不一致的，以到货检验的结果为准。到货检验不合格的，检验检疫机构则必须按照《进出口商品检验法实施条例》第十九条的规定处理。

【案例分析4-4】进口机电设备以旧充新

某海关在对进口的胶带加工机实施检验监管过程中发现，设备铭牌显示生产日期为进口日期5年以前，且设备具有明显使用痕迹及清洁保养记录，判定为旧机电产品。经进一步核实，该设备属于列入《进口旧机电产品检验监管措施清单》的旧机电产品，需实施装运前检验。企业无法提供装运前检验报告，海关依法对上述货物作出退运处理。

部分不法企业为节省成本，将旧机电产品按照新产品进行申报，逃避装运前检验、卫生检疫及进口法定检验工作，存在较大质量安全风险。根据《进出口商品检验法》及其实施条例的规定，进口国家允许进口的旧机电产品未按照规定进行装运前检验的，按照国家有关规定予以退货；情节严重的，由出入境检验检疫机构并处100万元以下罚款。

四、对进口机动车辆的检验

《进出口商品检验法实施条例》第二十三条规定，进口机动车辆到货后，收货人凭出入境检验检疫机构签发的进口机动车辆检验证单以及有关部门签发的其他单证向车辆管理机关申领行车牌证。在使用过程中发现有涉及人身财产安全的质量缺陷的，出入境检验检疫机构应当及时作出相应处理。

进口机动车辆入境口岸出入境检验检疫机构对进口机动车辆的检验包括：一般项目检验、安全性能检验、品质检验。经出入境检验检疫机构检验合格的进口机动车辆，出入境检验检疫机构签发《入境货物检验检疫证明》，并一车一单签发《进口机动车辆随车检验单》。收货人可以凭出入境检验检疫机构签发的进口机动车辆检验证单以及有关部门签发的其他单证向车辆管理机关申领行车牌证。

进口机动车辆在使用过程中发现属于制造商采用材料不佳、装配不良、设计不合理等原因导致危及或者可能危及人身财产安全的质量缺陷的，相关当事人可以向出入境检验检疫机构申请检验。出入境检验检疫机构发现上述问题的，应当及时进行检验，经检验确实存在涉及人身财产安全的质量缺陷，且确属制造商责任的，应当及时签发检验证书，作为索赔或者换货的依据，并依法进行相应的处理。

【案例分析 4 - 5】进口机动车流程

某企业拟进口一批汽车，但是对于进口汽车的相关要求不甚了解，电话咨询了当地海关。海关作出如下答复：进口汽车一般需要经过进口前准备、进口申报、到港查验、整备销售、注册登记等流程方能到达最终消费者。

1. 进口前准备。进口汽车生产企业或进口商需取得拟进口车型的强制性产品认证（CCC 认证），并完成环保信息公开。同时，进口商需在地方商务部门取得进口许可证。CCC 证书持证人向认证机构报送拟进口车辆的 VIN 信息，并由认证机构整理后向海关总署报备。

2. 进口申报。报关企业向海关申报 CCC 证书和车辆 VIN 信息。

3. 到港查验。由现场海关进行口岸查验。经查验合格后，车辆提离并缴纳税款，报关企业领取货物进口证明、随车检验单。

4. 整备销售。海关放行的车辆转至进口商仓库进行售前检测，再发至经销售进行销售。

5. 注册登记。消费者凭汽车销售发票、进口货物证明书、随车检测单向公安部门申请注册登记。

海关依照职责对进口汽车风险进行评估研判，根据研判结论作出风险处置决定。需采取风险预警措施和快速反应措施的，确定并实施相应的措施。

任务三　出口商品检验制度

出口商品检验是对外贸易的重要环节，能有效防止不合格的商品出口，符合 TBT 有关规定，对提升出口商品档次、改进企业生产管理、开拓并巩固国际市场具有重要意义。

一、出口商品法定检验的程序

出口商品法定检验的程序，是对出口商品实施法定检验时所遵循的方式、方法、步骤、时限的总称。出口商品法定检验必须按照规定程序进行。在进出口商品检验实践中，出入境检验检疫机构对出口商品实施法定检验的工作程序一般包括以下几个环节。

（一）报检

1. 报检范围

报检范围，即出口商品发货人向出入境检验检疫机构申报检验的范围。根据《进出口商品检验法》及其实施条例，法定检验出口商品的报检范围包括：必须实施检验的进出口商品目录内的出口商品；法律、行政法规规定必须由出入境检验检疫机构实施检验的其他出口商品。

2. 报检主体

根据《进出口商品检验法》及其实施条例，出口商品的报检主体包括出口商品的发货人及其代理人。

发货人，是指国际货物买卖合同的卖方。具体而言包括两种：一种是直接与外商签订外贸合同的发货人；另一种是接受企业委托代理签订外贸合同的卖方，即名义上的发货人。

代理人，包括两种：一种是接受出口商品的发货人委托，为出口商品发货人办理报检手续的代理报检企业；另一种是根据法律规定，为采用快件方式出口的商品发货人办理报检手续的出入境快件运营企业。

3. 报检时间、地点和凭证

对报检的时间，根据《进出口商品检验法》，必须经出入境检验检疫机构检验的出口商品应当在出入境检验检疫机构规定的期限内报检。根据目前海关总署的有关规定，出境货物最迟应于报关或者装运前 7 天报检，对于个别检验周期较长的货物，应留有相应的检验时间。

对报检的地点，《进出口商品检验法实施条例》规定出口商品应当在商品的生产地检验。海关总署可以根据便利对外贸易和进出口商品检验工作的需要，指定在其他地点检验。也就是说，一般情况下，出口商品应当向生产企业所在地出入境检验检疫机构报检，由该出入境检验检疫机构实施检验。在部分商品不宜在产地实施检验的特殊情况下，海关总署根据便利对外贸易和进出境检验工作的需要指定在其他地点检验的，向指定地点的出入境检验检疫机构报检。当产地与出境口岸不一致时，产地出入境检验检疫机构对出口商品检验合格后，由产地出入境检验检疫机构按照规定出具《出境货物换证凭单》。发货人或者其代理人应当确保货证相符，并在规定的期限内持《出境货物换证凭单》和必要的凭证向口岸出入境检验检疫机构申请查验，换发通关单。

对报检的凭证，根据《进出口商品检验法实施条例》，出口商品的发货人应当持合同等必要凭证和相关批准文件向出入境检验检疫机构报检。发货人应当提供与出口商品有关的外贸合同等海关总署规定的必要凭证，国家有审批等特殊要求的还应当提供相关批准文件，委托代理报检单位报检的还应当提供授权委托书。

【案例分析 4－6】市场采购商品的出口检验

市场采购贸易方式是指在经认定的市场集聚区采购商品，由符合条件的经营者办理出口通关手续的贸易方式。这是国务院大力推广的有效拓展外贸增长空间、联动国内国际两个市场的外贸新业态。自 2013 年首个试点获批以来，市场采购贸易试点已在全国分 6 批增至 39 个，覆盖 22 个省区市。

需实施法定检验的市场采购贸易方式出口商品，可以在产地或采购地实施出口申报前监管。

在采购地申请出口申报前监管的，其对外贸易经营者应建立合格供方、商品质量检查验收、商品溯源等管理制度，提供经营场所、仓储场所等相关信息，并在出口申报前向采购地海关申请检验检疫。

（二）检验

1. 检验时间

根据《进出口商品检验法》，必须经出入境检验检疫机构检验的出口商品，出入境检验检疫机构应当在海关总署统一规定的期限内检验完毕。这既强化了商检行政执法的特点，又体现了 WTO 透明度原则要求，同时有利于统一规范全国检验工作，避免在检验期限方面的随意性。

2. 检验地点

为便于监管、方便企业，《进出口商品检验法实施条例》第二十四条规定，出口商品应当在商品的生产地检验。这既有利于检验工作的开展，又有利于防止生产地不合格货物运抵出境口岸。但出口法定检验商品种类繁多，情况千变万化，考虑到部分出口商品不宜在产地实施检验，《进出口商品检验法实施条例》第二十四条又规定，海关总署可以根据便利对外贸易和进出口商品检验工作的需要，指定在其他地点检验。

3. 检验模式

出入境检验检疫机构对出口商品实施检验，是依据《进出口商品检验法》的规定，确定出口商品是否符合国家技术规范的强制性要求的行政执法行为。为适应当前经济发展的需要，出入境检验检疫机构正按国际通行做法，按照分类原则确定检验监管模式，包括全数检验、批量检验、型式试验、过程检验、符合性验证、符合性评估、登记备案、合格保证、免予检验等，逐步改变传统的逐批检验方式，把检验监管提前到生产过程中，既能把住商品质量关，又能加快口岸验放速度。

【延伸阅读 4 - 3】出口烟花爆竹的检验

我国是全球最大的烟花爆竹生产国，其产量占到全球产量的 90%，约占世界贸易量的 80%。海关总署公开数据显示，2023 年 1—12 月，全国烟花爆竹累计出口 36.36 万吨，金额累计 72.22 亿元人民币。其中，湖南出口烟花爆竹 43.96 亿元，占全国的 60.9%。出口烟花爆竹的检验和监督管理工作采取产地检验与口岸查验相结合的原则，具体内容包括：出入境检验检疫机构对出口烟花爆竹的生产企业实施登记管理制度；出口烟花爆竹的生产企业应当按照《联合国关于危险货物运输的建议书规章范本》和有关法律、法规的规定生产、储存出口烟花爆竹；海关对出口烟花爆竹按照国家技术规范的强制性要求实施产地检验；盛装出口烟花爆竹的运输包装，应当标有联合国规定的危险货物包装标记；烟花爆竹属于第一类危险货物（爆炸性物质或物品），装箱前须按照国家或国际有关标准、规范的要求，进行包装。

（三）出证

出入境检验检疫机构对出口法定检验商品实施检验后，对检验不合格的出口商品出具《出境货物不合格通知单》，不准出口。对经检验合格的出口商品，依法签发货物通关证明或者检验证单。

1. 电子底账

根据海关总署公告 2018 年第 50 号，涉及法定检验检疫要求的出口商品申报时，企业不需在报关单随附单证栏中填写原通关单代码和编号，应当填写报检电子回执上的企业报检电子底账数据号。

特殊情况下，仍需检验检疫纸质证明文件的：对入境动植物及其产品，在运输途中需提供运递证明的，出具纸质《入境货物调离通知单》；对出口集中申报等特殊货物，或者因计算机、系统等故障问题，根据需要出具纸质《出境货物检验检疫工作联系单》。

2. 检验证书

适用于出口商品（含食品）的品质、规格、数量、重量、包装等检验项目。检验合格的商品应当在出入境检验检疫机构规定的期限内报关出口，以保证出口商品报关时质量状况与检验结果一致。该期限自出入境检验检疫机构签发的证书有效期起始时间计算，并在通关证明的有效期内报关出口，如逾期报关出口，通关证明自动失效。在超过证书有效期限后，如果该商品仍需要出口，必须重新向出入境检验检疫机构报检。重新报检与首次报检时的报检资格、所提交的单证、工作程序等相同。出入境检验检疫机构受理报检后，根据出口商品检验的不同要求，作相应处理。

（四）对不合格出口商品的处理

《进出口商品检验法实施条例》第二十七条规定，法定检验的出口商品经出入境检验检疫机构检验或者经口岸出入境检验检疫机构查验不合格的，可以在出入境检验检疫机构的监督下进行技术处理，经重新检验合格的，方准出口；不能进行技术处理或者技术处理后重新检验仍不合格的，不准出口。

【案例分析 4-7】出口肥料砷含量超标

某海关在对出口有机肥实施检验监管过程中，经现场取样送实验室进行检测发现，多批有机肥砷含量超标，不符合《肥料中有毒有害物质的限量要求》（GB 38400—2019）中总砷含量的要求，据此对上述货物作禁止出口处置。

化肥是涉及国计民生的重要物资，中国是全球最大的化肥生产国。海关统计显示，2023 年 1—12 月，中国累计出口各种大量元素肥料（含氯化铵、硝酸钾和动植物有机肥料，下同）3149.6 万吨，同比增幅为 27.3%。海关对出口化肥实施现场查验及放射性、有毒有害物质检测。禁止不合格化肥出口，可有效防范不合格商品流出国门给相关行业带来的负面影响。

二、出口危险货物包装容器检验

危险货物，是指具有燃烧、爆炸、腐蚀、毒害、放射性辐射等危及人类生命与财产安全的物质。出口危险货物一般要经过多道环节，路途遥远，运输周期长，它的包装容器直接影响到危险货物的安全运输和人们的生命财产安全。因此，出口危险货物在包装、积载、隔离、装卸、管理、运输条件和消防急救措施等方面都有特殊而严格的要求。对出口危险货物包装容器的检验，旨在保证装有出口危险货物的包装能够满足正常运输条件所需安全程度的要求。根据《进出口商品检验法》及其实施条例，出口危险货物包装容器的检验包括性能鉴定和使用鉴定。经性能鉴定合格的包装容器，方可用于包装危险货物。经使用鉴定合格的货物，方准出口。经出入境检验检疫机构进行性能鉴定或使用鉴定不合格的出口危险货物包装容器，不准装运危险货物，不得出口。

（一）性能鉴定

获得出口危险货物包装质量许可证的出口危险货物运输包装的生产企业，是危险货物运输包装性能鉴定的申请人。运输包装经检验合格并取得性能检验合格单，方可盛装出口危险货物。申请人申请危险货物运输包装的性能鉴定时，应按规定填写《出境危险货物运输包装性能检验申请单》，并提供生产危险货物运输包装的生产标准和工艺规程及有关资料。

检验检疫机构接受报检后，在外观检验合格的基础上从生产现场（仓库）中按规定数量随机抽取，按照强制性国家标准，对不同种类的危险货物包装分别实施性能检验，出具《出境危险货物运输包装性能检验结果单》。

《出境危险货物运输包装性能检验结果单》的使用场景包括：第一，危险货物出口报检时，报检人应向出入境检验检疫机构提供《出境危险货物运输包装性能检验结果单》，经审核符合有关规定，方可受理其品质报检；第二，申请人需由出入境检验检疫机构出具出境货物运输包装性能检验证书的，可凭《出境危险货物运输包装性能检验结果单》向所在地出入境检验检疫机构申请换发；第三，对同一批号、不同使用单位的出境危险货物运输包装，在《出境危险货物运输包装性能检验结果单》有效期内，可以由出入境检验检疫机构办理分证。

（二）使用鉴定

出口危险货物的生产企业是危险货物运输包装使用鉴定的申请人。出口危险货物运输包装经性能检验合格后，还必须进行使用鉴定。性能良好的运输包装，如果使用不当，仍达不到保障运输安全及保护商品的目的。危险货物运输包装经出入境检验检疫机构检验合格并取得使用鉴定合格单后，方可包装危险货物出境。申请人向出入境检验检疫机构申请危险货物运输包装使用鉴定时，应按规定填写《出境危险货物运输包装使用鉴定申请单》，并提供《出口危险货物运输包装性能检验结果单》、分类定级相容性危险特性报告和其他有关资料。

使用鉴定在危险货物的生产企业进行，通过使用鉴定可以判断盛装危险货物的包装容器是否适宜、是否经性能检验合格或它的类别是否符合危险货物的要求。

《出境危险货物运输包装使用鉴定结果单》的使用场景包括：第一，可作为出口经营部门验收危险货物的依据；作为港务部门安排危险货物装运出口的依据，并按规定进行现场检查，对需分批出口的，由港务监督部门在《出境危险货物运输包装使用鉴定结果单》（正本）逐批核销。第二，合同规定或贸易关系人要求出具包装检验证书时，在《出境危险货物运输包装使用鉴定结果单》有效期内，可凭此单换发检验证书。第三，在《出口危险货物运输包装使用鉴定结果单》有效期内，可凭单在出口地检验检疫机构办理分证。

【延伸阅读 4-4】危险货物包装容器的若干概念

危险货物：根据我国国家标准《危险货物分类和品名编号》（GB 6944—2012），危险货物是指具有爆炸、易燃、毒害、感染、腐蚀、放射性等危险特性，在运输、储存、生产、经营、使用和处置中，容易造成人身伤亡、财产损毁或环境污染而需要特别防护的物质和物品。它是国际贸易中的重要商品，在化工、消费品、医药、食品添加剂等各行业被广泛应用，但由于其固有的危险特性，在生产、储存、运输和使用等环节，稍有疏忽，便容易发生恶性事故，并对人民财产、人类健康和环境造成严重损害。

危险货物包装：危险货物包装是指根据危险货物的性质特点，按照有关的法律、法规、标准及国际公约和规则而专门设计、建造，并经过检验、试验和批准用于盛装危险货物的桶、罐、箱、袋等包装物及容器等。危险货物包装的性能安全和正确使用对危险货物的安全运输起着至关重要的作用。

不同运输方式危险货物包装容器的要求各不相同，如空运需遵守《危险物品安全航空运输技术细则》；海运需遵守《国际海运危险货物运输规则》；铁路运输需遵守《国际铁路运输危险货物规则》；公路运输需遵守《关于危险货物道路国际运输的欧洲协议》。

三、适载检验

适载检验是指对集装箱、船舱、飞机、车辆等运载工具是否适宜装载易腐烂变质食品、冷冻品的检验。

针对易腐烂变质食品、冷冻品极易发生安全卫生质量问题这一货物特性，《进出口商品检验法》及其实施条例规定了对装运该类货物的船舱和集装箱等运载工具实施清洁、卫生、冷藏、密固等项目的强制检验，即适载检验。未经检验或者经检验不合格的，不准装运。

（一）申请主体

适载检验的申请主体是装运出口易腐烂变质食品、冷冻品的承运人、装箱单位或者代理人。承运人主要指船舶、飞机、车辆提供单位、租赁人等。装箱单位主要指集装箱所有人，如外运公司、外轮代理公司或者港口集装箱公司等部门。

（二）申请期限

承运人或者集装箱装箱单位必须在货物装运前或者装箱前向当地出入境检验检疫机构申请适载检验。

（三）船舱适载检验

申请船舱适载检验时，申请人应在验舱前向所在地出入境检验检疫机构申请检验，并提供装货清单及配载图。出入境检验检疫机构受理申请后实施登舱检验。验舱完毕后，合格的签发验舱合格证书，经检验不符合装运技术条件的船舱，承运人应认真加以清理后，由出入境检验检疫机构重新检验。

（四）集装箱适载检验

申请集装箱适载检验时，申请人应当填写《出/入境集装箱报检单》，并提供买卖双方签订的合同、信用证、装箱积载单、装箱明细单、承租契约等相关资料和单据。出入境检验检疫机构按照有关集装箱适载检验的规程对集装箱进行检验，经检验合格的，出具合格证明；经检验不合格，申请人可以进行整理，整理后重新申请检验。

【延伸阅读 4-5】集装箱适载检验流程

1. 场站预检。可由经培训的集装箱场站工作人员进行适载性能预先检验，对检验合格的集装箱填写《集装箱适载性检验预检记录》，海关进行业务监督管理。

2. 场站申报。集装箱场站将预检合格的集装箱向海关申报。

3. 海关检验。对已经过预检的集装箱，海关按不低于1%的比例进行监督抽查。主要检验内容包括：核查集装箱箱号，查看集装箱箱体是否完整，箱体是否贴有危险品标记；查看集装箱维修检验日期，拟装货物的集装箱应处在最后一次检验的有效期内；开闭箱门，检查集装箱的活动部分、胶垫及箱门开关是否良好；检查集装箱内有无可致拟载货物受损的凸起物、挂钩、铁钉等；检查集装箱风雨密情况是否良好；检查集装箱内清洁卫生情况，箱内各部位是否清洁、无虫害、无鼠害等；检查集装箱内壁和底板是否干燥；检验箱内流向箱外的气流，并进入箱内检验有无异味。冷藏集装箱除前述各项检验外，还应检查集装箱内隔热设备是否完好，进风口、回风口、风道是否通畅，通电检验制冷设备是否正常工作，并检测温度能否达到拟装货物要求。罐式集装箱还要核查前一次所装货物是否为有毒、有害货物。

4. 合格判定。对经上述检查合格的集装箱判定为适载检验合格。经检验不合格的集装箱，须经整理或调换集装箱等方式，重新检验判定。

5. 结果登记。对判定检验合格的集装箱，通过海关电子化管理系统存储检验合格电子信息。

6. 出口核查。在出口易腐烂变质食品、冷冻品等货物时，需核对集装箱的适载检验合格电子信息。

任务四　进出口商品检验监督管理制度

一、抽查检验制度

抽查检验，是指出入境检验检疫机构对法定检验以外的进出口商品，根据海关总署规定，按照统一的内容、程序、方法、标准等实施抽查检验的一种方式。对法定检验以外的进出口商品实施抽查检验（如图4-3），是国家对进出口商品实施质量监督管理的一种重要方式，是一种行政执法行为，是出入境检验检疫机构的一项法定职责。

图4-3　海关工作人员开展非法检商品的抽查检验

图片来源："海关发布"微信公众号

（一）抽查检验的范围

根据《进出口商品检验法》及其实施条例，出入境检验检疫机构对法定检验以外的进出口商品，根据国家规定实施抽查检验。因此，抽查检验的范围是法定检验以外的进出口商品。海关总署制订并下达进出口商品抽查检验计划，包括商品名称、检验依据、抽样要求、检测项目、判定依据、实施时间等，必要时可对抽查检验计划予以调整，或者下达专项进出口商品抽查检验计划。抽查检验重点是涉及安全、卫生、环境保护，国内外消费者投诉较多、退货数量较大、发生过较大质量事故以及国内外有新的特殊技术要求的进出口商品。

（二）抽查检验的组织实施原则

对法定检验以外的进出口商品进行抽查检验，应由海关总署统一制定办法，确定相应的商品种类加以实施，海关总署对抽查检验实行统一管理，各地出入境检验检疫机构根据海关总署确定的抽查检验的商品种类，负责抽查检验的具体组织实施工作，从而防止抽查检验的随意性，保证抽查检验工作的一致性。

（三）对抽查检验结果的公布和情况通报

《进出口商品检验法》第十九条第二款规定，国家商检部门可以公布抽查检验结果或者向有关部门通报抽查检验情况。海关总署针对抽查检验工作建立了相应的对外公布制度和通报制度。对于抽查检验结果，适时地通过公告的形式或者通过新闻媒体向社会公布；对抽查工作情况，向国务院、各级地方政府及各级外经贸主管部门进行通报。通过对抽查结果的公布及抽查工作情况通报制度的实施，发挥各级政府及社会对进出口商品质量的监督作用，促进广大进出口商品生产、经营企业提高质量意识，保证我国进出口商品质量整体水平的提高。

（四）对抽查检验不合格商品的处理

经出入境检验检疫机构抽查检验不合格的进出口商品，其处理方式与法定检验中对不合格进出口商品的处理方式相同。具体而言，对抽查检验不合格的进口商品，除法律、行政法规另有规定外，涉及人身财产安全、健康、环境保护项目不合格的，由出入境检验检疫机构责令当事人销毁，或者出具退货处理通知单，并书面告知海关，海关凭退货处理通知单办理退运手续；其他项目不合格的，可以在出入境检验检疫机构的监督下进行技术处理，经重新检验合格后，方可销售或者使用。对经抽查检验不合格的出口商品，在出入境检验检疫机构的监督下进行技术处理，经重新检验合格的，方准出口；不能进行技术处理或者技术处理后重新检验仍不合格的，不准出口。

【案例分析 4 - 8】法定检验商品以外进出口商品抽查检验

2022 年 7 月 13 日，海关总署发布《关于开展 2022 年度法定检验商品以外进出口商品抽查检验工作的公告》（海关总署公告 2022 年第 60 号），公布了 2022 年实施法定检验商品以外进出口商品抽查检验的商品范围，自公告发布之日起开展抽查检验工作。

2022 年抽查检验主要聚焦与老人、学生、婴童等敏感人群生命健康安全息息相关的进出口消费品。包括学生文具、婴童用品、家用洗碗机、电子坐便器、口腔器具、仿真饰品等进口商品和儿童玩具、儿童自行车、儿童滑板车、电热水袋等出口商品。

不合格案例（学生用品邻苯二甲酸酯超标）：2022 年 S 海关隶属 G 海关、N 海关、机电中心在进出口商品目录外抽查检验与专项风险监测中发现，34 批进口学生用品的邻苯二甲酸酯含量超过《学生用品的安全通用要求》（GB 21027—2020）规定的限值，产品类别主要为橡皮擦、笔袋、文具盒、书包等，主要品牌包括 PLUS（普乐士）、SAN - X（三易仕）和 KUTSUWA（可慈王）等，原产国主要为日本。S 海关已约谈了上述品牌的国内主要经销商，要求企业落实主体责任，及时对相关产品采取相应风险削减措施。

二、检验机构监督管理制度

进出口商品检验机构，是指依据国家有关法律法规的规定，接受对外贸易关系人或者其他有关单位的委托，办理进出口商品检验鉴定业务的其他检验机构。

根据《进出口商品检验法》及其实施条例，海关总署和各地的出入境检验检疫机构依法对检验机构的进出口商品检验鉴定业务活动进行监督，可以对其检验的商品抽查检验。对检验机构的检验鉴定业务活动有异议的，可以向海关总署或者出入境检验检疫机构投诉。从事进出口商品检验鉴定业务的检验机构违反国家有关规定，扰乱检验鉴定秩序的，由出入境检验检疫机构责令改正，没收违法所得，可以并处 10 万元以下罚款，海关总署或者出入境检验检疫机构可以暂停其 6 个月以内检验鉴定业务。

三、认证制度

认证，是指由认证机构证明产品、服务、管理体系符合相关技术规范、相关技术规范的强制性要求或者标准的合格评定活动。

《进出口商品检验法》第二十三条规定，国务院认证认可监督管理部门根据国家统一的认证制度，对有关进出口商品实施认证管理。按照统一规划、强化监管、规范市场、提高效能和符合国际通行规则的原则，在国家认证认可监督管理委员会的统一管理、监督和综合协调下，全国统一的国家认可制度和强制性认证与自愿性认证相结合的认证制度逐步建立起来。对涉及人类健康和安全、卫生、动植物生命和健康，以及环境保护和公共安全的产品实行强制性产品认证制度，由国家公布《中华人民共和国实施强制性产品认证的产品目录》，凡是列入目录的产品，必须经国家许可的认证机构认证合格，取得认证证书，并加施认证标志即"CCC"标志后，方可出厂销售、进口和在经营性活动中使用。

四、验证制度

验证，是指出入境检验检疫机构对国家实行许可制度和国家规定必须经过认证的进出口商品，在进出口时，核查其是否取得必需的证明文件、标志等，核对证货是否相符，并对获证的进出口商品进行必要的抽查检验，以证实商品是否符合有关质量许可或者强制性认证规定的技术要求。

根据《进出口商品检验法》及其实施条例，验证管理制度的主要内容包括：第一，验证管理的范围是实施许可制度的进出口商品和国家规定必须经过认证的进口商品。其中，实施许可制度的进出口商品包括海关总署签发或者由其他部门签发许可证的进出口商品。国家规定必须经过认证的进口商品，是指列入《中华人民共和国实施强制性产品认证的产品目录》，必须经过国家认可的认证机构认证合格，取得认证机构颁发的认证证书，并加贴认证标志后，方可进口的商品。第二，需要验证的进出口商品在进出口时，其收发货人应按规定向出入境检验检疫机构申请验证。第三，验证的内容包括查验单证，核对证货是否相符。如对国家实施许可制度的商品，核实其是否取得相应的许可证明文件，许可证明文件是否真实有效，同时核对证明文件与货物情况是否相符。对国家规定必须经过认证的进口商品，核实其是否经过国家认可的认证机构认证合格，取得认证机构颁发的认证证书，加贴认证标志等。第四，对经出入境检验检疫机构验证不合格的进出口商品，参照法定检验中对经检验不合格的进出口商品的处理方式予以处理。

【案例分析 4-9】民用商品入境验证

某海关对 1 批进口汽车零部件实施检验，发现其中 55 件车窗玻璃未获强制性产品认证（CCC 认证），不符合《强制性产品认证管理规定》第二条"国家规定的相关产品必须经过认证，并标注认证标志后，方可出厂、销售、进口或者在其他经营活动中使用"的规定。汽车安全玻璃属于强制性认证产品，未获认证的车窗玻璃质量安全不受控，存在危害消费者人身安全和道路公共安全的风险。因收货人无法提供有效的强制性产品认证证书（CCC 证书），海关已依法监督收货人对上述车窗玻璃实施退运处理。

对实行强制性产品认证的民用商品，在通关入境时，海关需核查其是否取得强制性产品认证证书或免于办理强制性产品认证证明，抽取一定比例批次的商品进行标志核查，验证实际进口货物与上述证明文件是否一致，并按照进口许可制度规定的技术要求进行检测。

海关在验证工作中发现实际进口货物与强制性产品认证证书或免于办理强制性产品认证证明不一致、标志不符合规定或抽查检测项目不合格的，依照《进出口商品检验法》及其实施条例的有关规定进行处理。

根据国家市场监管总局 2023 年第 36 号公告，强制性产品认证目录产品，包括电线电缆、家用电器、汽车、消防产品、儿童用品等 16 大类 96 种产品。

海关实施入境验证的产品，除强制性产品认证的民用商品外，还包括进口医疗器械、特种设备等。

五、进出口商品检验采信制度

进出口商品检验采信，是指海关在进出口商品检验中，依法将采信机构的检验结果作为合格评定依据的行为。《进出口商品检验法》第六条规定，对进出口商品检验，商检机构可以采信检验机构的检验结果；国家商检部门对前述检验机构实行目录管理。

2022 年 9 月 20 日，海关总署公布《中华人民共和国海关进出口商品检验采信管理办法》（海关总署令第 259 号），明确进出口商品检验采信相关要求。

对已实施采信的进出口商品，海关可在通关过程中采信企业出具的检验报告和其他证明文件，对进出口商品作出放行决定，海关一般不再在通关过程中实施抽样检测。采信的实施有利于缩短进出口商品通关时长，有效促进贸易便利化，也有利于充分利用社会检验机构力量，合理配置海关监管资源。

关于进出口商品检验采信，以下几方面需注意：一是海关并非对所有进出口商品实施检验，其中需海关实施检验的商品，由海关在风险评估的基础上实施采信。海关实施采信的商品包括但不限于法定检验商品，还包含依法实施目录外监督抽查的进出口商品。二是实施采信的商品范围及采信要求，由海关总署根据进出口商品质量安全风险评估结果确定，以公告形式发布并动态调整。三是关于采信机构，是指具备海关要求的资质和能力，被海关总署列入采信机构目录的机构。采信机构按照海关总署的相关要求开展检验检测活动，其检验检测结果可被海关采信作为合格评定的依据。四是关于实施采信的商品，目前包含进口服装（海关总署公告 2022 年第 120 号）、进口水泥（海关总署公告 2023 年第 21 号）、进口原油（海关总署公告 2023 年第 193 号），进口煤炭采信正在试点推进（2023 年 12 月 19 日国务院政策例行吹风会）。

六、风险预警机制

《进出口商品检验法实施条例》第十四条规定，海关总署建立进出口商品风险预警机制，通过收集进出口商品检验方面的信息，进行风险评估，确定风险的类型，采取相应的风险预警措施及快速反应措施。海关总署和出入境检验检疫机构应当及时向有关方面提供进出口商品检验方面的信息。

进出口商品风险预警机制主要包含以下几个方面的内容：第一，信息收集。海关总署要根据进出口货物的特点建立固定的信息收集网络，通过检验、监测、市场调查获取的信息，其他国家政府部门、国际组织和有关机构发布的信息，国内外团体、消费者反馈的信息等渠道，组织收集整理相关的信息，并对收集的信息进行筛选、确认、分析和反馈。第二，风险评估。海关总署根据收集的信息，进行风险评估，确定风险的类型和程度。第三，采取风险预警措施及快速反应措施。根据评估后确定的风险类型和程度，海关总署可对出入境的货物采取风险预警措施及快速反应措施。第四，信息通报。海关总署和出入境检验检疫机构负有及时向有关方面提供进出口商品检验方面信息的义务和责任。

七、复验制度

复验，是进出口商品的报检人对出入境检验检疫机构作出的检验结果有异议，向作出检验结果的出入境检验检疫机构或者其上级出入境检验检疫机构以至海关总署申请重新检验，由受理的出入境检验检疫机构或者海关总署重新作出检验结论的一种制度。实施复验制度是维护报检人的正当权利，正确处理和解决报检人对出入境检验检疫机构检验结果异议的一项重要措施，是法律授予报检人的权利，同时也是出入境检验检疫机构的一项义务，有利于促进出入境检验检疫机构依法行政，提高检验技术，提高工作质量，保证检验结果的真实性、准确性，更好地贯彻《进出口商品检验法》，真正做到加强检验把关、维护对外贸易各方的合法权益。

复验制度的具体内容包括：第一，复验申请人是进出口商品的报检人，包括出口商品生产、加工、经营单位及其代理人和进口商品收用货单位及其代理人。第二，申请复验的理由是对出入境检验检疫机构作出的检验结果有异议。第三，受理复验的出入境检验检疫机构可为作出检验结果的出入境检验检疫机构或者其上级出入境检验检疫机构直至海关总署。但出入境检验检疫机构或者海关总署对同一检验结果只进行一次复验。第四，报检人提出复验申请应当在收到检验结果之日起 15 日内。报检人申请复验时，应当填写复验申请表并附有关单证，并且对申请复验的商品保持原有报验商品的包装、铅封、质量、数量、标志，不得改变和更换。第五，受理复验的出入境检验检疫机构或者海关总署应当自受理复验申请之日起 60 日内作出复验结论。技术复杂，不能在规定期限内作出复验结论的，经本机构负责人批准，可以适当延长，但是延长期限最多不超过 30 日。第六，复验申请人应当按照规定交纳复验费用。受理复验的出入境检验检疫机构或者海关总署的复验结论认定属原实施检验的出入境检验检疫机构责任的，复验费用由原实施检验的出入境检验检疫机构负担。第七，申请人对出入境检验检疫机构或者海关总署作出的复验结论不服的，可以依法申请行政复议，也可以依法向人民法院提起诉讼。

任务五　法律责任

　　根据《进出口商品检验法》及其实施条例，以及有关法律法规的规定，违反进出口商品检验法律、法规的主体主要分为两部分：一是出入境检验检疫机构的工作人员；二是商检行政相对人——各类从事进出口业务的生产、经营单位，进口商品的收货人、用户以及其他与进出口有关的单位和人员。作为执法者的出入境检验检疫机构工作人员应当严格执法，依法办事；作为守法者的行政相对人应当认真遵守法律，履行法律规定的义务。如果发生了违反《进出口商品检验法》及其实施条例的行为，则要追究违法行为人的法律责任，以保证进出口商品检验法律法规的贯彻实施。违反《进出口商品检验法》及其实施条例的法律责任主要包括行政法律责任和刑事法律责任。

一、商检行政相对人的违法行为及其法律责任

（一）行政违法行为及其法律责任

1. 逃避进出口商品法定检验、验证的行为

对特定的进出口商品实施法定检验和验证管理是《进出口商品检验法》及其实施

条例赋予出入境检验检疫机构的一项强制管理权。《进出口商品检验法》规定，列入目录的进口商品未经检验的，不准销售、使用；列入目录的出口商品未经检验合格的，不准出口。《进出口商品检验法实施条例》规定，出入境检验检疫机构依照进出口商品检验法的规定，对实施许可制度和国家规定必须经过认证的进出口商品实行验证管理，查验单证，核对证货是否相符。实行验证管理的进出口商品目录，由海关总署商有关部门后制定、调整并公布。上述规定，是出入境检验检疫机构对进出口商品实施法定检验和验证管理的明确法律依据。各类从事进出口商品业务的行政相对人如有违反上述规定行为的，即属违法，应当承担相应的法律责任。根据《进出口商品检验法》及其实施条例，逃避进出口商品法定检验、验证的行为包括以下几类。

一是擅自销售、使用未报检或者未经检验的属于法定检验的进口商品的。这里的"销售"是指将进口商品售卖给他人，使商品所有权发生转移；"使用"包括对进口商品的加工、装配、组装、调运、安装、调试等多种形式；"未报检"是指未向出入境检验检疫机构办理报检手续；"未经检验"是指虽然已经向出入境检验检疫机构报检，但未在出入境检验检疫机构规定的时间和地点接受检验。需要注意的是，该类违法行为不仅包括擅自销售、使用未向出入境检验检疫机构报检的进口商品，还包括擅自销售、使用已向出入境检验检疫机构报检，但未在出入境检验检疫机构规定的时间和地点接受检验的进口商品。

二是擅自销售、使用应当申请进口验证而未申请的进口商品的。

三是擅自出口未报检或者未经检验的属于法定检验的出口商品的。擅自出口未向出入境检验检疫机构报检的商品，以及擅自出口虽已向出入境检验检疫机构报检、但未经出入境检验检疫机构实施检验的商品的，均属该类违法行为。

四是擅自出口应当申请出口验证而未申请的出口商品的。

逃避进出口商品法定检验、验证的行为，直接破坏了国家对进出口商品进行监督管理的制度，可能会导致损害国家利益、社会公共利益和进出口贸易有关各方的合法权益的严重后果，因此必须严加禁止并依法追究有关责任人的法律责任。根据《进出口商品检验法》及其实施条例的规定，对逃避进出口商品法定检验、验证的违法行为，尚未构成犯罪的，由出入境检验检疫机构没收违法所得，并处商品货值金额5%以上20%以下的罚款。

2. 销售、使用不合格的进口商品或出口不合格商品的行为

《进出口商品检验法实施条例》明确规定，销售、使用经法定检验、抽查检验或者验证不合格的进口商品的，或者出口经法定检验、抽查检验或者验证不合格的商品的行为，尚不构成犯罪的，处理方式包括以下几种。

一是责令停止销售、使用或者出口。这是出入境检验检疫机构在实施行政处罚前应当首先采取的措施，以及时纠正违法行为，减轻或者消除违法行为可能造成的损害。

二是没收违法所得和违法销售、使用或者出口的商品。这里的违法所得，是指销售、使用或者出口不合格产品的获利，包括实物和货币收入。由于不合格商品对人民身体健康、动物或者植物的生命和健康以及环境将产生很大的危害，为防止不合格商品造成危害，除没收违法所得外，还要没收违法销售、使用或者出口的商品。

三是并处罚款。即既要责令停止销售、使用或者出口不合格产品，没收违法所得和违法销售、使用或者出口的商品，又要处以罚款。罚款数额根据违法程度的不同，为违法行为所涉商品货值金额等值以上3倍以下。

3. 违反报检管理规定的行为

根据《进出口商品检验法实施条例》，违反报检管理规定的行为有以下几种。

一是进出口商品的收货人、发货人、代理报检企业或者出入境快件运营企业、报检人员不如实提供进出口商品的真实情况，取得出入境检验检疫机构的有关证单。对此类违法行为，由出入境检验检疫机构没收违法所得，并处商品货值金额5%以上20%以下罚款。

二是进出口商品的收货人、发货人、代理报检企业或者出入境快件运营企业、报检人员对法定检验的进出口商品不予报检，逃避进出口商品检验。对此，由出入境检验检疫机构没收违法所得，并处商品货值金额5%以上20%以下罚款。

三是进出口商品的收货人或者发货人委托代理报检企业、出入境快件运营企业办理报检手续，未按照规定向代理报检企业、出入境快件运营企业提供所委托报检事项的真实情况，取得出入境检验检疫机构的有关证单的。对该类违法行为，由出入境检验检疫机构对委托人没收违法所得，并处商品货值金额5%以上20%以下罚款。

四是代理报检企业、出入境快件运营企业、报检人员对委托人所提供情况的真实性未进行合理审查或者因工作疏忽，导致骗取出入境检验检疫机构有关证单的结果的。对该类违法行为，由出入境检验检疫机构对代理报检企业、出入境快件运营企业处2万元以上20万元以下罚款。

4. 伪造、变造、买卖、盗窃检验证单、印章、标志、封识、质量认证标志、货物通关单或者使用伪造、变造的检验证单、印章、标志、封识、货物通关单的行为

根据《进出口商品检验法》及其实施条例，伪造、变造、买卖、盗窃检验证单、印章、标志、封识、质量认证标志或者使用伪造、变造的检验证单、印章、标志、封识，尚不够刑事处罚的，由出入境检验检疫机构责令改正，没收违法所得，并处商品货值金额等值以下罚款。

5. 进出口假冒伪劣商品的行为

根据《进出口商品检验法》，任何单位或者个人违反国家法律法规的规定，进口或者出口属于掺杂掺假、以假充真、以次充好的商品或者以不合格进出口商品冒充合格进出口商品，尚未构成犯罪的，由出入境检验检疫机构责令停止进口或者出口，没收违法所得，并处货值金额 50% 以上 3 倍以下的罚款。

6. 擅自调换检验检疫机构抽取的样品或检验合格的进出口商品的行为

法定检验进出口商品经出入境检验检疫机构检验合格后，出入境检验检疫机构出具相关的凭证，允许该批商品进出口。擅自调换出入境检验检疫机构检验合格的进出口商品，用没有经过检验合格的商品冒充检验合格的商品进出口，这种行为会严重影响出入境检验检疫机构工作的开展，影响出入境检验检疫机构职权的正常行使。

针对上述违法行为，《进出口商品检验法实施条例》明确规定，擅自调换出入境检验检疫机构抽取的样品或者出入境检验检疫机构检验合格的进出口商品的，由出入境检验检疫机构责令改正，给予警告；情节严重的，并处商品货值金额 10% 以上 50% 以下罚款。

7. 违反卫生注册登记管理规定的行为

根据《进出口商品检验法实施条例》，违反卫生注册登记管理规定的行为包括两类：一是进口或者出口国家实行卫生注册登记管理而未获得卫生注册登记的生产企业生产的食品的。对该类行为，由出入境检验检疫机构责令停止进口或者出口，没收违法所得，并处商品货值金额 10% 以上 50% 以下罚款。

二是已获得卫生注册登记的进出口食品生产企业，经检查不符合规定要求的。对该类行为，由海关总署或者出入境检验检疫机构责令限期整改；整改仍未达到规定要求或者有其他违法行为，情节严重的，吊销其卫生注册登记证书。

8. 违反旧机电产品管理规定的行为

根据《进出口商品检验法实施条例》，进口国家允许进口的旧机电产品未按照规定进行装运前检验的，按照国家有关规定予以退货；情节严重的，由出入境检验检疫机构并处 100 万元以下罚款。

9. 违反出口危险货物包装管理规定的行为

《进出口商品检验法实施条例》规定，出口危险货物包装容器的生产企业，应当向出入境检验检疫机构申请包装容器的性能鉴定。包装容器经出入境检验检疫机构鉴定合格并取得性能鉴定证书的，方可用于包装危险货物。出口危险货物的生产企业，应当向出入境检验检疫机构申请危险货物包装容器的使用鉴定。使用未经鉴定或者经鉴定不合格的包装容器的危险货物，不准出口。违反上述规定的，即属违法。根据《进出口商品检验法实施条例》，提供或者使用未经出入境检验检疫机构鉴定的出口危险货物包装容器的，由出入境检验检疫机构处 10 万元以下罚款。提供或者使用经出入境检验检疫机构鉴定不合格的包装容器装运出口危险货物的，由出入境检验检疫机构处 20 万元以下罚款。

10. 违反适载检验管理规定的行为

根据《进出口商品检验法实施条例》，此项违法行为包括两类：一是提供或者使用未经出入境检验检疫机构适载检验的集装箱、船舱、飞机、车辆等运载工具装运易腐烂变质食品、冷冻品出口的。对该类违法行为，由出入境检验检疫机构处以 10 万元以下罚款。二是提供或者使用经出入境检验检疫机构检验不合格的集装箱、船舱、飞机、车辆等运载工具装运易腐烂变质食品、冷冻品出口的。对该类违法行为，由出入境检验检疫机构处以 20 万元以下罚款。

11. 擅自调换、损毁商检标志、封识的行为

根据《进出口商品检验法实施条例》，擅自调换、损毁出入境检验检疫机构加施的商检标志、封识的，由出入境检验检疫机构处 5 万元以下罚款。

12. 扰乱进出口商品检验鉴定秩序的行为

根据《进出口商品检验法》及其实施条例，从事进出口商品检验鉴定业务的检验机构违反国家有关规定，扰乱检验鉴定秩序的，由出入境检验检疫机构责令改正，没收违法所得，可以并处 10 万元以下罚款，海关总署或者出入境检验检疫机构可以暂停其 6 个月以内检验鉴定业务。

【案例分析 4 - 10】逃避进口商品检验案

某企业于 2022 年 11 月以一般贸易方式向海关申报出口油墨，申报数量为 1650 千克，申报价格为 FOB 78110.01 元人民币。经查，货物中有部分为黑色油墨，数量 280 千克，实际价格 10080 元人民币，应归入商品编号 3215110090，为法定检验的出口商品。当事人未申报出口检验，涉嫌将法定检验的出口商品未经检验，擅自出口。相关行为违反了《进出口商品检验法》第十五条、《进出口商品检验法实施条例》第二十四条第一款之规定。根据《进出口商品检验法》第三十二条、《进出口商品检验法实施条例》第四十三条的规定，对当事人处以罚款人民币 1209 元的行政处罚。

（二）刑事违法行为及其法律责任

1. 逃避商检罪

逃避商检罪，是指行为人违反《进出口商品检验法》的规定，将必须经出入境检验检疫机构检验的进口商品未报经检验而擅自销售、使用，或者将必须经出入境检验检疫机构检验的出口商品未报经检验合格而擅自出口，情节严重的行为。

根据《进出口商品检验法》及其实施条例，行为人将必须经出入境检验检疫机构检验的进口商品未报经检验而擅自销售或者使用的，或者将必须经出入境检验检疫机构检验的出口商品未报经检验合格而擅自出口，可能构成本罪。本罪的主要特征是：主体是一般主体，主要是进出口商品的收发货人及其相关人员；主观方面有逃避商品检验的故意；客体是侵犯了我国进出口商品检验管理秩序；客观方面是行为人实施了逃避检验监管且情节严重的行为，这里的情节严重，是指逃避商检的手段恶劣、造成严重后果，如未报经检验对不合格商品无法索赔，或者出口商品引起他人索赔、给国家造成严重后果等情况。

根据《最高人民检察院、公安部关于公安机关管辖的刑事案件立案追诉标准的规定（二）》第七十五条，违反进出口商品检验法的规定，逃避商品检验，将必须经商检机构检验的进口商品未报经检验而擅自销售、使用，或者将必须经商检机构检验的出口商品未报经检验合格而擅自出口，涉嫌下列情形之一的，应予立案追诉：给国家、单位或者个人造成直接经济损失数额在五十万元以上的；逃避商检的进出口货物货值金额在三百万元以上的；导致病疫流行、灾害事故的；多次逃避商检的；引起国际经济贸易纠纷，严重影响国家对外贸易关系，或者严重损害国家声誉的；其他情节严重的情形。

根据《刑法》第二百三十条，违反《进出口商品检验法》的规定，构成逃避商检罪的，处三年以下有期徒刑或者拘役，并处或单处罚金。

【案例分析 4-11】全国首例逃避商检罪案件

2006 年 7 月 10 日，原 X 检验检疫局对被美国、加拿大通报的出口水产品农残超标问题展开专项调查，发现一起发生在 X 市口岸的逃避商检案件。涉案当事人于 2005 年 9 月至 2006 年 6 月期间违规操作，在综合业务管理系统的申报企业端上，将未经产地商检机构检验的出口法检货物，以虚假产地换证凭单方式在 X 市口岸进行预录入报检，取得电子报检号后又以伪造换证凭条和虚构转单号等手段骗取通关单，将上述货物出口，逃避出口商品法定检验。2007 年 7 月，X 市 H 区人民法院依法对此案进行宣判，两名涉案人员因逃避商检罪被判处有期徒刑 1 年并处罚金 3000 元，本案成为全国首例逃避商检刑事案件。

由于案发当时未有相关立案追诉标准，有关"情节严重"如何认定成为本罪构成的争议焦点。因本案涉及全国 37 家出口企业 245 批次的出口货物，涉案货物包括冻虾、糖果、冻烤鳗、罐头等重点敏感商品，涉案总货值达 2140 万美元；其中 5 批出口至美国的冻烤鳗被美国食品药品管理局（FDA）检测出孔雀石绿含量严重超标，导致被美国通报，并实施批批加严检测，对我国产品信誉和国际形象造成了恶劣影响。司法机关据此认定本案构成"情节严重"，本案也推动了有关逃避商检罪的刑事案件立案追诉标准的出台。

2. 销售不符合安全标准的产品罪

销售不符合安全标准的产品罪，是指行为人违反国家产品质量法规，明知销售的电器、压力容器、易燃易爆产品或者其他产品不符合保障人身、财产安全的国家标准、行业标准而进行销售，并造成严重后果的行为。

《刑法》第一百四十六条规定，销售明知是不符合保障人身财产安全的国家标准、行业标准的电器、压力容器、易燃易爆产品或者其他不符合人身、财产安全的国家标准、行业标准的产品，造成严重后果的，处五年以下有期徒刑，并处销售金额百分之五十以上二倍以下罚金；后果特别严重的，处五年以上有期徒刑，并处销售金额百分之五十以上二倍以下罚金。

在进出口商品检验工作实践中，根据《进出口商品检验法实施条例》，销售经法定检验、抽查检验或者验证不合格的进出口商品，造成严重危害后果的，有可能构成销售不安全产品罪。需要注意的是，本罪是结果犯，行为人销售不符合安全标准的电器、压力容器、易燃易爆产品等，只有对他人的人身、财产安全已造成严重后果的才构成本罪；没有造成严重危害的，不构成本罪。但销售金额达五万元以上的，可以按生产、销售伪劣产品罪处罚。

3. 生产、销售伪劣产品罪

生产、销售伪劣产品罪，是指生产者、销售者以牟取非法利润为目的，违反国家有关商品质量管理法规，在产品中掺杂掺假、以假充真、以次充好或者以不合格产品冒充合格产品，危害群众人身安全，侵害国家、单位、他人的合法权益，破坏社会主义市场经济秩序，情节严重的行为。

根据《进出口商品检验法》，进口或者出口属于掺杂掺假、以假充真、以次充好的商品或者以不合格进出口商品冒充合格进出口商品，情节严重的，可能构成生产、销售伪劣产品罪。本罪的主要特征是：主体是一般主体，既包括自然人，也包括单位，在进出口伪劣商品犯罪行为中，主要是指进出口货物的收发货人及其相关人员；主观方面是故意，即明知是伪劣商品仍然进行进口或者出口；客体包括国家的产品质量管理制度和市场管理制度，又包括消费者的合法权益；客观上表现为行为人实施了进口或者出口属于掺杂掺假、以假充真、以次充好的商品或者以不合格进出口商品冒充合格进出口商品，情节严重的行为。

在进出口货物贸易中，构成生产、销售伪劣商品罪的，应当按照《刑法》有关生产、销售伪劣商品罪的规定追究刑事责任。

4. 伪造、变造、买卖、盗窃国家机关公文、证件、印章罪

伪造、变造、买卖、盗窃国家机关公文、证件、印章罪，是指伪造、变造、买卖、盗窃国家机关公文、证件、印章，影响国家机关公文、证件、印章的信誉，妨碍国家机关对公文、证件、印章管理活动的行为。

出入境检验检疫机构属于国家行政执法部门，任何伪造、变造、买卖或者盗窃商检单证、印章、标志、封识、质量认证标志的行为，都可能构成伪造、变造、买卖、盗窃国家机关公文、证件、印章罪。本罪的主要特征是：主体是一般主体；主观方面是故意；客体是国家机关的正常管理活动和信誉；客观方面表现为伪造、变造、买卖或者盗窃商检单证、印章、标志、封识、质量认证标志。

根据《刑法》第二百八十条，伪造、变造、买卖或者盗窃、抢夺、毁灭国家机关的公文、证件、印章的，处三年以下有期徒刑、拘役、管制或者剥夺政治权利；情节严重的，处三年以上十年以下有期徒刑。

二、海关工作人员的违法行为及其法律责任

（一）行政违法行为及其法律责任

1. 泄露商业秘密的行为

海关工作人员作为国家代表，依法对进出口商品实施检验，其行为受法律保护。在实施进出口商品检验的过程中，形成了施检者与受检者之间的管理与被管理的关系，海关工作人员依职权很容易知悉受检者的商业秘密。为了有效保护受检者的合法权益，促进我国对外经济贸易关系的顺利发展，根据《进出口商品检验法》，海关工作人员在履行进出口商品检验的职责过程中，对所知悉的商业秘密负有保密的义务。所谓的商业秘密，是指不为公众所知悉，能为权利人带来经济利益，具有实用性并经权利人采取保密措施的技术信息和经营信息。比如商品的配方、配料、生产工艺、出厂价格、零售价格、经营方式、销售区域、主要客户、商品特性等。

根据《进出口商品检验法》，海关工作人员违反国家规定，泄露所知悉的商业秘密，无论出于故意或者过失，均应依法给予行政处分，包括警告、记过、记大过、降级、降职、撤职、留用察看或开除等；有违法所得的，应没收违法所得。

2. 渎职行为

海关工作人员代表各级海关履行进出口商品检验以及监督管理的职责，必须遵守

法律，维护国家利益，依照法定职权和法定程序严格执法，忠于职守，文明服务，遵守职业道德，不得滥用职权，谋取私利。

根据《进出口商品检验法》及其实施条例，海关工作人员滥用职权，故意刁难当事人的，徇私舞弊，伪造检验结果的，或者玩忽职守，延误检验出证的，依法给予行政处分；违反有关法律、行政法规规定签发出口货物原产地证明的，依法给予行政处分，没收违法所得。

（二）刑事违法行为及其法律责任

1. 商检徇私舞弊罪

商检徇私舞弊罪，是指海关工作人员徇私舞弊，故意伪造检验结果的行为。本罪的主要特征是：主体是特殊主体，即海关总署、出入境检验检疫机构的工作人员；主观方面是故意；客体是侵犯了我国进出口商品检验管理秩序；客观方面表现为徇私舞弊，故意伪造检验结果，所谓伪造检验结果，是指采取伪造、变造的手段对商品检验的单证、印章、标志、封识、质量认证标志等作虚假的证明或者出示不真实的结论。

根据《进出口商品检验法》和《刑法》，对构成商检徇私舞弊罪的，处以五年以下有期徒刑或者拘役；造成严重后果的，处以五年以上十年以下有期徒刑。造成严重后果，是指因伪造检验结果，致使不合格或残损短缺的进出口商品进出口，造成国家利益遭受严重损失或致使外方向我方索赔，造成严重损失的情形。

2. 商检失职罪

商检失职罪，是指海关工作人员严重不负责任，对应当检验的物品不检验，或者延误检验出证、错误出证，致使国家和人民利益遭受重大损失的行为。本罪的主要特征是：主体是特殊主体，即海关总署、出入境检验检疫机构的工作人员；主观方面是过失；客体是侵犯了我国进出口商品检验管理秩序；客观方面表现为严重不负责任，对应当检验的物品不检验，或者延误检验出证、错误出证，致使国家利益遭受重大损失。严重不负责任，是指不履行或者不认真履行应尽职责，情节恶劣的情形。延误检验出证，是指海关工作人员由于严重不负责任，在海关总署统一规定的检验期限内没有检验完毕。错误出证，是指海关工作人员由于严重不负责任，出具与事实不符的检验结果。

根据《进出口商品检验法》第三十六条和《刑法》第四百一十二条，对构成商检失职罪的，处三年以下有期徒刑或者拘役。

【案例分析 4 - 12】商检徇私舞弊罪案例

宋某是 A 海关化矿金属材料检测中心冶炼原料检测实验室副主任。宋某负责实验室内部日常检验工作安排、落实质量措施、监督检验质量、控制检验流程、签发检验报告等工作。某货运代理有限公司进口的铜精矿有害元素含量不符合国家规定的限量标准，按规定应实施退运或者销毁处理。该公司经理李某托人找到了宋某。宋某告诉实验室下属工作人员胡某某李某公司的报检号，了解到对应的铜精矿样品在氟含量检测中不合格。宋某让胡某某帮忙想办法让这批样品检测合格并且给了他1000元现金的好处费。宋某先后35次指使胡某某将某货运代理有限公司超标的检测数据修改为达标数据，伪造检验结果。宋某多次收受李某以微信转账形式所送好处费共计7.5万元。他将其中的2.8万转交给了胡某某。

区纪委监委掌握问题线索后，对宋某涉嫌违纪违法问题立案审查调查。宋某身为国家商检机构工作人员，伙同他人徇私舞弊，伪造检验结果，犯商检徇私舞弊罪，被判处有期徒刑二年六个月；犯受贿罪，判处有期徒刑二年，并处罚金10万元；决定执行有期徒刑四年，并处罚金10万元。

【课后练习题】

一、单选题

1. 法定检验的进出口商品尚未制定国家技术规范的强制性要求的，应当依法及时制定，未制定前可以参照国家商检部门指定的（   ）进行检验。

A. 国外有关标准　　　　　　B. 国家推荐标准
C. 行业标准　　　　　　　　D. 企业标准
［答案］A

2. 根据《进出口商品检验法》，法定检验的进口商品，应当在国家商检部门统一规定的期限内检验完毕，并出具（   ）。

A. 检疫证书　　　　　　　　B. 许可证书
C. 检验证单　　　　　　　　D. 检验凭单
［答案］C

3.（   ），必须向商检机构申请进行包装容器的性能鉴定。

A. 为出口危险货物生产包装容器的企业
B. 生产出口危险货物的企业
C. 为出口货物生产包装容器的企业
D. 生产出口货物的企业
［答案］A

4. 根据《进出口商品检验法实施条例》，海关商品检验的范围包括（　　　）。

A. 锅炉压力容器的安全监督检验

B. 进出口药品的质量检验

C. 进口机动车辆的检验

D. 计量器具的量值检定

［答案］C

5. 根据《进出口商品检验法实施条例》，擅自调换海关抽取的样品或者海关检验合格的进出口商品的，责令改正，给予警告；情节严重的，并处（　　　）10%以上50%以下罚款。

A. 违法所得　　　　　　　　　　B. 货值金额

C. 样品金额　　　　　　　　　　D. 拍卖金额

［答案］B

二、多选题

1. 制定、调整必须实施检验的进出口商品范围的依据包括（　　　）。

A. 保护人类健康和安全

B. 保护动物或者植物的生命和健康

C. 保护环境

D. 维护国家安全

［答案］ABCD

2. 对商检机构作出的检验结果有异议的，可以向（　　　）申请复验。

A. 原商检机构　　　　　　　　　B. 其上级商检机构

C. 其他检验机构　　　　　　　　D. 国家商检部门

［答案］ABD

3. 进口或者出口属于（　　　），构成犯罪的，依法追究刑事责任。

A. 掺杂掺假的商品

B. 以假充真的商品

C. 以次充好的商品

D. 以不合格进出口商品冒充合格进出口商品

［答案］ABCD

4. 根据《进出口商品检验法实施条例》，对进出口商品实施检验的内容，包括是否符合（　　　）、防止欺诈等要求以及相关的品质、数量、重量等项目。

A. 安全　　　　　　B. 卫生　　　　　　C. 健康　　　　　　D. 环境保护

〔答案〕ABCD

5. 提供或者使用未经出入境检验检疫机构适载检验的集装箱、船舱、飞机、车辆等运载工具装运（   ）出口的，由出入境检验检疫机构处 10 万元以下罚款。

A. 精密仪器   B. 易腐烂变质食品

C. 冷冻品   D. 大型机电设备

〔答案〕BC

三、判断题

1. 法定检验的进出口商品，有国家技术规范的强制性要求的，按照国家技术规范的强制性要求进行检验。

〔答案〕正确

2. 当事人对进出口商品复验结论不服应首先依法申请行政复议，对复议结论不服的，再提起行政诉讼。

〔答案〕错误

3. 国家商检部门、商检机构的工作人员滥用职权，故意刁难的，徇私舞弊，伪造检验结果的，或者玩忽职守，延误检验出证的，依法给予行政处分；构成犯罪的，依法追究刑事责任。

〔答案〕正确

4. 海关对列入必须实施检验的进出口商品目录的进出口商品以及法律、行政法规规定须经海关检验的其他进出口商品实施检验被称为法定检验。

〔答案〕正确

5. 海关总署建立进出口商品风险预警机制，通过收集进出口商品检验方面的信息，进行风险评估，确定风险的类型，采取相应的风险预警措施及快速反应措施。

〔答案〕正确

四、案例题

S 公司向 A 海关申报进口一批机电产品。海关执法人员在查验中发现，该批机电产品属于旧机电产品，依照国家有关规定应当实施装运前检验。

请根据上述案例，回答下列问题。

1. 下列关于 S 公司的报检行为，错误的是（   ）。

A. 可以自行办理报检手续

B. 可以委托代理报检企业办理报检手续

C. 可以委托承运人办理报检手续

D. 可以委托并以代理报检企业的名义办理报检手续

〔答案〕C

2. 对于 S 公司进口旧机电产品未按照规定进行装运前检验的行为，海关可以依法
（　　）。

A. 予以警告

B. 没收非法财物

C. 予以退货

D. 吊销该企业营业执照

〔答案〕C

3. A 海关经过调查，认定 S 公司违法行为情节严重，A 海关可以对 S 公司作出
（　　）罚款。

A. 商品货值金额等值

B. 200 万元以下

C. 商品货值金额 50%

D. 100 万元以下

〔答案〕D

学习笔记

....

....

....

....

....

....

....

项目五
进出口食品安全管理法律
制度与实务

【学习目标】

了解进出口食品安全的相关概念和特点。

掌握进出口食品安全监管相关法律法规制度。

准确运用进出口食品相关监管要求。

【导引】

近年来，随着国际贸易便利化和人民消费水平不断提升，产自美国、日本、欧洲、东南亚等国家和地区的糖果、饼干、饮料等预包装食品备受我国市场青睐。甲食品进出口公司计划通过一般贸易方式从美国进口一批巧克力，该商品的税则号列为806900000。

请思考：进出口企业需要具备哪些资质？海关对进口商品有哪些监管要求？企业进口报关需要提交哪些资料？为避免出现违法情形，企业应当注意的事项有哪些？

任务一　进出口食品安全管理法律制度概述

民以食为天，食以安为先。食品安全关系人民群众的身体健康和生命安全，关系经济健康发展和社会稳定，关系国家和政府的形象。党的十八大以来，以习近平同志为核心的党中央坚持以人民为中心的发展思想，从党和国家事业发展全局、实现中华民族伟大复兴中国梦的战略高度，把食品安全工作放在"五位一体"总体布局和"四个全面"战略布局中统筹谋划部署，确保人民群众"舌尖上的安全"。

伴随着全球经济一体化的不断发展，进出口食品贸易在国际经济贸易中的比重日益增加，食品安全问题带来的挑战日益严峻。世界范围内由于食品安全问题而引发的贸易纠纷呈不断上升的趋势，进出口食品安全不仅是关系人民群众生命健康的公共卫生问题，同时也是关系国家经济利益和国际影响的重要国际经贸问题。我国一直高度重视进出口食品安全问题，特别是在加入 WTO 后，为有效应对 TBT 协定和 SPS 协定等，规范进出口食品贸易秩序，促进进出口食品贸易发展，我国逐步构建了以《食品安全法》等进出口食品安全相关法律为核心、《食品安全法实施条例》等行政法规为支撑、《进出口食品安全管理办法》等部门规章为基础，以及进出口食品安全相关规范性文件为补充的中国特色进出口食品安全法律制度体系，为保障进出口食品安全提供了强有力的制度支撑和法律依据。

一、食品的概念

《食品安全法》规定，食品是指各种供人食用或者饮用的成品和原料以及按照传统既是食品又是中药材的物品，但是不包括以治疗为目的的物品。食品主要有三项功能：一是营养功能，是指食品能提供人体所需的营养素和能量，满足人体的营养需要；二是感官功能，是指食品能满足人们不同的嗜好要求，即对食物色、香、味、形和质地的要求；三是调节功能，是指食品可对人体产生良好的调节作用，如调节人体生理节律，提高机体的免疫力等。

从我国食品安全立法和管理角度，"食品"的概念应当从广义上来理解，除食品外，还包括食品添加剂和食品相关产品。食品添加剂和食品相关产品是食品生产经营活动中必不可少的物质，与食品安全息息相关，可以说没有食品添加剂和食品相关产品的安全，就没有食品安全。

食品添加剂，是指为改善食品品质和色、香、味以及为防腐、保鲜和加工工艺的需要而加入食品中的人工合成物质或者天然物质，包括营养强化剂。

食品相关产品，是指用于食品的包装材料和容器、洗涤剂、消毒剂以及用于食品生产经营的工具、设备。其中，用于食品的包装材料和容器，是指包装、盛放食品或者食品添加剂用的纸、竹、木、金属、搪瓷、陶瓷、塑料、橡胶、天然纤维、化学纤维、玻璃等制品和直接接触食品或者食品添加剂的涂料。用于食品的洗涤剂、消毒剂，是指直接用于洗涤或者消毒食品、餐具、饮具以及直接接触食品的工具、设备或者食品包装材料和容器的物质。用于食品生产经营的工具、设备，是指在食品或者食品添加剂生产、销售、使用过程中直接接触食品或者食品添加剂的机械、管道、传送带、容器、用具、餐具等。

二、食品安全的概念

食品安全是世界粮食与农业组织（FAO）在 1974 年 11 月通过的《世界粮食安全国际约定》中提出的概念，定义为：保证任何人在任何地方能得到为了生存与健康所需要的足够食品。主要包括三个方面的内容：一是从数量角度，要求国家能够提供给公众足够的食物，满足社会稳定的基本需要；二是从卫生安全角度，要求食品对人体健康不造成任何危害，并获取充足的营养；三是从发展角度，要求食品的获得要注重生态环境的良好保护和资源利用的可持续性。

世界卫生组织（WHO）在 1996 年发表的《加强国家级食品安全性计划指南》中，把食品安全解释为：对食品按其预定用途进行制作、食用时不会使消费者健康受到损害的一种担保。

《食品安全法》规定，食品安全是指食品无毒、无害，符合应当有的营养要求，对人体健康不造成任何急性、亚急性或者慢性危害。主要包括三方面内容：一是从食品安全性角度看，要求食品应当无毒、无害，即正常人在正常食用情况下摄入可食状态的食品，不会造成对人体的危害；二是符合应当有的营养要求，不但包括人体代谢所需要的蛋白质、脂肪、维生素等营养物质，还应包括食品的消化吸收率和对人体维持正常生理功能应发挥的作用；三是对人体健康不造成任何危害，包括急性、亚急性或者慢性危害。

《食品安全法》定义的食品安全是一个相对狭义的概念，主要任务是解决食品卫生安全的问题，而在满足需求和维护可持续性意义上的食品安全则是由农业、环境保护等相关法律进行规范。

三、进出口食品安全的特点

现代食品安全具有两个特点：一是风险性，在现实生活中食品安全不可能存在零风险，问题是如何在风险和收益之间取得平衡；二是相对性和动态性，随着时间、地点和消费群体的不同，存在不同的安全标准。

进出口食品安全还具有其特殊性，主要表现在以下方面。

一是进出口食品安全风险更加复杂。随着经济全球化和区域一体化的不断发展，进出口食品已成为国际贸易领域不可或缺的重要组成部分，当今进出口食品供应链更加国际化、复杂化、多元化，部分贸易伙伴食品安全水平较低，进出口食品安全风险更加复杂。

二是进出口食品安全影响范围更大。食品安全形势在发达国家和发展中国家同样严峻，一个国家（地区）发生的食品安全问题可能通过国际贸易波及全球其他国家（地区）。例如 20 世纪 80 年代在英国流行的疯牛病，就是通过食品进出口在整个欧洲大陆蔓延，百余人因为吃了病牛肉而患上变异型克－雅二氏症，最终死亡。为了遏制疯牛病传播，英国屠宰了超过 400 万头牛，经济损失惨重。

三是国际贸易环境更加多变。当前全球经济复苏缓慢，不确定性增加，进出口食品安全越来越成为各国（地区）贸易摩擦的高频问题，食品相关的国际贸易技术性措施不断加严，对进出口食品安全治理造成新的冲击。

四、进出口食品安全监管体制

2018 年 2 月，中国共产党第十九届中央委员会第三次全体会议审议通过了《中共中央关于深化党和国家机构改革的决定》和《深化党和国家机构改革方案》，2018年 3 月，十三届全国人民代表大会第一次会议审议通过了国务院机构改革方案，明确"将国家质量监督检验检疫总局的出入境检验检疫管理职责和队伍划入海关总署"。食品进出口环节监管工作由海关总署负责，海关总署设立进出口食品安全局，具体负责进出口食品、化妆品检验检疫和监督管理，依据多双边协议实施出口食品相关工作。

海关总署与其他部委的职责分工如下。

（一）与农业农村部的有关职责分工

1. 立法合作

农业农村部会同海关总署起草出入境动植物检疫法律法规草案，共同参与制定和调整相关法律法规。

2. 禁止入境名录的确定与发布

两部门负责确定和调整禁止入境动植物名录并联合发布，确保入境物品符合国家安全和卫生标准。

3. 出入境禁令与解禁令的制定

海关总署会同农业农村部制定并发布动植物及其产品出入境禁令和解禁令，共同管理出入境动植物产品的安全。

4. 国际合作

海关总署和农业农村部共同参与出入境动植物及其产品相关的协议谈判，并负责执行中国缔结或参加的国际条约和协定。

5. 信息共享与协作

两部门需要相互衔接，密切配合，共同做好出入境动植物检疫工作，包括信息共享、风险评估、紧急预防措施等。

（二）与国家市场监督管理总局的有关职责分工

1. 信息共享

海关总署和国家市场监督管理总局需要建立有效的信息共享机制，确保在食品安全监管中发现的问题能够及时通报给对方，以便采取相应措施。

2. 风险预警和控制

在进口食品中发现严重食品安全问题时，海关总署需及时采取风险预警或控制措施，并向国家市场监督管理总局通报，后者则需采取相应措施。

3. 缺陷产品召回

海关总署在口岸检验监管中发现不合格或存在安全隐患的进口产品，需依法实施技术处理、退运、销毁，并向国家市场监督管理总局通报。国家市场监督管理总局负责统一管理缺陷产品召回工作，对拒不履行召回义务的，国家市场监督管理总局向海关总署通报，由海关总署依法采取相应措施。

4. 避免重复监管

两部门需建立机制，避免对进出口食品进行重复检验、重复收费、重复处罚，以减轻企业负担。

（三）与国家卫生健康委员会的有关职责分工

1. 协同工作

海关总署在执行进出口食品监管时，需要依据国家卫生健康委员会制定的食品安全国家标准进行。

2. 信息共享

在食品安全风险评估和监测方面，海关总署和国家卫生健康委员会需要共享信息，协同应对食品安全风险。

3. 法规执行

国家卫生健康委员会制定的食品安全标准和规定，海关总署在进出口环节中负责执行和监督。

4. 国际合作

在国际食品安全标准和协议的执行上，两部门需要共同协作，维护中国在食品安全领域的国际形象。

五、我国进出口食品安全管理法律制度

（一）基本含义

进出口食品安全管理法律制度，是进出口食品安全管理工作的依据和基础，是指由国家制定的，并以国家强制力保证实施的、调整进出口食品安全管理活动的各种法律规范的总和。

（二）进出口食品安全管理法律法规发展历程

1979 年，国务院正式颁发《中华人民共和国食品卫生管理条例》，标志着我国食品卫生法规进入新阶段。1982 年，《中华人民共和国食品卫生法（试行）》出台，这是中华人民共和国成立以来我国在食品卫生方面颁布的第一部法律。经过十余年的试行，1995 年《中华人民共和国食品卫生法》出台，对食品卫生要求、食品添加剂卫生要求、食品生产包装储存设备卫生要求、食品卫生标准的制定、食品卫生管理、食品卫生监督及相关法律责任等作了全面规定。在此阶段，我国针对包括食品在内的进出口商品质量安全检验、动植物检疫陆续制修订了一系列法律法规和规章，如《进出口商品检验法》及其实施条例、《进出境动植物检疫法》及其实施条例等。1984 年国家商检局和卫生部联合制定了我国第一部专门针对进出口食品管理的规章——《中华人民共和国出口食品卫生管理办法（试行）》。随后，《进口食品卫生监督检验工作规程》《出口罐头检验和监管工作规定》等进出口食品安全监管专门规章或规范性文件陆续出台。

2009 年至今，我国进出口食品安全立法逐渐向体系化方向发展。特别是我国加入WTO 后，进出口食品贸易迅猛发展，针对进出口食品安全形势发展需要，我国出台了大量进出品食品安全相关法律法规。2009 年颁布实施《食品安全法》，单列"食品进出口"一章，标志着我国进出口食品安全管理法治化进入新阶段。围绕中国共产党第十八届中央委员会第三次全体会议关于建立最严格的食品安全监管制度这一总体要求，

2015 年全国人民代表大会常务委员会对《食品安全法》进行了修订，共十章一百五十四条，其中第六章"食品进出口"从第九十一条至第一百零一条，涵盖了进出口食品安全监管的各方面，体现了我国已基本构建出符合国际惯例、具有中国特色、覆盖进出口各环节的进出口食品安全监管制度体系，大大丰富了进出口食品安全监管的规定。2018 年，出入境检验检疫管理职责和队伍划入海关总署，从中央到地方的食品安全监督管理机构、进出口食品监督检验机构都发生了重大变化，相应的法律、法规也作了系统修订。2021 年，海关总署出台《进出口食品安全管理办法》，对进出口食品安全管理各项制度进行了全面详细规定，标志着我国进出口食品安全管理法治化进入成熟阶段。

（三）进出口食品安全管理法律制度体系

1. 我国进出口食品安全法律法规

（1）法律。

我国进出口食品安全管理的法律主要包括《食品安全法》《进出口商品检验法》《进出境动植物检疫法》《生物安全法》等。

①《食品安全法》。

《食品安全法》于 2009 年 2 月 28 日经第十一届全国人民代表大会常务委员会第七次会议通过，自 2009 年 6 月 1 日起施行。2015 年 4 月 24 日对《食品安全法》进行了较大幅度修订，篇幅由原来的 10 章 104 条扩充到 10 章 154 条，其中第六章"食品进出口"从第九十一条至第一百零一条，大大丰富了进出口食品安全监管的规定。2018 年12 月 29 日和 2021 年 4 月 29 日又结合国务院机构改革情况和行政审批改革情况，对《食品安全法》进行了两次修正。对食品进出口部分，主要规定了：进出口食品安全的监督管理部门；进口的食品、食品添加剂、食品相关产品的要求；进口尚无食品安全国家标准食品等的程序；境外出口商、境外生产企业、进口商的义务；进口食品、食品添加剂、食品相关产品风险的应对措施；境外出口商、代理商、进口商和境外食品生产企业的备案与注册；进口的预包装食品、食品添加剂的标签、说明书要求；食品、食品添加剂的进口和销售记录制度；出口食品的监督管理；进出口食品安全信息及信用管理；检验检疫部门的评估和审查职责。

②《进出口商品检验法》。

《进出口商品检验法》于 1989 年 2 月 21 日第七届全国人民代表大会常务委员会第六次会议通过，并于 2002 年、2013 年、2018 年 4 月、2018 年 12 月、2021 年五次修正，其中规定了对进口食品、食品添加剂的检验方法。

《食品安全法》第九十二条规定，进口的食品、食品添加剂应当经出入境检验检疫机构依照进出口商品检验相关法律、行政法规的规定检验合格。该条规定一是明确了海关实施检验的范围，即进口的食品和食品添加剂均应当经过海关的检验；二是明确了检验的方法，即根据商品检验的相关法律、行政法规进行检验。根据《进出口商品检验法》第五条、第六条规定，所谓"检验合格"，是指列入目录的进出口商品，由商检机构实施检验。必须实施的进出口商品检验，是指确定列入目录的进出口商品是否符合国家技术规范的强制性要求的合格评定活动。合格评定程序包括抽样、检验和检查；评估、验证和合格保证；注册、认可和批准以及各项的组合。因此，对进出口食品的检验是根据《进出口商品检验法》规定的9种合格评定程序组织实施。

③《进出境动植物检疫法》。

《进出境动植物检疫法》于1991年10月30日第七届全国人民代表大会常务委员会第二十二次会议通过，于2009年进行了一次修正。进出口动物源性、植物源性食品的相关检疫要求应当遵守《进出境动植物检疫法》的相关规定，如输入动物、动物产品、植物种子、种苗及其繁殖材料的，必须事先提出申请，办理检疫审批手续。

④《生物安全法》。

《生物安全法》于2020年10月17日颁布，自2021年4月15日起施行。该法的颁布和实施标志着我国已将生物安全纳入国家安全治理体系，生物安全监管法治化进入了一个新的阶段。在《生物安全法》适用范围中，与食品安全直接或间接有关的事项包括防控重大新发突发传染病、动植物疫情，生物技术研究、开发与应用安全，病原微生物实验室生物安全管理，防范外来物种入侵与保护生物多样性，应对微生物耐药。在《生物安全法》建立的各项制度中，生物安全国家准入、指定口岸进境、进出境疫情监测与防控体系等也适用于进出口食品安全监管，为海关加强进出口食品安全监管提供了重要执法依据。

（2）行政法规。

我国进出口食品安全管理的行政法规主要包括《食品安全法实施条例》《进出口商品检验法实施条例》《进出境动植物检疫法实施条例》《国务院关于加强食品等产品安全监督管理的特别规定》，以及《乳品质量安全监督管理条例》《农业转基因生物安全管理条例》等。

①《食品安全法实施条例》。

2009年《食品安全法》颁布不久，国务院于2009年7月8日第73次常务会议通过了《食品安全法实施条例》，2009年7月20日国务院令第557号公布，自公布之日起施行。《食品安全法实施条例》作为《食品安全法》的配套行政法规，使相关制度进一步细化、实化、深化，提升了法律的制度价值。根据《食品安全法》修订情况，国务院对《食品安全法实施条例》分别于 2016 年 2 月 6 日、2019 年 3 月 26 日作了两次修订。

②《国务院关于加强食品等产品安全监督管理的特别规定》。

《国务院关于加强食品等产品安全监督管理的特别规定》（以下简称《特别规定》）于 2007 年 7 月 25 日国务院第 186 次常务会议通过，2007 年 7 月 26 日中华人民共和国国务院令第 503 号公布，自公布之日起施行。

根据《特别规定》，出口食品及农产品的生产经营者应当保证其出口产品符合进口国（地区）的标准或者合同要求。法律规定产品必须经过检验方可出口的，应当经符合法律规定的机构检验合格。出口产品的生产经营者逃避产品检验或者弄虚作假的，由出入境检验检疫机构和药品监督管理部门依据各自职责，没收违法所得和产品，并处货值金额 3 倍的罚款；构成犯罪的，依法追究刑事责任。对于出口产品检验人员，《特别规定》要求出口产品检验人员应当依照法律、行政法规规定和有关标准、程序、方法进行检验，对其出具的检验证单等负责。在诚信管理方面，《特别规定》要求出入境检验检疫机构和商务、药品等监督管理部门应当建立出口产品的生产经营者良好记录和不良记录，并予以公布。对有良好记录的出口产品的生产经营者，简化检验检疫手续。

根据《特别规定》，进口产品应当符合我国国家技术规范的强制性要求以及我国与出口国（地区）签订的协议规定的检验要求。质检、药品监督管理部门依据生产经营者的诚信度和质量管理水平以及进口产品风险评估的结果，对进口产品实施分类管理，并对进口产品的收货人实施备案管理。进口产品的收货人应当如实记录进口产品流向。记录保存期限不得少于 2 年。

（3）部门规章。

海关总署关于进出口食品安全的规章主要有《进出口食品安全管理办法》、《出境水果检验检疫监督管理办法》、《中华人民共和国进口食品境外生产企业注册管理规定》（海关总署令第 249 号）（简称《进口食品境外生产企业注册管理规定》）等。

①《进出口食品安全管理办法》。

为落实《食品安全法》等法律法规要求，规范进出口食品安全管理，海关总署制定公布了《进出口食品安全管理办法》，自 2022 年 1 月 1 日起施行。《进出口食品安全管理办法》是当前重要的进出口食品安全管理综合性部门规章，全文由总则、食品进口、食品出口、监督管理、法律责任、附则 6 章组成，共 79 条。

《进出口食品安全管理办法》紧紧围绕进口食品安全链条监管和出口食品安全全

过程监管，通过"食品进口"和"食品出口"两个章节予以明确；将进出口食品安全信息管理、风险预警措施、风险监测等内容编入"监督管理"章节；提出"风险预警控制措施""应急管理""监督检查措施""过境食品检疫""复验管理"等规定；对指定口岸、标准适用、制定或认可场所、注册企业退出等规定作了进一步明确，细化进口食品合格评定、境外国家（地区）食品安全管理体系评估和审查、进口商自主审核、通报、进口和销售记录、信用管理等要求；充分考虑海关职能定位，结合海关业务改革相关精神和要求，对海关部门涉及进出口食品安全监管的部分工作程序进行了调整。

②《出境水果检验检疫监督管理办法》。

《出境水果检验检疫监督管理办法》由国家质检总局令第 91 号公布，自 2007 年 2 月 1 日起施行。根据海关总署令第 238 号、第 240 号、第 243 号修正。出境新鲜水果（含冷冻水果）的检验检疫与监督管理工作适用该办法。

③《进口食品境外生产企业注册管理规定》。

《进口食品境外生产企业注册管理规定》由海关总署令第 248 号公布，自 2022 年 1 月 1 日起实施。

该规定全面规范了进口食品境外生产企业注册管理制度，注册方式包括所在国家（地区）主管当局推荐注册和企业申请注册。其中，肉与肉制品、肠衣、水产品、乳品、燕窝与燕窝制品、蜂产品、蛋与蛋制品、食用油脂和油料、包馅面食、食用谷物、谷物制粉工业产品和麦芽、保鲜和脱水蔬菜以及干豆、调味料、坚果与籽类、干果、未烘焙的咖啡豆与可可豆、特殊膳食食品、保健食品的境外生产企业应当由所在国家（地区）主管当局向海关总署推荐注册。

（4）规范性文件。

进出口食品安全管理工作不断有新的变化和新的管理要求，法律法规或者规章的制修订难以完全满足工作需要，海关总署通过发布规范性文件的形式来规范进出口食品安全管理的各项工作，如《关于〈中华人民共和国进口食品境外生产企业注册管理规定〉和〈中华人民共和国进出口食品安全管理办法〉实施相关事宜的公告》（海关总署公告 2021 年第 103 号）、《关于进出口预包装食品标签检验监督管理有关事宜的公告》（海关总署公告 2019 年第 70 号）等。这些规范性文件也是进出口食品安全管理执法依据的重要组成部分。

【延伸阅读 5 - 1】食品安全事故后，消费者可以找谁承担赔偿责任

《食品安全法》第一百四十七条　　违反本法规定，造成人身、财产或者其他损害的，依法承担赔偿责任。生产经营者财产不足以同时承担民事赔偿责任和缴纳罚款、罚金时，先承担民事赔偿责任。

《食品安全法》第一百四十八条 消费者因不符合食品安全标准的食品受到损害的，可以向经营者要求赔偿损失，也可以向生产者要求赔偿损失。接到消费者赔偿要求的生产经营者，应当实行首负责任制，先行赔付，不得推诿；属于生产者责任的，经营者赔偿后有权向生产者追偿；属于经营者责任的，生产者赔偿后有权向经营者追偿。

生产不符合食品安全标准的食品或者经营明知是不符合食品安全标准的食品，消费者除要求赔偿损失外，还可以向生产者或者经营者要求支付价款十倍或者损失三倍的赔偿金；增加赔偿的金额不足一千元的，为一千元。但是，食品的标签、说明书存在不影响食品安全且不会对消费者造成误导的瑕疵的除外。

《食品安全法》第一百四十九条 违反本法规定，构成犯罪的，依法追究刑事责任。

——参考自《食安科普 | 食品安全这些知识，你应该知道!》（澎湃政务：网信安次 2022 - 08 - 26）。

2. 国际条约

我国已加入 WTO、CAC、APPPC、亚太经合组织（Asian-Pacific Economic Cooperation，APEC）等国际组织，签署了 SPS 协定、TBT 协定、《亚太贸易协定》、《区域全面经济伙伴关系协定》（Regional Comprehensive Economic Partnership，RCEP）等多边贸易协定。此外，我国还与世界上许多国家（地区）签订了大量双边检验检疫协定、备忘录等。这些多边和双边贸易协定均秉承了优先适用原则，是我国进出口食品安全立法及实施必须首先遵守的规则。

（1）SPS 协定。

SPS 协定是 WTO 成员为确保卫生与植物卫生措施（SPS 措施）的合理性，并对国际贸易不构成变相限制所制定的一套制定和实施 SPS 措施时应遵循的一套规定、原则和规范。协定规定，各成员有权采取措施，但是应保证这些措施仅为保护人类、动物或植物的生命或健康所必需，在成员之间不应有任意的或不公平的歧视。协定主要涵盖动物检疫、植物检疫和食品安全 3 个领域。

（2）TBT 协定。

TBT 协定主要为国际贸易中出现的技术法规、标准和合格评定程序的制定与实施，以及相关争端解决机制制定相应规则，以协调国际贸易中日益增加的技术性贸易措施问题。

（3）国际食品法典标准。

1963 年，联合国的两个组织——FAO 和 WHO 共同创建了 CAC，成为唯一的政府间有关食品管理法规、标准问题的协调机构，旨在保护消费者健康、促进公平食品贸易和协调各国食品标准。在 60 年的历程里，CAC 共制定了包括国际食品法典标准在内的 327 项标准、准则和操作规范，涉及食品添加剂、污染物、食品标签、食品卫生、营养与特殊膳食、检验方法、农药残留、兽药残留等各领域，国际食品法典标准是国际认可的食品领域的唯一参考标准。

（4）WOAH 法典。

WOAH 是改善全球动物卫生状况的政府间组织，总部设在法国巴黎，主要负责动物疫病通报、动物/动物产品国际贸易规则制定和动物疫病无疫国家认证等工作。WOAH 法典主要包括陆生动物健康法典、陆生动物诊断测试和疫苗手册、水生动物健康法典和水生动物诊断测试手册等。

（5）IPPC。

IPPC 是 1951 年 FAO 通过的一个有关植物保护的多边国际协议，由于认识到 IPPC 在植物卫生方面所起的重要作用，SPS 协议规定 IPPC 组织为影响贸易的植物检疫措施国际标准（International Standards for Phytosanitary Measures，ISPMs）的制定机构，并在植物卫生领域起着重要的协调一致的作用。

（6）其他国际条约。

为了促进和便利动植物、动植物产品及食品进出口贸易，降低疫病、疫情及其他风险物质随进出口货物传入传出的风险，我国与许多国家（地区）签署了进出口检验检疫多边、双边协议、备忘录等。

六、主要贸易国家（地区）食品安全法律制度

（一）美国进出口食品安全监管

1. 监管机构设置及职能

美国具有成熟的食品安全监管体系。在食品安全监管方面，美国共有包括农业部、卫生和人类服务部、疾病预防与控制中心和环境保护署在内的 13 个联邦政府机构参与联邦政府的食品安全管理。其中美国农业部下属的食品安全和检查局，以及卫生和人类服务部下属的食品和药物管理局是主要的两个联邦政府食品安全管理机构，共同负责确保美国的食品供应安全。

美国是联邦制国家，联邦政府食品安全监管机构负责跨州和全国性食品安全监管

事务，实行从上到下垂直管理，以品种监管为主，即按照产品种类进行职责分工，不同种类的食品由不同部门管理，各部门分工明确，各司其职。美国食品和药物管理局（FDA）负责除肉、禽和蛋产品外其余所有食品的监督管理。美国食品安全和检查局负责对美国国内肉、禽和蛋制品生产企业的日常监督检查以及对进口肉、禽和蛋制品生产企业的监督检查，此外还负责对餐馆、超市、杂货店、仓库等场所的肉、禽和蛋制品进行监督检查。

美国各州政府也设立相应的食品安全监管机构，负责州内食品安全监管事务，对州内食品生产经营活动实施监管。

2. 进出口食品安全监管法律法规体系

到目前为止，美国政府已制定和修订了35部与食品安全有关的法律法规，其中直接相关的法律有6部，包括联邦食品、药物和化妆品法，食品质量保护法，公共健康服务法，联邦肉类检查法，联邦禽肉检查法，食品安全现代化法等。

美国1997年发布的总统食品安全计划指出了风险评估在实现食品安全目标过程中的重要性。其中一个重要举措是推行危害分析与关键控制点（Hazard Analysis and Critical Control Point，HACCP）体系，将其作为新的食品安全风险管理工具。

2011年美国政府制定颁布了食品安全现代化法，为有效控制来自世界各地的进口食品的安全，FDA在各主要对美出口国设立办事处，以加强该局与国外官方监管机关之间的协作。在食品安全现代化法案的框架下，FDA大力推行外国供应商审核制度、进口商和供应商反恐注册制度和优质进口商白名单计划等，要求进口商在进口食品前预先申报并实施口岸抽检计划。

【延伸阅读5-2】美国进口食品安全准入流程

FDA规定，进口食品和国产食品都必须符合相同的法律要求，具体的食品准入要求如下。

1. 注册要求

国外的食品工厂出口食品至美国市场，须向FDA进行注册，在获得注册号后，方能开展输美食品业务。国外工厂在向FDA进行注册时，必须指定一个美国代理人，该代理人必须在美国居住或有经营场所。需要注意的是，同一家企业的多家工厂需为每一个工厂申请FDA注册号。

2. 预先通知要求

向美国出口食品时，重要的步骤之一是向FDA提交预先通知。预先通知是通过美国海关边境保护局（CBP）或FDA的电子接口系统提交的电子文件。该提交允许FDA

和 CBP 官员优先检查即将抵达美国的进口食品。提交预先通知时需要提供许多详细信息，包括但不限于生产国（地区）、预计抵达详情（地点、日期和时间）、发货人信息、承运人和运输方式 FDA 产品代码等。提交预先通知的时间范围将取决于进口食品的运输方式，以及是使用 CBP 还是 FDA 的电子接口系统，应在抵达前不迟于 2 小时且不早于 30 天提交预先通知。未提交预先通知或提交错误信息的货物，将被拒绝入境并被暂时扣留在入境口岸，直到进口商向 CBP 和 FDA 提供所需的正确信息。最坏的情况甚至包括永久扣押和销毁货物、罚款、禁止未来进口和民事起诉等。

3. 许可要求

所有食品在进口时都需要向 FDA 提交预先通知，如果产品包含肉类、蛋类、牛奶、家禽或其他动物源性产品，可能还需获得 FDA 许可。例如，2019 年 11 月 1 日，美国食品安全检验局（FSIS）发布《中华人民共和国可对美国出口的在中国屠宰的禽肉产品》最终法规，宣布中华人民共和国有资格对美出口在华屠宰的禽类产品，我国的禽类产品方可出口美国。

4. 口岸检查要求

进口食品在美国口岸入境时须接受 FDA 检查。如果发现货物不符合美国的要求，FDA 可能会扣留进口食品。

5. 自愿合格进口商计划（VQIP）

该计划由 FDA 管理，参与的进口商将能够以更快的速度将食品进口到美国，为了获得 VQIP 的资格，进口商必须满足某些标准，包括具有 3 年进口食品到美国的历史，进口食品的所有外国供应商都进行了 FDA 注册，在过去 3 年内没有受到 CBP 的处罚、制订和实施 VQIP 质量保证计划等。

6. 企业强制检查要求

FDA 规定，获得注册资格的国外食品生产企业应接受 FDA 的检查。重点检查高风险外国企业、供应商和食品。检查完毕，FDA 应将检查报告交被检企业或其所在国家政府主管部门，不接受检查的，将不允许其食品进入美国。

对违规进口食品的处理，依据以下制度。

自动扣留制度。当某公司的进口记录存在违规状况，且有证据表明其未来的发货也将违规时，FDA 可能会将该公司置于进口警报状态。这些警报指示 FDA 检查员自动扣留来自进口警报红色名单中公司的所有货物，这个自动过程称为自动扣留（Detention Without Physical Examination，DWPE）。一旦某企业受到 FDA 的 DWPE 的约束，该企业的所有的进口货物都将被 FDA 扣留，对于每批被扣留的货物，企业必须与 FDA 联系，提供货物合规的证据，才能进入美国市场。

召回制度。召回是企业将其产品从市场上收回或者采取就地修正的行为。通常情况下，召回是企业的自主行为。在法律授权下，FDA 和 FSIS 可以命令或者要求厂商召回其产品，以保证市场上所销售的产品不会对消费者造成任何可能的健康损害。

拒绝进口报告制度。FDA 对于检验有问题的产品会采取扣留措施，对经过修复仍达不到有关要求的产品则拒绝其进入美国市场。拒绝进口报告反映的是最终结果，说明产品被 FDA 的拒绝情况。FDA 依据其"进口支持及行政系统"收集整理的数据，包括国别、日期、产品描述、拒绝原因等，每月公布拒绝进口的产品信息，供公众了解具体情况。

——参考自《中国国门时报》。

（二）欧盟进出口食品安全监管

1. 监管机构设置及职能

欧盟从第三国进出口食品与欧盟内部成员国之间流通的食品在同一模式下进行统一管理。欧洲议会、欧盟委员会、欧盟理事会、欧盟委员会健康和消费者保护总司、欧盟食品与兽医办公室、欧盟食品安全局、欧盟食品链及动物健康常务委员会、欧盟各成员国和食品生产者、经营者共同组成了一个完整的、统一的食品安全管理体系。

欧洲议会、欧盟理事会和欧盟委员会等行政组织是欧盟食品安全的立法、监督和决策机构，它们对欧盟食品安全管理政策、法令、条例等的制定和决策起到非常重要的作用。欧盟委员会健康和消费者保护总司提出对欧盟食品安全管理法规的具体制定和修订的建议。欧盟食品与兽医办公室负责监督和评估各成员国执行欧盟对食品质量安全、兽药和植物健康等方面法律的情况，以及对欧盟食品安全局进行监督和工作评估，并组织对第三国食品安全管理体系开展评估，给出评估报告。欧盟食品安全局负责组织实施欧盟理事会发布的有关农产品、食品安全质量管理政策和技术标准，并为欧盟在食品和饲料安全等领域的立法、政策制定、标准制定和修改等提供科学建议和技术支持，收集有关信息，进行风险评估，在风险管理方面向其成员国提供必要的支持，开展快速警报等。各成员国政府一般都参照欧盟的指令和标准，由各国农、林、食品行政管理部门发布具体指令并贯彻执行。

2. 进出口食品安全监管法律法规体系

欧盟为统一协调内部食品安全监管规则，早在 1980 年就已经颁布实施了欧盟食品安全卫生制度，并于 1997 年制定了关于食品立法总原则的绿皮书，为欧盟食品立法奠定了基础。欧盟委员会于 2000 年起签署食品安全白皮书、食品基本法、食品卫生法等一系列的食品安全法规，形成"欧盟法规、指令、决议等—成员国法律—实施指南"3个层次的食品安全法规体系，从多个角度对食品安全进行了规范。

食品安全白皮书是欧盟及其成员国完善食品安全法规体系和管理机构的基本指导，也是欧盟一系列食品安全法规的基本路线图，是食品安全的核心法律。在食品安全白皮书的指导下，欧盟建立了一系列食品安全法规体系，包括食品卫生一般规则、动物植物源性食品卫生要求、各类食品的卫生规则以及动植物疾病控制、药物残留控制、食品生产卫生规范、良好实验室检验、进口食品准入控制、出口国官方兽医证书规定、食品的官方监控等。

欧盟严格把关食品全产业链和物流过程的质量控制，实行从农场到餐桌的全过程监管模式，建立了全程监控制度、农药残留检测制度、食品安全快速预警机制、食品安全全程追溯机制和风险评估制度等。生产环节采用农药残留检测制度、行业协会自查制度、良好生产实践指南及食品投入品管理制度等；流通环节采用食品安全全程追溯、市场准入制度、通用及专项标识管理及绿色壁垒等；加工环节采用HACCP认证、企业资格认证、标准化生产制度、产品有机认证等。此外，根据CAC和欧盟有关基于科学的食品安全原则，欧盟广泛开展了食品安全风险分析和预警工作，建立了食品饲料快速预警系统，对食品安全进行风险预警。

（三）日本进出口食品安全监管

1. 监管机构设置及职能

日本农林水产省和厚生劳动省是日本主要的食品安全监管部门，但两者职能不同。农林水产省主要负责国内生产的各种生鲜农产品从生产到粗加工过程中的安全性；厚生劳动省主要负责国内食用农产品、食品再加工、流通环节以及进口食用农产品、食品的安全性。农林水产省和厚生劳动省以食品卫生法等法律为基础，与其食品检疫站、地区厚生局和卫生中心等一起开展食品安全风险管理工作；农林水产省则以农药管理法等法律为依据，与地区农业综合室等部门一起，开展农林畜水产品的风险管理工作。

2. 进出口食品安全监管法律法规体系

日本建立了以食品卫生法和食品安全基本法为基础的食品安全法律体系。2005年，日本发布制定和普及食品安全GAP的手册，开始在蔬菜、谷类作物（大米、小麦）、果树（苹果）、菌菇（香菇）等农产品上推行良好农业规范制度。2006年日本正式颁布食品残留农业化学品肯定列表制度，包括一律标准、豁免物质、最大残留标准量3个部分，被认为是世界上最严格的限量标准。日本注重采纳国际标准，在日本的食品卫生标准中，90%以上采用国际标准，包括CAC、WOAH等国际组织制定的国际标准。

（四）澳大利亚和新西兰进出口食品安全监管

1. 监管机构设置及职能

澳大利亚、新西兰都属于英联邦成员国家，食品安全质量管理方面的监管机构、职能及法律制度相近。

澳大利亚的食品安全监管体制呈现"联邦政府—州政府—地方政府"的"金字塔"型结构。澳大利亚检疫检验局是主要负责食品安全监管的机构，由原澳大利亚出口检验局和澳大利亚农业卫生检疫局合并而成。其主要职责包括进口检验、出口检验、出证，口岸检疫和监督，以及国际联络。

新西兰的食品安全监管机构主要包括新西兰食品安全局和新西兰农业部门。新西兰食品安全局主要负责制定和执行食品安全法规，监测气候变化对食品的影响，保证食品质量和安全。新西兰农业部门负责监督畜牧业和渔业的运作，确保食品来源的安全。

澳新食品监管部长级论坛是澳大利亚和新西兰联合成立的食品监管机构，首要职责是对两国内部食品法规政策的发展和食品标准提供政策指导和指引性方针。澳大利亚和新西兰政府于 1995 年签订联合发展澳大利亚和新西兰食品的标准协议，成立了澳大利亚和新西兰食品管理局（现更名为澳大利亚新西兰食品标准局）。澳大利亚新西兰食品标准局负责制定与维护食品标准，新西兰政府和澳大利亚下属的各州各地区政府部门及卫生机构和监督部门负责食品标准的执行和检查检验，保证所有的食品都符合食品标准。同时，澳大利亚新西兰食品标准局还负责协调食品监测和食品召回系统、为进口食品监管提供支持。

2. 进出口食品安全监管法律法规体系

2005 年，澳大利亚、新西兰联合颁布了澳大利亚新西兰食品标准法典。该法典适用于澳大利亚各州，部分适用于新西兰。在此基础上，新西兰具有自己更严格的食品相关法规，如在最大残留限量标准、食品安全要求和初级生产标准等方面都具有特殊法规。

任务二　进口食品安全管理制度

进口食品安全直接关系我国消费者的身体健康和生命安全，历来受到国家的高度重视。随着经济社会的高速发展和人民生活水平的不断提高，进口食品的来源地、种类以及数量迅速增长，消费者的食品安全意识越来越高，我国进口食品安全监管制度体系在发展中不断完善和成熟，经历了从进口食品卫生监督到进口食品安全监管，从批批检验到分类管理再到风险监控的发展历程，最终形成了 12 项主要制度，并在实践中不断优化完善。

一、向我国境内出口食品的国家（地区）食品安全管理体系和食品安全状况审查评估制度

近年来，境外的食品安全问题时有发生，如"口蹄疫事件""疯牛病事件""二噁英事件"等。向我国境内出口食品的国家（地区）的食品安全管理体系和食品安全状况对该国家（地区）的食品安全起决定性作用。其一，该国家（地区）的食品安全标准是否全面、是否与国际标准接轨，是决定该国家（地区）食品是否安全的基础；其二，该国家（地区）食品安全的监管体系是否完备、是否科学，是决定该国家（地区）食品是否安全的关键；其三，向我国境内出口食品的国家（地区）的食品安全状况也是决定其出口到我国境内的食品是否安全的重要因素。因此，对向我国境内出口食品的国家（地区）的食品安全管理体系和食品安全状况进行了解和评估，对保证进口到我国境内食品的安全至关重要，也是保障进口食品安全的基础性工作。

（一）法律依据

《食品安全法》第一百零一条明确规定："国家出入境检验检疫部门可以对向我国境内出口食品的国家（地区）的食品安全管理体系和食品安全状况进行评估和审查，并根据评估和审查结果，确定相应检验检疫要求。"《进出口食品安全管理办法》第十一条规定："海关总署可以对境外国家（地区）的食品安全管理体系和食品安全状况开展评估和审查，并根据评估和审查结果，确定相应的检验检疫要求。"

（二）启动审查评估的情形

1. 境外国家（地区）申请向中国首次输出某类（种）食品的。

2. 境外国家（地区）食品安全、动植物检疫法律法规、组织机构等发生重大调整的。

3. 境外国家（地区）主管部门申请对其输往中国某类（种）食品的检验检疫要求发生重大调整的。

4. 境外国家（地区）发生重大动植物疫情或者食品安全事件的。

5. 海关在向我国境内出口食品中发现严重问题，认为存在动植物疫情或者食品安全隐患的。

6. 其他需要开展评估和审查的情形。

（三）评估审查的主要内容

1. 食品安全、动植物检疫相关法律法规。

2. 食品安全监督管理组织机构。

3. 动植物疫情流行情况及防控措施。

4. 致病微生物、农兽药和污染物等管理和控制。

5. 食品生产加工、运输仓储环节安全卫生控制。

6. 出口食品安全监督管理。

7. 食品安全防护、追溯和召回体系。

8. 预警和应急机制。

9. 技术支撑能力。

10. 其他涉及动植物疫情、食品安全的情况。

（四）评估审查的形式

海关总署可以组织专家通过资料审查、视频检查、现场检查等形式及其组合，实施评估和审查。

海关总署组织专家对接受评估和审查的国家（地区）递交的申请资料、书面评估问卷等资料实施审查，审查内容包括资料的真实性、完整性和有效性。根据资料审查情况，海关总署可以要求相关国家（地区）的主管部门补充缺少的信息或者资料。

对已通过资料审查的国家（地区），海关总署可以组织专家对其食品安全管理体系实施视频检查或者现场检查。对发现的问题可以要求相关国家（地区）主管部门及相关企业实施整改。

相关国家（地区）应当为评估和审查提供必要的协助。

（五）终止评估审查的情形

1. 收到书面评估问卷 12 个月内未反馈的。

2. 收到海关总署补充信息和材料的通知 3 个月内未按要求提供的。

3. 突发重大动植物疫情或者重大食品安全事件的。

4. 未能配合中方完成视频检查或者现场检查、未能有效完成整改的。

5. 主动申请终止评估和审查的。

上述第 1、2 项情形，相关国家（地区）主管部门因特殊原因可以申请延期，经海关总署同意，按照海关总署重新确定的期限递交相关材料。

（六）回顾性审查

对已经获得准入的向我国境内出口食品国家（地区）的官方以及相关生产企业的食品安全管理体系的持续有效性进行审查，督促相关国家（地区）政府和企业落实主体责任，确保向我国境内出口食品符合我国要求。

二、境外食品生产企业注册制度

海关对境外食品生产企业落实"源头监管"，实施注册制度。海关对境外食品生产企业的资质、管理体系、信誉等情况进行考察，符合注册要求的方可允许其生产的食品出口到我国境内，对保障向我国境内出口食品安全和推动贸易稳定发展发挥了重要作用。

（一）法律依据

《食品安全法》第九十六条规定："向我国境内出口食品的境外食品生产企业应当经国家出入境检验检疫部门注册。"《进出口食品安全管理办法》第十八条规定："海关总署对向中国境内出口食品的境外生产企业实施注册管理，并公布获得注册的企业名单。"《进口食品境外生产企业注册管理规定》进一步细化了进口食品境外生产企业的注册及其监督管理的各项制度。

（二）注册条件

1. 所在国家（地区）的食品安全管理体系通过海关总署等效性评估、审查。
2. 经所在国家（地区）主管当局批准设立并在其有效监管下。
3. 建立有效的食品安全卫生管理和防护体系，在所在国家（地区）合法生产和出口，保证向中国境内出口的食品符合中国相关法律法规和食品安全国家标准。
4. 符合海关总署与所在国家（地区）主管当局商定的相关检验检疫要求。

（三）注册申请

进口食品境外生产企业注册方式包括所在国家（地区）主管当局推荐注册和企业申请注册。

1. 所在国家（地区）主管当局推荐注册

适用范围：肉与肉制品、肠衣、水产品、乳品、燕窝与燕窝制品、蜂产品、蛋与蛋制品、食用油脂和油料、包馅面食、食用谷物、谷物制粉工业产品和麦芽、保鲜和脱水蔬菜以及干豆、调味料、坚果与籽类、干果、未烘焙的咖啡豆与可可豆、特殊膳食食品、保健食品。

申请材料：所在国家（地区）主管当局推荐函；企业名单与企业注册申请书；企业身份证明文件，如所在国家（地区）主管当局颁发的营业执照等；所在国家（地区）主管当局推荐企业符合本规定要求的声明；所在国家（地区）主管当局对相关企业进行审核检查的审查报告。必要时，海关总署可以要求提供企业食品安全卫生和防护体系文件，如企业厂区、车间、冷库的平面图，以及工艺流程图等。

2. 企业申请注册

适用范围：其他食品境外生产企业。

申请材料：企业注册申请书；企业身份证明文件，如所在国家（地区）主管当局颁发的营业执照等；企业承诺符合本规定要求的声明。

（四）评估审查

海关总署自行或者委托有关机构组织评审组，通过书面检查、视频检查、现场检查等形式及其组合，对申请注册的进口食品境外生产企业实施评估审查。评审组由 2 名以上评估审查人员组成。

进口食品境外生产企业和所在国家（地区）主管当局应当协助开展上述评估审查工作。

海关总署根据评估审查情况，对符合要求的进口食品境外生产企业予以注册并给予在华注册编号，书面通知所在国家（地区）主管当局或进口食品境外生产企业；对不符合要求的进口食品境外生产企业不予注册，书面通知所在国家（地区）主管当局或进口食品境外生产企业。

（五）注册管理

已获得注册的企业向中国境内出口食品时，应当在食品的内、外包装上标注在华注册编号或者所在国家（地区）主管当局批准的注册编号。进口食品境外生产企业注册有效期为 5 年。

1. 注册变更

在注册有效期内，进口食品境外生产企业注册信息发生变化的，应当通过注册申请途径，向海关总署提交变更申请，并提交以下材料：注册事项变更信息对照表；与变更信息有关的证明材料。

海关总署评估后认为可以变更的，予以变更。

生产场所迁址、法定代表人变更或者所在国家（地区）授予的注册编号改变的应当重新申请注册，在华注册编号自动失效。

2. 注册延续

进口食品境外生产企业需要延续注册的，应当在注册有效期届满前3至6个月内，通过注册申请途径，向海关总署提出延续注册申请。

延续注册申请材料包括：延续注册申请书；承诺持续符合注册要求的声明。

海关总署对符合注册要求的企业予以延续注册，注册有效期延长5年。

3. 注册注销

已注册的进口食品境外生产企业有下列情形之一的，海关总署注销其注册，通知所在国家（地区）主管当局或进口食品境外生产企业，并予以公布：未按规定申请延续注册的；所在国家（地区）主管当局或进口食品境外生产企业主动申请注销的；不再符合"经所在国家（地区）主管当局批准设立并在其有效监管下"要求的。

4. 注册撤销

已注册的进口食品境外生产企业有下列情形之一的，海关总署撤销其注册并予以公告：因企业自身原因致使进口食品发生重大食品安全事故的；向中国境内出口的食品在进境检验检疫中被发现食品安全问题，情节严重的；企业食品安全卫生管理存在重大问题，不能保证其向中国境内出口食品符合安全卫生要求的；经整改后仍不符合注册要求的；提供虚假材料、隐瞒有关情况的；拒不配合海关总署开展复查与事故调查的；出租、出借、转让、倒卖、冒用注册编号的。

（六）暂停/恢复进口

进口食品境外生产企业自行发现不符合注册要求时，应当主动暂停向中国出口食品，立即采取整改措施，直至整改符合注册要求。海关总署发现已注册进口食品境外生产企业不再符合注册要求的，应当责令其在规定期限内进行整改，整改期间暂停相关企业食品进口。

相关企业应当在规定期限内完成整改，并向海关总署提交书面整改报告和符合注册要求的书面声明。海关总署应当对企业整改情况进行审查，审查合格的，恢复相关企业食品进口。

【延伸阅读 5 – 3】加强涉外法治建设

习近平总书记指出："要加快涉外法治工作战略布局，协调推进国内治理和国际治理，更好维护国家主权、安全、发展利益。"向我国境内出口食品的国家（地区）食品安全管理体系和食品安全状况审查评估制度、境外食品生产企业注册制度都是涉外法治在进出口食品领域的具体运用。

不同于国内法治与国际法治，涉外法治介于二者之间，自成一个体系。从规范法学的角度来看，涉外法治是指国家制定或确认的、跨国家生效的、保护国家海外利益、参与全球治理的立法、执法与司法等活动。涉外法治主要包括两个相互交织的层面，积极层面在于参与全球法律治理改革，推动构建更加公平公正的国际法治，消极层面在于以具体法治的方式防御和反制抽象法治及其背后的霸权。我国涉外法治体系建设应以人类命运共同体与国家尊严为双重理念基础，以尊重国家主权与尊严、保护核心利益与发展利益以及善意合作与依法斗争相结合为原则，构建包括立法、执法、司法以及涉外法律服务等多个层次的具体制度体系。

——参考自《学术｜张冀：涉外法治的概念与体系》（中国人民大学法学院微信公众号，2022 – 04 – 08）。

三、进口食品进出口商备案制度

为掌握进口食品进出口商信息及进口食品来源和流向，保障进口食品可追溯性，有效处理进口食品安全事件，保障进口食品安全，有必要对向我国境内出口食品的境外出口商或者代理商、进口食品的进口商实行备案管理。

（一）法律依据

《食品安全法》第九十六条规定："向我国境内出口食品的境外出口商或者代理商、进口食品的进口商应当向国家出入境检验检疫部门备案。"《进出口食品安全管理办法》第十九条规定："向中国境内出口食品的境外出口商或者代理商应当向海关总署备案。食品进口商应当向其住所地海关备案。"

（二）进口食品进口商备案

进口食品进口商应当向其工商注册登记地海关申请备案，申请材料包括：进口食品收货人备案申请表；与食品安全相关的组织机构设置、部门职能和岗位职责；拟经

营的食品种类、存放地点；2 年内曾从事食品进口、加工和销售的，应当提供相关说明
（食品品种、数量）。如果通过网络办理，提供申请材料电子扫描件 1 份（加盖公章）；
如果通过窗口办理，提供申请材料纸质原件 1 份（加盖公章）。同时登录"互联网 + 海
关"平台—企业管理和稽查—进口食品化妆品进出口商备案，通过备案管理系统填写
并提交备案申请表，提供收货人名称、地址，联系人姓名、电话、经营食品种类，填
表人姓名、电话，以及承诺书等信息。进口商提交备案信息后，获得备案管理系统生
成的申请号和查询编号，凭申请号和查询编号查询备案进程或者修改备案信息。进口
商名称、地址、电话等发生变化时，应当及时通过备案管理系统提出修改申请，由海
关审核同意后，予以修改。

备案申请资料齐全的，海关应当受理并在 5 个工作日内完成备案工作。海关对收
货人的备案资料及电子信息核实后，发放备案编号。备案管理系统生成备案收货人名
单，并在海关总署网站公布。

（三）境外出口商或者代理商备案

境外出口商或者代理商应当通过备案管理系统填写并提交备案申请表，提供出
口商或者代理商名称、所在国家（地区）、地址，联系人姓名、电话，经营食品种
类，填表人姓名、电话等信息，并承诺所提供信息真实有效。出口商或者代理商提
交备案信息后，获得备案管理系统生成的备案编号和查询编号，凭备案编号和查询
编号查询备案进程或者修改备案信息。出口商或者代理商地址、电话等发生变化时，
应当及时通过备案管理系统进行修改。出口商或者代理商名称发生变化时，应当重
新申请备案。

海关总署对完整提供备案信息的出口商或者代理商予以备案。备案管理系统生成
备案出口商或者代理商名单，并在海关总署网站公布。

四、境外出口商、境外生产企业审核制度

境外出口商、境外生产企业的食品安全管理状况直接关系出口我国的食品是否安
全。食品进口商应通过商务合同约定等方式，对境外出口商、境外生产企业进行审核；
通过定期或不定期检查等方式，确保境外出口商、境外生产企业向中国出口的食品符
合要求。

（一）法律依据

《食品安全法》第九十四条规定："进口商应当建立境外出口商、境外生产企业审

核制度，重点审核前款规定的内容；审核不合格的，不得进口。"

（二）审核内容

1. 境外出口商、境外生产企业制定和执行食品安全风险控制措施情况

该项审核包括但不限于以下内容：境外食品生产企业建立并运行有效的食品安全卫生管理和防护体系的情况；主管部门对境外食品生产企业和出口商的监管情况；向中国境内出口的相关食品符合出口国（地区）官方主管部门与海关总署签订的双边议定书的情况以及其他食品安全风险控制措施情况。

2. 境外出口商、境外生产企业保证食品符合中国法律法规和食品安全国家标准的情况

该项审核包括但不限于以下内容：是否按中国食品安全法律法规和食品安全国家标准实施生产，原料、辅料是否符合中国食品安全法律法规和食品安全国家标准的相关规定。必要时，可抽取相关产品的样品，送至有资质的实验室检验，相关检验结果符合中国食品安全法律法规和食品安全国家标准的规定后，方可向中国境内出口。预包装食品标签应符合中国食品安全法律法规和食品安全国家标准等相关规定。

海关依法对进口商实施审核活动的情况进行监督检查。食品进口商应当积极配合，如实提供相关情况和材料。

五、进境动植物源性食品检疫审批制度

进境动植物源性食品检疫审批制度来源于进口动植物检疫制度，主要是针对可能携带疫情的进口动物源性食品和植物源性食品的一种检疫审批制度，目的是防止境外动植物疫情由进口食品随带入境。

（一）法律依据

《进出境动植物检疫法》第十条规定："输入动物、动物产品、植物种子、种苗及其他繁殖材料的，必须事先提出申请，办理检疫审批手续。"《进出境动植物检疫法实施条例》第二章对"检疫审批"作出了详细规定。《进出口食品安全管理办法》第二十七条规定："海关依法对需要进境动植物检疫审批的进口食品实施检疫审批管理。食品进口商应当在签订贸易合同或者协议前取得进境动植物检疫许可。"《进境动植物检疫审批管理办法》对检疫审批的申请、审核批准、许可单证的管理和使用作了具体规定。

（二）适用范围

海关总署根据法律法规的有关规定以及国务院有关部门发布的禁止进境物名录，制定、调整并发布需要检疫审批的动植物及其产品名录。目前，需要办理检疫审批的动植物源性食品包括：肉类及其产品（含脏器、肠衣）、鲜蛋类（含食用鲜乌龟蛋、食用甲鱼蛋）、乳品（包括生乳、生乳制品、巴氏杀菌乳、巴氏杀菌工艺生产的调制乳）、水产品（包括两栖类、爬行类、水生哺乳类动物及其他养殖水产品及其非熟制加工品等）、可食用骨蹄角及其产品、动物源性中药材、燕窝等动物源性食品；各种杂豆、杂粮、茄科类蔬菜、植物源性中药材等具有疫情疫病传播风险的植物源性食品。

（三）检疫审批程序

1. 审批流程

申请。申请人按要求填写《进境动植物检疫许可证申请表》（网上申请），并提交有关证明材料。

审批。海关总署、所在地直属海关受理申请后，根据法定条件和程序进行全面审查，自受理申请之日起20个工作日内作出准予许可或不予许可的决定。依法作出准予许可决定的，签发《进境动植物检疫审批许可证》（以下简称《检疫许可证》）。

具体如图5－1所示。

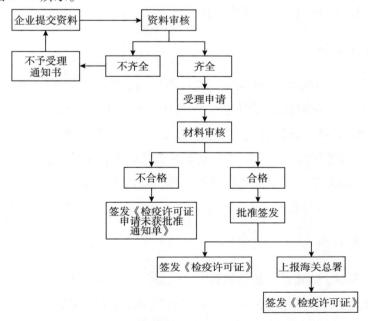

图 5－1　进境动植物源性食品检疫审批办理流程图

2. 申请条件

申请办理检疫审批手续的单位应当是具有独立法人资格并直接对外签订贸易合同或者协议的单位；

输出和途经国家（地区）无相关的动植物疫情；

符合中国有关动植物检疫法律法规和部门规章的规定；

符合中国与输出国家（地区）签订的双边检疫协定（包括检疫协议、议定书、备忘录等）。

（四）《检疫许可证》管理

《检疫许可证》的有效期分别为 12 个月或者一次有效。申请单位取得《检疫许可证》后，不得买卖或者转让。

有下列情况之一的，申请单位应当重新申请办理《检疫许可证》：变更进境检疫物的品种或者超过许可数量百分之五以上的；变更输出国家（地区）的；变更进境口岸、指运地或者运输路线的。

六、进口食品检验检疫申报制度

进口商或者其代理人应当在食品进口时按照法律法规的要求向海关进行申报，并提交相关申报材料。进口商或其代理人负有依法如实申报的义务，对其真实性、准确性、完整性和规范性承担相应的法律责任。

（一）法律依据

《食品安全法》第九十二条规定："进口的食品、食品添加剂应当按照国家出入境检验检疫部门的要求随附合格证明材料。"《食品安全法实施条例》第四十四条规定："进口商进口食品、食品添加剂，应当按照规定向出入境检验检疫机构报检，如实申报产品相关信息，并随附法律、行政法规规定的合格证明材料。"《进出口食品安全管理办法》第二十五条规定："食品进口商或者其代理人进口食品时应当依法向海关如实申报。"

（二）申报材料

1. 合同、发票、装箱单、提单等必要的凭证。

2. 相关批准文件，是指对国家有审批等特殊要求的进口商品，进口前必须取得国家有关部门批准，并应当向出入境检验检疫机构出示的法律文书，例如《进境动植物检疫许可证》《农业转基因生物安全证书（进口）》《保健食品注册证书》《保健食品备案凭证》等。

3. 法律法规、双边协定、议定书以及其他规定要求提交的输出国家（地区）官方检疫（卫生）证书。

4. 首次进口预包装食品，应当提供进口食品标签样张和翻译件。

5. 对于进口尚无食品安全国家标准的食品，或者首次进口食品添加剂新品种、食品相关产品新品种，应当提供国务院卫生行政部门进行安全性评估后出具的许可证明文件。

6. 进口食品应当随附的其他证书或者证明文件，如原产地证明。

七、进口食品检验检疫合格评定制度

进口食品依法向海关申报后，由海关依照法律法规、食品安全国家标准和相关检验检疫要求实施检验检疫合格评定活动。合格评定方式包括：抽样、检验和检查；评估、验证和合格保证；注册、认可和批准以及各项的组合。经海关合格评定合格的，准予进口；不合格的，海关出具不合格证明并进行相应处理。

（一）法律依据

《食品安全法》第九十二条规定："进口的食品、食品添加剂应当经出入境检验检疫机构依照进出口商品检验相关法律、行政法规的规定检验合格。"《进出口食品安全管理办法》第十条规定，"海关依据进出口商品检验相关法律、行政法规的规定对进口食品实施合格评定"；第二十六条规定，"海关依法对应当实施入境检疫的进口食品实施检疫"；第二十八条规定，"海关根据监督管理需要，对进口食品实施现场查验"。

（二）现场查验

现场查验包括但不限于以下内容。

1. 运输工具、存放场所是否符合安全卫生要求。

2. 集装箱号、封识号、内外包装上的标识内容、货物的实际状况是否与申报信息及随附单证相符。

3. 动植物源性食品、包装物及铺垫材料是否存在《进出境动植物检疫法实施条例》第二十二条规定的情况。

4. 内外包装是否符合食品安全国家标准，是否存在污染、破损、湿浸、渗透。

5. 内外包装的标签、标识及说明书是否符合法律、行政法规、食品安全国家标准以及海关总署规定的要求。

6. 食品感官性状是否符合该食品应有性状。

7. 冷冻冷藏食品的新鲜程度、中心温度是否符合要求、是否有病变、冷冻冷藏环境温度是否符合相关标准要求、冷链控温设备设施运作是否正常、温度记录是否符合要求，必要时可以进行蒸煮试验。

（三）进口食品抽/采样

根据食品的不同种类、数量、包装形式和检验要求确定抽/采样方案，实施抽/采样。抽/采样要有充分的代表性，应当严格依照标准要求执行。针对各类食品采取相应的采样方法，例如食源性疾病及食品安全事件的食品样品，其采样量应满足食源性疾病诊断和食品安全事件病因判定的检验要求。抽/采样时，海关应当出具《取样记录单》，记载商品名称、单证编号、数/重量、取样地点、封识编号、取样时间等，抽样人与收货人或其代理申报单位双方签字，并加盖海关业务印章。

（四）进口食品实验室检测

实验室检测按照商品种类、生产国别（地区）、倾向性质量问题及其区域、不同时期产品质量状况、可能传播疫情疫病风险以及消费者反映情况等的风险评估情况确定重点检测项目，主要包括法律法规或海关总署规定列为重点检验监督管理的，海关总署发布警示通报或风险预警的，被政府机构、国际组织通报的，造成重大食品安全事故的，既往产品安全卫生质量不符合相关要求或标准的，出口退回的，预包装食品中特别注明相应功能的。

（五）合格评定结果

进口食品经海关合格评定合格的，准予进口。

进口食品经海关合格评定不合格的，由海关出具不合格证明；涉及安全、健康、环境保护项目不合格的，由海关书面通知食品进口商，责令其销毁或者退运；其他项目不合格的，经技术处理符合合格评定要求的，方准进口。相关进口食品不能在规定时间内完成技术处理或者经技术处理仍不合格的，由海关责令食品进口商销毁或者退运。

八、进口食品包装、标签、标识监管制度

我国加入WTO后，大量的进口食品、食品添加剂涌入国内市场。消费者、生产者如

何选择这些产品，如何了解这些产品的名称、品质，营养成分、产地，以及如何食用或者使用，只有通过产品包装上所附的标签所标注的内容来辨识，或者通过说明书进一步了解产品的用途和使用方法，因此标签、说明书的内容非常重要。规范进口食品、食品添加剂的包装、标签、说明书、标识是保证进口食品、食品添加剂安全的重要手段。

（一）法律依据

《食品安全法》第九十七条规定："进口的预包装食品、食品添加剂应当有中文标签；依法应当有说明书的，还应当有中文说明书。"《进出口食品安全管理办法》第三十条规定："进口食品的包装和标签、标识应当符合中国法律法规和食品安全国家标准；依法应当有说明书的，还应当有中文说明书。"《关于进出口预包装食品标签检验监督管理有关事宜的公告》（海关总署公告 2019 年第 70 号）规定了进出口预包装食品标签检验监管的有关具体事项。

（二）标签相关食品安全国家标准

通用标准。《食品安全国家标准　预包装食品标签通则》（GB 7718—2011）是2012 年 4 月 20 日实施的我国强制性食品安全国家标准，适用于直接提供给消费者的预包装食品标签和非直接提供给消费者的预包装食品标签。其他通用标准还包括《食品安全国家标准　预包装食品营养标签通则》（GB 28050—2011）、《食品安全国家标准　预包装特殊膳食用食品标签》（GB 13432—2013）、《食品安全国家标准　食品添加剂使用标准》（GB 2760）①、《食品安全国家标准　食品营养强化剂使用标准》（GB 14880—2012）等。

产品标准。进口产品的类别及产品标准，如进口葡萄酒，须符合《食品安全国家标准　发酵酒及其配制酒》（GB 2758—2012）要求。

综合标准。产品的分类及定义标准，如《食品安全国家标准　饮料通则》（GB/T 10789—2015）、《食品安全国家标准　糖果分类》（GB/T 23823—2009）等。

（三）包装、标签、标识标注要求

进口预包装食品中文标签必须标注以下项目：食品名称，配料表，进口商/经销商/代理商的名称、地址以及联系方式，净含量，生产日期，保质期，储存条件，原产国或原产地名称，营养成分表。同时还应符合产品食品安全国家标准标签标示的要求。

---

①　本书中如无特别说明，《食品添加剂使用标准》（GB 2760—2014）指现行版本。

对于进口鲜冻肉类产品，内外包装上应当有牢固、清晰、易辨的中英文或者中文和出口国家（地区）文字标识。标明以下内容：产地国家（地区）、品名、生产企业注册编号、生产批号；外包装上应当以中文标明规格、产地（具体到州/省/市）、目的地、生产日期、保质期限、储存温度等内容；必须标注目的地为中华人民共和国，加施出口国家（地区）官方检验检疫标识。

对于进口水产品，内外包装上应当有牢固、清晰、易辨的中英文或者中文和出口国家（地区）文字标识。标明以下内容：商品名和学名，规格，生产日期，批号，保质期限和保存条件，生产方式（海水捕捞、淡水捕捞、养殖），生产地区（海洋捕捞海域、淡水捕捞国家或者地区、养殖产品所在国家或者地区），涉及的所有生产加工企业（含捕捞船、加工船、运输船、独立冷库）名称，注册编号及地址（具体到州/省/市），必须标注目的地为中华人民共和国。

进口保健食品、特殊膳食用食品的中文标签必须印制在最小销售包装上，不得加贴。

入境展示、样品、免税经营（离岛免税除外）、使领馆自用、旅客携带以及通过邮寄、快件、跨境电子商务等形式入境的预包装食品标签监管，按照相关规定执行。

（四）标签检验

进口预包装食品被抽中现场查验或实验室检验的，进口商应当向海关人员提交其合格证明材料、进口预包装食品的标签原件和翻译件、中文标签样张及其他证明材料。

进口预包装食品有以下情形之一的，应判定标签不合格：一是进口预包装食品无中文标签的；二是进口预包装食品的格式版面检验结果不符合我国法律、行政法规、规章及食品安全标准要求的；三是符合性检测结果与标签标注内容不符的。

九、进出口食品安全信息管理制度

进出口食品安全信息是制定进出口食品安全政策法规的基础，是进出口食品安全保证体系建设的重要内容，也是进出口食品安全监管执法和综合监督的重要支撑。进出口食品安全信息为食品安全工作决策、政策制定提供重要参考依据，为企业实现食品安全控制、消费者了解食品安全信息提供科学指南，有利于实现对食品安全问题的早发现、早预防、早整治、早解决，全面提高我国进出口食品安全保障水平。

（一）法律依据

根据《食品安全法》第一百条，国家出入境检验检疫部门应当收集、汇总进出口食品安全信息，并及时通报相关部门、机构和企业。《进出口食品安全管理办法》第五十七条规定："海关总署依照《食品安全法》第一百条规定，收集、汇总进口食品安全信息，建立进出口食品安全信息管理制度。"

（二）进出口食品安全信息的收集与通报

海关总署和各级海关在进出口食品检验监管中掌握了大量的国内外食品安全信息，由海关总署统一建立进口食品安全信息管理制度，能够确保信息收集的全面、准确与及时。

各级海关负责本辖区内以及上级海关指定的进出口食品安全信息的收集和整理工作，并按照有关规定通报本辖区地方政府、相关部门、机构和企业。通报信息涉及其他地区的，应当同时通报相关地区海关。

（三）进出口食品安全信息的内容

1. 各级海关对进出口食品实施检验检疫发现的食品安全信息。
2. 食品行业协会和消费者协会等组织、消费者反映的进出口食品安全信息。
3. 国际组织、境外政府机构发布的风险预警信息及其他食品安全信息，以及境外食品行业协会等组织、消费者反映的食品安全信息。
4. 其他食品安全信息。

（四）进出口食品安全风险监测

海关制定年度国家进出口食品安全风险监测计划，系统和持续收集进出口食品中食源性疾病、食品污染和有害因素的监测数据及相关信息。

（五）进出口食品安全信息风险研判与处置

各级海关对收集到的进出口食品安全信息开展风险研判，进行处置，拟定信息级别，给出研判结论，并将风险信息上报上级部门确认。

海关总署针对收集到的进出口食品安全信息及直属海关报送的研判结论进行风险研判，确定风险信息级别和拟定采取的风险管理措施。

（六）进出口食品安全信息公布

需对外公布的进出口食品安全信息，应按照海关总署相关规定的要求予以公布。任何个人、单位未经批准或授权，不得擅自对外发布进出口食品安全信息及处置情况。

十、进口食品检验检疫风险预警及快速反应制度

在世界范围内，食源性疾病都是广泛存在并影响公众身体健康的主要问题，是世界公认的食品安全问题最直接的表现形式之一。如果境外发生的食品安全事件可能对我国境内造成影响，或者在已经进口的食品、食品添加剂、食品相关产品中发现严重食品安全问题时，海关应当对相关风险问题及时预警，并快速采取相应的管理措施予以应对。

（一）法律依据

《食品安全法》第九十五条规定："境外发生的食品安全事件可能对我国境内造成影响，或者在进口食品、食品添加剂、食品相关产品中发现严重食品安全问题的，国家出入境检验检疫部门应当及时采取风险预警或者控制措施，并向国务院食品安全监督管理、卫生行政、农业行政部门通报。接到通报的部门应当及时采取相应措施。"

（二）风险预警

境外发生食品安全事件或者疫情疫病可能影响到进口食品安全的，或者在进口食品中发现严重食品安全问题的，直属海关应当及时上报海关总署；海关总署根据情况进行风险预警，在海关系统内发布风险警示通报，并向国务院食品安全监督管理、卫生行政、农业行政部门通报，必要时向消费者发布风险警示通告。海关总署发布风险警示通报的，应当根据风险警示通报要求对进口食品依法采取相应的控制措施。

境外发生的食品安全事件可能对中国境内造成影响，或者评估后认为存在不可控风险的，海关总署可以参照国际通行做法，直接在海关系统内发布风险预警通报或者向消费者发布风险预警通告，并依法采取相应的控制措施。

（三）控制措施

1. 监督抽检比例

境外发生食品安全事件可能导致中国境内食品安全隐患，或者海关实施进口食品监督管理过程中发现不合格进口食品，或者发现其他食品安全问题的，海关总署和经授权的直属海关可以依据风险评估结果对相关进口食品实施提高监督抽检比例等控制措施。

2. 出具检验报告

海关对进口食品采取提高监督抽检比例等控制措施后，再次发现不合格进口食品，或者有证据显示进口食品存在重大安全隐患的，海关总署和经授权的直属海关可以要求食品进口商逐批向海关提交有资质的检验机构出具的检验报告。海关应当对食品进口商提供的检验报告进行验核。

3. 暂停或者禁止进口

有下列情形之一的，海关总署依据风险评估结果，可以对相关食品采取暂停或者禁止进口的控制措施：

出口国家（地区）发生重大动植物疫情，或者食品安全体系发生重大变化，无法有效保证向我国境内出口食品安全的；

进口食品被检疫传染病病原体污染，或者有证据表明能够成为检疫传染病传播媒介，且无法实施有效卫生处理的；

海关实施已按相关法规采取控制措施的进口食品，再次发现相关安全、健康、环境保护项目不合格的；

境外生产企业违反中国相关法律法规，情节严重的；

其他信息显示相关食品存在重大安全隐患的。

（四）解除控制措施

进口食品安全风险已降低到可控水平时，海关总署和经授权的直属海关可以按照以下方式解除相应控制措施。

对实施提高监督抽检比例控制措施的食品，在规定的时间、批次内未被发现不合格的，在风险评估基础上可以解除该控制措施。

对实施出具检验报告控制措施的食品，出口国家（地区）已采取预防措施，经海关总署风险评估能够保障食品安全、控制动植物疫情风险，或者从实施该控制措施之日起在规定时间、批次内未发现不合格食品的，海关在风险评估基础上可以解除该控制措施。

实施暂停或者禁止进口控制措施的食品，出口国家（地区）主管部门已采取风险控制措施，且经海关总署评估符合要求的，可以解除暂停或者禁止进口措施。恢复进口的食品，海关总署视评估情况可以采取提高监督抽检比例、出具检验报告的控制措施。

十一、进口食品记录制度

为掌握进口食品来源和流向，确保进口食品可追溯，保障消费者合法权益，进口商应当建立进口食品、食品添加剂的购销记录制度，海关加强对进口食品记录的监督管理。

（一）法律依据

《食品安全法》第九十八条规定："进口商应当建立食品、食品添加剂进口和销售记录制度。"《进出口食品安全管理办法》第二十一条规定："食品进口商应当建立食品进口和销售记录制度。"

（二）进口食品记录的内容和保存

食品进口商应当如实记录食品名称、净含量/规格、数量、生产日期、生产或者进口批号、保质期、境外出口商和购货者名称、地址及联系方式、交货日期等内容，并保存相关凭证。

记录和凭证保存期限不得少于食品保质期满后 6 个月；没有明确保质期的，保存期限为销售后 2 年以上。

十二、进口食品召回制度

随着进口食品品种、数量日趋增加，伴随而来的进口食品安全风险也不断增加。国家对食品实行召回制度，当发现进入我国境内市场销售的进口食品存在安全问题时，进口商品应当主动召回相关问题食品，有效控制食品安全问题发生或扩大。

（一）法律依据

《食品安全法》第九十四条规定："发现进口食品不符合我国食品安全国家标准或者有证据证明可能危害人体健康的，进口商应当立即停止进口，并依照本法第六十三条的规定召回。"

（二）进口食品召回的要求

食品进口商发现进口食品不符合法律、行政法规和食品安全国家标准，或者有证据证明可能危害人体健康，应当立即停止进口、销售和使用，实施召回，通知相关生产经营者和消费者，记录召回和通知情况，并将食品召回、通知和处理情况向所在地海关报告。食品进口商应当对召回的进口食品采取无害化处理、销毁等措施，防止其再次流入市场。

食品进口商未按规定召回的，县级以上人民政府食品安全监督管理部门可以责令其召回。进口商在有关主管部门责令其召回进口食品后，仍拒不召回的，由海关对相关进口商实施行政处罚。

【延伸阅读5-4】召回不安全食品的损失，原料供货商应承担赔偿责任——某食品企业诉某原料供应商买卖合同案

原告某食品企业系一家营养乳品有限公司，长期向被告某原料供应商采购植物脂肪粉用于生产奶粉。因检测显示被告供应的某批次号植物脂肪粉含有阪崎肠杆菌，原告两次发布召回公告，召回含被告供应的植物脂肪粉的在售婴儿配方乳粉（0~6月龄，1段）等产品。后来，原告与被告就召回事件产生的损失赔偿问题协商不成，遂诉至法院，请求判令被告赔偿因植物脂肪粉不符合质量要求而造成的各项损失共计2.15亿余元人民币。

上海市第三中级人民法院（上海知识产权法院、上海铁路运输中级法院）审理后认为，被告提供的植物脂肪粉不符合合同约定的质量要求，造成原告生产的奶粉含有阪崎肠杆菌，不符合食品安全标准，原告召回行为合理且必要。因产品召回产生的损失，被告依法应予赔偿，故法院判决被告向原告赔偿因涉案植物脂肪粉原料质量问题造成的直接退货损失、召回产品的仓库租赁费损失、未出库乳粉产品损失、库存原料损失、召回人工成本损失等，共计3772万余元人民币。

本案系上海市第三中级人民法院（上海知识产权法院、上海铁路运输中级法院）首例依法支持食品企业自主召回问题奶粉索赔损失的典型案例。根据《食品安全法》《食品召回管理办法》等规定，对于禁止生产经营的食品以及其他有证据证明可能危害人体健康的食品，经营者应当采取停止销售、警示、召回等补救措施，保护消费者的健康安全。本案中，涉案奶粉系婴儿配方食品，由于被告向原告提供的植物脂肪粉存在阪崎肠杆菌污染问题，原告为避免用该植物脂肪粉生产的问题奶粉危及婴儿人身健康和生命安全，本着负责任态度决定对所有被告提供植物脂肪粉所生产的在售婴儿配方乳粉（0~6月龄，1段）等产品全部予以召回，由此产生的巨额损失，法院依法审理后，判决支持合理损失。该案有力惩处了被告生产不合格产品的行为，也鼓励了经营者发现问题后落实食品安全责任，及时采用召回等补救措施保护消费者生命健康。对于规范不安全食品处置、守护食品安全底线具有示范意义。

——参考自上海第三中级人民法院微信公众号，2024年3月14日。

任务三　出口食品安全管理制度

作为全球最重要的食品出口国之一，我国向 200 多个国家（地区）出口食品。出口食品安全不仅关系国际进出口贸易的稳定，更体现了我国负责任的大国形象。随着国内外贸易环境的深刻变化、经济发展战略的调整以及管理体制的发展完善，对于出口食品安全保障需求也在不断变化。近年来，海关总署不断完善与《食品安全法》要求相适应的出口食品安全监管体制，从源头管理、生产加工过程到装运出口等环节建立了多项监管制度，进一步保障我国出口食品安全。

一、出口食品原料种植场、养殖场备案制度

为保证出口食品安全，参照发达国家管理经验，建立从源头抓质量、保安全的源头管理模式。出口食品原料种植场、养殖场备案就是这一管理模式的重要应用。

（一）法律依据

《食品安全法》第九十九条规定："出口食品生产企业和出口食品原料种植、养殖场应当向国家出入境检验检疫部门备案。"《进出口食品安全管理办法》第四十条规定："出口食品原料种植、养殖场应当向所在地海关备案。"《出口食品原料种植场备案管理规定》（国家质检总局公告 2012 年第 56 号）对备案作出具体规定。

（二）实施备案管理出口食品原料品种

根据《关于公布实施备案管理出口食品原料品种目录的公告》（国家质检总局公告 2012 年第 149 号），实施备案管理的出口食品原料品种包括蔬菜（含栽培食用菌）、茶叶、大米、禽肉、禽蛋、猪肉、兔肉、蜂产品、水产品。

（三）申请条件

1. 出口食品原料种植场备案

有合法经营种植用地的证明文件；土地相对固定连片，周围具有天然或者人工的隔离带（网），符合当地检验检疫机构根据实际情况确定的土地面积要求；大气、土壤和灌溉用水符合国家有关标准的要求，种植场及周边无影响种植原料质量安全的污染源；有专门部门或者专人负责农药等农业投入品的管理，有适宜的农业投入品存放场

所，农业投入品符合中国或者进口国家（地区）有关法规要求；有完善的质量安全管理制度，应当包括组织机构、农业投入品使用管理制度、疫情疫病监测制度、有毒有害物质控制制度、生产和追溯记录制度等；配置与生产规模相适应、具有植物保护基本知识的专职或者兼职植保员；法律法规规定的其他条件。

2. 出口食品原料养殖场备案

获得农业主管部门养殖许可；与出口食品生产企业签订供货协议；对养蜂场拥有管理权（适用于蜂产品）。

（四）申请材料

1. 出口食品原料种植场备案

出口食品原料种植场备案申请表；申请人工商营业执照或者其他独立法人资格证明的复印件；申请人合法使用土地的有效证明文件以及种植场平面图；种植场的土壤和灌溉用水的检测报告；要求种植场建立的各项质量安全管理制度，包括组织机构、农业投入品管理制度、疫情疫病监测制度、有毒有害物质控制制度、生产和追溯记录制度等；种植场负责人或者经营者、植保员身份证复印件，植保员有关资格证明或者相应学历证书复印件；种植场常用农业化学品清单；法律法规规定的其他材料。

2. 出口食品原料养殖场备案

（1）水产品。

出口加工用水产养殖场备案申请书原件；养殖场水产养殖质量控制体系文件原件；养殖场法人代表/承包人的身份证复印件；《中华人民共和国水域滩涂养殖使用证》复印件（必要时）；养殖场平面示意图及彩色照片原件（包括场区全貌、养殖池、药房、饲料房、进排水设施等）；养殖塘（池）分布示意图及编号原件；水质检测报告复印件；所用饲料的品名、成分、生产企业许可证号及生产企业清单原件；所使用药物（含消毒剂）品名、成分、批准号、生产企业、停药期清单原件；养殖技术员、质量监督员的资质材料复印件。

（2）蜂产品。

出口蜂产品原料备案养殖场申请表原件；申请单位对养蜂场的各项管理制度，主要包括养蜂场管理制度、管理机构名称和设置、养蜂用药管理制度及相关记录（购买、贮存、发放等）、养蜂用药督查制度及相应的督查记录、养蜂现场跟踪监督指导计划、蜜蜂养殖操作规范、养蜂户投售原料标识卡、养蜂户档案、养蜂日志、蜂蜜及蜂王浆追溯管理制度等原件；养蜂场管理负责人、管理人员及技术人员的名单和相关资格证明材料原件；各养蜂生产小组所属区域及养蜂户数、蜂群数清单原件；企业和养蜂场签订的供货合同复印件。

（3）畜禽原料。

出口禽肉原料养殖场备案表原件；农业行政部门颁发的防疫条件合格证复印件；场区平面图和行政区划位置图原件；动物卫生防疫管理制度，包括日常卫生管理制度、消毒制度、疫病防治制度、人员和车辆进出控制、病死动物处理、疫情报告等原件；饲养用药管理制度，包括饲料和添加剂使用管理制度、用药管理制度等原件；饲养场和出口企业签订的合同复印件（适用于合同饲养场）。

（4）禽蛋原料。

出口禽蛋原料养殖场备案申请表原件；动物防疫条件合格证复印件；动物卫生防疫制度，包括日常卫生管理制度、疫病防治制度、用药管理制度原件；饲养管理制度，包括饲料和添加剂使用管理制度、活禽出入场管理制度原件；养殖场行政区划位置图、场区平面示意图原件（标明大门、禽舍、生活区、水域、饲料库、药品库等）；养殖场和出口加工企业签订的合同复印件（适用于合同养殖场）；由拟供货出口食品生产企业代为办理的，需提供养殖场委托生产企业办理的授权委托书原件。

（五）申请流程

1. 出口食品原料种植场备案

申请人应当在种植生产季开始前3个月向所在地隶属海关提交申请资料。企业在网上申请，申请端入口为"互联网＋海关"平台或"单一窗口"。

必要时，隶属海关对申请的出口食品原料种植场进行现场审核。

经资料审查和现场审查（必要时）符合要求，由隶属海关对出口食品原料种植场编号。

2. 出口食品原料养殖场备案

备案主体向所在地隶属海关提交申请资料。企业在网上申请，申请端入口为"互联网＋海关"平台或"单一窗口"。

必要时，隶属海关对申请的出口食品原料养殖场进行现场审核。

经资料审查和现场审查（必要时）符合要求，由隶属海关对出口食品原料养殖场编号，对于审核通过的出口水产品养殖场颁发《水产养殖场检验检疫备案证明》。

申请出口猪肉养殖场的应先向所在地县级畜牧兽医部门提出申请，养殖场经所在地畜牧兽医部门考核合格后方可网上申请备案。

（六）监督管理

1. 出口食品原料种植场

（1）监督检查。

海关对备案种植场每年至少实施一次监督检查。监督检查包括以下内容：种植场及周围环境、土壤和灌溉用水等状况；农业投入品管理和使用情况；种植场病虫害防治情况；种植品种、面积，以及采收、销售情况；种植场的资质、植保员资质变更情况；质量安全管理制度运行情况；种植场生产记录，包括出具原料供货证明文件等情况；法律法规规定的其他内容。

（2）限期整改。

备案种植场有下列情形之一的，检验检疫机构应当书面通知种植场申请人限期整改：周围种植环境有污染风险的；存放我国和进口国家（地区）禁用农药以及不按规定使用农药的；产品中有毒有害物质检测结果不合格的；产品中检出的有毒有害物质与申明使用的农药、化肥等农业投入品明显不符的；种植场负责人、植保员发生变化后30天内未申请变更的；实际原料供货量超出种植场生产能力的；种植场各项记录不完整，相关制度未有效落实的；法律法规规定其他需要改正的。

（3）取消备案编号。

备案种植场有下列情形之一的，海关可以取消其备案编号：转让、借用、篡改种植场备案编号的；对重大疫情及质量安全问题隐瞒或谎报的；拒绝接受检验检疫机构监督检查的；使用中国或进口国家（地区）禁用农药的；产品中有毒有害物质超标一年内达到2次的；用其他种植场原料冒充本种植场原料的；种植场备案主体更名、种植场位置或者面积发生重大变化、种植场及周边种植环境有较大改变，以及其他较大变更情况，种植场备案主体未按规定重新申请备案的；2年内未种植或提供出口食品原料的；法律法规规定的其他情形。

2. 出口食品原料养殖场（水产品）

有以下情形之一的，取消备案，且2年内不得重新提出申请：存放或者使用中国、输入国家（地区）禁止使用的药物和其他有毒有害物质，使用的药物未标明有效成分或者使用含有禁用药物的药物添加剂，未按规定在休药期停药的；提供虚假供货证明材料、转让或者变相转让备案编号的；隐瞒重大养殖水产品疫病或者未及时向海关报告的；拒不接受海关监督管理或输入国家（地区）主管当局检查的，或未如实提供有关情况和材料的；不能持续符合备案基本条件和卫生要求，无法整改或拒不整改的。

二、出口食品生产企业备案制度

对出口食品生产企业实行备案管理，一方面有利于监管部门及时掌握食品生产企业的生产状况，规范出口食品生产企业的行为；另一方面将出口食品的监管工作向生产领域延伸，有利于鼓励出口食品生产企业提高管理水平和食品质量，从源头上把好质量关，提高出口食品的质量。

（一）法律依据

《食品安全法》第九十九条规定："出口食品生产企业应当向国家出入境检验检疫部门备案。"《进出口食品安全管理办法》第四十二条规定："出口食品生产企业应当向住所地海关备案。"根据《国务院关于取消和下放一批行政许可事项的决定》（国发〔2020〕13号），"出口食品生产企业备案核准"由行政许可事项改为备案。

（二）申请条件

1. 中华人民共和国境内拟从事出口的食品生产企业。

2. 已建立完善可追溯的食品安全卫生控制体系并有效运行，确保出口食品生产、加工、贮存过程持续符合中国相关法律法规、出口食品生产企业安全卫生要求；进口国家（地区）相关法律法规和相关国际条约、协定有特殊要求的，还应当符合相关要求。

（三）申请材料

出口食品生产企业备案申请书。

（四）备案申请

1. 网上办理。申请人登录"互联网＋海关"平台，或通过中国出口食品生产企业备案管理系统（http://qgs. customs. gov. cn:10081/efpe）向住所地海关提出申请并上传材料。

窗口办理。申请人向住所地海关提出申请并递交材料。

2. 住所地海关对申请人提出的申请进行审核，对材料齐全、符合法定条件的，核发《出口食品生产企业备案证明》。

（五）备案变更

出口食品生产企业的名称、法定代表人、生产企业地址发生变化的，申请人应当自发生变更之日起15日内，向原发证海关递交申请材料，申请人登录"互联网＋海关"平台，或通过中国出口食品生产企业备案管理系统提交变更申请，原发证海关对申请变更内容进行审核。变更申请材料齐全、证明材料真实有效的，准予变更。

（六）备案注销

申请人需要注销《出口食品生产企业备案证明》的，登录"互联网 + 海关"平台，或通过中国出口食品生产企业备案管理系统，向主管海关提出书面申请，经主管海关审核后，办理注销手续。

【案例分析 5 – 1】某电商公司以跨境电商 B2B 方式违规出口食品

2023 年 3 月 15 日，当事人委托某供应链有限公司持报关单 × × × × ×0230160417556 以跨境电商 B2B 直接出口方式向海关申报一批货物，被海关查获 60 项未申报货物共计 11021 千克，其中有 7 项食品，均需出口食品卫生监督检验且应为获得备案出口食品生产企业生产的食品，其中红油郫县豆瓣、调味油、英标鲜味汁、辣椒调味油共 4 项食品包装上标注的生产企业无海关备案信息，货值 0.1 万元人民币，当事人出口未获得备案出口食品生产企业生产的食品；螺蛳粉、酱油、德叔鲍鱼 3 项食品包装上标注的企业有海关备案信息，货值 1.56 万元人民币，当事人未报检，已违反《进出口商品检验法实施条例》第二十四条第一款。

根据《海关法》第八十六条第一款第（三）项、《中华人民共和国海关行政处罚实施条例》第十五条第一款第（五）项、《进出口食品安全管理办法》第七十二条第一款第（三）项、《食品安全法》第一百二十四条第一款、《进出口商品检验法实施条例》第四十五条第一款和《进出境动植物检疫法实施条例》第五十九条第一款第（一）项等法律法规的规定，D 海关决定对当事人科处罚款人民币 12.87 万元整；没收未获得备案出口食品生产企业生产的食品（红油郫县豆瓣、调味油、英标鲜味汁、辣椒调味油）。

——参考自搜狐网，《海问关答》，2023 年 11 月 27 日。

三、出口食品生产企业境外注册制度

目前一些主要贸易国家（地区）对向其出口肉类、水产品等动物源性食品的中国生产企业有注册要求，出口食品生产企业及其产品应当先获得该国家（地区）主管当局的注册批准，其产品方能出口。

（一）法律依据

《进出口食品安全管理办法》第四十三条第一款规定："境外国家（地区）对中国

输往该国家（地区）的出口食品生产企业实施注册管理且要求海关总署推荐的，出口食品生产企业须向住所地海关提出申请，住所地海关进行初核后报海关总署。"

2022 年 1 月 1 日起实施的《出口食品生产企业申请境外注册管理办法》（海关总署公告 2021 年第 87 号），对境外推荐注册进行了定义，更新了注册条件、申请材料、注册程序，明确了信息变更、重新办理注册、撤回注册推荐等情形，并对企业落实主体责任提出了明确的要求。

（二）部分实施出口食品生产企业境外注册的国家及产品

部分实施出口食品生产企业境外注册的国家及产品见表 5 – 1。

表 5 – 1　部分实施出口食品生产企业境外注册的国家（地区）及产品

国家（地区）	产品	国家（地区）	产品
俄罗斯	水产品	吉尔吉斯斯坦	冷冻禽肉
新西兰	罗非鱼	加拿大	肠衣
越南	水产品		低酸性蔬菜罐头
印度尼西亚	水产品	巴西	肠衣
蒙古国	熟制牛肉产品		水产品
美国	鲇形目鱼类	马来西亚	猪肉和猪肉制品
	熟制禽肉		奶及奶制品
	低酸罐头和酸化食品	日本	热加工禽肉及产品
	水产品		热加工偶蹄动物肉及产品
	果蔬汁		盐渍天然肠衣
欧盟	水产品		菠菜
	肠衣	韩国	畜产品
	蛋及蛋制品		蛋及蛋制品
	胶原蛋白		乳及乳制品
新加坡	蛋制品		水产品
	肉及肉制品		

（三）注册条件

出口食品生产企业申请境外注册应当具备下列条件：

已完成出口食品生产企业备案手续；

建立完善可追溯的食品安全卫生控制体系，保证食品安全卫生控制体系有效运行，确保出口食品生产、加工、贮存过程持续符合中国相关法律法规、出口食品生产企业安全卫生要求；

进口国家（地区）相关法律法规和相关国际条约、协定有特殊要求的，还应当符合相关要求；

切实履行企业主体责任，诚信自律、规范经营，且信用状况为非海关失信企业；

一年内未因企业自身安全卫生方面的问题被进口国家（地区）主管当局通报。

（四）申请材料

出口食品生产企业申请境外注册时，应当通过信息化系统向住所地海关提出申请，提供以下申请材料并对其真实性负责：

出口食品生产企业境外注册申请书；

出口食品生产企业申请境外注册自我评估表；

企业生产条件（包括但不限于厂区布局图、车间平面图、人流/物流图、水流/气流图、关键工序图片等）、生产工艺等基本情况；

企业建立的可追溯的食品安全卫生控制体系文件；

进口国家（地区）要求的随附资料。

（五）评审推荐

海关根据企业申请组织评审，结合企业信用、监督管理、出口食品安全等情况，符合条件的向进口国家（地区）主管当局推荐。

（六）注册管理

1. 注册变更

已获得境外注册企业的注册信息发生变更的，应当及时向住所地海关申请注册信息变更，由海关总署通报进口国家（地区）。企业注册信息变更情况以进口国家（地区）公布为准。

已获得境外注册企业发生新建、改（扩）建生产车间或食品安全卫生控制体系发生重大变化的，应当及时向住所地海关报告。

根据进口国家（地区）注册要求，必须由进口国家（地区）主管当局批准后方能改（扩）建的，企业应当在事前向住所地海关报送改（扩）建方案，待进口国家（地区）主管当局批准后方可实施。改造完毕后，企业应当向住所地海关提交报告，由海关总署通报进口国家（地区）主管当局。

2. 重新办理注册

已获得境外注册企业发生下列情形之一的，应当重新办理注册。

（1）生产场所迁址的。

（2）已注册的产品范围发生变化且进口国家（地区）主管当局要求重新注册的。

（3）已注册国家（地区）主管当局要求重新注册的其他情形。

3. 撤回注册

已获境外注册的出口食品生产企业有下列情形之一的，由海关总署撤回向进口国家（地区）主管当局的注册推荐。

（1）企业主动申请取消注册的。

（2）企业依法终止的。

（3）出口食品生产企业备案已注销的。

（4）企业拒绝接受进口国家（地区）官方检查或未按进口国家（地区）主管当局要求进行整改及提供相关材料的。

（5）企业不能持续符合境外注册要求的。

（6）其他依法依规应当撤回向进口国家（地区）主管当局注册推荐的情形。

企业因第（4）、（5）项规定之情形被海关总署撤回境外注册推荐的，两年内不得重新提出申请。

四、出口食品生产企业安全卫生控制制度

《食品安全法》第四十四条规定："食品生产经营企业应当建立健全食品安全管理制度"。出口食品生产企业应当落实企业主体责任，建立完善可追溯的食品安全卫生控制体系，确保出口食品符合相关法律法规要求。

（一）法律依据

《进出口食品安全管理办法》第四十四条规定："出口食品生产企业应当建立完善可追溯的食品安全卫生控制体系，保证食品安全卫生控制体系有效运行，确保出口食品生产、加工、贮存过程持续符合中国相关法律法规、出口食品生产企业安全卫生要求；进口国家（地区）相关法律法规和相关国际条约、协定有特殊要求的，还应当符合相关要求。"

(二)　出口食品生产企业安全控制制度

出口食品生产企业安全控制制度包括供应商评估制度、进货查验记录制度、生产记录档案制度、出厂检验记录制度、出口食品追溯制度和不合格食品处置制度。相关记录应当真实有效，保存期限不得少于食品保质期期满后 6 个月；没有明确保质期的，保存期限不得少于 2 年。

供应商评估制度是指出口食品生产企业应当查验供货者的许可证和产品合格证明；对无法提供合格证明的食品原料，应当按照食品安全标准进行检验；不得采购或者使用不符合食品安全标准的食品原料、食品添加剂、食品相关产品。

进货查验记录制度是指出口食品生产企业应当如实记录食品原料、食品添加剂、食品相关产品的名称、规格、数量、生产日期或者生产批号、保质期、进货日期以及供货者名称、地址、联系方式等内容，并保存相关凭证。

生产记录档案制度是指出口食品生产企业应当如实记录食品生产全过程，客观反映食品生产状况，并保存相关记录档案。

出厂检验记录制度是指出口食品生产企业应当查验出厂食品的检验合格证和安全状况，如实记录食品的名称、规格、数量、生产日期或者生产批号、保质期、检验合格证号、销售日期以及购货者名称、地址、联系方式等内容，并保存相关凭证。

出口食品追溯制度是指出口食品生产企业应当如实记录出口食品进货、生产、出厂检验、出口等相关事项并按规定保存相应期限，在发生食品安全问题时能够追溯食品安全问题源头。

不合格食品处置制度是指出口食品存在安全问题，已经或者可能对人体健康和生命安全造成损害的，出口食品生产企业应当立即采取相应措施，避免和减少损害发生，并向所在地海关报告。措施包括召回、无害化处理、销毁、技术处理等。

(三)　包装和运输安全

出口食品生产企业应当保证出口食品包装和运输方式符合食品安全要求，在运输包装上标注生产企业备案号、产品品名、生产批号和生产日期。

内外包装过程应防止交叉污染，必要时内外包装间应分开设置；用于包装食品的内、外包装材料符合安全卫生标准并保持清洁和完整，防止污染食品；再次利用的食品内、外包装材料要易于清洁，必要时要进行消毒；包装标识应符合国家和相关进口国（地区）有关法律法规标准要求；包装物料间应保持干燥，内、外包装物料分别存放，避免受到污染。

运输工具应保持卫生清洁并维护良好，根据产品特点配备防雨、防尘、制冷、保温等设施；运输过程中保持必要的温度和湿度，确保产品不受损坏和污染，必要时应将不同食品进行有效隔离。

（四）监督检查

海关对辖区内出口食品生产企业的食品安全卫生控制体系运行情况进行监督检查，监督检查包括日常监督检查和年度监督检查。

监督检查可以采取资料审查、现场检查、企业核查等方式，并可以与出口食品境外通报核查、监督抽检、现场查验等工作结合开展。

五、出口食品申报制度

根据《进出口商品检验法》及其实施条例、《食品安全法》等国家法律规定，凡是被列入必须实施检验的进出口商品目录和国家法律法规规定应实施检验检疫的出口食品，出口商或者其代理人应当如实向海关进行申报。

（一）法律依据

《进出口食品安全管理办法》第五十二条规定："食品出口商或者其代理人出口食品时应当依法向海关如实申报。"

（二）申报材料

1. 合同、发票、运输单据、装箱单等商业单据。
2. 出口所需的许可证件及随附单证。
3. 海关总署规定的其他出口单证。

六、出口食品检验检疫合格评定制度

出口食品检验检疫合格评定制度是指海关确定其管辖范围内的出口食品是否符合国家技术规范的强制性要求的合格评定活动，主要包括出口申报前监管、现场查验、取样送检、监督抽检、结果处置、口岸查验等。

（一）出口食品合格评定依据

《进出口食品安全管理办法》第三十八条规定："出口食品生产企业应当保证其出口食品符合进口国家（地区）的标准或者合同要求；中国缔结或者参加的国际条约、

协定有特殊要求的，还应当符合国际条约、协定的要求。进口国家（地区）暂无标准，合同也未作要求，且中国缔结或者参加的国际条约、协定无相关要求的，出口食品生产企业应当保证其出口食品符合中国食品安全国家标准。"

（二）出口申报前监管

出口食品生产企业、出口商应当按照法律、行政法规和海关总署规定，向产地或者组货地海关提出出口申报前监管申请。

企业申请时需提供的单证包括：合同、发票、装箱单等商业单证；出厂合格证明或生产企业检验报告；企业对其出口食品进行检验的记录。

产地或者组货地海关受理食品出口申报前监管申请后，依法对需要实施检验检疫的出口食品实施现场检查和监督抽检。

（三）现场查验

海关根据风险布控指令、作业表单实施现场查检，主要包括以下内容。

1. 对施检的出口加工食品重点查看拟出口的加工食品存放场所是否符合卫生要求。

2. 检查包装。检查加工食品外包装是否正常，货物包装是否破损渗漏、有无变形、破损、污染，产品包装是否清洁、干燥、无霉、无异味，对加工食品的卫生质量有无影响。

3. 核对申报资料。加工食品的品名、数量、规格、包装标识是否与申报资料相符。

4. 核对生产记录。核对货物生产记录是否真实，产品生产过程质量管控措施是否落实到位。

5. 检查标签、标识。运输包装上是否注明出口食品生产企业备案号、产品名称、生产批号或生产日期。

6. 检查外观品质（感官检验）。主要检查色泽、气味、滋味、性状、形态、有无外来杂质等，各品种感官特性是否符合相关标准规定固有特征，有无异物、掺假、掺杂、霉变、腐败变质等。

7. 检查温度。对有温度要求的加工产品检查温控设备运行情况。

（四）取样送检

被海关监管系统抽中取样送检的出口货物批次，按照系统确定的检测项目进行抽样送实验室检验，出口国家（地区）有特殊监测或检测要求的，按其相关要求进行实验室检验。凡需抽样送检的出口食品，需海关执法人员（不少于两人）到现场抽取样品。所抽取的样品必须具有代表性、准确性、科学性。抽检应根据产品不同种类、品种、包装形式和检验要求进行，抽样数量应当保证检验、复验、备查等使用需要。抽取样品后必须及时封识送检。抽样应出具取样记录单，注明商品名称、单证编号、数/重量、取样地点、封识编号、取样时间等，抽样人与收货人或其代理人双方签字，并加盖海关业务印章。

（五）监督抽检

海关总署在风险评估的基础上制订年度国家出口食品安全监督抽检计划。直属海关按照国家出口食品安全监督抽检计划要求，根据所辖区域出口食品安全状况制订补充计划，报海关总署备案后实施。隶属海关负责年度国家出口食品安全监督抽检计划和其所属直属海关出口食品监督抽检补充计划的实施。

（六）结果处置

出口食品经海关现场检查、监督抽检等合格评定符合要求的，依企业申请由海关出具证书，准予出口。进口国家（地区）对证书形式和内容要求有变化的，经海关总署同意可以对证书形式和内容进行变更。

出口食品经海关现场检查、监督抽检等合格评定不符合要求的，由海关书面通知出口商或者其代理人。相关出口食品可以进行技术处理的，经技术处理合格后方准出口；不能进行技术处理或者经技术处理仍不合格的，不准出口。

（七）口岸查验

海关按照布控指令对出口食品在口岸实施抽查，重点核对货物品名、唛头、标签、批号、数量、规格、运输包装标注信息是否一致，是否超过有效期，货物的包装是否完好，以及对有明确要求的项目实施检查。

口岸海关查验发现出口食品不合格，依法不能进行技术处理或经技术处理仍不合格的，不准出口。

七、出口食品企业核查制度

海关核查是海关后续监管的重要组成部分，是海关履行监管职能的一个重要手段。海关核查通过对企业实施实地验核查证，检查监督其生产经营活动的真实性、合法性和规范性。

（一）法律依据

《进出口食品安全管理办法》第三十九条规定："海关依法对出口食品实施监督管理。"第四十一条规定："海关依法采取资料审查、现场检查、企业核查等方式，对备案原料种植、养殖场进行监督。"

（二）核查对象

出口食品企业核查对象包括出口食品生产企业，出口食品原料种植、养殖场。

（三）出口食品生产企业核查

1. 核查的目的

出口备案食品生产企业核查，是目前海关 33 个检验检疫核查事项之一，是海关确保出口食品质量安全的重要手段。通过实地检查食品企业生产管理流程，掌握企业食品安全状况。

2. 核查的基本方法和内容

（1）查阅、复制资料。

现场查阅企业质量体系、卫生操作程序规范、食品防护计划、关键控制点（Critical Control Point，CCP）设置、供应商材料、添加剂使用标准及记录等相关文件资料，重点关注企业质量安全体系构建情况，初步了解企业流程管理、质量管控、安全风险预防等基本内容，并根据实际工作需要，对相关文件记录进行复制取证。

（2）询问被核查人。

通过与企业品控、物管、生管、采购等部门相关人员交谈，了解企业相关基本信息、生产和管理人员对食品安全认知、食品生产安全各环节执行情况等。

（3）场所、货物、设备检查。

以现场实地检查为主，结合相关货物进出库、验收、设备维护等单证抽查，重点关注企业环境卫生、车间设施、生产用水或冰、原辅料及食品添加剂储存使用、生产加工过程、化学品管理、检验检测情况等，掌握企业食品生产安全状况。

（4）核对生产管理过程相关执行记录。

重点核实企业 CCP 执行记录及卫生操作和处理记录。

（5）抽样检测。

抽取企业原辅料或成品送专业机构检测，并根据检测结果对企业食品安全作出评估，或者根据实际工作需要，现场抽取样品由企业实验室做快速检测判断。

3. 结果处置

海关向企业通报核查结果后，根据实际情况采取责令企业整改、通报相关部门处置等措施；存在违规行为的，依法追究相应的法律责任。

（四）出口食品原料种植场核查

1. 核查的目的

核实种植场是否持续符合备案要求。

2. 核查的主要内容

海关主要从以下几方面对被核查备案种植场开展核查：种植场及周围环境、土壤和灌溉用水等状况；农业投入品管理和使用情况；种植场病虫害防治情况；种植品种、面积以及采收、销售情况；种植场的资质、植保员资质变更情况；质量安全管理制度运行情况；种植场生产记录，包括出具原料供货证明文件等情况；法律法规规定的其他内容。

3. 结果处置

海关根据核查情况，采取限期整改、取消备案种植场备案编号等措施；存在违规行为的，依法追究相应的法律责任。

八、出口食品境外通报核查制度

出口食品境外通报核查工作是海关落实工作职责、提升服务水平的重要方式。为全力促进外贸保稳提质，海关通过出口食品境外通报核查，找准问题点，强化企业质量主体意识，帮扶企业破解技术性贸易壁垒，避免系统性行业性风险，保障出口食品质量安全。

（一）法律依据

《进出口食品安全管理办法》第五十四条规定："出口食品因安全问题被国际组织、境外政府机构通报的，海关总署应当组织开展核查"。

（二）出口食品境外通报信息来源

出口食品境外通报信息主要来自进口国家（地区）官方监管部门的网站发布；进口国家（地区）官方机构来函通报的安全信息。

（三）开展出口食品境外通报核查的目的

海关通过对出口食品实施境外通报核查，核实境外通报信息真实性、研判通报原因，帮助企业找准问题点，强化企业质量主体意识，帮扶企业破解技术性贸易壁垒，避免系统性行业性风险，保障出口生产加工企业质量安全。

（四）核查的主要内容

1. 被通报企业基本信息情况。
2. 被通报食品、化妆品出口相关情况。
3. 被通报食品、化妆品出口安全卫生控制情况。
4. 其他应当核查的内容。

（五）核查程序

1. 核实通报信息

海关对出口食品被境外通报的企业质量安全信息来源和内容进行核准。

2. 核查启动

根据收集到的信息，由海关总署向直属海关下发通报信息或直属海关根据本关区收集的信息提出核查需求，经海关风控部门形成核查指令下达相关隶属海关，启动核查工作。

3. 现场核查

核查组根据核查指令，深入企业实地核查取证涉及出口食品化妆品企业的基本概况、海关注册信息等；被通报产品的出口批次、数量、规格、货值、原料来源及管理状况；被通报食品化妆品产品生产过程，安全卫生控制情况等。

4. 核查分析

海关核查人员经核查分析，将相关结果及整改措施上报直属海关。

5. 核查处置

被通报产品确属质量安全问题，要求企业限期整改。存在涉嫌违法违规的情况，移交相关部门办理。

海关根据需要实施调整监督抽检比例、要求食品出口商逐批向海关提交有资质的检验机构出具的检验报告、撤回向境外官方主管机构的注册推荐等控制措施，必要时发布警示通报。

【延伸阅读 5 – 5】菲律宾"中国糖果"事件

2007 年 7 月 16 日，菲律宾卫生部下属的食品药品管理局（以下简称"菲食药局"）单方面向菲律宾两大电视台公布，产自中国的四种进口食品经其检验含有甲醛（福尔马林）。10 月 4 日，菲律宾媒体报道称因食用中国奶糖，当地 24 名学生腹痛呕吐，出现集体身体不适。该事件一经报道立即引起关注，在国内外多家媒体上占据主要版面并在世界范围内传播。10 月 19 日，菲律宾食品药品管理局公布部分糖样检测报告，称疑似中国产糖果甲醛含量检测呈阳性，不符合菲食药局有关规定。

"中国糖果"事件一经报道，立即引起中国政府高度关注。中国商务部新闻发言人在 10 月 6 日的新闻发布会上表示，中国有关部门将与菲律宾政府有关部门保持密切联系，并将在必要时派专家小组赴菲共同调查事件原因。

由原国家质检总局牵头，包括来自商务部、原广东和上海检验检疫局等部门的专家组成的技术调查组赴菲律宾开展现场调查访问，调查组在当地取得糖样并进行理化检测。同时调查组积极搜集有关甲醛检测方法与限量的权威文献与相关数据，并对菲律宾公布的甲醛检测方法与结果进行分析，后向菲食药局提交相关资料说明菲方目前甲醛限量标准科学性不足，未充分考量相关食品中天然存在的甲醛的本底含量水平，且其无法证明甲醛呈阳性与相关食品安全事件间的直接联系。后菲食药局人员承认，糖样在菲检测呈阳性并不代表中国糖果甲醛含量超标。

——参考自中国政府网、新浪网。

任务四　法律责任

进出口食品安全管理法律责任是指在进出口食品安全管理工作中发生的，因违反法定义务或不当行使法律权利、权力所产生的，由行为人承担的不利后果。从责任主体上划分，可以分为行政相对人责任和行政机关（包括行政机关工作人员）责任。

本部分主要针对《食品安全法》及其实施条例、《进出口食品安全管理办法》等进出口食品安全管理法律、法规和规章中涉及的法律责任进行阐述。

一、进出口食品行政相对人的行政违法行为及法律责任

（一）提供虚假材料，进口不符合我国食品安全国家标准的食品、食品添加剂、食品相关产品

本类违法行为主要针对的是《食品安全法》第九十二条第一款"进口的食品、食品添加剂、食品相关产品应当符合我国食品安全国家标准。"

构成本违法行为应同时具备两个要件：一是提供了虚假材料，即在食品进口环节向海关提供了与真实情况不符的材料；二是进口的食品不符合我国食品安全国家标准。进口的食品不符合我国食品安全国家标准，但如实申报，未提供虚假材料的，不构成本违法行为。

构成本违法行为的，依照《食品安全法》第一百二十四条的规定给予处罚：没收违法所得和违法生产经营的食品、食品添加剂，并可以没收用于违法生产经营的工具、设备、原料等物品；违法生产经营的食品、食品添加剂货值金额不足一万元的，并处五万元以上十万元以下罚款；货值金额一万元以上的，并处货值金额十倍以上二十倍以下罚款；情节严重的，吊销许可证。

【案例分析5-2】某公司提供虚假材料，进口不符合食品安全国家标准食品案

2017年9月，某公司向A海关申报从澳大利亚进口一批牛奶，重量14208千克，货物总值85238美元。商品入境时A海关按规定对该批牛奶进行抽样送检，检测结果显示该批牛奶细菌总数超标，不符合我国食品安全标准。后经调查发现，该公司在申报材料中提供了虚假的生产商检测报告。A海关认为该公司的行为构成提供虚假材料，进口不符合食品安全国家标准食品的违法行为，根据《食品安全法》第一百二十四条、第一百二十九条规定给予行政处罚。

（二）进口尚无食品安全国家标准的食品，未提交所执行的标准并经国务院卫生行政部门审查，或者进口利用新的食品原料生产的食品或者进口食品添加剂新品种、食品相关产品新品种，未通过安全性评估

本类违法行为主要针对的是《食品安全法》第九十三条第一款"进口尚无食品安全国家标准的食品，由境外出口商、境外生产企业或者其委托的进口商向国务院卫生行政部门提交所执行的相关国家（地区）标准或者国际标准。国务院卫生行政部门对

相关标准进行审查，认为符合食品安全要求的，决定暂予适用，并及时制定相应的食品安全国家标准。进口利用新的食品原料生产的食品或者进口食品添加剂新品种、食品相关产品新品种，依照本法第三十七条的规定办理。"国务院卫生行政部门应当自收到申请之日起 60 日内组织审查；对符合食品安全要求的，准予许可并公布；对不符合食品安全要求的，不予许可并书面说明理由。如果未遵守前述规定，就属于本类违法行为，同样依照《食品安全法》第一百二十四条的规定给予处罚。

【案例分析 5 - 3】某公司进口尚无食品安全国家标准的食品案

2018 年 8 月，某公司向 A 海关申报进口一批美国产食品，重量 2000 千克；食品通关后，在 A 海关指定的场所存放。A 海关在对该批美国产食品进行检验时，发现我国目前尚无关于该食品的食品安全国家标准，A 海关要求该公司提供经国务院卫生行政部门审查的所执行的标准，该公司未能提供。A 海关认为该公司的行为构成进口尚无食品安全国家标准的食品，未提交所执行的标准并经国务院卫生行政部门审查的违法行为，根据《食品安全法》第一百二十四条、第一百二十九条的规定，对该公司给予行政处罚。

（三）未遵守本法的规定出口食品

本类违法行为主要针对的是《食品安全法》第九十九条第二款"出口食品生产企业和出口食品原料种植、养殖场应当向国家出入境检验检疫部门备案。"同时，《进出口食品安全管理办法》第七十二条进一步明确了"未遵守本法的规定出口食品"的违法行为的种类，包括以下内容。

1. 擅自调换经海关监督抽检并已出具证单的出口食品的。

2. 出口掺杂掺假、以假充真、以次充好的食品或者以不合格出口食品冒充合格出口食品的。

3. 出口未获得备案出口食品生产企业生产的食品的。

4. 向有注册要求的国家（地区）出口未获得注册出口食品生产企业生产食品的或者出口已获得注册出口食品生产企业生产的注册范围外食品的。

5. 出口食品生产企业生产的出口食品未按照规定使用备案种植、养殖场原料的。

6. 出口食品生产经营者有《食品安全法》第一百二十三条、第一百二十四条、第一百二十五条、第一百二十六条规定情形，且出口食品不符合进口国家（地区）要求的。

【案例分析 5 - 4】某公司违规出口肠衣案

A 公司于 2020 年 3 月就出口至德国、英国的 3 批盐渍猪肠衣向 B 海关申请出境货物检验检疫。上述货物申报的生产单位为 A 公司（取得出口食品生产企业备案）。后经调查发现，上述货物实际为 C 公司生产（未取得出口食品生产企业备案），C 公司借 A 公司的备案资质违规出口肠衣，构成未遵守《食品安全法》的规定出口食品的违法行为，B 海关根据《食品安全法》第一百二十四条、第一百二十九条规定对 C 公司给予行政处罚。A 公司构成出借备案证明的行为，根据《出口食品生产企业备案管理规定》第二十六条的规定，对 A 公司取得的《出口食品生产企业备案证明》予以撤销。

（四）进口商在有关主管部门责令其依照本法规定召回进口的食品后，仍拒不召回

本类违法行为主要针对的是《食品安全法》第九十四条第三款规定"发现进口食品不符合我国食品安全国家标准或者有证据证明可能危害人体健康的，进口商应当立即停止进口，并依照本法第六十三条的规定召回。"需要注意的是，本条规定的"有关主管部门"主要是指县级以上食品药品监督管理部门；本条规定的"召回"包括《食品安全法》第六十三条规定的召回、无害化处理、销毁等一系列措施；进口商在食品药品监督管理部门责令其召回进口的食品后，仍拒不召回，食品药品监督管理部门应当向海关通报，由海关依照本条规定给予处罚。

（五）进口商未建立并遵守食品、食品添加剂进口和销售记录制度、境外出口商或者生产企业审核制度

本类违法行为主要针对以下内容。第一，《食品安全法》第九十四条第二款规定："进口商应当建立境外出口商、境外生产企业审核制度，重点审核前款规定的内容；审核不合格的，不得进口。"第二，《食品安全法》第九十八条规定，进口商应当建立食品、食品添加剂进口和销售记录制度，如实记录食品、食品添加剂的名称、规格、数量、生产日期、生产或者进口批号、保质期、境外出口商和购货者名称、地址及联系方式、交货日期等内容，并保存相关凭证。记录和凭证保存期限应当符合本法第五十条第二款的规定，即不得少于产品保质期满后六个月，没有明确保质期的，保存期限不得少于二年。

未遵守上述规定，就属于本类违法行为，海关依照《食品安全法》第一百二十六条的规定给予行政处罚，即责令改正，给予警告；拒不改正的，处五千元以上五万元以下罚款；情节严重的，责令停产停业，直至吊销许可证。

【案例分析5-5】某公司未按规定建立进口食品进口和销售记录案

2019年11月，A海关实地核查某公司作为进口食品进口商备案、进口和销售记录等法定职责落实情况。经核查发现，该公司未遵守食品进口和销售记录制度，没有对2020年进口的2票优益生菌粉（固体饮料）建立符合制度规定的进口和销售记录。该公司作为进口食品进口商，建立的食品进口和销售记录没有如实记录进口食品的卫生证书编号、品名、规格、数量、生产日期（批号）、保质期、出口商和购货者名称及联系方式、交货日期等内容，构成未按规定建立进口食品进口记录的违法行为，A海关根据《食品安全法》第一百二十六条、第一百二十九条的规定，对该公司给予行政处罚。

（六）食品进口商备案内容发生变更，未按照规定向海关办理变更手续

本类违法行为主要针对的是《进出口食品安全管理办法》第二十条第一款"境外出口商或者代理商、食品进口商备案内容发生变更的，应当在变更发生之日起60日内，向备案机关办理变更手续。"

食品进口商未及时办理变更手续，情节严重的，海关根据《进出口食品安全管理办法》第六十八条第一款的规定，处以警告的行政处罚。

适用该条款时要准确理解"情节严重"，一是指因未按照规定办理变更手续导致海关无法正常实施监管的；二是指具有明显逃避海关备案监管的主观故意或者在海关责令限期更正的情况下仍未更正等恶劣情节。

（七）食品进口商在备案中提供虚假备案信息

本类违法行为主要针对的是《进出口食品安全管理办法》第十九条第三款"境外出口商或者代理商、食品进口商办理备案时，应当对其提供资料的真实性、有效性负责。"

食品进口商在备案中提供虚假备案信息的，海关根据《进出口食品安全管理办法》第六十八条第二款的规定，处一万元以下罚款。

"虚假信息"包括备案提供的申请表、材料、信息等与实际情况不符，或者相关材料为伪造、变造的。

（八）境内进出口食品生产经营者不配合海关进出口食品安全核查工作，拒绝接受询问、提供材料，或者答复内容和提供材料与实际情况不符

本类违法行为主要针对的是《进出口食品安全管理办法》第六十五条的规定，海关依法对进出口食品生产经营者以及备案原料种植、养殖场开展稽查、核查。

理解本条需把握三个要点：处罚对象为"境内进出口食品生产经营者"，包括食品进口商、出口食品生产企业、备案原料种植、养殖场等；海关进出口食品安全核查事项的外延应作广义理解；不配合海关进出口食品安全核查工作的客观表现包括拒绝接受询问、提供材料，或者答复内容和提供材料与实际情况不符。

对于此类违法行为，海关根据《进出口食品安全管理办法》第六十九条的规定，处以警告或者一万元以下罚款。

（九）进口预包装食品未加贴中文标签或者中文标签不符合法律法规和食品安全国家标准，食品进口商拒不按照海关要求实施销毁、退运或者技术处理

本类违法行为主要针对的是《食品安全法》第九十七条"进口的预包装食品、食品添加剂应当有中文标签；依法应当有说明书的，还应当有中文说明书。标签、说明书应当符合本法以及我国其他有关法律、行政法规的规定和食品安全国家标准的要求，并载明食品的原产地以及境内代理商的名称、地址、联系方式。预包装食品没有中文标签、中文说明书或者标签、说明书不符合本条规定的，不得进口。"

理解本条要注意两个方面。一是进口预包装食品未加贴中文标签或者中文标签不符合法律法规和食品安全国家标准。这里的"法律法规"应作广义理解，包括法律、行政法规以及海关总署规章，也包括对上位法作出补充规定的规范性文件。这里的"食品安全国家标准"包括通用标准和产品标准中关于预包装食品中文标签的要求。二是食品进口商拒不按照海关要求实施销毁、退运或者技术处理。

进口食品中文标签检验是进口食品合格评定的一项内容，海关对进口预包装食品的标签主要有三个方面要求：一是应当有中文标签；二是中文标签应当符合《食品安全法》以及我国其他有关法律、行政法规的规定和食品安全国家标准的要求；三是进口保健食品、特殊膳食用食品的中文标签必须印制在最小销售包装上，不得加贴。

预包装食品没有中文标签、中文标签不符合上述规定的，不得进口，食品进口商应当按照海关要求实施销毁、退运或者技术处理。拒不实施销毁、退运或者技术处理的，海关根据《进出口食品安全管理办法》第七十条的规定，处以警告或者一万元以下罚款。

（十）未经海关允许，将进口食品提离海关指定或者认可的场所

本类违法行为主要针对的是《进出口食品安全管理办法》第三十一条第一款的规定"进口食品运达口岸后，应当存放在海关指定或者认可的场所；需要移动的，必须经海关允许，并按照海关要求采取必要的安全防护措施。"

本条重点强调未经海关许可不可实施"提离"行为，"提离"对应的是场所，主要指提取和运递等改变进口食品存放场所状态的行为。

"海关指定的场所"主要指根据《海关指定监管场地管理规范》（海关总署公告2019年第212号）规定，符合海关监管作业场所（场地）的设置规范，满足动植物疫病疫情防控需要，对特定进境高风险动植物及其产品实施查验、检验、检疫的监管作业场地；"海关认可的场所"目前没有严格的定义，为实践中出现一些特殊情况需要对进口食品进行特殊处理预留空间。

构成本类违法行为的，海关根据《进出口食品安全管理办法》第七十一条的规定，责令改正，并处一万元以下罚款。

【案例分析 5 - 6】未经海关允许，将进口食品提离海关认可的场所案

某公司于2022年4月向海关申报进口一批红酒，经查验发现该批红酒未加贴中文标签，当事人向 A 海关申请场外贴标整改并取得海关同意。2022年5月，该批货物被运至某仓库进行贴标，后该公司未经 A 海关允许，擅自将该批货物提离仓库。A 海关责令该公司改正违法行为，并对其处以罚款的行政处罚。

二、进出口食品行政相对人的刑事违法行为及法律责任

《刑法》第一百四十三条、第一百四十四条规定了危害食品安全的两个基本罪名，分别是生产、销售不符合食品安全标准的食品罪和生产、销售有毒、有害食品罪。全国人民代表大会常务委员会于2011年2月25日通过了《中华人民共和国刑法修正案（八）》（简称《刑法修正案（八）》），对危害食品安全犯罪定罪量刑情节作了修改完善。2021年12月30日，最高人民法院、最高人民检察院发布《关于办理危害食品安全刑事案件适用法律若干问题的解释》（法释〔2021〕24号），进一步明确了食品安全相关犯罪的定罪量刑标准，提出了相关罪名的司法认定标准，统一了新型疑难案件的法律适用意见。

（一）生产、销售不符合食品安全标准的食品罪

《刑法》第一百四十三条规定："生产、销售不符合食品安全标准的食品，足以造成严重食物中毒事故或者其他严重食源性疾病的，处三年以下有期徒刑或者拘役，并处罚金；对人体健康造成严重危害或者有其他严重情节的，处三年以上七年以下有期徒刑，并处罚金；后果特别严重的，处七年以上有期徒刑或者无期徒刑，并处罚金或者没收财产。"

该罪必须具备以下几个构成要件。

1. 行为人在主观上是故意，即故意生产、销售不符合食品安全标准的食品。

2. 行为人有生产、销售不符合食品安全标准的食品的行为。

根据《食品安全法》，"不符合食品安全标准的食品"主要包括以下几种：用非食品原料生产的食品或者添加食品添加剂以外的化学物质和其他可能危害人体健康物质的食品，或者用回收食品作为原料生产的食品；致病性微生物，农药残留、兽药残留、生物毒素、重金属等污染物质以及其他危害人体健康的物质含量超过食品安全标准限量的食品、食品添加剂、食品相关产品；用超过保质期的食品原料、食品添加剂生产的食品、食品添加剂；超范围、超限量使用食品添加剂的食品；营养成分不符合食品安全标准的专供婴幼儿和其他特定人群的主辅食品；腐败变质、油脂酸败、霉变生虫、污秽不洁、混有异物、掺假掺杂或者感官性状异常的食品、食品添加剂；病死、毒死或者死因不明的禽、畜、兽、水产动物肉类及其制品；未按规定进行检疫或者检疫不合格的肉类，或者未经检验或者检验不合格的肉类制品；被包装材料、容器、运输工具等污染的食品、食品添加剂；标注虚假生产日期、保质期或者超过保质期的食品、食品添加剂；无标签的预包装食品、食品添加剂；国家为防病等特殊需要明令禁止生产经营的食品；其他不符合法律、法规或者食品安全标准的食品、食品添加剂、食品相关产品。

3. 生产、销售不符合食品安全标准的食品，足以造成严重食物中毒或者其他食源性疾病。

具有下列情形之一的，应当认定为"足以造成严重食物中毒事故或者其他严重食源性疾病"：含有严重超出标准限量的致病性微生物、农药残留、兽药残留、生物毒素、重金属等污染物质以及其他危害人体健康的物质的；属于病死、死因不明或者检验检疫不合格的畜、禽、兽、水产动物肉类及其制品的；属于国家为防控疾病等特殊需要明令禁止生产、销售的；特殊医学用途配方食品、专供婴幼儿的主辅食品营养成分严重不符合食品安全标准的；其他足以造成严重食物中毒事故或者严重食源性疾病

的情形。

在食品加工、销售、运输、贮存等过程中，违反食品安全标准，超限量、超范围滥用食品添加剂，或者在食用农产品种植、养殖、销售、运输、贮存等过程中，违反食品安全标准，超限量、超范围滥用添加剂、农药、兽药等，足以造成严重食物中毒事故或者其他严重食源性疾病的，以本罪论处。

（二）生产、销售有毒、有害食品罪

《刑法》第一百四十四条规定："在生产、销售的食品中掺入有毒、有害的非食品原料的，或者销售明知掺有有毒、有害的非食品原料的食品的，处五年以下有期徒刑，并处罚金；对人体健康造成严重危害或者有其他严重情节的，处五年以上十年以下有期徒刑，并处罚金；致人死亡或者有其他特别严重情节的，依照本法第一百四十一条的规定处罚"。

该罪必须具备以下几个构成要件。

1. 行为人在主观方面是故意犯罪，即故意往食品中掺入有毒、有害非食品原料。

2. 行为人在客观上实施了在生产、销售的食品中掺入有毒、有害的非食品原料或者明知是掺有有毒、有害的非食品原料的食品而销售的行为，至于销售后有无具体危害后果的发生并不影响本罪的成立。"有毒、有害的非食品原料"，是指对人体具有生理毒性，食用后会引起不良反应，损害机体健康的不能食用的原料。

（三）两罪之间的界限

两罪在犯罪客体、主体和主观方面具有相同或者相似之处。从广义上来说，掺入有毒、有害的非食品原料的食品本身也是一种不符合卫生标准的食品。但生产、销售有毒、有害食品罪与生产、销售不符合卫生标准的食品罪的主要区别在于以下三点。

1. 犯罪的对象不同。生产、销售有毒、有害食品罪犯罪对象是含有有毒、有害物质，可能对消费者即不特定多数人的生命、健康权利造成不利影响的食品。而生产、销售不符合卫生标准的食品罪的犯罪对象则要广泛得多，主要是不符合卫生标准的食品。

2. 犯罪客观方面的行为不同。生产、销售有毒、有害食品罪在客观方面表现对在生产、销售的食品掺入有毒、有害的非食品原料或者销售明知掺有有毒、有害的非食品原料的食品的行为；生产、销售不符合卫生标准的食品的客观方面表现为食品中掺杂、掺假，以假充真，以次充好或者以不合格食品冒充合格食品的行为。

3. 犯罪构成要件不同。生产、销售有毒、有害食品罪是行为犯罪，不要求必须有实害结果的发生；生产、销售不符合卫生标准的食品罪是危险犯罪，只要出现法定的

危险状态，就构成犯罪的既遂。

三、海关及其工作人员的法律责任

（一）行政法律责任

海关有下列行为之一，造成不良后果的，对直接负责的主管人员和其他直接责任人员给予警告、记过或者记大过处分；情节较重的，给予降级或者撤职处分；情节严重的，给予开除处分。

1. 在获知有关食品安全信息后，未按规定向上级主管部门和本级人民政府报告，或者未按规定相互通报。

2. 未按规定公布食品安全信息。

3. 不履行法定职责，对查处食品安全违法行为不配合，或者滥用职权、玩忽职守、徇私舞弊。

海关在履行食品安全监督管理职责过程中，违法实施检查、强制等执法措施，给生产经营者造成损失的，应当依法予以赔偿，对直接负责的主管人员和其他直接责任人员依法给予处分。

（二）刑事法律责任

有关食品安全监管的刑事责任主要是食品监管渎职罪。食品监管渎职罪，是指负有食品安全监督管理职责的国家机关工作人员滥用职权或者玩忽职守，导致发生重大食品安全事故或者造成其他严重后果的行为。

《刑法修正案（八）》第四十九条规定："在刑法第四百零八条后增加一条，作为第四百零八条之一：负有食品药品安全监督管理职责的国家机关工作人员，滥用职权或者玩忽职守，导致发生重大食品安全事故或者造成其他严重后果的，处五年以下有期徒刑或者拘役；造成特别严重后果的，处五年以上十年以下有期徒刑"。

该条还规定："徇私舞弊犯前款罪的，从重处罚"。

最高人民法院、最高人民检察院《关于办理危害食品安全刑事案件适用法律若干问题的解释》（法释〔2021〕24号）第二十条规定：

"负有食品安全监督管理职责的国家机关工作人员，滥用职权或者玩忽职守，构成食品监管渎职罪，同时构成徇私舞弊不移交刑事案件罪、商检徇私舞弊罪、动植物检疫徇私舞弊罪、放纵制售伪劣商品犯罪行为罪等其他渎职犯罪的，依照处罚较重的规定定罪处罚。

"负有食品安全监督管理职责的国家机关工作人员滥用职权或者玩忽职守，不构成食品监管渎职罪，但构成前款规定的其他渎职犯罪的，依照该其他犯罪定罪处罚。

"负有食品安全监督管理职责的国家机关工作人员与他人共谋，利用其职务行为帮助他人实施危害食品安全犯罪行为，同时构成渎职犯罪和危害食品安全犯罪共犯的，依照处罚较重的规定定罪从重处罚。"

【案例分析 5－7】未依法取缔无照经营的渎职案

关于岳某、范某食品监管渎职案，2017 年 3 月 1 日作出的《聊城市中级人民法院刑事裁定书》〔（2017）鲁 15 刑终 10 号〕认定以下事实："原审判决认定：2012 年至 2015 年 11 月，被告人岳某、范某在莘县工商行政管理局第六经检中队工作期间，被告人孔某在任莘县工商行政管理局第六经检中队科员和莘县食品药品监督局大张镇食药所负责人期间，在明知莘县大张明泉饮料加工厂负责人李某无照经营的情况下，违反《中华人民共和国食品安全法》《国务院关于加强食品等产品安全监督管理的特别规定》《无证无照经营查处取缔办法》等法律法规规定，徇私舞弊、滥用职权，多次对李某实施罚款，未依法取缔该加工厂，致使价值 50 余万元的假冒汇源果汁流向市场，危害食品安全，造成严重后果。"经审理，驳回上诉，维持原判。

原审法院判决如下："原审法院认为，被告人岳某、范某、孔某作为负有食品安全监督管理职责的国家机关工作人员，徇私舞弊、滥用职权、玩忽职守，造成严重后果，其行为均已构成食品监管渎职罪。被告人岳某、范某、孔某的行为侵犯了食品安全管理机关的正常活动，依法应予刑罚。被告人岳某、范某、孔某主动投案，如实供述其犯罪事实，系自首，依法对其均可从轻处罚。据此，依照《中华人民共和国刑法》第四百零八条之一、第六十七条第一款、第七十二条第一款、第七十三条第二款和第三款之规定，以食品监管渎职罪，均判处被告人岳某、范某、孔某有期徒刑七个月，缓刑一年。"

——参考自腾讯网，《食药法苑》，2020 年 7 月 6 日。

【课后练习题】

一、单选题

1. 进口的食品、食品添加剂以及食品相关产品，应当符合（　　）。

A. 出口国食品安全标准

B. 我国食品安全国家标准

C. 国际食品安全标准

D. 合同约定的食品安全标准

［答案］B

2. 进口尚无食品安全国家标准的食品，由境外出口商、境外生产企业或者其委托的进口商向（　　　）提交所执行的相关国家（地区）标准或者国际标准审查是否暂予适用。

A. 国务院卫生行政部门

B. 国家市场监督管理总局

C. 海关总署

D. 农业农村部

［答案］A

3. 根据《食品安全法》，进口商应当建立境外出口商、境外生产企业（　　　）制度。

A. 审核　　　　　　　　B. 备案　　　　　　　C. 注册　　　　　　　D. 认可

［答案］A

4. 出口食品生产企业应当保证其出口食品符合（　　　）或者合同要求。

A. 国内行业标准

B. 国际通行标准

C. 进口国（地区）的标准

D. 国外行业标准

［答案］C

5. 有关主管部门责令进口商召回进口食品，进口商拒不召回的，可由（　　　）对其进行处罚。

A. 食品药品监督管理部门

B. 海关

C. 公安部门

D. 卫生行政管理部门

［答案］B

二、多选题

1. 进口的预包装食品、食品添加剂应当有中文标签，依法应当有说明书的，还应当有中文说明书，应当载明食品的（　　　）。

A. 原产地　　　　　　　　　　　　B. 境内代理商的名称

C. 境内代理商的地址　　　　　　　　D. 境内代理商的联系方式

〔答案〕 ABCD

2. 根据《食品安全法》，（   ），由出入境检验检疫机构给予处罚。

A. 提供虚假材料，进口不符合我国食品安全国家标准的食品的

B. 进口食品添加剂新品种，未通过安全性评估的

C. 未遵守食品安全法的规定出口食品的

D. 进口商未建立并遵守食品、食品添加剂进口和销售记录制度的

〔答案〕 ABCD

3. 《食品安全法》中的"食品"是指（   ）。

A. 供人食用或者饮用的成品

B. 供人食用或者饮用的原料

C. 以治疗为目的的物品

D. 按照传统既是食品又是中药材的物品

〔答案〕 ABD

4. 国家建立食品召回制度，食品生产者发现其生产的食品不符合食品安全标准，应当（   ）。

A. 立即停止生产

B. 召回已经上市销售的食品

C. 通知相关生产经营者和消费者

D. 记录召回和通知情况

〔答案〕 ABCD

5. 具有下列（   ）情形的，海关总署依据风险评估结果，可以对相关食品采取暂停或者禁止进口的控制措施。

A. 出口国家（地区）发生重大动植物疫情，或者食品安全体系发生重大变化，无法有效保证向我国境内出口食品安全的

B. 进口食品被检疫传染病病原体污染，或者有证据表明能够成为检疫传染病传播媒介，且无法实施有效卫生处理的

C. 海关实施本办法第三十四条第二款规定控制措施的进口食品，再次发现相关安全、健康、环境保护项目不合格的

D. 境外生产企业违反中国相关法律法规，情节严重的

〔答案〕 ABCD

三、判断题

1. 进口的食品、食品添加剂应当经出入境检验检疫机构依照进出口商品检验相关

法律、行政法规的规定检验合格。

［答案］正确

2. 向我国境内出口食品的境外出口商或者代理商、进口食品的进口商应当向国家出入境检验检疫部门备案。

［答案］正确

3. 海关可以依法采取资料审查、现场检查、企业核查等方式，对备案原料种植、养殖场进行监督。

［答案］正确

4. 食品进口商应当建立食品进口和销售记录制度，记录和凭证保存期限不得少于食品保质期满后6个月；没有明确保质期的，保存期限为销售后1年以上。

［答案］错误

5. 进口食品经海关合格评定不合格的，均不准予进口。

［答案］错误

学习笔记

....

....

....

....

....

....

....

....

....

项目六
与检验检疫相关的法律制度

【学习目标】

熟练掌握海关法律制度。

熟练掌握国内相关法律制度。

初步了解相关国际条约与协定。

【导引】

某旅客从某机场入境，携带兰花苗 32 株未申报，在旅客携带物查验中被检出，海关对该行为立案查处。因兰花苗既属于濒危野生植物（即海关总署令第 43 号规定的限制入境物品），也属于植物种苗（即农业农村部、海关总署公告第 470 号规定的《中华人民共和国禁止携带寄递进境的动植物及其产品名录》中的植物及植物产品类）。因此，该旅客的行为属于法律责任竞合，同时侵犯了海关的贸易管制制度和国家对生物安全保护的管理制度，应当根据《中华人民共和国海关行政处罚实施条例》（简称《海关行政处罚实施条例》）第十九条第三项以及《进出境动植物检疫法实施条例》第五十九条条第一项的规定，择一重处。

请思考：法律责任竞合是指同一违法行为违反多个法律的情况，这是法律冲突的一种表现形式。实践中，检验检疫业务会和多部法律法规"打交道"，除了此前项目中介绍的相关法律法规外，还包括其他多部法律和行政法规。所谓"打交道"的方式也是多种多样，既有上面提到的法律冲突，也有些法律法规内容与检验检疫业务直接相关，因此在实务中要注意兼顾检验检疫业务所涉及的所有相关法律法规。据你所知，检验检疫业务还会与哪些相关的法律法规产生交集？

任务一　海关法律制度

随着海关业务改革不断深化，"关"与"检"的业务深度融合，例如在进口货物通关流程上，实现了一次申报、一次查验。同时，修正后的《海关法》也将检验检疫业务纳入其中。从这个角度讲，海关法律制度也是检验检疫法规的重要组成部分。

一、海关法律制度概况

海关法律制度是指调整海关与进出境活动有关的当事人之间、海关与国家相关机构之间以及各海关之间的权利义务关系的所有法律规范的总称。

以《海关法》为基石，我国海关法律制度建设不断加强，海关法律体系逐步建立完善，有力地保障了经济建设的顺利进行。从法律层面看，主要包括《海关法》，此外还有《中华人民共和国海关关衔条例》、《中华人民共和国船舶吨税法》、《中华人民共和国关税法》（简称《关税法》）以及涉及检验检疫业务的法律。从法规层面看，主要包括《中华人民共和国海关统计条例》《海关行政处罚实施条例》《中华人民共和国知识产权海关保护条例》《中华人民共和国海关稽查条例》《中华人民共和国海关事务担保条例》《原产地条例》等，此外也包括涉及检验检疫业务的行政法规。从规章层面看，主要包括《中华人民共和国海关行政许可管理办法》（综合类）、《中华人民共和国海关进出境运输工具监管办法》（进出境运输工具监管类）、《中华人民共和国海关进出口货物申报管理规定》（进出口货物监管类）、《中华人民共和国海关对进出境旅客行李物品监管办法》（进出境物品监管类）、《中华人民共和国海关进出口货物商品归类管理规定》（关税征收管理类）、《中华人民共和国海关〈海峡两岸经济合作框架协议〉项下进出口货物原产地管理办法》（原产地规则类）、《中华人民共和国海关综合保税区管理办法》（加工贸易保税监管类）、《中华人民共和国海关办理行政处罚案件程序规定》（稽查、处罚类）、《中华人民共和国海关注册登记和备案企业信用管理办法》（企业管理类）等规章，此外也包括涉及检验检疫业务的规章。

二、《海关法》

（一）概况

《海关法》是维护国家主权和利益、加强海关监督管理、促进对外经济贸易和科技文化交往的重要法律，是海关执法的基本依据。现行《海关法》于 1987 年颁布实施，并于 2000 年进行第一次修正。2013 年至 2021 年，《海关法》先后进行了 5 次修正。现行《海关法》共九章一百零二条，主要内容为：总则，进出境运输工具，进出境货物，进出境物品，关税，海关事务担保，执法监督，法律责任，附则。三十多年来，这部法律为我国逐渐发展成为世界第一货物贸易大国发挥了重要作用。

2018 年，出入境检验检疫管理职责和队伍划入海关总署，给海关赋予了新职责、新任务、新要求。为深入贯彻党的二十大精神，落实习近平总书记重要指示批示精神，适应改革与实践发展需要，海关总署正在全力开展《海关法》修订工作，为推进智慧海关建设、"智关强国"行动，实现海关治理能力现代化提供法治保障。

（二）主要内容

1. 海关的性质和任务

《海关法》第二条规定，中华人民共和国海关是国家的进出关境监督管理机关。这项规定是对海关性质在法律上的准确界定，它表明：一是海关是国家机关，这就由法律赋予了海关能够代表国家行使其职权范围内的权力；二是海关是监管进出关境的机关，这就确定了海关的工作职责，它是与维护国家主权利益直接相关的，为国把关，国家主权和利益的维护者；三是海关是监督管理机关，这就明确了海关是国家的行政管理机关，担负着行政执法的重要职能。

海关的任务主要有五项，即进出关境监管、征收关税、查缉走私、编制海关统计资料、其他特定的海关监管事项。通过这些任务的执行，以达到实施国家法律、保护国家关税、维护进出关境秩序、打击违法犯罪行为、保障国家利益的目的。

2. 海关的体制

《海关法》第三条规定，国务院设立海关总署，统一管理全国海关；海关依法独立行使职权，向海关总署负责。这项规定不仅明确了海关总署的领导地位，同时还明确了海关系统实行垂直领导的体制，海关依照法定职权和法定程序严格执法。

3. 海关权力

海关权力在《海关法》中是一项重要的内容，正确理解海关权力，才能切实增强法治意识，做到"法无授权不可为"。《海关法》第六条对海关可以行使的权力作出了具体的规定，包括以下内容。

（1）检查进出境运输工具，查验进出境货物、物品；对违反本法或者其他有关法律、行政法规的，可以扣留。

（2）查阅进出境人员的证件；查问违反本法或者其他有关法律、行政法规的嫌疑人，调查其违法行为。

（3）查阅、复制与进出境运输工具、货物、物品有关的合同、发票、账册、单据、记录、文件、业务函电、录音录像制品和其他资料；对其中与违反本法或者其他有关法律、行政法规的进出境运输工具、货物、物品有牵连的，可以扣留。

（4）在海关监管区和海关附近沿海沿边规定地区，检查有走私嫌疑的运输工具和有藏匿走私货物、物品嫌疑的场所，检查走私嫌疑人的身体；对有走私嫌疑的运输工具、货物、物品和走私犯罪嫌疑人，经直属海关关长或者其授权的隶属海关关长批准，可以扣留；对走私犯罪嫌疑人，扣留时间不超过二十四小时，在特殊情况下可以延长至四十八小时。

在海关监管区和海关附近沿海沿边规定地区以外，海关在调查走私案件时，对有走私嫌疑的运输工具和除公民住处以外的有藏匿走私货物、物品嫌疑的场所，经直属海关关长或者其授权的隶属海关关长批准，可以进行检查，有关当事人应当到场；当事人未到场的，在有见证人在场的情况下，可以径行检查；对其中有证据证明有走私嫌疑的运输工具、货物、物品，可以扣留。

海关附近沿海沿边规定地区的范围，由海关总署和国务院公安部门会同有关省级人民政府确定。

（5）在调查走私案件时，经直属海关关长或者其授权的隶属海关关长批准，可以查询案件涉嫌单位和涉嫌人员在金融机构、邮政企业的存款、汇款。

（6）进出境运输工具或者个人违抗海关监管逃逸的，海关可以连续追至海关监管区和海关附近沿海沿边规定地区以外，将其带回处理。

（7）海关为履行职责，可以配备武器。海关工作人员佩带和使用武器的规则，由海关总署会同国务院公安部门制定，报国务院批准。

（8）法律、行政法规规定由海关行使的其他权力。

海关必须依照《海关法》等法律法规的规定行使权力，被海关监管的对象必须尊重海关的法定权力。

4. 海关监管

海关监管的基本任务，就是代表国家依照《海关法》和其他有关法律、行政法规，对进出关境的活动实施有效的监督管理。海关所有的监督管理措施和工作部署，都是围绕这个基本任务。

海关监管对象包括进出境运输工具、货物、物品。进出境运输工具是指用以载运人员、货物、物品进出境的各种船舶、车辆、航空器和驮畜。进出境货物可以分为进出口货物，暂时进口或者暂时出口货物，保税货物，过境、转运和通运货物，以及其他一些依法应当接受海关监管的货物。进出境物品具体包括个人进出境的行李物品，邮寄进出境的物品，准予暂时免税进境或者暂时免税出境的物品，其他物品。进出境物品与进出境货物的重要区别在于，前者是非贸易性的，后者是贸易性的，进出境物品应当以自用、合理数量为限。

5. 征收关税

（1）关税征管制度。

关税征管，是指海关对准许进出口的货物、进出境物品依法征收、减免、退还、追补海关关税和其他税费的业务行为，是海关的重要职责。关税征管涉及国家和通关当事人双方的经济利益，因此确定合理的纳税主体、征管范围、征管原则、征管方式、关税税率适用、减免及退补税适用条件以及对纳税争议的处理等构成关税征管制度的主要内容。《海关法》第五章对此作了原则性的规定。《关税法》已于2024年4月26日第十四届全国人民代表大会常务委员会第九次会议通过，并将于2024年12月1日起施行，实现与《海关法》的衔接，共同构建我国关税征管的法律制度框架。

（2）海关原产地管理制度。

《海关法》第四十一条规定："进出口货物的原产地按照国家有关原产地规则的规定确定。"本条是关于确定进出口货物原产地的原则性规定，旨在为制定海关确定进出口货物原产地的原产地规则提供法律依据。

进出口货物的原产地是指获得、生产、制造进出口货物的国家（地区）。在近代关税制度中，普遍采用复式税则和差别关税。对原产地与本国订有互惠贸易协定或条约的国家（地区）的进口货物适用税率较低的优惠关税；对原产地与本国未订有互惠贸易协定或条约的国家（地区）的进口货物适用税率较高的普通关税，以换取对方给予本国生产的商品以对等优惠的关税待遇。在实施各国（地区）的一些贸易限制措施时，如国别配额、报复关税等，也需区别进口商品的生产国（地区）。同时，为对外贸易进行统计和经济分析，海关统计中也需要判别进出口商品的生产制造国（地区）。这些措施都是由海关实施的，因此，有关确定货物的原产地的规定是各国（地区）海关管理制度中一项重要内容。

确定货物原产地的法律规定称为原产地规则。原产地规则按其适用的范围可以分为优惠原产地规则和非优惠原产地规则。优惠原产地规则适用于互惠或者单方面给予的特别优惠关税等优惠措施。例如RCEP成员方之间的贸易适用的原产地规则等。按照WTO《原产地规则协议》的规定，非优惠原产地规则适用于一般最惠国待遇、反倾销和反补贴措施、保障措施、关税配额、政府采购和贸易统计。此外，作为消费者对其消费商品知情权的一项规定，一些国家（地区）法律要求商品上必须标注根据原产地规则确定的货物的原产地。在货物上就其原产地所做的标注，称为原产地标志。

考虑到原产地规则的内容比较复杂，《海关法》中不可能作出详细的规定，因此，法律仅原则性规定进出口货物的原产地应当根据国家制定的原产地规则确定。有关原产地规则的具体内容，需参考行政法规《原产地条例》（非优惠原产地规则）、《中华人民共和国海关进出口货物优惠原产地管理规定》（优惠原产地规则）、《中华人民共和国非优惠原产地证书签证管理办法》、《关于非优惠原产地规则中实质性改变标准的规定》、《中华人民共和国海关〈区域全面经济伙伴关系协定〉项下进出口货物原产地管理办法》等一系列海关规章。

【延伸阅读 6 – 1】什么是原产地证书

原产地证书是出口国（地区）指定机构根据相关原产地规则签发的，证明其出口货物为该国家（地区）原产的一种证明文件，是商品进入国际贸易领域的"经济护照"。优惠原产地证书是出口货物在协定成员国（地区）享受关税优惠待遇的必要证明文件，又被称为"纸黄金"。目前我国可签发的原产地证书包括一般原产地证书，普惠制原产地证书，专用原产地证书（金伯利进程证书、加工装配证书、转口证明书、烟草真实性证书、输欧盟农产品原产地证等），区域性优惠原产地证书，共计 19 种。

——参考自"海关发布"微信公众号：原产地签证实务。

6. 查缉走私

为了严厉打击走私犯罪活动，国家决定设立专门侦查走私犯罪的公安机构，组建缉私警察队伍。《海关法》规定，国家在海关总署设立专门侦查走私犯罪的公安机构，配备专职缉私警察，负责对其管辖的走私犯罪案件的侦查、拘留、执行逮捕、预审。国家实行联合缉私、统一处理、综合治理的缉私体制。海关负责组织、协调、管理查缉走私工作。2018 年，全国海关缉私部门进行管理体制调整，海关缉私部门由公安部和海关总署双重领导，以公安部领导为主。

海关法律制度规定了海关查缉走私行为的职责，违反海关监管规定行为的法律责任及对走私行为、违反海关监管规定行为的定性处罚等内容。这些规定主要体现在《海关法》《行政处罚法》《海关行政处罚实施条例》《中华人民共和国知识产权海关保护条例》等法律法规以及相关制度文件中。这些规定明确了海关调查工作的职权、职责，走私行为、违反海关监管规定行为的界定标准和处罚依据，对当事人的行政救济等。

任务二　国内相关法律制度

海关作为国家进出境监督管理部门，肩负"守国门、促发展"职责使命，在履行检验检疫职责时不仅执行前述的相关法律法规，还执行其他相关的法律法规。有的是直接适用，即海关就是该法律法规的执行主体之一，例如《生物安全法》《危险化学品安全管理条例》等；有的是间接相关，即检验检疫业务与该法律法规有相关联系，例如《传染病防治法》《固体废物污染环境防治法》等。

一、《生物安全法》

（一）概况

《生物安全法》由中华人民共和国第十三届全国人民代表大会常务委员会第二十二次会议于 2020 年 10 月 17 日通过，自 2021 年 4 月 15 日起施行，于 2024 年 4 月 26 日修正。该法是生物安全领域的基础性、综合性、系统性、统领性法律，是国家生物安全体系建设的一个新的里程碑，为健全我国生物安全法律保障体系提供了基本遵循，为维护和塑造国家生物安全筑牢了法制基础，对于海关有力维护国门生物安全也具有重大意义。

1. 主要概念

生物安全，是指国家有效防范和应对危险生物因子及相关因素威胁，生物技术能够稳定健康发展，人民生命健康和生态系统相对处于没有危险和不受威胁的状态，生物领域具备维护国家安全和持续发展的能力。

2. 适用范围

从事下列活动，适用本法：防控重大新发突发传染病、动植物疫情；生物技术研究、开发与应用；病原微生物实验室生物安全管理；人类遗传资源与生物资源安全管理；防范外来物种入侵与保护生物多样性；应对微生物耐药；防范生物恐怖袭击与防御生物武器威胁；其他与生物安全相关的活动。

3. 主要内容

《生物安全法》通过建立 11 项基本制度，全方位、全链条构建了生物安全风险防控体系，分别为风险监测预警制度、风险调查评估制度、信息共享制度、信息发布制度、名录和清单制度、标准制度、审查制度、应急制度、调查溯源制度、国家准入制度和境外重大生物安全事件应对制度。

（二）海关进出境生物安全防控职能

进出境动植物检疫、国境卫生检疫、海关监管是进出境生物安全的重要组成部分，《生物安全法》赋予了海关在实施进出境生物安全监管方面的新职能，应当纳入海关行政执法依据统一管理。

值得高度关注的是，进境生物安全国家准入、进境指定口岸、国际航行船舶压舱水监管、进出境疫情监测与防控四项职能。

1. 关于生物安全国家准入制度

国家准入是指一国政府对另一国家（地区）的某类产品实施安全防控体系进行评估并确定是否允许输入的制度。对进境动植物、动植物产品、高风险生物因子实施生物安全准入制度符合 SPS 协定、IPPC、《陆生动物卫生法典》、《水生动物卫生法典》等要求，是世界各国（地区）通行做法。近年来，我国严格遵循国际规则和国际标准，探索实施进境检疫准入制度，先后与多个国家签订双边检疫议定书数百份，对活动物、动物遗传物质、肉类、非食用动物产品、水果、粮食、烟叶、饲料等高风险农产品实施检疫准入。现行《进出境动植物检疫法》没有规定国家检疫准入制度，影响了国家检疫准入制度的法律地位。《生物安全法》第二十三条设定生物安全国家准入制度，既是对我国多年来进出境检疫监管经验的总结，也是将我国生物安全监管制度与国际惯例对接接轨举措，在延续动植物及其产品国家准入的同时，新增高风险生物因子国家准入，填补法律空白。

2. 关于指定口岸进境制度

在进出境监管领域，根据安全风险大小实施指定口岸进境制度，具有国际法基础，也是大多数发达国家和地区的通行做法。SPS 协定、IPPC 对进境检疫指定口岸均有具体条款规定，美国、日本、澳大利亚、印度尼西亚等多个国家（地区）均实施了进境检疫指定口岸制度。《食品安全法实施条例》第四十六条将指定口岸制度引入进口食品安全监管领域，从行政法规层面建立了检验检疫指定口岸进境制度。《生物安全法》第二十三条将指定国境口岸进境制度扩大至生物安全领域，丰富了我国生物安全防控体系内容。

3. 关于国际航行船舶压舱水监管制度

船舶压舱水来自五湖四海，可能受外来有害生物、病原体、重金属等污染，国际航行船舶随意排放压舱水会对海洋环境、生物资源和公众健康造成损害。目前，我国在国际航行船舶压舱水管理方面的法律、行政法规主要包括《中华人民共和国海洋环境保护法》《防止船舶污染海域管理条例》《国境卫生检疫法》《国际航行船舶出入境检验检疫管理办法》等，重点关注环境污染、航行安全、卫生检疫，没有涉及压舱水带来的外来物种入侵、人类传染病病原体、动植物病原体问题。《生物安全法》第二十三条第二款对国际航行船舶压舱水排放作出规定，有利于整合国境卫生检疫、海洋环境保护等法律法规制度，促进法律衔接和执法统一，提升海关、海事部门船舶压舱水生物安全监管成效。

4. 关于建立和完善进出境疫情监测与防控体系

通过进出境生物安全监测，早发现、早预防、早控制可能出现的风险因素，是生物安全防控体系最经济、最有效的手段。《国际卫生条例（2005版）》系统规定了疫情监测及核心能力要求，部分发达国家也建立了较为完善的生物安全监测预警体系。现行《进出境动植物检疫法实施条例》《国境卫生检疫法》及其实施细则对有关动植物疫情监测、国境口岸疫情监测等均有相应规定。《生物安全法》第二十七条、第三十一条对海关组织开展境外疫情监测职能作了进一步强化，对现有《国境卫生检疫法》及其实施细则、《进出境动植物检疫法》及其实施条例中疫情监测制度进行整合、完善和提升，明确海关应当建立进出境检疫监测网络和传染病、动植物疫情防控国际合作网络，完善监测信息报告系统，对重大新发突发传染病、动植物疫情尽早发现、尽早控制。

【延伸阅读6-2】依据《生物安全法》这些行为要承担法律责任

违反《生物安全法》规定，未经批准，擅自引进外来物种的，由县级以上人民政府有关部门根据职责分工，没收引进的外来物种，并处五万元以上二十五万元以下的罚款。

违反《生物安全法》规定，未经批准，擅自释放或者丢弃外来物种的，由县级以上人民政府有关部门根据职责分工，责令限期捕回、找回释放或者丢弃的外来物种，处一万元以上五万元以下的罚款。

境外组织或者个人通过运输、邮寄、携带危险生物因子入境或者以其他方式危害我国生物安全的，依法追究法律责任，并可以采取其他必要措施。

——《中华人民共和国生物安全法》第八十一条、第八十四条。

二、《危险化学品安全管理条例》

（一）概况

《危险化学品安全管理条例》于2002年1月26日公布，2011年2月16日国务院第144次常务会议修订通过，根据2013年12月7日国务院令第645号发布的《国务院关于修改部分行政法规的决定》进行修订。现行《危险化学品安全管理条例》有八章一百零二条，主要包括生产、储存安全、使用安全、经营安全、运输安全、危险化学品登记与事故应急救援、法律责任等规定，对危险化学品生产、储存、使用、经营和运输等环节的安全管理进行全面规范和系统规定。

1. 主要概念

危险化学品，是指具有毒害、腐蚀、爆炸、燃烧、助燃等性质，对人体、设施、环境具有危害的剧毒化学品和其他化学品。

危险化学品目录，由国务院安全生产监督管理部门会同国务院工业和信息化、公安、环境保护、卫生、质量监督检验检疫、交通运输、铁路、民用航空、农业主管部门，根据化学品危险特性的鉴别和分类标准确定、公布，并适时调整。

根据《危险化学品安全管理条例》，国务院相关部门联合制定了《危险化学品目录（2015 版）》，于 2015 年 5 月 1 日起实施，共包括 2828 个品目，根据化学品分类和标签系列国家标准，从化学品 28 类 95 个危险类别中，选取了其中危险性较大的 81 个类别作为危险化学品的确定原则。

2. 适用范围

危险化学品生产、储存、使用、经营和运输的安全管理，适用本条例。废弃危险化学品的处置，依照有关环境保护的法律、行政法规和国家有关规定执行。

3. 危险化学品安全管理

应当坚持安全第一、预防为主、综合治理的方针，强化和落实企业的主体责任。生产、储存、使用、经营、运输危险化学品的单位的主要负责人对本单位的危险化学品安全管理工作全面负责。

（二）海关对进出口危险化学品及其包装检验监管

1. 海关法定监管职权

危险化学品安全管理涉及的环节多、部门多，各有关部门应相互配合、密切协作，依法加强对危险化学品的安全监督管理。根据《危险化学品安全管理条例》第六条第三款，质量监督检验检疫部门负责核发危险化学品及其包装物、容器（不包括储存危险化学品的固定式大型储罐，下同）生产企业的工业产品生产许可证，并依法对其产品质量实施监督，负责对进出口危险化学品及其包装实施检验。该规定明确了海关履行检验检疫职责范围，赋予海关的行政管理权力，同时也是国家对海关负责进出口危险化学品检验监管时应承担的责任要求。

2. 进出口危险化学品检验

《危险化学品安全管理条例》对危险化学品安全技术说明书和化学品安全标签等进行了严格要求。进口危险化学品报关填报事项应包括危险类别、包装类别（散装产品除外）、联合国危险货物编号（UN 编号）、联合国危险货物包装标记（包装 UN 标记）

（散装产品除外）等，还应提供《进口危险化学品企业符合性声明》。出口危险化学品申报时应提供《出口危险化学品生产企业符合性声明》、《出境货物运输包装性能检验结果单》（散装产品及国际规章豁免使用危险货物包装的除外）、危险特性分类鉴别报告、危险公示标签（散装产品除外）、安全数据单样本。如是外文样本，应提供对应的中文翻译件；对需要添加抑制剂或稳定剂的产品，应提供实际添加抑制剂或稳定剂的名称、数量等情况说明。海关在审核申报材料是否符合要求后，按照相关作业系统指令及检验标准要求对进出口危险化学品实施检验。

【案例分析 6 – 1】出口危险化学品未加贴危险公示标签和运输标签

2022 年 6 月 29 日，A 海关在对一批出口 1，2 – 二氟苯实施检验时，发现货物外包装钢塑复合桶未加贴危险公示标签和运输标签，不符合《进出口危险化学品检验规程中闪点易燃液体　基本要求》（SN/T 3208—2012）中 4.4.2 "在产品包装的醒目位置，应加贴、拴挂或喷印符合《关于危险货物运输的建议书规章范本》的运输标记和《全球化学品统一分类和标签制度》的危险公示标签" 的要求。针对上述情况，A 海关判定该批货物检验不合格，出具《出境货物不合格通知单》，要求企业整改。

——参考自 2022 年 9 月济南海关发布《危险化学品安全管理条例》解读。

三、《传染病防治法》

（一）概况

为预防、控制和消除传染病的发生与流行，保障人体健康和公共卫生，1989 年我国制定《传染病防治法》，历经 2004 年修订、2013 年修正。现行《传染病防治法》共九章八十条，主要内容包括传染病的预防和预警，传染病的疫情报告、通报和公布，传染病暴发、流行时的控制措施，传染病的救治工作，传染病防治的保障制度建设，做到保护公民个人权利与维护社会公共利益的平衡。

1. 总体要求

《传染病防治法》第二条规定："国家对传染病防治实行预防为主的方针，防治结合、分类管理、依靠科学、依靠群众。"

2. 主要概念

传染病是指由病源性细菌、病毒、衣原体和原虫等引起的，能在人与人、动物与动物或人与动物之间互相传播的一类疾病。《传染病防治法》规定的传染病分为甲类、乙类和丙类，目前我国法定传染病有41种。

甲类传染病是指鼠疫、霍乱。

乙类传染病是指传染性非典型肺炎、艾滋病、病毒性肝炎、脊髓灰质炎、人感染高致病性禽流感、麻疹、流行性出血热、狂犬病、流行性乙型脑炎、登革热、炭疽、细菌性和阿米巴性痢疾、肺结核、伤寒和副伤寒、流行性脑脊髓膜炎、百日咳、白喉、新生儿破伤风、猩红热、布鲁氏菌病、淋病、梅毒、钩端螺旋体病、血吸虫病、疟疾。

丙类传染病是指流行性感冒、流行性腮腺炎、风疹、急性出血性结膜炎、麻风病、流行性和地方性斑疹伤寒、黑热病、包虫病、丝虫病，除霍乱、细菌性和阿米巴性痢疾、伤寒和副伤寒以外的感染性腹泻病。

值得注意的是，国务院卫生行政部门根据传染病暴发、流行情况和危害程度，可以决定增加、减少或者调整乙类、丙类传染病病种并予以公布。甲类传染病的预防、控制措施，由国务院卫生行政部门及时报经国务院批准后予以公布、实施。

3. 适用范围

在中华人民共和国领域内的一切单位和个人，必须接受疾病预防控制机构、医疗机构有关传染病的调查、检验、采集样本、隔离治疗等预防、控制措施，如实提供有关情况。

（二）国境卫生检疫的传染病监管职责

1. 关于传染病疫情报告、通报和公布制度

传染病疫情涉及公共安全问题，传染病的防治需要人民群众的参与，因此，有关传染病疫病疫情的信息应当及时公开，让人民群众知道传染病疫情的真实情况。传染病疫情报告、通报和公布制度是政府信息公开在传染病防治领域的表现。《传染病防治法》第三十二条规定："港口、机场、铁路疾病预防控制机构以及国境卫生检疫机关发现甲类传染病病人、病原携带者、疑似传染病病人时，应当按照国家有关规定立即向国境口岸所在地的疾病预防控制机构或者所在地县级以上地方人民政府卫生行政部门报告并互相通报。"

一是传染病疫情报告遵循属地原则。发现《传染病防治法》规定的传染病时应当遵循疫情报告属地管理原则，在规定的时限内向所在地疾病预防控制机构报告。例如，发生传染病菌种、毒种丢失情形等突发事件时，应当根据《突发公共卫生事件应急条例》规定，在2小时内向所在地县级人民政府卫生行政部门报告；省级人民政府应当在1小时内向国务院卫生行政部门报告；国务院卫生行政部门对可能造成重大社会影响的突发事件，应当立即向国务院报告。

二是传染病疫情通报制度。县级以上地方人民政府卫生主管部门应当及时向本行政区域内的疾病预防控制机构和医疗机构通报传染病疫情以及监测、预警的相关信息；卫生主管部门和政府有关主管部门互相通报传染病疫情以及监测、预警的相关信息。

三是传染病疫情公布制度。国务院卫生行政部门应当定期公布全国传染病疫情信息。传染病暴发、流行时，由国务院卫生行政部门负责向社会发布传染病疫情信息，并可以授权省、自治区、直辖市人民政府卫生行政部门向社会发布发生在本行政区域的传染病疫情信息。

2. 关于传染病的控制措施

现行《传染病防治法》对医疗机构、疾病预防控制机构、政府及其有关主管部门采取的传染病控制措施作了规定，明确规定了政府及其有关主管部门采取限制公民权利的控制措施的条件、程序。《传染病防治法》第七十九条规定："传染病防治中有关食品、药品、血液、水、医疗废物和病原微生物的管理以及动物防疫和国境卫生检疫，本法未规定的，分别适用其他有关法律、行政法规的规定。"该条规定为指引性条款，说明海关在履行传染病防治的国境卫生检疫职责时，应当依照《国境卫生检疫法》规定执行。最新修订的《国境卫生检疫法》自2025年1月1日起施行，明确了在中华人民共和国对外开放的口岸，海关依照该法规定履行检疫查验、传染病监测、卫生监督和应急处置等国境卫生检疫职责。

【延伸阅读 6－3】我国传染病防控历史

历史上，我国也是受传染病危害严重的国家，鼠疫、霍乱、天花、疟疾、黑热病、结核病、血吸虫病等传染病在我国长期暴发流行。我国在明代已经应用人痘接种术来预防天花。1910年10月下旬哈尔滨鼠疫大流行，伍连德博士应用他所掌握的现代医学知识，快速确定病原体、隔离传染源，通过交通控制等措施阻断传播途径，使得持续6个多月，造成6万多人死亡的鼠疫成功得到扑灭。伍连德博士在鼠疫防控领域取得巨大成就，他是中国现代医学先驱，中国检疫、防疫事业的创始人，中华医学会首任会长，北京协和医学院及北京协和医院的主要筹办者，1935年诺贝尔生理学或医学奖候选人，是第一位成为诺贝尔奖候选人的华人。

中华人民共和国成立后，国家高度重视传染病防控工作，20世纪五六十年代，我国有效地控制了霍乱、鼠疫等严重危害人民健康的烈性传染病。我国1962年消灭了天花，1994年消灭脊髓灰质炎，2008年消除丝虫病，2012年消除新生儿破伤风，2017年我国首次实现了无本地疟疾病例报告。全国甲、乙类传染病报告发病率由1970年的7000/10万下降到2018年的221/10万，死亡率从7.73/10万下降到1.67/10万，使得人民群众的健康水平得到了极大改善，用健康保障中国人民站起来、富起来、强起来。

——兰州大学刘兴荣教授《浅谈传染病与公共卫生》。

3. 相关法律责任

国境卫生检疫机关、动物防疫机构未依法履行传染病疫情通报职责的，由有关部门在各自职责范围内责令改正，通报批评；造成传染病传播、流行或者其他严重后果的，对负有责任的主管人员和其他直接责任人员，依法给予降级、撤职、开除的处分；构成犯罪的，依法追究刑事责任。卫生行政部门以及其他有关部门、疾病预防控制机构和医疗机构因违法实施行政管理或者预防、控制措施，侵犯单位和个人合法权益的，有关单位和个人可以依法申请行政复议或者提起诉讼。单位和个人违反本法规定，导致传染病传播、流行，给他人人身、财产造成损害的，应当依法承担民事责任。

四、《固体废物污染环境防治法》

（一）概况

为了保护和改善生态环境，防治固体废物污染环境，保障公众健康，推进生态文明建设，促进经济社会可持续发展，我国1995年通过了《固体废物污染环境防治法》。该法于2004年进行第一次修订，2013年、2015年、2016年、2020年又分别对特定条款进行了修正。现行《固体废物污染环境防治法》以习近平生态文明思想为指导，贯彻落实党中央、国务院关于推进生态文明法治建设的决策部署。根据日常的行政执法管理和法律实践需求，在近年来的修订过程中，形成共九章一百二十六条，主要包括总则、监督管理、工业固体废物、生活垃圾建筑垃圾、农业固体废物等、危险废物、保障措施、法律责任、附则等。

1. 主要概念

固体废物，是指在生产、生活和其他活动中产生的丧失原有利用价值或者虽未丧失利用价值但被抛弃或者放弃的固态、半固态和置于容器中的气态的物品、物质以及法律、行政法规规定纳入固体废物管理的物品、物质。经无害化加工处理，并且符合强制性国家产品质量标准，不会危害公众健康和生态安全，或者根据固体废物鉴别标准和鉴别程序认定为不属于固体废物的除外。

危险废物，是指列入国家危险废物名录或者根据国家规定的危险废物鉴别标准和鉴别方法认定的具有危险特性的固体废物。

2. 适用范围

主要是固体废物污染环境的防治。固体废物污染海洋环境的防治和放射性固体废物污染环境的防治不适用本法。

（二）重点内容介绍

1. 完善固体废物污染环境防治监督管理制度

一是建立固体废物污染环境防治信用记录制度，将违法信息纳入全国信用信息共享平台并予以公示。二是补充完善查封扣押措施，规定出现可能造成证据灭失、被隐匿、被非法转移或者造成严重环境污染等情形时，可以对涉嫌违法的固体废物及设备、场所等予以查封、扣押。三是明确国家逐步基本实现固体废物零进口。

2. 强化工业固体废物污染环境防治制度

一是强化工业固体废物产生者的责任，要求其建立、健全全过程的污染环境防治责任制度，建立固体废物管理台账等。二是强化与《中华人民共和国清洁生产促进法》的衔接，要求企事业单位依法实施强制性清洁生产审核，减少工业固体废物产生量。三是补充完善排污许可制度，要求产生工业固体废物的单位等申请领取排污许可证，并按照排污许可证要求管理所产生的工业固体废物。

3. 健全生活垃圾污染环境防治制度

一是推行生活垃圾分类制度，要求加快建立分类投放、分类收集、分类运输、分类处理的垃圾处理系统。二是规范生活垃圾分类工作，要求设区的市级以上环境卫生主管部门发布生活垃圾分类指导目录。三是加强企业生活垃圾处置管理，要求其按照国家有关规定安装使用监测设备，实时监测污染物排放情况，将污染排放数据实时公开。四是建立餐厨垃圾管理制度，要求产生、收集单位将餐厨垃圾交由具备相应资质条件的专业化单位进行无害化处理，禁止畜禽养殖场、养殖小区利用未经无害化处理的餐厨垃圾饲喂畜禽。五是规定按照产生者付费原则实行生活垃圾处理收费制度。六是加强农村生活垃圾处置，建立覆盖农村的生活垃圾分类制度。

4. 加强对危险废物污染环境的防治

一是要求国务院生态环境主管部门牵头制定国家危险废物名录，实施分级、分类管理，建立信息化监管体系，并通过信息化手段管理、共享危险废物转移数据和信息。二是加强危险废物集中处置设施建设，要求省级人民政府组织编制危险废物集中处置设施、场所的建设规划，确保本行政区域内的危险废物得到妥善处置。三是加强危险废物跨省转移管理，要求国务院生态环境主管部门会同有关部门制定具体办法。四是建立强制责任保险制度，要求收集、贮存、运输、利用、处置危险废物的单位投保环境污染责任保险。

目前，我国固体废物实施全面禁止进口。海关作为主管部门之一，在进出关境监督管理环节，依法对固体废物进行监管。通常情况，经检验认定为固体废物，海关依法作出退运、处罚的处理。

（三）《固体废物污染环境防治法》对海关检验监管的相关要求

目前，我国固体废物实施全面禁止进口。海关作为主管部门之一，在进出关境监督管理环节，依法对固体废物进行监管。通常情况，经检验认定为固体废物，海关依法作出退运、处罚的处理。

1. 明确监管目标

《固体废物污染环境防治法》第二十四条规定："国家逐步实现固体废物零进口，由国务院生态环境主管部门会同国务院商务、发展改革、海关等主管部门组织实施。"国家对固体废物进口最终目标任务明确，为实现海关检疫检验职能管理提供根本遵循。同时，该规定中海关是包括机构改革后的原出入境检验检疫部门职责，海关作为主管部门之一应依法履行相应的监管职责。

2. 实行属性鉴别

《固体废物污染环境防治法》第二十五条规定："海关发现进口货物疑似固体废物的，可以委托专业机构开展属性鉴别，并根据鉴别结论依法管理。"比较原来法条规定有明显变化之处，即取消了禁止进口目录的固体废物的目录内容规定，更好落实国家逐步实现固体废物零进口目标的内在要求。原来进口的固体废物必须符合国家环境保护标准，并经质量监督检验检疫部门检验合格。目前采取的是海关可以委托专业机构开展属性鉴别方式，管理模式更加符合国际化、法治化、市场化的发展需要。

3. 相关法律责任

根据《固体废物污染环境防治法》第一百零九条，生产、销售、进口或者使用淘汰的设备，由县级以上地方人民政府指定的部门责令改正，处以罚款，没收违法所得；对情节严重的，可以依法责令停业或者关闭。将中华人民共和国境外的固体废物输入境内的，由海关责令退运该固体废物，处以罚款。同时就承运人对输入境内的固体废物的退运、处置，与进口者承担连带责任。经中华人民共和国过境转移危险废物的，由海关责令退运该危险废物，处以罚款。对已经非法入境的固体废物，由省级以上人民政府生态环境主管部门依法向海关提出处理意见，海关应当依照规定作出行政处罚决定；已经造成环境污染的，由省级以上人民政府生态环境主管部门责令进口者消除污染。对于执法过程中查获的无法退运的固体废物，应由所在地县级以上地方人民政府组织处理。

五、《大气污染防治法》

（一）概况

《大气污染防治法》是为防治大气污染，保护和改善生活环境和生态环境，保障人体健康，促进经济和社会的可持续发展而制定的。《大气污染防治法》自 1988 年 6 月 1 日起施行，历经 1995 年、2018 年两次修正，2000 年、2015 年两次修订，现行《大气污染防治法》主要包括总则、大气污染防治标准和限期达标规划、大气污染防治的监督管理、大气污染防治措施、重点区域大气污染联合防治、重污染天气应对、法律责任、附则，共八章一百二十九条。

（二）重点内容介绍

1. 总量控制，强化责任

将排放总量控制和排污许可由"两控区"即酸雨控制区和二氧化硫控制区扩展到全国，明确分配总量指标。强化对地方政府的考核和监督，规定地方各级人民政府应当对本行政区域的大气环境质量负责，国务院环保主管部门会同国务院有关部门，对省、自治区、直辖市大气环境质量改善目标、大气污染防治重点任务完成情况进行考核。

2. 优化布局，源头管控

一是明确坚持源头治理，规划先行，转变经济发展方式，优化产业结构和布局，调整能源结构。二是明确制定燃煤、石焦油、生物质燃料、涂料等含挥发性有机物的产品、烟花爆竹及锅炉等产品的质量标准，应当明确大气环境保护要求。三是规定了国务院有关部门和地方各级人民政府应当采取措施，调整能源结构，推广清洁能源的生产和使用。

3. 重点污染，联合防治

一是推行区域大气污染联合防治，要求对颗粒物、二氧化硫、氮氧化物、挥发性有机物、氨等大气污染物和温室气体实施协同控制。二是规定了重污染天气应对方法。明确建立重污染天气监测预警体系，制订重污染天气应急预案，并发布重污染天气预报等。

4. 重典处罚，不设上限

加大了行政处罚力度。该法中涉及的具体处罚行为和种类接近 90 种，提高了法律的操作性和针对性。丰富了处罚种类，包括责令改正、限制生产、停产整治、责令停业、关闭。取消了原有法律中对造成大气污染事故企业事业单位罚款"最高不超过 50 万元"的封顶限额，同时增加了"按日计罚"的规定。

（三）海关进口检验监管要求

1. 实行淘汰制度管理

国家对严重污染大气环境的工艺、设备和产品实行淘汰制度，由国务院经济综合主管部门会同有关部门确定淘汰期限，并纳入国家综合性产业政策目录。《大气污染防治法》第二十七条规定，进口者应当在固定期限内停止进口目录中的设备和产品。这要求在具体执行中应当注意几个要素条件，一是明确对固定期限要求，为进口者预留一定调整应变的时间；二是划定了统一的进口管理标准，实行停止进口监管；三是根据国家综合性产业政策目录，监管对象范围是在目录清单中的设备和产品。

2. 禁止进口主要情形

国家禁止进口不符合质量标准的煤炭，鼓励燃用优质煤炭。禁止进口不符合质量标准的石油焦，禁止进口污染物排放超过标准的机动车船、非道路移动机械，禁止进口不符合标准的机动车船、非道路移动机械用燃料。以上几种情形，被实施对象是具体明确的，关键是标准的采用和执行，对检测结果的认定程序、技术手段是开展检验监管的重要依据，应严格按照相关标准要求执行。

3. 提倡进口特别规定

《大气污染防治法》第四十四条规定，进口含挥发性有机物的原材料和产品的，其挥发性有机物含量应当符合质量标准或者要求。国家鼓励进口低毒、低挥发性有机溶剂。

4. 有关行政处理的规定

主要有以下几种情形：一是进口国家综合性产业政策目录中禁止的设备和产品，采用国家综合性产业政策目录中禁止的工艺，或者将淘汰的设备和产品转让给他人使用的，按照海关职责责令改正，没收违法所得，并处罚款；拒不改正的，报经有批准权的人民政府批准，责令停业、关闭。二是对进口不符合质量标准的煤炭、石油焦的，进口挥发性有机物含量不符合质量标准或者要求的原材料和产品的，进口不符合标准的机动车船和非道路移动机械用燃料、发动机油、氮氧化物还原剂、燃料和润滑油添加剂以及其他添加剂的，有上列行为之一的，由海关责令改正，没收原材料、产品和违法所得，并处罚款；构成走私的，由海关依法予以处罚。三是进口超过污染物排放标准的机动车、非道路移动机械的，海关按照职责没收违法所得，并处罚款，没收销毁无法达到污染物排放标准的机动车、非道路移动机械。上述行为如构成走私的，由海关依法予以处罚。

【延伸阅读6-4】相关文件

关于进一步规范进口机动车环保项目检验的公告

（海关总署公告2019年第168号）

　　为进一步加强生态环境保护，打好污染防治攻坚战，推进进口机动车节能减排，确保进口机动车符合国家环保标准，根据《中华人民共和国进出口商品检验法》《中华人民共和国大气污染防治法》，海关总署决定进一步规范进口机动车环保项目检验。现将有关事宜公告如下：

　　一、各地海关按照《汽油车污染物排放限值及测量方法（双怠速法及简易工况法）》（GB 18285—2018）、《柴油车污染物排放限值及测量方法（自由加速法及加载减速法）》（GB 3847—2018）要求，实施进口机动车环保项目外观检验、车载诊断系统检查，并按不低于同车型进口数量1%的比例实施排气污染物检测。海关对监测到环保风险信息需通过型式试验实施风险评估的车型，可按现阶段环保达标标准开展型式试验。

　　二、进口企业应提前解除影响环保检测的运输模式或功能锁定状态。无法手动切换两驱驱动模式的全时四驱车和适时四驱等车辆，不能实施简易工况法或加载减速法检测的，可按双怠速法或自由加速法实施检测。

　　三、进口企业应承担遵守国家环保法律法规的主体责任，确保进口机动车符合国家环保技术规范的强制性要求。进口企业的相关车型应符合机动车和非道路移动机械环保信息公开要求。对列入强制性产品认证目录的机动车应完成环保项目型式试验，取得强制性产品认证证书。对最大设计总质量不超3500kg的M1、M2类和N1类车辆，应符合轻型汽车燃料消耗量标识管理规定。

　　四、进口企业获知机动车因设计、生产缺陷或不符合规定的环境保护耐久性要求导致排放大气污染物超过标准的，环保信息公开与进口机动车不符的，在实施环保召回或环保信息公开修改的同时，应当及时向海关总署报告相应风险消减措施。

六、《中华人民共和国产品质量法》

（一）概况

　　实施《中华人民共和国产品质量法》（简称《产品质量法》）的目的是加强对产品质量的监督管理，提高产品质量水平，明确产品质量责任，保护消费者的合法权益，维护社会经济秩序。自1993年9月1日起施行，历经2000年、2009年、2018年三次修正，共有六章七十四条。《产品质量法》全面、系统地规范了国家对产品质量所采取的必要的宏观管理和激励引导的措施，同时明确地规范了产品质量责任，包括行政责任、民事责任和刑事责任，以及产品质量争议的处理，是我国关于产品质量方面的一部基本法律。

1. 主要概念

产品，是指经过加工、制作，用于销售的产品。

产品质量，是指产品固有特性满足要求的程度。要求是指明示的、通常隐含的或必须履行的需求或期望。

2. 适用范围

在中华人民共和国境内从事产品生产、销售活动，必须遵守本法。建设工程不适用本法规定，但建设工程使用的建筑材料、建筑构配件和设备，属于前款规定的产品范围的，适用本法规定。

（二）重点内容介绍

1. 产品质量监督检查制度

产品质量监督检查，是指国务院市场监管部门及地方各级市场监督部门依据国家有关法律、法规和规章的规定，以及政府赋予的行政职能，代表政府对生产、流通领域的产品实施的具有监督性质的质量检查活动。产品质量监督检查由国务院市场监督部门统一负责，以监督抽查为主要方式进行，并定期向社会发布产品质量监督检查公告。

产品质量监督检查是各级市场监督部门履行职责、执行公务、对企业的产品质量实施监督的一种主动的行政行为，它既是一项强制性的行政措施，又是一项强化产品质量监督的法制手段。

2. 产品质量监督抽查制度

产品质量监督抽查由国家和地方各级市场监督部门代表国家实施，监督抽查的产品实行目录管理，包括以下三类产品：一是可能危及人体健康和人身、财产安全的产品，如食品、电器产品等；二是影响国计民生的重要工业产品，如农药、化肥、钢材、水泥等；三是消费者、有关组织反映有质量问题的产品，如假冒伪劣产品。组织监督抽查的产品质量监督部门，应当委托产品质量检验机构对样品的质量进行检验。产品质量的判定依据是被检产品的国家标准、行业标准、地方标准和国家有关规定，以及企业明示的企业标准或者其他质量承诺。

3. 企业质量体系认证和产品质量认证制度

国家根据国际通用的质量管理标准，推行企业质量体系认证制度。企业根据自愿原则可以向国务院市场监督管理部门认可的或者国务院市场监督管理部门授权的部门认可的认证机构申请企业质量体系认证。经认证合格的，由认证机构颁发企业质量体系认证证书。

国家参照国际先进的产品标准和技术要求，推行产品质量认证制度。企业根据自愿原则可以向国务院市场监督管理部门认可的或者国务院市场监督管理部门授权的部门认可的认证机构申请产品质量认证。经认证合格的，由认证机构颁发产品质量认证证书，准许企业在产品或者其包装上使用产品质量认证标志。

从事产品质量检验、认证的社会中介机构必须依法设立，不得与行政机关和其他国家机关存在隶属关系或者其他利益关系。

4. 损害赔偿制度

因产品存在缺陷造成人身、缺陷产品以外的其他财产损害的，生产者应当承赔偿责任。由于销售者的过错使产品存在缺陷，造成人身、他人财产损害的，销售者应当承担赔偿责任。生产者、销售者承担的上述赔偿责任称为产品缺陷损害赔偿责任。

5. 生产者、销售者的产品质量义务

（1）生产者的产品质量义务。

第一，保证产品质量。《产品质量法》第二十六条规定："生产者应当对其生产的产品质量负责。"这一规定明确了保证产品质量是生产者的首要义务，包括两方面的含义：一是指生产者必须严格履行其保证产品质量的法定义务；二是指生产者不履行或不完全履行其法定义务时，必须依法承担相应的产品质量责任。

第二，按规定标注产品标识。产品标识是指用于识别产品或其特征、特性所做的各种表示的统称，产品标识可以用文字、符号、标志、标记、数字、图案等表示。产品标识由生产者提供，其主要作用是表明产品的有关信息，帮助消费者了解产品的质量状况，说明产品的正确使用、保养方法，指导消费。《产品质量法》第二十七条规定的产品或其包装上的标识的要求，是生产者应当履行的义务。

第三，产品包装质量和标识必须符合要求。易燃、易碎、易爆、有毒、有腐蚀性、有放射性等危险物品以及储运中不能倒置和其他有特殊要求的产品，其包装质量必须符合相应要求，依照国家有关规定作出警示标志或者中文警示说明，标明储运注意事项。

第四，不得违反法律的禁止性规范。不得生产国家明令淘汰的产品。不得伪造产

地，不得伪造或者冒用他人的厂名、厂址。不得伪造或者冒用认证标志等质量标志。不得掺杂、掺假，不得以假充真、以次充好，不得以不合格产品冒充合格产品。

（2）销售者的产品质量义务。

第一，建立并执行进货检查验收制度。销售者根据国家有关规定和同生产者或其他供货者之间订立的合同的约定，对购进的产品的质量进行检查，符合国家有关规定和合同约定的予以验收的制度。

第二，保持销售产品质量。《产品质量法》对于销售者应当保持产品质量的义务规定，是为了促使销售者增强对产品质量负责的责任感，加强企业内部质量管理，增加对保持产品质量的技术投入，保证消费者购买的产品的质量。

第三，保证销售产品的标识符合法律规定。产品进入流通领域，销售者应采取措施保证产品的标识符合法律规定的要求，不得擅自将产品的标识加以涂改；对于限期使用的产品，不得为了经济利益而改变产品的安全使用期或者失效日期；在销售过程中，应当对所销售产品的标识经常进行检查，发现过期产品，要及时撤下柜台。

第四，不得违反法律的禁止性规范。与生产者一样，销售者不得伪造产地，不得伪造或者冒用他人的厂名、厂址；不得伪造或者冒用认证标志等质量标志。同时，在销售产品时，不得掺杂、掺假，不得以假充真、以次充好，不得以不合格品冒充合格品；不得销售国家明令淘汰并停止销售的产品和失效、变质的产品。

（三）与海关检验检疫行政执法的关系

一方面，立法目的趋于一致。产品质量应当检验合格，不得以不合格产品冒充合格产品。对可能危及人体健康和人身、财产安全的工业产品，必须符合保障人体健康和人身、财产安全的国家标准、行业标准；未制定国家标准、行业标准的，必须符合保障人体健康和人身、财产安全的要求。检验检疫法规的立法目的之一也是保护人体健康和消费品安全，在立法目的上与《产品质量法》是基本一致的。

另一方面，执法密切协作。目前，我国对消费品（特别是食品）质量安全实施分段管理，海关负责进出口这一环节（如图6-1），口岸执法与生产流通领域执法密切相关，例如检验检疫业务中涉及的部分资质管理须以市场监管部门的注册为前提，以及涉及经口岸进入流通领域的商品的执法须移交地方市场监管部门处置。海关与各地市场监管部门应当畅通信息渠道，加强执法协作，形成监管闭环。

图 6 - 1　海关执法人员对进口产品质量进行抽检
图片来源："海关发布"微信公众号

七、《农产品质量安全法》

（一）概况

为了保障农产品质量安全，维护公众健康，促进农业和农村经济发展，我国制定了《农产品质量安全法》。现行《农产品质量安全法》于 2006 年制定，历经 2018 年修正，2022 年修订，共八章八十一条，主要包括总则、农产品质量安全风险管理和标准制定、农产品产地、农产品生产、农产品销售、监督管理、法律责任、附则。

1. 主要概念

农产品，是指来源于种植业、林业、畜牧业和渔业等的初级产品，即在农业活动中获得的植物、动物、微生物及其产品。农产品质量安全，是指农产品质量达到农产品质量安全标准，符合保障人的健康、安全的要求。

2. 适用范围

与农产品质量安全有关的农产品生产经营及其监督管理活动，适用《农产品质量安全法》。《食品安全法》对食用农产品的市场销售、有关质量安全标准的制定、有关安全信息的公布和农业投入品已经作出规定的，应当遵守其规定。

（二）重点内容介绍

1. 健全农产品质量安全责任机制

一是明确坚持预防为主、风险管理、源头治理、全程控制的工作原则。二是明确农产品生产经营者对其生产经营的农产品质量安全负责，要求生产经营者诚信自律，接受社会监督，承担社会责任。三是落实地方人民政府的属地管理责任和部门的监督管理职责。四是构建协同、高效的社会共治体系，要求注重发挥基层群众性自治组织在农产品质量安全管理中的优势和作用。

2. 强化农产品质量安全风险管理和标准制定

一是完善农产品质量安全风险监测制度，明确各级农业农村主管部门的责任分工要求。二是完善农产品质量安全风险评估制度，规定国务院农业农村主管部门设立专家委员会负责风险分析和评估，明确专家委员会的成员组成。三是明确农产品质量安全标准的内容，包括与农产品质量安全有关的农业投入品质量和使用要求、农产品产地环境和生产过程管控要求、农产品关键成分指标要求、屠宰畜禽检验规程等。

3. 完善农产品生产经营全过程管控措施

一是建立农产品产地监测制度，要求县级以上地方农业农村主管部门会同生态环境、自然资源等有关部门制订监测计划，加强农产品产地安全调查、监测和评价工作。二是加强地理标志农产品保护和管理，鼓励采用绿色生产技术和全程质量控制技术，提高农产品品质，打造农产品品牌。三是建立内控管理制度，规定农产品生产企业应当建立农产品质量安全管理制度。四是建立食用农产品质量安全追溯制度，规定农产品生产企业、农民专业合作社应当依法开具食用农产品质量安全承诺合格证，并对其销售的农产品质量安全负责。

4. 明确农产品生产、销售的检测要求

从事农产品冷链物流的生产经营者应当依照法律、法规和有关农产品质量安全标准，加强冷链技术创新与应用、质量安全控制，执行对冷链物流农产品及其包装、运输工具、作业环境等的检验检测检疫要求，保证冷链农产品质量安全。农产品生产企业、农民专业合作社应当根据质量安全控制要求自行或者委托检测机构对农产品质量安全进行检测；经检测不符合农产品质量安全标准的农产品，应当及时采取管控措施，且不得销售。农业技术推广等机构应当为农户等农产品生产经营者提供农产品检测技术服务。农产品批发市场应当按照规定设立或者委托检测机构，对进场销售的农产品质量安全状况进行抽查检测；发现不符合农产品质量安全标准的，应当要求销售者立即停止销售，并向所在地市场监督管理、农业农村等部门报告。依法需要实施检疫的动植物及其产品，应当附具检疫标志、检疫证明。

5. 完善农产品质量安全监督管理措施

一是规范监督抽查工作，规定县级以上农业农村主管部门应当制订农产品质量安全监督抽查计划，确定抽查的重点、方式和频次，组织开展监督抽查；严禁检测机构出具虚假检测报告。二是加强农产品生产日常检查，重点检查产地环境、农业投入品

等内容；建立农产品生产经营者信用记录制度。三是完善监督检查措施，规定开展农产品质量安全监督检查，有权采取进入生产经营场所进行现场检查，查阅复制农产品生产记录等资料，抽样检测，查封扣押不符合农产品质量安全标准的农产品、农业投入品和用于违法生产经营的设施设备等措施。四是完善应急措施，规定相关部门或地方人民政府应制订农产品质量安全突发事件应急预案。五是强化各部门衔接，规定县级以上农业农村、市场监督管理、公安等有关部门应当做好执法衔接和配合。

八、《认证认可条例》

（一）概况

为了规范认证认可活动，提高产品、服务的质量和管理水平，促进经济和社会的发展，我国制定了《认证认可条例》，现行《认证认可条例》于 2003 年制定，根据 2016 年 2 月 6 日《国务院关于修改部分行政法规的决定》第一次修订，根据 2020 年 11 月 29 日《国务院关于修改和废止部分行政法规的决定》第二次修订，根据 2023 年 7 月 20 日《国务院关于修改和废止部分行政法规的决定》第三次修订。现行《认证认可条例》共七章七十七条，主要包括总则、认证机构、认证、认可、监督管理、法律责任、附则。《认证认可条例》是规范认证认可检验检测活动的唯一单行法规，确立了涉及认证认可检验检测工作的基本原则、制度体系、监管要求和相关法律权利义务关系，对于规范和促进认证认可检验检测工作、加强和创新市场监管、营造市场化法治化国际化营商环境具有重要意义。

1. 主要概念

认证，是指由认证机构证明产品、服务、管理体系符合相关技术规范、相关技术规范的强制性要求或者标准的合格评定活动。

认可，是指由认可机构对认证机构、检查机构、实验室以及从事评审、审核等认证活动人员的能力和执业资格，予以承认的合格评定活动。

2. 适用范围

在中华人民共和国境内从事认证认可活动，应当遵守本条例。药品生产、经营企业质量管理规范认证，实验动物质量合格认证，军工产品的认证，以及从事军工产品校准、检测的实验室及其人员的认可，不适用本条例。

（二）与海关有关的认证监管职责

1. 开展认证监管

《认证认可条例》第二十七条规定，国家规定相关产品必须经过认证的，应当经过认证并标注认证标志后，方可出厂、销售、进口或者在其他经营活动中使用。海关在进口监管环节依法对相关产品是否符合《强制性产品认证管理规定》要求，以及属于我国强制认证（CCC认证）目录内产品进行检查。《认证认可条例》第三十条规定，列入目录的产品，涉及进出口商品检验目录的，应当在进出口商品检验时简化检验手续。国务院认证认可监督管理部门指定的从事列入目录产品认证活动的认证机构以及与认证有关的实验室，应当是长期从事相关业务、无不良记录，且已经依照本条例的规定取得认可、具备从事相关认证活动能力的机构。列入目录产品的生产者或者销售者、进口商，均可自行委托指定的认证机构进行认证。对此，2022年出台的《海关进出口商品检验采信管理办法》为检验认证合法、高效、便利提供了有力支持。

2. 有关法律责任

《认证认可条例》第六十六条规定，列入目录的产品未经认证，擅自出厂、销售、进口或者在其他经营活动中使用的，责令限期改正，处5万元以上20万元以下的罚款；未经认证的违法产品货值金额不足1万元的，处货值金额2倍以下的罚款；有违法所得的，没收违法所得。在该条例中，海关对违法行为的处理方式主要是责令改正、罚款、没收违法所得，仅为行政处罚手段。

【案例分析6–2】进口汽车刹车片无CCC标志

A海关对一批进口自马来西亚的汽车零配件实施检验时，发现其中一款刹车片非工作表面未加施CCC标志，同时经查询，收货人申报的CCC证书中型号与国家认监委网站公布信息不符，存在安全隐患。该关判定该批刹车片不合格，并责令实施退运处理。

刹车片是汽车制动系统中最基础、最重要的零部件，刹车片质量的好坏对刹车效果起决定性作用，直接关系到行车安全。为进一步加强刹车片质量管控，我国自2020年6月1日起，将汽车刹车片正式纳入《强制性产品认证目录》。自2021年6月1日起，汽车用制动器衬片产品未获得强制性产品认证证书和未标注强制性认证标志的，不得出厂、销售、进口或在其他经营活动中使用。

——参考自2024年3月北京海关发布《北京海关2023年进口消费品检验十大案例》。

九、《标准化法》

（一）概况

《标准化法》是中国现行有效的经济法之一，制定的目的是为了加强标准化工作，提升产品和服务质量，促进科学技术进步，保障人身健康和生命财产安全，维护国家安全、生态环境安全，提高经济社会发展水平。《标准化法》自 1989 年 4 月 1 日起施行，2017 年修订，共六章四十五条，主要包括总则、标准的制定、标准的实施、监督管理、法律责任、附则。

标准（含标准样品），是指农业、工业、服务业以及社会事业等领域需要统一的技术要求。

标准包括国家标准、行业标准、地方标准和团体标准、企业标准。国家标准分为强制性标准、推荐性标准，行业标准、地方标准属于推荐性标准。

强制性标准必须执行。国家鼓励采用推荐性标准。

（二）重点内容介绍

1. 扩大标准制定范围

为更好地发挥标准的基础性、战略性作用，将制定标准的范围由现行法规定的工业产品、工程建设和环保领域扩大到农业、工业、服务业以及社会事业等领域。

2. 整合强制性标准

一是将现行强制性国家标准、行业标准和地方标准整合为强制性国家标准，并将强制性国家标准范围严格限定为保障人身健康和生命财产安全、国家安全、生态环境安全以及满足社会经济管理基本需要的技术要求，取消强制性行业标准、地方标准。二是明确国务院标准化行政主管部门负责强制性国家标准的立项、编号和对外通报；国务院有关行政主管部门依据职责负责强制性国家标准的项目提出、组织起草、征求意见和技术审查。三是为统筹管理强制性国家标准，增强其权威性，规定强制性国家标准由国务院批准发布或者授权批准发布。

3. 增加标准有效供给

一是进一步明确国务院标准化行政主管部门、国务院有关行政主管部门、地方人民政府标准化行政主管部门分别制定推荐性国家标准、行业标准、地方标准的职责。二是为保障标准能够切实反映市场需求，规定制定强制性标准和推荐性标准，应当在立项时对有关行政主管部门、企业、社会团体等方面的实际需求进行调查，按照便捷有效的原则采取多种方式征求意见。三是为满足地方标准化工作的实际需要，将地方标准制定权下放到设区的市、自治州。规定设区的市、自治州人民政府标准化行政主管部门根据本行政区域的特殊需要，经所在地省、自治区、直辖市人民政府标准化行政主管部门批准，可以制定本行政区域的地方标准。四是激发市场主体活力，鼓励团体、企业自主制定标准。增加规定依法成立的社会团体可以制定团体标准，企业可以根据需要自行制定企业标准。

4. 构建协调统一的标准体系

一是厘清政府主导制定的三类推荐性标准的关系。规定推荐性国家标准是为满足基础通用、与强制性国家标准配套、对各有关行业起引领作用等需要制定的国家标准。对没有推荐性国家标准、需要在全国某个行业范围内统一的技术要求，可以制定行业标准；为满足地方自然条件、风俗习惯等特殊技术要求，可以制定地方标准。二是明确各类标准的层级定位。规定推荐性国家标准、行业标准的技术要求不得低于强制性国家标准的相关技术要求；地方标准、团体标准、企业标准的技术要求不得低于强制性标准的相关技术要求。三是为更好地发挥标准对国民经济和社会发展的促进作用，明确强制性标准应当公开，供社会公众免费查阅。国家推动免费向社会公开推荐性标准。

5. 完善标准化工作机制

一是建立企业产品或者服务标准自我声明公开制度，取代现行企业产品标准备案要求，降低企业因向多个主管部门分别备案所增加的成本。二是规定县级以上人民政府标准化行政主管部门、有关行政主管部门依据法定职责，对标准的制定、实施进行监督检查。三是在法律责任中增加信用惩戒措施，规定企业未通过企业标准信息公共服务平台公开其执行的产品标准或者公开标准弄虚作假的，由标准化行政主管部门责令改正，并在企业标准信息公共服务平台向社会公示。

6. 建立标准实施信息反馈机制和标准争议协调解决机制

规定国务院标准化行政主管部门和国务院有关行政主管部门、设区的市级以上地方人民政府标准化行政主管部门应当对其制定的标准定期进行评估、复审。复审结果应当作为标准修订、废止的依据。国务院有关行政主管部门在标准制定、实施过程中出现争议的，由国务院标准化行政主管部门组织协商；协商不成的，由国务院标准化协调机制解决。

（三）海关检验检疫管理的标准要求

1. 执行标准要求

根据国家总体安全、社会经济发展需求，国家对进出口环节的管理采取不同方式，对进口产品和服务实行严格的行政管理标准，对出口行为遵照意思自治原则。《标准化法》第二十五条、第二十六条规定，对不符合强制性标准的产品、服务，不得生产、销售、进口或者提供；出口产品、服务的技术要求，按照合同的约定执行。在检验检疫业务中，所适用的标准的种类和范围，是依法实施检验检疫监管的重要支撑。

2. 相关法律责任

生产、销售、进口产品或者提供服务不符合强制性标准，或者企业生产的产品、提供的服务不符合其公开标准的技术要求的，依法承担民事责任。生产、销售、进口产品或者提供服务不符合强制性标准的，依照《产品质量法》《进出口商品检验法》《消费者权益保护法》等法律、行政法规的规定查处，记入信用记录，并依照有关法律、行政法规的规定予以公示；构成犯罪的，依法追究刑事责任。

【延伸阅读 6 - 5】如何识别海关行业标准

海关行业标准有特定的规范编号，由海关行业标准代号、年代号及标准顺序号组成。海关行业标准代号包括 HS（原海关行业标准）和 SN（检验检疫行业标准），年代号指标准发布年份，顺序号则按照专业领域行业标准数量依次排序。例如，HS/T 37.1—2012《海关物流监控前端集成系统建设　第 1 部分：数据接口》表示 2012 年发布的 HS 技术规范，顺序号为 37，".1"表示第一部分，"T"表示推荐性标准。

请思考：日常生活中，你在购买商品时，是否会认真查看商品标签上的生产企业、保质期、产品执行标准、营养成分表等产品信息？这些信息是否为你购买商品的选购标准？

任务三　相关国际条约与协定

一、WTO

WTO 是规范和协调当代全球经济贸易关系最权威的组织，是独立于联合国的永久性国际组织。

WTO 的宗旨是："各成员承认其贸易和经济关系的发展，以提高生活水平，保证充分就业和大幅度稳步提高实际收入和有效需求，扩大货物与服务的生产和贸易，为持续发展之目的扩大对世界资源的充分利用，保护和维护环境，并以符合不同经济发展水平下各自需要的方式，加强采取各种相应的措施。"

（一）法律地位

WTO 是一个正式的国际组织，具有法人资格，是国际法主体，享有特权和豁免，其职员及其成员代表，均享有与《联合国专门机构之特权与豁免公约》所规定的特权与豁免相似的待遇。虽然 WTO 及其职员和成员代表享有联合国专门机构的待遇，但是 WTO 本身并不是联合国的专门机构，也不隶属于联合国体系。

在处理经济事务方面，与 WTO 关系最密切的，包括联合国贸易和发展会议（UN Trade and Development，UNCTAD）、ISO、世界海关组织（World Customs Organization，WCO）以及世界知识产权组织（World Inteuectual Property Organization，WIPO）等。

（二）组织结构与职能

WTO 的组织结构可分为 4 个层次：部长级会议、总理事会、设在总理事会下分管有关协议或事务的分理事会和专门委员会、设在分理事会下的次一级专门委员会或临时性机构（如谈判组、工作组和专家小组等）。除上述机构外，WTO 还有一个相对独立的、由部长会议所任命的总干事领导的秘书处，负责处理日常事务。

WTO 总部设在瑞士日内瓦，其基本职能与作用主要包括以下内容。

一是组织实施 WTO 负责管辖的各项贸易协定、协议，积极采取各种措施努力实现各项协定、协议的目标。并对所辖的不属于"一揽子"协议项下的贸易协议如《政府采购协议》《民用航空器贸易协议》等的执行管理和运作提供组织保障。

二是为成员提供处理各协定、协议有关事务的谈判场所，并为 WTO 发动多边贸易谈判提供场所、谈判准备和框架草案。

三是解决各成员之间发生的贸易争端，负责管理 WTO 解决争端的协议。

四是对各成员的贸易政策、法规进行定期的审评。

五是协调与国际货币基金组织和世界银行等国际经济组织的关系，以保障全球经济决策的凝聚力和一致性，避免政策冲突。

（三）争端解决的程序和规则

WTO 采取的综合争端解决机制是一套较为完善的机制，其程序和规则有 4 种，分别是协商、专家小组、上诉审查、裁决的执行。

1. 协商

当发生争端时，应先行协商，在一方提出要求后的 30 天内，必须开始协商，如 60 天后未获解决，一方可申请成立专家小组，WTO 的争端解决机构（Dispute Settlement Body，DSB）在接到申请后的第 2 次会议上必须作出同意或不同意的决定。

2. 专家小组

专家小组由 WTO 秘书处向争端双方推荐的 3 人组成，如双方在 20 天内对人选未能达成一致意见，则由 WTO 总干事同争端解决机构和有关委员会的领导协商后确定，以免延误。只有当争端解决机构成员全体反对时，专家小组才不能成立。

专家小组按有关规定所授予的职权接管案件，必须在 6 个月内完成最终报告，即作出裁决。若情况紧急，则应在 3 个月内完成。最长不得超过 9 个月。

3. 上诉审查

有一方对最终报告的裁决不服，可以上诉。在争端解决机构内有常设的受理上诉团，由 7 人组成，通常在 WTO 成员的代表中选出。该团须在 60 天（最多不得超过 90 天）内复审完毕，予以公布并送交争端解决机构审核，该机构应在 30 天内同意或否决复审结果。这个程序在一定程度上维护了争端当事人的合法利益和裁决的公正性。

4. 裁决的执行

复审结果通过后，争端双方应无条件接受。如有一方不愿遵照执行，则可商定一个双方都能接受的补偿办法。如 20 天后仍未达成补偿办法，则投诉方可申请争端解决机构授权，对另一方中止履行已承诺的义务。如另一方又表示反对，则交付仲裁，可由原来的专家小组仲裁，也可由世界贸易组织总干事指定的小组仲裁。仲裁应在 60 天内完成，仲裁结果是最终的，不得上诉并必须遵照执行。

（四）WTO 成员的加入与退出

1. 创始成员资格

1947 年关贸总协定缔约方和欧洲共同体的成员，如果接受建立 WTO 协定和多边贸易协定，并按要求附减让和承诺表，则为 WTO 创始成员。

2. 加入 WTO

不具备原始成员资格的国家或单独关税区，可以向 WTO 申请加入。有关加入的决定应由部长级会议作出。部长级会议应以 WTO 成员的三分之二多数批准关于加入条件的协议。

3. 退出 WTO

任何成员均可退出 WTO，在总干事收到书面退出通知之日起 6 个月期满后生效。

【延伸阅读 6 - 6】中国加入世界贸易组织

2001 年 11 月 11 日，在卡塔尔首都多哈，中国签署加入世界贸易组织的议定书。2001 年 12 月 11 日，中国正式加入世界贸易组织，成为其第 143 个成员。中国加入世界贸易组织，是中国深度参与经济全球化的里程碑，标志着中国改革开放进入历史新阶段。加入世界贸易组织以来，中国积极践行自由贸易理念，全面履行加入承诺，大幅开放市场，实现更广互利共赢，在对外开放中展现了大国担当。

——参考自中国与世界贸易组织（1）新华社官方百家号。

二、TBT 协定

（一）TBT 协定的产生

TBT 协定是 WTO 管辖的一项多边贸易协定。在乌拉圭回合结束时，各方在关贸总协定（GATT）东京回合同名协议的基础上修改和补充，成功地达成一个新的 TBT 协定，协定不只涉及了产品本身的规范和标准，而且还将产品的生产工艺、生产方法的法规和标准也纳入了协定的范围。乌拉圭回合达成的 TBT 协定适用于 WTO 的所有成员，具有普遍性。

（二）TBT 协定的主要内容

TBT 协定由前言、15 个条文及 3 个附件组成，主要条款有总则、技术法规和标准、符合技术法规和标准、信息和援助、机构、磋商和争端解决、最后条款。协定适用于所有产品，包括工业品和农产品，但涉及卫生与植物卫生措施，由 SPS 协定进行规范，政府采购实体制定的采购规则不受本协定的约束。TBT 协定对成员中央政府机构、地方政府机构、非政府机构在制定、采用和实施技术法规、标准或合格评定程序分别作出了规定和不同的要求。

（三）关于技术法规、标准和合格评定程序

1. 技术法规

技术法规是指强制执行的有关产品的性能、特征或相关的工艺和生产方法以及如何适用的规定。这里的"法规"不但包括国家制定的法律、条例，还包括政府部门制定的有关命令、决定、技术规范、指南、准则、专门术语、符号、包装、标志或者标签要求。TBT 协定针对技术法规和标准的制定、采用和实施分别拟定了相应的条款。这种区分的主要目的在于进一步减轻技术法规对国际贸易的阻碍，相比标准，技术法规的强制性法律约束力更有可能给国际贸易带来极大的阻碍。

2. 标准

标准是指经公证机构批准的、非强制执行的供通用或重复使用的产品或相关工艺和生产方法的规则、指南，包括适用于产品、产品的工艺、生产方法的专门术语、符

号、包装、标识或标签要求。

对于标准的制定、采用和实施，协定要求应由成员方保证其中央政府标准化机构接受并遵守关于标准的制定、采用和实施的良好行为规范。

在技术法规和标准的关系上，TBT协定指出，在需要制定技术法规且有关的国际标准已经存在或制定工作即将完成时，各成员应使用这些国际标准或有关部分，作为制定技术法规的基础。

3. 合格评定程序

合格评定程序是指任何直接或间接用以确定是否满足技术法规或标准中相关要求的程序，包括抽样、检验和检查，评估验证和合格保证，注册认可和批准程序，或上述程序的组合。

认证和认可是两种典型的合格评定程序，目的在于积极推动各成员认证制度的相互认可。协定中有关合格评定程序的规定全面地涉及了合格评定程序的条件、次序、处理时间、资料要求、费用收取、变更通知、相互统一等方面，为了相互承认由各自合格评定程序所确定的结果，TBT协定规定必须通过事先磋商明确出口成员方的有关合格评定机构是否具有充分持久的技术管辖权。各成员方无论是制定、采纳和实施合格评定程序，还是确认合格评定机构是否具有充分持久的技术管辖权，都应以国际标准化机构颁布的有关指南或建议为基础。

对技术法规、标准与合格评定程序，协定有关规定的根本性目的在于以区别对待的条款、统一性的标准以达到不给国际贸易设置障碍的目的。

【案例分析6-3】鱿鱼出口西班牙的技术性贸易壁垒应对

鱿鱼是乌贼类的一种，其营养价值丰富，是世界海洋渔业资源中未充分利用且具有较大潜力的海洋生物之一。我国是世界上最大的鱿鱼加工国和出口国，远洋鱿钓是我国远洋渔业的重要组成部分，是大洋性渔业的支柱产业之一。据悉，截至2018年年底，全国已有600余艘远洋鱿钓渔船，产量达52万多吨，约占世界鱿鱼产量的20%，产值约70亿元。我国鱿鱼主要来自包括近海捕捞和远洋捕捞在内的野生捕捞，所捕获的鱿鱼主要有3个去向：食品加工厂、分销零售以及外贸出口。我国经营远洋鱿鱼以浙江、山东、福建等几个沿海省份为主，而消费市场主体也主要是这几个省份，其中浙江舟山是我国远洋鱿鱼的最大生产基地、输入口岸和主要加工地区，是我国鱿钓渔业"第一市"。

2022年，浙江舟山有企业出口鱿鱼至欧洲时，西班牙巴塞罗那海关要求自2022年1月起对从中国进口的鱿鱼需根据DNA标签进行分类，若抽检发现鱿鱼分类与DNA标签不一致，将进行扣留、退货处理；2022 年 2 月，巴塞罗那海关即对从中国舟山进口的价值 5000 万美元的 11 货柜的中国鱿鱼以分类与 DNA 标签不一致进行了扣留。然而，中国出口的鱿鱼属于混捕，通常包括 3 种类别，外观极为接近，口味相似，个体重量通常在 6～8 克。经验丰富的渔民靠肉眼也无法进行完全区分，也没有任何可以自动分拣的机器完成分类。

经评估，关于扣留中国舟山鱿鱼，西班牙存在以下两方面的问题：一是未就该措施向 WTO 秘书处进行通报，违反了 TBT 协定中的透明度原则；二是对于鱿鱼进一步贴分类标签，靠 DNA 逐个进行检测并分类在操作上不具备可行性，这违反了 TBT 协定中的最小贸易限制原则。

浙江相关部门利用 WTO/SPS 第 83～84 次例会，就上述问题向欧盟提出了特别贸易关注议题，开展磋商。2022 年 11 月，欧盟发来回复，表示将进一步审查现有的动植物产品监管法规。

——参考自 2023 年《技术性贸易壁垒研究与分析》。

（四）对标准化机构的约束及争端解决

为了进一步提高 TBT 协定的可操作性，协定还在制度上进行了新的设置并从组织机构上给予了一定保证，这反映在协定的附录三《关于标准的制订采纳和实施的良好行为规范》以及协定第 14 条"磋商和争端解决"部分。其中，明确要求各成员方应保证其中央政府的标准化机构接受并遵守"良好行为规范"，同时采取他们所能采取的合理措施，确保在其领土上的地方政府或非政府的标准化机构以及境内一个或多个机构为其成员的区域性标准化机构，接受并遵守。各成员方遵守"良好行为规范"的义务，并不以标准化机构是否接受该"良好行为规范"为其前提条件。此外，TBT 协定对因贸易技术壁垒所引发的贸易争端应由谁主持，按照什么样的程序进行磋商和解决作出规定，按照规定，应在争端解决机构主持下，按"乌拉圭回合"通过的争端解决谅解协议开展。

（五）TBT 协定对发展中国家的照顾

TBT 协定对发展中国家成员给予差别待遇和更优惠的待遇。承认发展中国家在制定和实施技术法规、标准以及有关是否符合技术法规和标准的评估程序方面可能会遇到特殊困难，是 TBT 协定签署的一个基础。TBT 协定在序言部分就强调了对发展中国家成员优惠待遇的重要性和必要性。为保证发展中国家成员能够遵守协定，经发展中国家请求，技术性贸易壁垒委员会可以给予这些成员所承担的协定义务的整体或部分免除，但必须有具体的期限。

【延伸阅读 6 - 7】技术性贸易壁垒协定几个重要概念

TBT 通报。根据 TBT 协议规定，各成员有义务向 WTO 成员通报有关技术法规、标准或合格评定程序，并在发生变化时及时通报变化的情况，以保证其他成员及时了解，采取措施，适应变化，利于国际贸易的顺利开展。通报给各成员的固定格式的可修改文件称为 TBT 通报。

评议。企业和相关管理部门对其他成员通报的技术性贸易措施草案，以对相关产品国际贸易和自身所在相关产业的影响为着眼点，以现代科学技术为依托，以 WTO 规则为依据，结合相关协定条款，对其是否具有规则、技术、贸易的合理性，提出批评、质疑或关注的活动。

特别贸易关注。为减少不必要的贸易壁垒，防止成员以 TBT/SPS 措施为由对贸易进行限制，WTO 在成立时制定了 TBT 协定/SPS 协定，并根据协定成立了 TBT/SPS 委员会，为成员进行磋商提供了经常性场所。各成员可以在委员会会议上就其他成员正在实施的或新制修订的对自己的产品出口有不合理影响的 TBT/SPS 法律、法规、标准等措施表达关注，提出质疑，敦促成员遵守协定的规定，修改或撤销与协定要求不一致的有关措施。

地方 WTO/TBT 通报咨询中心。是在各地市场监管部门的指导下，专业从事国外技术性贸易措施前瞻性研究、信息通报、评议和咨询服务于一体的技术机构。中心履行地方政府 TBT 信息通报和追踪查询义务，及时追踪国外技术性贸易措施变化，帮助出口企业规避外贸风险和跨越技术性贸易障碍。

——参考自中国认证认可 2024 年 3 月 21 日《技术性贸易措施》。

三、SPS 协定

（一）概念

SPS 协定由 14 条和 3 个附件组成，它规定 WTO 成员在制定和实施 SPS 措施时应遵循的规则、发展中国家所享有的特殊和差别待遇、SPS 措施委员会的职能和成员之间争端的解决等内容。

SPS 措施是指世界贸易组织成员为保护人类、动物和植物的生命或健康而采取的卫生与植物卫生措施，主要包括下列内容：保护成员方国民生命免受食品和饮料中的添加剂、污染物、毒素以及外来动植物病虫害传入危害的措施；保护成员方动物的生命免受饲料中的添加剂、污染物、毒素及外来病虫害传入危害的措施；保护成员方植物的生命免受外来病虫害传入危害的措施；防止外来病虫害传入成员方造成危害的措施；与上述措施有关的所有法律、法规、要求和程序，特别包括最终产品标准；工序和生产方法；检测、检验、出证和审批批准程序；各种检疫处理；有关统计方法、抽样程序和风险评估方法的规定以及与食品安全直接有关的包装和标签要求。

（二）SPS 协定产生的背景

"乌拉圭回合"谈判形成的新协定之一是 SPS 协定。随着国际贸易的发展和贸易自由化程度的提高，一些国家为了保护本国农畜产品市场，多有利用非关税措施来阻止国外农畜产品进入本国市场，其中动植物检疫就成为一种隐蔽性很强的技术壁垒措施。在边境贸易中，许多国家特别是发达国家，仍将动植物检疫作为例外措施加以利用。"乌拉圭回合"谈判中许多国家提议制定了针对动植物检疫的 SPS 协定，它对动植物检疫提出了比 GATT 和 TBT 更为具体和严格的要求。

SPS 协定是关贸总协定原则渗透到动植物检疫的工作的产物，其主要目标有：一是保证各成员被允许采取的保护人类、动物、植物的生命或健康的措施不能对情形相同的成员构成任意或不合理的歧视，也不能对国际贸易构成变相限制；二是通过建立多边规则指导各成员制定、采用和实施 SPS 措施；三是将 SPS 措施对贸易的消极影响减少到最低程度。

（三）SPS 措施委员会

为监督 WTO 成员执行 SPS 协定的各项规定，并为其提供一个经常性的磋商场所或论坛，推动实现各成员采取协调一致的 SPS 措施这一目标，WTO 设立了 SPS 措施委员会。SPS 措施委员会需加强与主管标准的国际组织的联系与合作，并制定相应程序，监督和协调国际标准的使用。SPS 措施委员会还应对 SPS 协定的运用和实施情况进行审议，必要时可根据本协定实施过程中的经验，向货物贸易理事会提交修正 SPS 协定文本的建议。

（四）制定和实施 SPS 措施应遵循的规则

WTO 成员在制定和实施 SPS 措施时应遵循以下规则。

1. 非歧视地实施 SPS 措施

WTO 成员实施 SPS 措施时要遵守非歧视原则，即不能在情形相同或相似的成员间，包括本国（地区）与其他 WTO 成员之间造成任意或不合理的歧视，尤其是在有关控制、检验和批准程序方面，要给予境外产品国民待遇。

2. 以科学原理为基础

WTO 成员应确保任何 SPS 措施都应是以科学原理为基础的，没有充分科学依据的 SPS 措施就不能实施。若在科学依据不充分的情况下采取某种 SPS 措施，那只能是临时措施并应在合理的期限内作出科学评估。

3. 以国际标准为依据

为广泛协调 WTO 成员所实施的 SPS 措施，各成员应根据现行的国际标准制定本国的 SPS 措施。但 WTO 本身并不制定国际标准，而是由其他相关国际组织，特别是 CAC、WOAH 和 IPPC 秘书处来制定相应的食品安全、动物卫生和植物卫生方面的国际标准。SPS 协定鼓励各成员积极参与国际组织及其附属机构，特别是 CAC、WOAH 和 IPPC 的活动，以促进这些组织制定和定期审议有关 SPS 措施的国际标准。

4. 等同对待出口成员达到要求的 SPS 措施

如果出口成员对出口产品所采取的 SPS 措施，客观上达到了进口成员适当的 SPS 保护水平，那进口成员就应当接受这种 SPS 措施，允许这种产品进口。为了解决成员间的等同对待问题，SPS 协定鼓励各成员进行磋商，并就此问题达成双边或多边协定。

5. 以有害生物风险分析为决策依据

有害生物风险分析是进口成员的科学专家在进口前对进口产品可能带入的病虫害的定居、传播、危害和经济影响，或对进口食品、饮料或饲料中可能存在添加剂、污染物、毒素或致病有机体可能产生潜在不利影响而做出的科学理论报告。该报告将是各成员决定是否进口某产品的科学基础或决策依据。SPS 协定规定各成员在制定 SPS 措施时应以有害生物风险分析为基础，同时考虑有关国际组织制定的有害生物风险分析技术。有害生物风险分析与确定"适当的 SPS 保护水平"有直接关系，后者依赖于前者的结果。

6. 保持法规的透明度

各成员应确保及时公布所有有关 SPS 措施的法律和法规。除紧急情况外，各成员应允许在 SPS 措施法规的公布和生效之间留出合理时间，以便出口成员，尤其是发展中国家成员的生产商有足够的时间调整其产品和生产方法，以适应进口成员的要求。各成员应指定一个中央政府机构负责履行通知义务。若有成员要求提供法规草案，则要向其提供拟议中的法规副本，并尽可能标明与国际标准有实质性偏离的部分。如遇紧急情况或威胁时，可以立即采取禁止进口等措施，但之后仍要立即通过秘书处通知其他成员所涵盖的特定法规和产品，简要说明采取措施的理由，包括紧急问题的性质，允许其他成员发表意见，并加以考虑。

WTO 成员应设立一个咨询点，答复其他成员所提出的合理问题，并提供有关文件，包括现行的 SPS 法规或拟议中的 SPS 法规、任何控制和检查程序、生产和检疫处理方法、杀虫剂允许量和食品添加剂批准程序、有害生物风险分析程序、适当的 SPS 保护水平的确定等。

（五）发展中国家享有的特殊和差别待遇

在制定和实施 SPS 措施时，各成员应考虑发展中国家的特殊需要，如果分阶段采用新的 SPS 措施时，应给予与发展中国家成员有利害关系的出口产品更长的时间去满足进口成员的 SPS 措施要求，从而争取其出口机会。

各成员同意以双边的形式或适当的国际组织向发展中国家提供技术援助，包括加工技术、科研和基础设施领域、建立国家机构、咨询、信贷、捐赠、设备和培训等。当发展中国家的出口成员为满足进口成员的 SPS 措施要求而需要大量投资时，后者应提供技术援助。各成员应鼓励和便利发展中国家成员积极参与有关国际组织。

发展中国家可推迟 2 年，自 1997 年 1 月 1 日起实施 SPS 协定。此后，如有发展中国家提出请求，可有时限地免除其在 SPS 协定项下的全部或部分义务。

【延伸阅读 6 - 8】我国 WTO/SPS 国家通报咨询中心

为认真履行 WTO 有关透明度的义务，确保我国在动植物卫生检疫领域（SPS）法规的制定和实施透明化，我国设立了 SPS 咨询点。中华人民共和国 WTO/SPS 国家通报咨询中心设在海关总署国际检验检疫标准与技术法规研究中心。

主要职责。中华人民共和国 WTO/SPS 国家通报咨询中心负责解答 WTO 各成员提出的有关中华人民共和国 WTO/SPS 国家通报咨询中心方面的问题，并应要求提供相关文件；代表中国政府机构、行业协会、企业和个人向其他 WTO 成员进行咨询；同时，进行检验检疫标准和法规研究。

主要工作内容。答复其他 WTO 成员的 SPS 咨询；代表中国政府机构、行业协会、企业和个人向其他 WTO 成员进行咨询；国际标准和法规研究。

咨询程序。根据 SPS 协定，每个 WTO 成员要认真履行透明度义务，使得 SPS 措施的制定和实施透明化。为了确保 WTO 透明度原则的实施，WTO 各成员必须进行以下三方面工作：在中央政府部门建立一个国家级的 SPS 通报机构，负责 SPS 法规的通报工作；建立一个国家 SPS 咨询点，负责答复 WTO 成员关于 SPS 法规及有关技术问题的咨询；公开发布 SPS 法规。

——参考自中国 WTO/SPS 国家通报咨询网。

【课后练习题】

一、单选题

1. 根据《海关法》规定，海关是属于（　　）性质的机关。

A. 司法机关   B. 立法机关

C. 行政机关   D. 权力机关

［答案］C

2. 关于《中华人民共和国出口货物原产地证明书》，下列表述中错误的是（　　）。

A. 货物确系中华人民共和国原产的证明文件

B. 进口国海关对该进出口商品适用何种税率的依据

C. 出口报关的必要证件

D. 各地海关和贸促会均可签发此证

［答案］C

3. 根据现行《传染病防治法》，我国法定传染病有（　　）种。

A. 40   B. 39   C. 38   D. 41

［答案］D

4. 根据《生物安全法》，下列说法错误的是（　　）。

A. 境外组织不得在我国从事中、高风险的生物技术研究、开发活动

B. 任何单位和个人未经批准，不得擅自引进、释放或者丢弃外来物种

C. 对高致病性的病原微生物，一律不得从事相关实验活动

D. 国家对我国人类遗传资源和生物资源享有主权

［答案］C

5. 根据《危险化学品安全管理条例》规定，海关依法应当履行（　　）职责。

A. 负责核发危险化学品及其包装物、容器生产企业的工业产品生产许可证

B. 负责对危险化学品质量实施监督

C. 负责进口危险化学品实施检验

D. 负责对进出口危险化学品及其包装实施检验

［答案］D

二、多选题

1. 国家对固体废物污染环境防治实行污染者依法负责的原则。（　　）会对其产生的固体废物依法承担污染防治责任。

A. 产品的生产者　　　　　　　　B. 产品的销售者

C. 产品的进口者　　　　　　　　D. 产品的使用者

［答案］ABCD

2.《大气污染防治法》规定，国家鼓励进口、有机、（　　）溶剂。

A. 无毒　　　　　　　　　　　　B. 低毒

C. 无挥发性　　　　　　　　　　D. 低挥发性

［答案］BD

3.《产品质量法》规定，在我国出售的进口商品须有中文说明书，（　　）不属于这一规定的目的。

A. 提高产品质量

B. 保护消费者合法权益

C. 确保商品价值顺利实现

D. 提高国产商品的市场竞争力

［答案］ACD

4.《认证认可条例》规定，列入目录的产品未经认证，擅自出厂、销售、进口或者在其他经营活动中使用的，可以实施（　　）处罚方式。

A. 责令限期改正，处 5 万元以上 20 万元以下的罚款

B. 未经认证的违法产品货值金额不足 1 万元的，处货值金额 2 倍以下的罚款

C. 有违法所得的，没收违法所得

D. 涉嫌犯罪的，依法追究刑事责任

［答案］ABC

5.《标准化法》规定，国家标准分为（　　）。

A. 强制性标准　　　　　　　　　B. 推荐性标准

C. 行业标准　　　　　　　　　　D. 地方标准

［答案］AB

三、判断题

1. 世界贸易组织是一个正式的国际组织，具有法人资格，是国际法主体，但不享有特权和豁免权。

〔答案〕错误

2．目前世界贸易组织的争端解决机制的程序和规则有四种，分别是协商、专家小组、上诉审查、裁决的执行。

〔答案〕正确

3．认证和认可是两种典型的合格评定程序，目的在于积极推动各成员认证制度的相互认可。

〔答案〕正确

4．SPS 协定是关贸总协定原则渗透到卫生检疫、动植物检疫的工作的产物。

〔答案〕错误

5．在制定和实施 SPS 措施时，各成员应一律平等，不需要考虑发展中国家的特殊需要。

〔答案〕错误

学习笔记